「湖北近代文学研究」丛书·第一辑

# 陳曾壽年譜

◎程翔章　程祖灏/编著

華中師範大學出版社

**新出图证(鄂)字 10 号**

**图书在版编目(CIP)数据**

陈曾寿年谱/程翔章,程祖灏编著.—武汉:华中师范大学出版社,2022.12
(“湖北近代文学研究”丛书.第一辑)
ISBN 978-7-5769-0077-4

Ⅰ.①陈… Ⅱ.①程… ②程… Ⅲ.①陈曾寿—年谱 Ⅳ.①K827=5

中国国家版本馆 CIP 数据核字(2023)第 019613 号

**陈曾寿年谱**



**责任编辑**:廖国春　　**责任校对**:王　胜　　**封面设计**:罗明波
**编辑室**:综合编辑室　　**电话**:027-67867370
**出版发行**:华中师范大学出版社有限责任公司
**社址**:湖北省武汉市珞喻路 152 号　　**邮编**:430079
**电话**:027-67863426(发行部)　027-67861321(邮购)
**传真**:027-67863291
**网址**:http://press.ccnu.edu.cn　　**电子信箱**:press@mail.ccnu.edu.cn
**印刷**:湖北新华印务有限公司　　**督印**:刘　敏
**字数**:405 千字
**开本**:710mm×1000mm　1/16　　**印张**:23.25
**版次**:2022 年 12 月第 1 版　　**印次**:2022 年 12 月第 1 次印刷
**定价**:93.00 元

欢迎上网查询、购书

# 前　言

湖北位于中国大陆的中部、长江的中游，汉江的大部分流域在湖北境内。境内周边为山地丘陵，中部为辽阔富饶的江汉平原，不仅土地肥沃，物产丰富，乃全国有名的鱼米之乡；而且交通便利，四通八达，地理位置十分优越，有“九省通衢”之誉。自先秦至清代中叶，湖北都是各个朝代文学的重镇，有着优良的文学传统，为中国文学的发展作出过重要贡献。进入近代后，文学创作的成就虽然没有广东、福建、湖南、江浙等省份突出，但湖北作家继承前辈的优良传统，紧跟时代步伐，勇于探索，积极实践，也取得了可喜的成就，为中国文学的近代化与现代化，奉献了自己的智慧和力量。

这里所说的“近代”，通常是指自鸦片战争开始至五四运动为止，即1840年至1919年的这一历史时期。这一历史时期是中国历史上一个非常特殊的历史阶段：由于帝国主义列强侵略的日益加深，中国的社会发生了数千年未有之大变局，原有的封建君主专制制度的封建社会逐渐转变为半封建半殖民地的社会，故史学界将这一特殊历史阶段的历史称为“中国近代史”；而发生、发展于这一特殊历史阶段的中国文学，无论是文学观念、文学思想、文学理论，还是文学体裁、文学方法、文学创作，随着社会大动荡、大分化，大变革的历史进程，亦发生了前所未有的变化，故文学界将这一特殊历史阶段产生的文学，称为“中国近代文学”。

改革开放以来，中国迎来了学术研究的春天，尤其是对中国近代文学的研究，可谓兴盛繁荣，一日千里，硕果累累。但与全国其他省市相比，尤其是与福建、广东、湖南、安徽、山东、江苏、上海、北京等省市相比，湖北近代文学的研究相对比较薄弱、落后，不仅研究的学人少，而且研究的成果亦少。

笔者从事中国近代文学的研究，最初接触湖北近代作家的文学创作，始自20世纪80年代的中期。那时刚从大学毕业不久，留在学校从事管理工作，应师友之邀，在工作之余，跟随林非先生一起编撰《中国散文大辞典》，并被安排负责整个近代部分。从那时起，笔者就发现湖北近代文学是一座富矿，值得花力气去挖掘、开采，并有心在这方面做些努力。随着辞典编撰的深入展开，笔者开始有意收集湖北近代作家的相关资料，并断断续续写过一些有关湖北作家的研究文章。只是由于各种任务繁重，难以集中精力在这方面下功夫。

进入20世纪90年代后，除管理工作比较繁重之外，我承担的教学任务亦很重。根据教学工作的需要，笔者将有限的业余时间几乎都用在了对中国近代文学作整体、全面、深入的探讨和思考上，为撰写能够反映中国近代文学发展整体面貌，又适合教学实际的文学史作准备。

20世纪末本世纪初，我们编撰的《中国近代文学作品选》、《中国近代文学》相继出版面世，并受到社会和学生的普遍欢迎与肯定，年年加印；后又应出版社之邀，曾多次对这套教材进行修订再版和改版，花费了笔者不少时间和精力。直到2015年前后，我才从繁重的事务中脱身出来，开始对湖北近代作家作整体、全面、深入的研究。尤其是退休后，我谢绝了多所学校的聘请，一心一意在家进行湖北近代作家的研究，并在学校出版基金的资助下，相继出版了《湖北近代作家研究》（第一集）、《樊增祥年谱》、《王柏心年谱》等著作，受到了朋友们和学术界同人的肯定。

尽管如此，笔者总觉得出版周期还是过长，研究成果不能及时面世，过于零散，难以产生较大的影响。因此，笔者产生了组织人力编撰一套“湖北近代文学研究丛书”的想法。诸如作家的年谱、评传、佚文和作家的诗文选、湖北近代文学史等等，均可纳入其中。丛书不求一次整体推出，可以分辑推出，每辑6～8本。完成一辑，推出一辑，这样日积月累，十几年下来，也会形成一定规模，产生一定影响。

笔者将此想法告知校出版社的领导，立即得到他们的肯定和大力支持。适值湖北省启动了“2020年度学术著作专项资金项目”的申报工作，出版社领导遂积极支持和推荐笔者申报了“湖北近代文学研究丛书”（第一辑，8本）这个项目。感谢各位专家的支持和信任，这个项目最终获得批准。

笔者真诚地希望，“湖北近代文学研究丛书”（第一辑）和以后将陆续出版的各辑，能够引起学人们的关注，大家都来重视湖北近代文学的研究，促进湖北近代文学的研究更加全面、深入地开展，出现更多、更好的研究成果，共同为繁荣湖北的文化建设作出我们的贡献。

# 例　言

一、本谱是根据陈曾寿的各种传记资料与《苍虬阁诗存》《苍虬阁诗钞》《苍虬阁诗续集》《苍虬阁诗集》以及时人的著作编成。

二、本谱为记述的方便起见，正文中对谱主直呼其名（如称“陈曾寿”，或称“曾寿”，或称“苍虬”），对谱主的先辈则称“某某公”，对谱中所涉及的其他人物，亦皆直称其名。

三、本谱纪日期，例以农历，其后用括号；在括号内标注公历，以资参照。

四、谱中各年，首列清帝纪年（或民国纪年），次列干支，括号内再列公元，最后列谱主年岁。

五、本谱各年之下，按时间顺序详列谱主的行止交游与著述情况；谱文之下，择要引述相关诗文或文献，既可明谱主事迹之所本，又能就迄今为止诗文作品或文献资料中涉及谱主之记载有讹误或歧义者，采用“案语”形式进行说明、辨正与考异。

六、谱中所征引之诗文作品与文献资料，皆注明出处，以便读者检核。

七、谱中涉及的与谱主关系重要或密切的人物，或当时政治、军事、文化、文学界出现的重要人物，一般略注其生平事迹：逝于谱主之前的，在其逝世之年标注；逝于谱主之后的，则择适当时期标注。

八、为更加准确地把握谱主的思想发展脉络，在谱主生活、活动时间内所发生的重大历史事件以及出现的重要历史人物，择要列出；对于文化、文学界出现的重要事件或重要人物，还将作出简要介绍。

九、已收入谱主各集的主要诗（词）文作品，大多按年编入谱中（极少数写作时间不能确定的暂未编入）。凡编入谱中的诗（词）文作品，只列题目，不录内容；对部分未见于集中而保存于他人文集中、论著中的诗（词）文作品，则全文（诗）照录。

十、友朋与谱主的唱和酬赠之作，亦适当征录一些，系于各年之内。这些作品大多只列题目，部分作品则根据情况全文（诗）录入。

十一、凡作品中或征引资料中缺失的字、辨认不清的字，均以“○”表示；对那些极为明显的错字，则在其后的“（　）”中标出。

十二、在谱主的《苍虬阁诗集》中，诗、词部分大致上是按年编排的；文则较少，主要见于附录，与笔者所收集到的一些文章一并按年编入谱中。为方便读者查检、阅读，凡编入各年内的诗、词、文等作品，皆注明出处，如卷数、文体、页码。

# 目　　录

# 谱　前

陈曾寿（1878—1949），原名正寿，字仁先，亦作任先，号复志、耐寂、焦庵；因家藏元代吴镇所画之松名《苍虬图》，故自称苍虬、卷虬、苍虬居士；别署词皇阁主；“爱其神骏”、“心知李成是我师”；室名苍虬阁、洗心阁、词皇阁、陈庄、旧月铳、石如意斋、老莲旧馆。湖北布政使司黄州府蕲水县（今湖北省黄冈市浠水县）下巴河镇望天湖畔之陈家大岭人。

陈氏本江西庐山之世代书香官宦家庭。先祖陈伯宣公，曾“官翰林”，且曾“注司马迁《史记》行于世”；唐僖宗乾符四年（877 年）因避兵乱，举家自江西庐山迁往九江府的德化县，再迁至黄州府的蕲水县（今黄冈市浠水县），“当时被表彰为义门”①；伯宣公乃蕲水陈氏之始祖。

八世祖陈连公，邑庠生，例赠文林郎。

七世祖陈嘉霁公，太学生。

陈嘉霁公膝下有二子，曰士珂、士典；士珂公乃曾寿之六世祖。

六世祖陈士珂公，字琢轩，清乾隆三十七年（1772 年）贡生，四十二年（1777 年）举人。据《光绪蕲水县志·选举志》中载，士珂公曾官知县。后辞官以授徒、著述为生。卒后“以子光诏贵，赠文林郎”②。幼承家学，以治《易》名于时。著有《孔子家语疏证》十卷、《韩诗外传疏证》十卷③行世。

陈士珂公娶妻龙氏，膝下有三子，曰光谦（优增生）、光诏和光谊（太学生）。光诏公乃曾寿之高祖。

高祖陈光诏公，字金门，乾隆四十四年（1779 年）举人，六十年（1795 年）以大挑走上仕途，历任湖南长沙、巴陵、永兴、永定县知县；又历署湖

---

① 见《湖北浠水陈氏沆公直下简易家谱》。

② 《光绪黄州府志》卷十八之《封赠》，光绪十年（1884 年）刻本。

③ 陈士珂《孔子家语疏证》十卷、《韩诗外传疏证》十卷，有嘉庆二十三年（1818 年）家刻本。

南湘阴、醴陵、平江、绥宁、酃县事；为官清正廉洁，善政颇多；因考绩卓异，引见，升授湖南武冈州知州。据《光绪蕲水县志》①卷十《宦迹》中的陈光诏传云："年七十致仕，八十卒于家。"②诰授奉政大夫，卒后晋赠资政大夫。在长沙知县任上时，曾应士绅之请，监修《长沙县志》，于嘉庆二十二年（1817年）刊行③。

陈光诏公娶周氏为妻，膝下有二子，曰沆，曰沄（1789—1835），字补斋，号大云，嘉庆二十一年举人，次年成进士，授翰林院编修，累官至江南道监察御史，诰封中宪大夫，著有《馆课试律诗赋》一卷）④。沆公乃曾寿之曾祖。

曾祖陈沆（1785—1826）公，原名学濂，字太初，号秋舫；室名简学斋、白石山馆。幼入塾由祖父教读，十岁起随父至湖南任所读书，早有文名，以诗赋见长。嘉庆五年（1800年）取秀才。曾从陈诗游。十五年（1810年）选优贡，十八年（1813年）中举人。十九年（1814年），考取国子监学正，补授国子监学录。二十四年（1819年）考取第一名进士，即状元。历官翰林院修撰、国史馆协修、纂修、广东乡试主考官、会试同考官、四川道监察御史等职。卒于任。生前与陶澍、贺长龄、董桂敷、姚学塽、龚自珍、魏源、包世臣等友善，交往密切，而与魏源尤为挚友。学识渊博，精通经史，"以诗文雄海内"⑤。诰授奉政大夫，卒后晋赠资政大夫，归葬蕲水下巴河望天湖之调军山南麓。工诗赋，为"清代试帖诗八大家"之一、"清代律赋四大家"之一。著有《简学斋诗存》四卷、《简学斋诗删》四卷、《简学斋馆课赋存》一卷、《简学斋馆课赋续抄》一卷、《简学斋馆课试律存》一卷、《简学斋馆课试律续抄》一卷、《诗比兴笺》四卷、《近思录补注》十四卷等，今人辑校有《陈沆集》。

陈沆公娶杜氏为妻，膝下有二子，曰廷经、廷柱（1809—1832，原名鸿矩，字敬甫，号小秋。优廪生。无子，以廷经第二子恩嘉为嗣）。廷经公为曾寿之祖父。

---

① 《光绪蕲水县志》，二十二卷首一卷末一卷，多祺纂修，光绪六年（1880年）刊行。

② 见《中国地方志集成·光绪蕲水县志》，江苏古籍出版社2001年版。

③ 李如龙：《湖南地方志考评》，湖南出版社1995年版，第18页。

④ 《光绪蕲水县志》之《陈沆传》后附有《陈沄传》；据传中介绍，陈沄有陈廷绶、陈廷绍二子。

⑤ 周锡恩：《陈修撰沆传》，闵尔昌纂录《碑传集补》卷八，台北明文书局1985年版，第539页。

祖父陈廷经（1804—1877）公，原名鸿棨，字执夫，又字小舫，亦作筱舫，晚年自号梦迦叶居士。自幼随父在京城读书，少时曾师从魏源。道光十四年（1834年）中举人，二十四年（1844年）取进士，选庶吉士。散馆后授翰林院编修。后历官国史馆协修、实录馆纂修兼提调、山东、四川、河南道监察御史、户科给事中、吏科掌印给事中等职。任御史期间，不避权贵，秉直敢言；曾弹劾得宠太监安德海奸佞骄横，被其弹劾去官者则有四督、五抚、六藩司，有“铁面陈御史”之称；又曾上书具言边疆各省制夷之法，并多次疏荐曾国藩、胡林翼、左宗棠诸人才可大用。累官至内阁侍读学士，诰授资政大夫。晚年信佛，日诵金刚经。工诗赋。著有《梦迦叶山房诗赋》二卷、《陈学士奏稿》一卷、《六壬占验》四卷。

陈廷经公娶张氏为妻，又娶朱氏为妾，膝下有六子，曰庆长（字伯容，号子奉，优廪生，道光二十九选拔、朝考一等，以知县分发江苏，后累官至江南淮扬河务兵备道加布政使衔，诰授通奉大夫，著有《摩兜坚室诗集》）、恩嘉（字仲平，号子政，咸丰八年举人，累官至江西试用道，诰授中宪大夫；因叔父陈廷柱无子，遂过继给他为嗣）、恩受（字季尧，号子固）、恩浦、恩同（早逝）、恩淮。恩浦公乃曾寿之父。

父陈恩浦（1858—1922）公，原名儒恒，字子青，号云如。太学生，仕途不得意，没有功名，亦未出仕过，仅捐资获中书科中书的虚衔。工书法，尤擅行书。王开节《苍虬阁诗集跋》中曾云：“尊人子青太年丈，妣氏周太夫人，均能书。太年丈书学钟、王，太夫人夙嗜老米，尤善榜书，南北各大禅林‘大雄宝殿’题额，多出太夫人之手，即署名‘陈周保珊’者是也。丈于书法夙喜杨凝式，而精妍似不能以一家概之。其清节高名，并世大雅，耳熟能详。文学造诣，非末学可得管测万一。”①

母亲周太夫人保珊（1854—1924），字佩云，为湖北黄陂人、清漕运总督周恒祺之女，知书识礼，亦善书法，尤精八法；故《皇清书史》卷九中说，“时人以渊雅夫妇目之”②。生一女、七男，女早卒。

陈恩浦公膝下有九子，曰曾寿、曾则（字慎先，号寥志、微明）、曾矩（字絜先，号强志）、曾榖（字诒先）、曾畴（字农先）、曾言（字询先）、曾杰（字识先）、曾馀（字厚先）、曾潜（字灼先）；曾馀、曾潜乃

① 王开节：《苍虬阁诗集跋》，《苍虬阁诗集》附录二，上海古籍出版社2009年版，第502页。

② 李放：《皇清书史》，民国十三年（1924年）刻本。

庶母邓氏出。

曾寿乃恩浦公之长子，娶妻洪氏蕴芬，江夏诗人洪德埓之侄女。生有二女：邦巽、邦荃；三子：邦荣（字尚一、微尘）、邦滙（早卒）、邦直（字英三）；孙文郁、文钵、文桂、文乔、文田，女孙文藻、文静、文嘈、文芷、文娟、文欣。

曾寿自幼勤奋聪慧，广学博览，十八岁考取秀才，二十岁选为拔贡。曾入两湖书院深造，师从梁鼎芬。张之洞爱其才，招入幕中。光绪二十八年（1902年），与其二弟曾则、三弟曾矩同科中举，轰动一时，传为佳话。次年（1903年）入京会试，连捷成进士，授刑部主事。三十年（1904年），以张之洞保荐，应经济特科试，列高等。寻转任学部主事，累迁至员外郎、郎中。宣统三年（1911年），擢升都察院广东道监察御史。入民国，袁世凯许以提学使，不赴任，举家迁居杭州西湖。张勋复辟时，曾出任学部右侍郎；复辟失败后，以清遗老自居，往来于沪、杭，与社会名流相唱和。1925年，赴天津追随溥仪。1930年，因陈宝琛的举荐，担任溥仪妻子婉容的家庭教师。九一八事变后，在溥仪的一再邀请下，赴长春，仍为婉容之师。后曾担任过溥仪的内廷局长（后改名近侍处）、近侍处处长、陵庙事务总裁等职务。1942年举家迁居北京、上海。1949年病逝于上海寓所。

曾寿以诗词名于世。其诗初学《骚》、《选》，后学韩愈、李商隐、王安石、黄庭坚、陈师道，上溯杜甫、陶潜，时人则受陈三立影响较大，与江西陈三立、福建陈宝琛并称为“海内三陈”①；亦有学者将他与江西陈三立、福建陈衍并称为“海内三陈”②；还有学者称其与陈三立、郑孝胥在清末民初诗坛“鼎足而三”③。陈三立在为《苍虬阁诗存》作序时亦曾云：“比世有仁先，遂使余与太夷之诗或皆不免为伧父。”

曾寿之词，向来亦为词家所推重。叶恭绰在《广箧中词》卷三中曾云：“仁先四十为词，门庑甚大，写情寓感，骨彩赛腾，并世殆罕俦匹，所

① 汪国垣：《光宣诗坛点将录》，《苍虬阁诗集》附录三，上海世纪出版股份有限公司、上海古籍出版社2009年版；另见沈兆奎：《苍虬阁诗续集跋》，《苍虬阁诗集》附录二，上海世纪出版股份有限公司、上海古籍出版社2009年版，第499页。

② 周君适：《悲剧皇帝溥仪》，四川人民出版社1998年版。

③ 钱仲联：《梦苕庵诗话》，《苍虬阁诗集》附录三，上海世纪出版股份有限公司、上海古籍出版社2009年版。

谓文外独绝也。”所著有《苍虬阁诗集》十卷及续集二卷、《旧月簃词》一卷，并选有宋人词编为《旧月簃词选》一册。今人编有《苍虬阁诗集》①。

除诗词之外，曾寿亦善书画。吴湖帆以金蓉镜、陈曾寿、夏敬观、宣古愚为近代四大文人画家。其山水、花卉、松石皆秀逸有致，尤工画松，时人宝之；其书则出入东坡（苏轼）、襄阳（米芾）之间。

① 陈曾寿著，张寅彭、王培军校点：《苍虬阁诗集》，上海世纪出版股份有限公司、上海古籍出版社 2009 年版。

# 正　谱

## 光绪四年戊寅（1878 年）　一岁

五月二十二日（6 月 22 日），清政府派吏部左侍郎崇厚为出使俄国大臣，前往谈判归还伊犁问题。

六月二十五日（7 月 24 日），开平煤矿正式开局。

七月二十七日（8 月 25 日），清政府召回驻英、德正、副公使郭嵩焘、刘锡鸿，而派曾纪泽、李凤苞为驻英、德正副公使。

八月十一日（9 月 7 日），陈曾寿（1878—1949）出生于北京一个书香官宦家庭。时父恩浦公二十二岁；祖父廷经公已于前一年去世①，祖母犹在堂。

陈曾则《苍虬阁诗续集·序》云："丁亥八月十一日，兄七十寿诞。"（见《苍虬阁诗集》附录二，第 491 页）

八月间，曾爆发琼州道（今海南岛）汉、黎族人民的抗清起义。

九月初十日（10 月 5 日），四川候补道彭启智呈禀南、北洋大臣，请准设立上海机器织布局，李鸿章、沈葆桢先后批准。

十二月二十一日（1879 年 1 月 13 日），温肃（1879—1939）出生于广东顺德龙山乡隔岗坊的一个殷实之家。

是年，道员朱其昂在天津设立贻来牟机器磨坊，使用蒸汽磨面；钦差大臣左宗棠筹建兰州机器织呢局。

是年，朱国桢（1878—1926）出生于湖北大冶金山店镇一个贫寒家庭。

是年，郭宗熙（1878—1934）出生于湖南长沙一个书香之家。

是年，傅岳棻（1878—1951）出生于湖北江夏（今武汉市江夏区）。

是年，吴庠（1878—1961）出生于江苏丹徒（今镇江市）。

---

① 据《义门陈氏宗谱》载：陈廷经去世于光绪三年十一月二十一日（1877 年 12 月 25 日）。

## 光绪五年己卯（1879 年）　二岁

正月初八日（1 月 29 日），福建建章府迪口（今南平市建瓯市迪口镇）民众因反对传教士胡作非为而将地方教堂拆毁。

三月初八日（3 月 30 日），日本侵占琉球国，废琉球国王，而改琉球为冲绳县。

三月二十二日（4 月 13 日），关炯之（1879—1942）出生于湖北汉阳一个书香之家。

四月下旬至五月中旬，直隶唐山胥各庄（今河北省唐山市丰南区胥各庄镇）运煤铁路正式动工，是我国自办铁路之始。

五月下旬至六月中旬，上海耶松船厂工人因抗议封建把头克扣工资而举行罢工。

八月十七日（10 月 2 日），出使俄国大臣崇厚在俄谈判，擅自与俄国订立《里瓦基亚条约》（即《交收伊犁条约》）。

八月二十三日（10 月 8 日），宛平（今北京市京西矿区）富商段益三领得窑照，允准开采直隶通兴煤矿（后改名“门头沟煤矿”，今属北京市门头沟区）。

九月初五日（10 月 19 日），两江总督沈葆桢奏议崇厚丧失国权，条约各款万不可行。

九月二十七日（11 月 10 日），上海祥生船厂工人为抗议洋人殴打工人而举行罢工。

十月十三日（11 月 26 日），周今觉（1879—1949）出生于安徽至德（今池州市东至县）一个世代书香的官僚家庭。

十一月初二日（12 月 14 日），美国传教士在福建延平（今南平市延平区）开枪伤人，遭到当地民众痛殴。

十二月初五日（1880 年 1 月 16 日），司经局洗马张之洞奏请严惩崇厚，早筹御侮。

十二月十四日（1880 年 1 月 25 日），袁思亮（1880—1940）出生于湖南湘潭一个书香官宦家庭。

十二月十六日（1880 年 1 月 27 日），清政府将原吏部左侍郎、出使俄国大臣崇厚革职拿问。

是年，直隶总督李鸿章在大沽（今天津市塘沽区）北塘（今天津市滨海新区）海口炮台试设到天津的电报，为中国创办最早的电报。

是年，万绳栻（1879—1933）出生于江西南昌一个书香之家。

## 光绪六年庚辰(1880 年)　三岁

正月初三日（2 月 12 日），清政府任命出使英国、法国大臣曾纪泽为出使俄国钦差大臣，取代崇厚赴俄国继续办理伊犁交涉。

正月初十日（2 月 19 日），清政府正式照会沙俄政府，不承认《里瓦基亚条约》。

正月十三日（2 月 20 日），杨熊祥（1883—1951）出生于湖北江夏（今武汉市武昌区）一个书香之家。

四月上旬，清政府为向俄国索回新疆伊犁，频调劲旅分布诸边以为防备；又命浙江提督吴长庆立即进京陛见。

四月二十四日（6 月 1 日），朝廷殿试榜发，沈曾植、梁鼎芬、左绍佐等人中进士，后来都与陈曾寿关系密切。

五月初八日（6 月 15 日），总理衙门奏称崇厚获罪后，英、法、德驻华公使均要求宽免。

五月十九日（6 月 26 日），清政府命暂免崇厚斩罪，并知照俄国。

六月二十六日（8 月 1 日），出使俄国钦差大臣曾纪泽抵达俄京圣彼得堡。

七月初六日（8 月 11 日），清政府调陕甘总督、钦差大臣左宗棠入京，并对俄妥协。

七月初七日（8 月 12 日），清政府开释原出使俄国大臣崇厚。

八月十二日（9 月 16 日），兰州机器织呢局正式开工。

八月十四日（9 月 18 日），直隶总督李鸿章奏设南北洋电报，获准在天津设立电报总局，并于紫竹林、大沽口、济宁、清江、镇江、苏州、上海七处各设电报分局，架设天津至上海间的电线（1881 年 4 月开始铺设电线，同年 12 月完工）。

十二月初一日（12 月 31 日），直隶总督李鸿章奏请兴建铁路。

是年，徐沅（1880—？）出生于江苏吴县（今苏州市）一个书香之家。

是年，徐思允（1880—？）出生于江苏武进一个中医世家。

是年，谢凤孙（1880—1956）出生于湖北随州一个书香之家。

## 光绪七年辛巳(1881 年)　四岁

正月二十六日（2 月 24 日），出使俄国钦差大臣曾纪泽与沙俄签订《中俄伊犁条约》和《改订陆路通商章程》。

正月二十九日（2 月 27 日），朝廷命东阁大学士左宗棠管理兵部事务，在军机大臣上行走，又在总理各国事务衙门行走。

二月二十一日（3 月 20 日），章士钊（1881—1973）出生于湖南长沙一个中医家庭。

三月初十日（4 月 8 日），咸丰皇帝皇后钮祜禄氏慈安太后猝死。

四月二十五日（5 月 22 日），清政府颁布《开平矿务局章程》。

五月十三日（6 月 9 日），唐山胥各庄运煤铁路建成，“中国火箭号”车头首次行驶。

六月初一日（6 月 26 日），东垂边务督办吴大澂奏请在吉林设立机器局，制造新式枪械子弹，获准。

六月十八日（7 月 13 日），山东济南美国传教士强买民房改建教堂，泺源书院师生发出揭帖，要求收回房屋；传教士却向美国公使报告，谎称教堂已被拆毁，要求赔偿；美国公使馆派参赞到济南向地方官要挟，以退还原房价和赔款结案，史称“济南教案”。

八月二十三日（10 月 15 日），广东南海县（今佛山市南海区）西樵缫丝工人因受迷信思想影响捣毁裕厚昌缫丝厂机器。

九月间，英国商人创办上海自来水公司。

十月初三日（11 月 24 日），叶恭绰（1881—1968）出生于广东番禺一个书香世家。

十月初十日（12 月 1 日），中国第一条电报线（天津至上海）铺成并投入使用。

十一月二十七日（1882 年 1 月 16 日），《申报》首次刊用国内电讯。

十二月二十六日（1882 年 2 月 14 日），出使日本钦差大臣黎庶昌一行人抵达东京，与前任公使何如璋办理完交接手续，随即前往日本外务部拜见外务卿井上馨，接洽公务。

是年，归安（今浙江省湖州市）富商黄佐卿在上海创办公和永缫丝厂，次年正式开工，是上海最早的民族资本机器缫丝厂。

是年，香港仁记洋行买办梁云汉（又名梁安，字鹤巢）在广州设立肇兴公司，经营海外航运及贸易。

是年，英商怡和洋行将华海轮船公司和扬子轮船公司合并为印华轮船公司，通称怡和轮船公司。

是年，胡琳章（1881—1951）出生于四川自贡贡井一个盐商家庭。

是年，刘承幹（1881—1963）出生于浙江吴兴南浔一个富商家庭。

## 光绪八年壬午(1882 年)　五岁

三月初六日（4 月 23 日），直隶总督李鸿章奏请在上海试办机器织布局。

三月初八日（4 月 25 日），以原法国交趾支那舰队司令李威利为头目的法国侵略军，突然出兵侵占安南（今越南）河内。

四月初二日（5 月 18 日），《字林西报》的中文版《沪报》在上海创刊（后售予日人之东亚同文会，改为《同文沪报》）。

四月下旬至五月中旬，法国传教士在黑龙江呼兰县强买民地建房，开枪打死都统署官员一人，并捏造“旗兵滋事”，告到法国公使馆；法国公使向清政府提出交涉，以赔款三千两银子结案，史称“呼兰教案”。

六月初九日（7 月 23 日），朝鲜发生政变，史称“壬午政变”。

六月十二日（7 月 26 日），上海英、美租界电灯公司电灯发光。

六月三十日（8 月 13 日），清政府命提督吴长庆率兵六营援助朝鲜。

八月二十四日（10 月 5 日），徐州道程国熙集商资设局，机器开采铜山县（今江苏省徐州市铜山区）属利国驿等处煤矿。

八月二十八日（10 月 9 日），郭则沄（1882—1947）出生于浙江台州龙顾山试院一个世代书香的官宦家庭。

八月间，曾寿的嫡堂兄陈曾佑（1857—？，字慕杜，号笃斋、苏生）赴武昌参加乡试，考中第 59 名举人。

案：曾佑祖廷柱（字敬甫，号小秋），本生祖廷经，系陈恩嘉（字仲平，号子政）之子。

十月十一日（11 月 21 日），直隶总督李鸿章代表清政府与法国驻华公使签订备忘录，初步确定中国撤退驻越武装，法国保证不侵占越南土地和不贬削越南国王的权力，开放保胜为商埠。

十月二十九日（12 月 9 日），沙俄政府胁迫清政府签订《中俄喀什噶尔界约》。

十一月初五日（12 月 14 日），朝廷命工部尚书翁同龢在军机大臣上行走。

十二月初十日（1883 年 1 月 18 日），清政府命在沪粤沿海铺设电线。

是年，梁鸿志（1882—1946）出生于福建长乐一个书香官宦世家。

是年，曾寿的二弟曾则（1882—1958）出生于京城寓所。

是年，张宗祥（1882—1965）出生于浙江海宁硖石镇一个书香之家。

是年，粤人徐鸿复、徐润等在上海集股设立同文书局，购置机器，影印《二十四史》、《古今图书集成》等古籍。同文书局是中国人自办的第一家近代石印图书出版机构。

## 光绪九年癸未（1883年）　六岁

正月初五日（2月12日），爱新觉罗·载沣（1883—1951）出生于北京太平湖醇亲王府邸。

二月十九日（3月27日），法国侵略军攻陷越南南定。

二月二十二日（3月30日），礼部上奏越南王阮福㫻请求援救。

二月二十三日（3月31日），中、英订立上海至香港电报办法合同。

三月初二日（4月8日），刘永福率黑旗军驰赴越南山西，助越抗法。

是日，电报线铺设至广东。

三月二十九日（5月5日），江南制造总局工人为反对延长劳动日举行示威游行。

四月十三日（5月19日），刘永福率黑旗军在河内以西怀德府的纸桥大败法军，击毙法将李威利（1827—1883），取得“纸桥大捷”。

四月下旬，朝廷会试结束，朱祖谋以二甲第一名考取进士，此后与陈曾寿关系密切。

五月初二日（6月6日），法国驻日本公使来中国重开谈判，企图强迫清政府承认法国在北越的侵略地位。

七月初十日（8月12日），中、俄签订《中俄科塔界约》。

七月二十三日（8月25日），法国侵略军侵入安南的顺化。

八月初一日（9月1日），刘永福率黑旗军和越南军与法国侵略军激战于丹凤。

八月初四日（9月4日），中、俄订立科布多新界牌标记。

八月十三日（9月13日），中、俄订立塔尔巴哈台北段牌标记。

九月初三日（10月3日），中、俄签订《中俄塔尔巴哈台西南界约》。

十月十八日（11月17日），法国内阁通知中国驻法公使曾纪泽，一定会以武力夺取安南之北圻。

十一月十五日（12月14日），法国海军中将、法国交趾支那舰队司令孤拔（1827—1885）率法军六千人进攻清军和黑旗军的防地山西，中法战争正式爆发。

十一月十七日（12 月 16 日），法国侵略军攻占安南山西。

十一月十八日（12 月 17 日），安南人杀死国王阮福琠。

十一月二十五日（12 月 24 日），清政府命云贵总督岑毓英率兵驰赴安南之山西，援越抗法。

是年，陈斯魁士（1883—1936）出生于浙江诸暨白湖镇一个书香家庭。

是年，陈曾寿一家随父母出京返回家乡，寓居省城武昌。《苍虬阁诗》卷九之《纪梦》诗中有“嗟我有生初，大母逮双亲。有叔复有姊，弱弟惟午君。六龄出京师，鄂渚三十春。蕃衍族滋大，人事丛悲辛”诸诗句（见《苍虬阁诗》卷九，《苍虬阁诗集》第 257 页），乃记述幼年时事。

## 光绪十年甲申（1884 年）　七岁

二月十一日（3 月 8 日），法国侵略军开始大举进攻清军和黑旗军的防线。

二月十五日（3 月 12 日），法国侵略军攻陷安南的北宁。

二月二十三日（3 月 20 日），法国侵略军攻陷安南的太原。

三月十三日（4 月 8 日），慈禧太后黜军机大臣恭亲王奕䜣、翁同龢、李鸿藻、景廉、宝鋆，而以礼亲王世铎、额勒和布、阎敬铭、张之万、孙毓汶为军机大臣。

三月二十日（4 月 15 日），安南兴化沦陷，法国侵略军占领安南红河三角洲。

四月初十日（5 月 4 日），清政府命直隶总督李鸿章负责办理中法和议事宜。

四月十七日（5 月 11 日），中、法在天津签订《中法会议简明条款》，清政府承认法国对越南的保护权。

四月二十八日（5 月 22 日），朝廷鉴于当时的局势，调山西巡抚张之洞署理两广总督，而以奎斌署理山西巡抚。

五月初十日（6 月 3 日），中、俄签订《中俄续勘喀什噶尔界约》。

闰五月初一日（6 月 23 日），法国侵略军蓄意挑起了“谅山事变”，被守军击退。

闰五月初四日（6 月 26 日），朝廷赏在家养病十余年的原直隶提督刘铭传巡抚衔，督办台湾军务。

闰五月二十日（7 月 12 日），法国驻北京代理公使谢满禄向清政府提出最后通牒。

闰五月二十三日（7 月 15 日），法国远征舰队以“游历”为名，强行驶入福建水师基地马尾军港。

六月十四日（8 月 4 日），法国海军少将、远东舰队副司令利士比率三艘军舰进犯台湾基隆，向守军投递劝降书，遭到严正拒绝。

六月十五日（8 月 5 日），法国军舰进攻基隆，遭到守军的猛烈反击，基隆炮台被炸毁。

六月二十六日（8 月 16 日），法国议会决定扩大侵华战争，通过三千八百万法郎的侵华经费议案。

六月二十九日（8 月 19 日），法国驻华代理公使谢满禄借口“基隆事件”，再次向清政府发出最后通牒。

七月初三日（8 月 23 日），法国舰队以事先已驶入马尾港的优势，突然对马尾港中的中国兵舰发起袭击，马尾海战爆发。虽然许多中国官兵奋起迎战，但福建水师的船舰还是大部分被炸毁。

七月初四日（8 月 24 日），法国舰队开炮炸毁福建马尾造船厂。

七月初五日（8 月 25 日），闽江口清军长门炮台轰击法军舰队，法国军舰败逃。

八月十三日（10 月 1 日），法国海军中将孤拔率领法国舰队进攻台湾基隆，次日炮轰淡水炮台，被台湾守军击退。

八月十七日（10 月 5 日），香港工人举行反对英国、法国侵略的罢工。

八月二十日（10 月 8 日），法国军舰炮轰淡水炮台，被台湾守军击退。

九月初五日（10 月 23 日），法国海军中将孤拔宣布封锁台湾海面。

九月三十日（11 月 17 日），清政府在新疆建立行省，设置州县，任命刘锦棠为甘肃、新疆巡抚，仍以钦差大臣督办新疆军务；而以原甘肃布政使魏光焘为甘肃、新疆布政使。

十月十五日（12 月 2 日），曾寿的三弟曾矩（1884—？）出生于武昌寓所。

十月二十八日（12 月 15 日），西线滇军和刘永福所率之黑旗军包围法国侵略军占据之越南宣光城。

十二月三十日（1885 年 2 月 14 日），法国侵略军攻陷越南谅山（今越南谅山市）。

是年，佟济煦（1884—1943）出生于满洲驻福州一个镶黄旗旗人家庭。

是年，李洣（1884—1953）出生于湖南衡阳一个书香之家。

是年，为抗议法国侵略军的入侵，广东、福建、浙江、贵州、云南等地民众自发捣毁天主教堂，频发驱逐法国传教士的事件；旅美、旅日侨胞则纷纷捐款，支持国内的抗法斗争。

## 光绪十一年乙酉（1885 年） 八岁

正月初九日（2 月 23 日），法国侵略军侵占中国的镇南关（曾称鸡陵关、大南关、界首关和睦南关，今名友谊关，在今广西凭祥市西南 15 公里处）。

正月十五日（3 月 1 日），孤拔率法国远东舰队进犯镇海（今浙江省宁波市镇海区）海口，被清军参将吴杰率领严阵以待的浙东守军击退。

二月初四日（3 月 20 日）夜晚，薛福成派部下偷偷将数门重炮运至前沿阵地，乘天未亮之际，向海上的法国舰队突施猛攻，击中法军旗舰，孤拔身受重伤；法国舰队不明情况，只得仓惶南逃。

二月初六日（3 月 22 日），清政府派直隶总督李鸿章为全权大臣与法国驻华公使商议条约。

二月初二至初八日（3 月 18—24 日），原广西提督冯子材率领其“萃军”大败法国侵略军于关前隘，取得“镇南关大捷”。

二月十一日（3 月 27 日），老将冯子材率所部“萃军”攻克越南谅山。

二月十五日（3 月 31 日），法国茹费理内阁倒台，新内阁成立，建议速办和议，清政府下达停战诏书。

二月十六日（4 月 1 日），法军舰队攻占澎湖（今中国台湾省澎湖县），法国侵略军主将孤拔（1827—1885）病死。

二月十九日（4 月 4 日），法国强迫清政府在巴黎签订《中法议和草约》。

二月二十二日（4 月 7 日），清政府下令前线停战。

三月初四日（4 月 18 日），中、日签订《天津会议专条》。

四月二十七日（6 月 9 日），清政府全权大臣李鸿章与法国驻华公使巴德诺（又译作“巴特纳”）在天津签订《中法会定安南条约》（即《中法新约》），中法战争结束。

四月间，钟刚中（1885—1968）出生于广西邕宁一个书香之家。

五月初五日（6 月 17 日），直隶总督李鸿章奏设天津武备学堂。

五月二十一日（7 月 3 日），清政府在德国订购的“定远”号、“镇远”号两艘铁甲舰抵达中国。

七月二十七日（9 月 5 日），钦差大臣左宗棠（1812—1885）卒于福州任上，享年七十四岁；朝廷追赠太傅，谥号文襄，并入祀昭忠祠、贤良祠。

九月初五日（10 月 12 日），清政府改台湾府为行省，以原福建巡抚刘铭传为台湾省首任巡抚。

九月初六日（10 月 13 日），清政府设立海军衙门，以光绪皇帝生父奕譞总理海军事务。

九月二十三日（10 月 30 日），清政府任命跟随吴长庆援朝平叛战功突出的袁世凯为驻朝鲜总理交涉通商事务大臣。

十一月二十七日（1886 年 1 月 1 日），英国印度总督宣布将缅甸并入印度。

十一月二十九日（1886 年 1 月 3 日），朝廷调工部尚书翁同龢为户部尚书，而以兵部尚书潘祖荫为工部尚书。

是年，沈兆奎（1885—1955）出生于江苏吴江一个书香世家。

是年，上海格致书院成立，王韬被中西董事公举为格致书院掌院，同时担任《申报》的编纂主任。

## 光绪十二年丙戌(1886 年)　九岁

二月二十二至三月初十日（3 月 27 日—4 月 13 日），中、法订立广西关外各关界约。

六月初三日（7 月 4 日），左副都御史吴大澂与沙俄订立《珲春界约》。

六月初十日（7 月 11 日），慈禧太后颁发懿旨，宣布次年归政。

六月二十三日（7 月 24 日），中、英签订《中英缅甸条款》，清政府被迫承认英国占领缅甸。

六月二十四日（7 月 25 日），四川重庆（今重庆市）的民众为反抗英美传教士强修教堂，自发组织起来焚毁传教士住宅和教堂；教堂武装开枪杀伤民众三十余人，激起三千余名民众聚集起来将城内外的教堂和领事馆一并捣毁；在英美法驻华公使的要挟下，清政府以处死民众二人，赔款二十三万五千两银两结案，史称“重庆教案”。

八月初五日（9 月 2 日），慈禧太后下懿旨：允醇亲王奕譞奏请，于光绪皇帝亲政后，再“训政”数年。

十月十一日（11 月 6 日），天津《时报》创刊，英国传教士李提摩太（1845—1919）担任主笔。

十一月初六日（12 月 1 日），朱德（1886—1976）出生于四川仪陇县马鞍场（今南充市仪陇县马鞍镇）一个佃农家庭。

十二月二十八日（1887 年 1 月 21 日），清政府命直隶总督李鸿章速派员前往黑龙江勘办漠河（今大兴安岭地区漠河县）金矿。

是年，曾寿的四弟曾縠（1886—？）出生于武昌寓所。

是年，万州客民首领陈钟明曾领导琼山（今海南省海口市琼山区）、定安（今海口市定安县）、儋州（今海南省儋州市）的黎族、汉族民众举行反清起义。

## 光绪十三年丁亥(1887 年)　十岁

正月十五日（2 月 7 日），朝廷在紫禁城太和殿举行光绪皇帝的亲政礼。

正月二十四日（2 月 16 日），清政府命直隶总督李鸿章在天津购置机器鼓铸制钱。

二月初七日（3 月 1 日），川、滇电线铺成。

三月初二日（3 月 26 日），葡萄牙侵略者迫使清政府与其订立不平等条约《里斯本议定书》，承认葡萄牙永据澳门。

三月初五日（3 月 29 日），中、法订立《广东、广西、云南中越勘界议定书》。

闰四月间，两广总督张之洞在广州创办广雅书院。

五月初三日（6 月 23 日），爱新觉罗・载涛（1887—1970）出生于京城皇室的醇贤亲王府邸。

六月十四日（8 月 3 日），两广总督张之洞奏请开办广东水、陆师学堂各一所。

八月十三日（9 月 29 日），黄河南岸郑州之下汛十堡处决口三百余丈，黄河断流，下游则大水成灾。

八月二十三日（10 月 9 日），福建至台湾海底的电线铺设完成。

九月十六日（11 月 1 日），英国长老会传教士韦廉臣（1829—1890）在上海创办同文书会，1894 年改称广学会。该会于 1888 年成立董事会，推举海关总税务司赫德为会长，英国驻沪总领事福克为副会长，韦廉臣为督办。1891 年起，由李提摩太担任督办（后改称总干事）。

十月十四日（11 月 28 日），美国传教士李佳白（1857—1927）因在山东济南抢占地方民众房产，激起当地士绅的愤怒，将其殴伤。后在美国驻华公使田贝(1830—1904)的干预之下，地方官府在济南城外拨给教会一块更大的地产作为补偿，事情才算了结。

十月十七日（12 月 1 日），《中葡北京条约》签订，肯定《里斯本议定书》的规定。1928 年，中国政府公开声明，此约作废。

十一月初三日（12 月 17 日），汪国垣（1887—1966）出生于江西彭泽黄岭乡一个书香官宦家庭。

十二月初五日（1888 年 1 月 17 日），直隶总督李鸿章派李金镛前往黑龙江筹办漠河金矿。

是年，直隶总督李鸿章创设天津铁路公司，又在天津设宝津局机器造币，还在山东筹办山东淄川铝矿。

是年，两广总督张之洞在广州设机铸制钱局，又在广州石井墟设立枪弹厂。

是年，李放（1887—1926）出生于直隶义州（今河北省易县）一个书香官宦之家。

是年，李寿熙（1887—1947）出生于陕西咸阳一个书香家庭。

## 光绪十四年戊子(1888 年)　十一岁

二月初七日（3 月 19 日），英国侵略军悍然向我国西藏的隆吐山进攻，英国的第一次侵藏战争开始。

二月二十二日（4 月 3 日），上海小车工人举行的抗捐斗争取得胜利。

五月初四日（6 月 13 日），渤海湾发生 7.5 级地震，周边地区均有影响。

六月间，我国自主修建的第一条铁路——（北）京山（海关）铁路的天津至唐山段铁路建成通车，称为北洋铁路。

九月间，赴京参加顺天乡试的广东秀才康有为第一次上书光绪皇帝，极言时危，请求变法维新，提出“变成法”、“通下情”、“慎左右”三条纲领，未达。

十月初五日（11 月 8 日），慈禧太后立副都统桂祥之女叶赫那拉氏为光绪帝皇后，原任侍郎长叙之女他他拉氏姐妹为瑾嫔、珍嫔。

十一月十五日（12 月 17 日），北洋海军正式组建，共有船舰二十五艘，即定远、镇远两艘铁甲舰（主力舰），经远、致远、靖远、来远和济远五艘穹甲快舰（巡洋舰），平远、超勇、扬威等快船，以及镇东、镇西、镇南、镇北、镇中、镇边等蚊子炮船（炮舰）和鱼雷艇、教练船、运输船等。清政府任命北洋水师记名提督、直隶天津总兵丁汝昌为北洋海军提督，而以镇远舰管带林泰曾、北洋水师右翼总兵刘步蟾为左、右翼总兵。

十二月十九日（1889 年 1 月 20 日），河南郑州汛十堡处之黄河决口终于合龙。

是年，刘恩格（1888—1949）出生于辽宁辽阳一个书香家庭。

是年，曾寿的五弟曾畴（1889—？）出生于武昌寓所。

是年，李宣倜（1888—1961）出生于福建闽县一个书香官宦世家。

是年，徐彬彬（1888—1961）出生于江苏宜兴一个书香官宦家庭。

是年，沈其光（1888—1970）出生于江苏青浦一个书香之家。

## 光绪十五年己丑(1889 年)　十二岁

正月初六日（2 月 5 日），江苏镇江的洋人巡捕殴毙华人，激起民众愤怒，一举捣毁洋行及英、美领事衙署。

正月二十七日（2 月 26 日），光绪皇帝大婚礼成，册封慈禧太后弟弟、副都统桂祥之女叶赫那拉氏为皇后。

二月初三日（3 月 4 日），慈禧太后“归政”，光绪皇帝“亲政”。是日，皇上御太和殿，接受群臣朝贺，并宣诏颁行天下。

三月初三日（4 月 2 日），两广总督张之洞奏请建造卢（沟桥）汉（口）铁路。

四月二十五日（5 月 24 日），朝廷殿试结束，周树模、陈三立等人中进士，后来都与陈曾寿关系密切。

同月里，曾寿的堂兄陈曾佑赴京参加会试，被取为进士，并被选为庶吉士。

七月十二日（8 月 8 日），朝命调两广总督张之洞为湖广总督，而调漕运总督李瀚章为两广总督。

八月初二日（8 月 27 日），卢汉铁路经朝廷批准正式开始筹办。

十月二十二日（11 月 14 日），张之洞交卸总督篆务，由李瀚章接任两广总督。

十一月初四日（11 月 26 日），张之洞一行自广州乘轮船赴香港。

十一月初八日（11 月 30 日），张之洞一行自香港乘轮船赴上海。

十一月十一日（12 月 3 日），张之洞一行抵达上海。

十一月二十日（12 月 12 日），张之洞一行自上海乘轮船赴武昌。

十一月二十五日（12 月 17 日），张之洞一行抵达省城武昌。

十一月二十六日（12 月 18 日），张之洞正式接印，就任湖广总督。

十二月初八日（12 月 29 日），上海机器织布局安装完毕，正式开车织布。

十二月间，德国在上海设立的德华银行正式营业，成为日后德国资本在华活动的中心。

是年，谭泽闿（1889—1948）出生于湖南茶陵一个书香官宦之家。

是年，程康（1889—1965）出生于湖南长沙一个书香之家。

## 光绪十六年庚寅(1890 年)　十三岁

二月二十七日（3 月 17 日），清政府驻藏帮办大臣升泰与英国印度总督兰斯顿在加尔各答签订《藏印条约》，英国开始向我国西藏地区伸展侵略势力。

闰二月初十日（3 月 30 日），汪东（1890—1963）出生于江苏吴县一个书香之家。

闰二月十一日（3 月 31 日），中、英签订《烟台续增专约》。

闰二月二十六日（4 月 15 日），中、法订立《会勘广东越南第一图立石界约》。

四月初二日（5 月 20 日），福建购买机器开炉试铸银元。

四月里，新任湖广总督张之洞在武昌营坊口左老天符庙都司湖畔创办两湖书院（今武汉音乐学院、武昌实验小学等单位所在地），不仅聘请其弟子、前广东端溪书院山长梁鼎芬为提调（即山长），还相继聘请杨守敬、华蘅芳、姚晋圻、邹代钧、陈三立、沈曾植等学人为学生授课。

六月二十三日（8 月 8 日），因不堪外国传教士肆虐，四川大足县（今重庆市大足区）余栋臣组织煤窑、纸厂工人及挑贩数百人竖旗起义；起义军攻占龙水镇，并发布檄文，号召民众驱逐外国传教士；清廷急派桂天培带兵到大足“查办”，四川总督刘秉璋则以赔款五万银两并缉捕“凶手”结案，史称“大足教案”。

七月二十九日（9 月 13 日），海军衙门批准张之洞筹办汉阳制铁局，后改称汉阳铁厂，是我国第一个近代钢铁企业。

八月上旬，湖南澧州（今常德市澧县）哥老会首领廖星阶、马万伏率会众起义，进袭澧州城。后起义军与官兵周旋一年多时间，才被清军镇压。

九月二十六日（10 月 28 日），御史吴兆泰上奏请停止颐和园工程，清廷命将其交部严加议处。

十月十一日（11 月 22 日），朝廷命居乡已达九年的原两江总督刘坤一再任两江总督兼南洋通商事务大臣。

是年，宋小坡（1890—1976）出生。

是年，湖广总督张之洞在武昌设立湖北织布局，而自 1894 年至 1898 年间又陆续设立纺纱、缫丝、制麻三局，通称湖北纺织四局。

是年，基督教传教士全国大会议决将学校教科书委员会改组成中华教育会，指导整个基督教在华教育事业，垄断中国的新式教育阵地。

## 光绪十七年辛卯(1891 年)　十四岁

正月十二日（2 月 20 日），四川会理州（今凉山彝族自治州）会党举行起义。

三月十七日（4 月 25 日），开平煤矿局矿工为抗议外国技师欺压中国矿工而举行大罢工。

同日，扬州民众发布揭帖，揭露外国传教士欺压中国老百姓的罪恶，聚众五、六千人包围教堂，被清政府派兵将民众驱散镇压。史称“（第二次）扬州教案”。

四月初六日（5 月 13 日），安徽芜湖民众因反对英国传教士迷拐幼童，焚毁教堂，并包围领事馆，史称“芜湖教案”。

四月二十九日（6 月 5 日），湖北广济县武穴镇民众因反对外国传教士贩卖婴儿，焚毁教堂，杀死一名英国传教士；在英、德两国的威胁下，湖广总督张之洞处分地方官一名，捕杀民众二人，判七人徒刑，赔款六万五千银两结案，史称“武穴教案”。

七月二十九日（9 月 2 日），湖北宜昌民众因反对法国传教士拐卖儿童和美国传教士开枪伤人，焚毁英、美、法国教堂；英、美、法等九国公使联合向清政府威胁，各国军舰开至汉口、宜昌进行恫吓；湖广总督张之洞以判处民众十二人徒刑，赔款十七万五千七百七十一两银子结案，史称“宜昌教案”。

七月间，康有为正式在广州长兴里设立万木草堂，讲学著书，所著之《新学伪经考》一书刊行。

八月十二日（9 月 14 日），贵州下江厅（今黔东南苗族侗族自治州从江县）苗民梁志得等率众起义。

八月间，湖北乡试结束，曾寿的堂伯父恩澍公考取举人。

十月初十日（11 月 11 日），热河朝阳（今辽宁省朝阳市朝阳县）金丹教首领李国珍、杨悦春率教众举行反洋教起义，攻占贝子府，建立开国府，李国珍称扫北武圣人，杨悦春被推为总大教师；下设丞相及各种官职，发布了安民告示。起义队伍数千人分青、黄、白、红、黑色旗等5队，攻占朝阳府；随后，在理教首领郭万昌(一作万淳)等亦率众数千起义响应。

十一月初五日（12月5日），陈三立的四子陈方恪（1891—1966）出生于湖北布政使衙署。

十一月间，李国珍、杨悦春、郭万昌等率领的起义军被清军镇压。

十二月三十日（1892年1月29日），曾寿作有《除夕诗》一首，中有“诗成两岁乘除里，春在万家欢喜中”一联，为其启蒙师关棠所赞赏。

陈曾寿晚年曾作有《十四岁除夕有句云“诗成两岁乘除里，春在万家欢喜中”，先师关季华先生极为叹赏，以为他日立朝事业所在也。今老矣，一无所成，感赋一绝》一诗，回忆此事（见《苍虬阁诗》卷十，《苍虬阁诗集》第296页）。

是年，曹经沅（1891—1946）出生于四川绵竹一个书香之家。

## 光绪十八年壬辰(1892年) 十五岁

二月十五日（3月13日），反清革命志士杨衢云、谢缵泰等在香港设立辅仁文社，以尽心爱国、开通民智为宗旨。

四月间，日本的横滨正金银行在上海设立分行。

五月中旬至六月上旬，襄阳府谷城县民众为抗议天主教传教士非法传教，聚众围攻教堂，并提出“灭洋改教”的口号，引发中外争端，史称“襄阳教案”。

七月初四日（8月25日），中、俄订立接连陆路电线的约款。

闰六月中旬至七月上旬，沙俄出兵帕米尔地区，强占萨雷阔勒岭以西的中国领土二万多平方公里。

八月二十八日（10月18日），萍乡芦溪（今江西省萍乡市泸溪县）哥老会举行起义，因事泄失败。

十月初二日（11月20日），湖广总督张之洞在武昌设立的湖北织布局建成开织。

十月十三日（12月1日），陈曾寿的六弟陈曾言（1892—？）出生于湖北武昌寓所。

十一月初五日（12月23日），陈祖壬（1892—1966）出生于江西新城（今抚州市黎川县）一个书香之家。

十二月间，由湖广总督张之洞四处筹资建造的湖北汉阳炼铁厂的机器厂、铸铁厂、打铁厂及大冶运矿铁路五十余华里先后竣工。

是年，陈懋复（1892—1951）出生于福建闽县（今福州市）螺洲镇一个世代书香的官宦家庭。

是年，朱孙藩（1892—1969）出生于江苏宝应一个书香之家。

## 光绪十九年癸巳(1893 年)　十六岁

正月初一日（2 月 17 日），中外商人在上海合办《新闻报》，英国商人丹福士为总董，聘请原《沪报》主笔蔡尔康为主笔。

五月十八日（7 月 1 日），麻城宋埠民众因抗议新教瑞典行道会传教士随便捆殴当地民众，将教士梅宝善和乐传道殴毙，引起两国交涉。清政府以处死民众二人，徒刑其人，赔款四万二千银两结案，史称“麻城宋埠教案”。

八月间，曾寿的堂兄陈曾望赴武昌参加乡试，被取为第 18 名举人。

九月初十日（10 月 19 日），上海机器织布局因失火被焚毁。

十月二十八日（12 月 5 日），中、英签订《藏印续约》，开亚东（今西藏日喀则市亚东县）为商埠。

十一月十二日（12 月 19 日），直隶总督李鸿章在天津开办医学堂。

十一月十九日（12 月 26 日），毛泽东（1893—1976）出生于湖南省湘潭县韶山冲一个农民家庭。

十二月二十二日（1894 年 1 月 28 日），湖广总督张之洞在武昌奏设湖北自强学堂。

是年，蒋国榜（1893—1970）出生于江苏江宁一个殷富之家。

是年，陈孝威（1893—1974）出生于福建闽侯县（今福州市）一个书香之家。

是年，天津武举李福明等人在北京东便门外开办一家机器面粉厂，使用外国进口蒸汽机磨，每日平均磨粉二百担，生意兴隆。

是年，台湾巡抚刘铭传所主持修建的台北至新竹的铁路竣工通车。

## 光绪二十年甲午(1894 年)　十七岁

正月初三日（2 月 8 日），朝鲜东学党在全罗道古埠郡发动起义，提出了“逐灭夷倭”、“尽灭权贵”的口号。

二月十一日（3 月 17 日），清驻美公使杨儒与美国国务卿葛礼山（1832—1895）在华盛顿签订《中美华工条约》。

四月十六日（5 月 20 日），驻英、法、义、比公使薛福成至巴黎公使馆迎接新到的公使、原四川布政使龚照瑗，并与其办理相关移交手续。

四月二十七日（5 月 31 日），朝鲜国王以韩兵屡败于东学党，与袁世凯商议，请求中国出兵助剿。

四月二十九日（6 月 2 日），日本内阁决定出兵朝鲜。

四月三十日（6 月 3 日），朝鲜政府正式致书清政府，请求派兵援助。

五月初一日（6 月 4 日），直隶总督李鸿章派太原镇总兵聂士成率兵九百由大沽前往牙山，援助朝鲜。

五月初五日（6 月 8 日），太原镇总兵聂士成率兵抵达朝鲜牙山（韩国西海岸城镇，属忠清南道，临牙山湾）。

五月初六日（6 月 9 日），直隶提督叶志超率兵七百由山海关赴朝鲜牙山。

五月初七日（6 月 10 日），日本驻朝鲜公使大鸟圭介率数百日军进入朝鲜汉城。

五月初九日（6 月 12 日），日军八百余名先头部队在朝鲜仁川登陆，次日开赴汉城。

五月十三日（6 月 16 日），日军约四千人在大岛义昌的率领下，抵达朝鲜仁川（韩国西北部的一个广域市，是一座面向黄海的港湾都市）。

五月十七日（6 月 20 日），直隶总督李鸿章要求俄国驻华公使喀希尼出面调停朝鲜之事，中、日撤兵。

五月十九日（6 月 22 日），日本外相陆奥宗光回复中国驻日公使汪凤藻，谓中、日所见不同，日本不会撤走朝鲜之兵（第一封绝交书）。

五月二十四日（6 月 27 日），第二批日军到达朝鲜仁川，朝鲜日军已逾八千。

六月十二日（7 月 14 日），日本驻中国公使小村寿太郎照会清政府总理衙门，拒绝撤兵，两国如果发生不测之变，日本不负责任（第二封绝交书）。

六月十三日（7 月 15 日），诏令翁同龢、李鸿藻与军机大臣、总署大臣会筹韩事。

同日，直隶总督李鸿章电令叶志超自朝鲜牙山移军平壤。

六月十四日（7 月 16 日），以日、韩情事已将决裂，光绪皇帝严旨直隶总督李鸿章速筹进兵事宜，不得畏葸、延宕。

同日，直隶总督李鸿章派河南镇总兵卫汝贵部六千（案：时奉朝命驻扎天津），太原镇总兵马玉昆部两千（案：时奉朝命协助宋庆防卫旅顺口），由海道分进平壤、义州，广东高州镇总兵左宝贵部四千（案：时奉朝命驻扎奉天）由陆路进军平壤。

六月二十一日（7月23日），日军包围朝鲜王宫，劫持国王，组织傀儡政府，并攻掠中国驻韩总理公署。直隶总督李鸿章雇英国商船“高陞”号、“爱仁”号、“飞鲸”号运兵两千六百余名赴朝鲜牙山，援助叶志超军。

六月二十三日（7月25日），日本军舰“吉野”号、“浪速”号等在朝鲜半岛海域之丰岛，偷袭北洋海军船只，击沉中国租用的运兵英船“高陞”号，一千多官兵誓不降敌，大部壮烈牺牲；“济远”号、“广乙”号两艘军舰被击伤，“操江”号舰则被俘，甲午中日战争爆发。

六月二十七日（7月29日），太原镇总兵聂士成与日军在成欢驿（在朝鲜忠清南道牙山附近）交战，败走公州（韩国忠清南道公州市）。

七月初一日（8月1日），中、日两国同时宣战。

七月二十五日（8月25日），朝命直隶提督叶志超总统驻扎平壤诸军。聂士成部亦退抵平壤。

八月初七日（9月6日），中、日两国军队在朝鲜平壤交战。

八月十五日（9月14日），日军进攻平壤，高州镇总兵左宝贵和补用知府盛星怀战死。

八月十七日（9月16日），日军占领平壤。直隶提督叶志超、河南镇总兵卫汝贵败走，清军死伤两千余人。

八月十八日（9月17日），中、日发生“黄海海战”，日本舰队司令伊东祐亨大败北洋水师提督丁汝昌于大东沟（今辽宁省东港市）海面。“致远”号、“经远”号、“超勇”号、“扬威”号被击沉，“广甲”号被击毁，余舰退走旅顺。管带邓世昌等战死。

九月初一日（9月29日），慈禧太后起用奕䜣主持总理衙门，奕䜣曾出面请求英国联合美国和俄国，共同调停中、日战争。

九月初二日（9月30日），直隶提督叶志超等部清兵奉命全部退出朝鲜。

九月初十日（10月8日），朝命湖广总督张之洞速进京议事，而以湖北巡抚谭继洵署理湖广总督。

九月二十二日（10月20日），日本侵略军占领朝鲜义州（今新义州特别行政区）。

九月二十五日（10月23日），日本侵略军渡过鸭绿江。

九月二十六日（10月24日），日本侵略军第一军侵入中国边境，第二军则在辽东半岛花园口登陆，进犯旅顺、大连。

九月二十七日（10月25日），日本侵略军大败驰援九连城的四川提督宋庆所部，占领九连城和安东。

十月初五日（11月2日），朝命两江总督刘坤一进京议事，而以张之洞署理两江总督。

十月二十七日（11月24日），孙中山在美国檀香山组织成立“兴中会”。

十一月二十四日（12月20日），总署通知美国驻华公使田贝，清政府决定派户部侍郎张荫桓、署理湖南巡抚邵友濂为代表赴日本议和，并聘请前美国国务卿福世德为顾问。

十二月初二日（12月28日），朝命两江总督刘坤一为钦差大臣，山海关内外防剿各军皆归其节制。

十二月十五日（1895年1月10日），日本侵略军攻陷盖平（今辽宁省盖州市）。

十二月二十五日（1895年1月20日），日本侵略军在荣成湾登陆，占领荣成（今山东省威海市荣成市）。

是年，胡先骕（1894—1968）出生于江西新建一个书香之家。

是年，曾寿的外公周恒祺①在黄陂（今武汉市黄陂区）老家去世。

## 光绪二十一年乙未(1895年)　十八岁

正月初一日（1月26日），议和代表张荫桓、邵友濂自上海东渡。

正月初二日（1月27日），日本御前会议决定和议大纲。

正月初五日（1月30日），日本侵略军占领威海卫南帮炮台。

正月初七日（2月1日），张荫桓、邵友濂与伊藤博文、陆奥宗光会于广岛，商讨议和事宜，以无全权被拒；日本还公开指名要直隶总督李鸿章为

① 周恒祺(1824—1894)，字子维、福陔，号福皆，湖北黄陂人。道光二十六年(1846年)中举人，咸丰二年(1852年)成进士，选庶吉士。散馆后历官翰林院编修、顺天乡试同考官、广东乡试副考官、实录馆协修、山东道监察御史、京畿道监察御史、工科给事中、山东督粮道兼署山东按察使、广东按察使、福建布政使兼署福建巡抚、直隶布政使等职。光绪五年(1879年)，擢升山东巡抚。光绪七年(1881年)，迁漕运总督。不久，乃辞官归里。著有《文宗显皇帝实录》等。

全权代表。

正月十一日（2月5日），北洋舰队的“定远”号在威海卫被日本军舰击沉。

正月十二日（2月6日），日本侵略军攻陷山东文登（今威海市文登区），北洋舰队的“来远”号、“威远”号等舰被日舰炸沉。

正月十三日（2月7日），北洋舰队在威海卫被日本侵略军海陆包围，陷入绝境。

正月十五日（2月9日），日本侵略军攻入山东宁海州（今烟台市牟平区），北洋舰队的“靖远”号被日军击沉。北洋海军右翼总兵、记名提督刘步蟾自尽殉国。

正月十七日（2月11日），清政府召前谈判代表张荫桓、邵友濂回国。

正月十八日（2月12日），海军提督丁汝昌、总兵张文宣自尽殉国；五日后，威海卫海军及刘公岛守军投降，北洋舰队全军覆没。

正月十九日（2月13日），朝廷以直隶总督、北洋大臣李鸿章为头等全权大臣赴日商定和约，而以帮办北洋事务大臣王文韶署理直隶总督兼北洋大臣。

正月二十日（2月14日），道员牛炳昶代表威海卫海军残部与日本舰队司令伊东祐亨议定投降条款十一条。

正月二十一日（2月15日），日本侵略军攻陷刘公岛（在今山东省威海市环翠区威海湾中）。

正月二十二日（2月16日），日本军舰驰入威海卫（在今山东半岛东北端的威海市）。

正月三十日（2月24日），直隶总督李鸿章与奕劻、孙毓汶、翁同龢等朝中大臣商议合约条款，争执不下。海城（今辽宁省鞍山市海城市）日本侵略军乃进攻大平山（今营口市东南10公里处之二龙山），大败宋庆所部。

二月初十日（3月6日），日本侵略军攻陷营口（今辽宁省营口市）。

二月十三日（3月9日），日本侵略军攻陷田庄台（今辽宁省盘锦市大洼区）。

二月十八日（3月14日），赴日头等全权大臣李鸿章率其子经方和罗丰禄、伍廷芳、马建忠、徐寿朋、于式枚以及美国顾问福世德一行，离天津赴日本马关议和。

二月二十二日（3月18日），日本侵略军攻陷山东长山岛（在今烟台市长岛县境内）。

二月二十四日（3 月 20 日），李鸿章一行在日本马关与伊藤博文开始议和、谈判。

二月二十九日（3 月 25 日），日本侵略军攻占澎湖（今台湾省澎湖县）。

三月初五日（3 月 30 日），中、日双方达成停战条约。

三月二十日（4 月 14 日），清政府电谕全权大臣李鸿章，如条件无可商议，即可订约。

三月二十一日（4 月 15 日），头等全权大臣李鸿章与伊藤博文第五次会谈，接受日本所提全部条件。

三月二十三日（4 月 17 日），《中日马关条约》签字。按条约规定：中国承认朝鲜独立；割让辽东、澎湖、台湾；赔款二万万两；日本商人可在中国口岸从事工艺制造。中日甲午战争宣告结束。

三月二十六日（4 月 20 日），署理两江总督张之洞致电总署，阻止和议，主张向英、俄求援。

是日，头等全权大臣李鸿章自日本马关抵达天津。

三月二十九日（4 月 23 日），法、德、俄三国驻日公使照会日本外务省，要求日本放弃辽东半岛。合约消息传出，举国震惊，臣民纷纷上书请求罢除合约。

三月间，周君亮（1895—1989）出生于汉阳府黄陂县城内正街周家大屋一个书香官宦之家。

四月初七日（5 月 1 日），广东举人康有为、梁启超联合在京参加会试的十八省举人集会，号召拒约自强。

四月初八日（5 月 2 日），清政府批准中日合约。

同日，康有为等十八省举人上书清政府，拒签合约，请都察院代奏，此即历史上著名的“公车上书”。

四月初十日（5 月 4 日），张之洞、边宝泉、谭继洵、李秉衡等疆吏致电总署，请展期换约。

同日，日本政府向俄、德、法三国政府声明，愿意放弃辽东半岛。

四月十二日（5 月 6 日），钦差大臣刘坤一致电总署，请缓期换约。

四月十三日（5 月 7 日），日本向中国总署声明，愿意放弃辽东半岛。

四月二十四日（5 月 18 日），清政府派李经方前往台湾与日本派出大臣商办交割事宜。

四月二十七日（5 月 21 日），台湾绅民拒不接受《中日马关条约》，决定成立“独立民主国”，建元“永清”，即通告各国。

五月初二日（5 月 25 日），“台湾民主国”宣布成立。唐景崧为总统，刘永福为民主将军，丘逢甲为义勇统领，陈季同为外务大臣，俞明震为内务大臣，李秉瑞为军务大臣，林维源为议院议长。

五月初六日（5 月 29 日），日本陆军近卫师团开始在台湾澳底（在今台湾台北县东北）登陆，遭到台湾军民的猛烈抵抗。

五月初十日（6 月 2 日），李经方与日本台湾总督桦山资纪会于基隆口外，签订台湾交接文据。

五月十一日（6 月 3 日），日本侵略军攻占台湾基隆。

五月十六日（6 月 8 日），日本侵略军攻陷台湾台北。

五月三十日（6 月 22 日），日本侵略军攻陷台湾新竹。

闰五月初五日（6 月 27 日），日本侵略军自台湾新竹南侵，为义军徐骧等所阻。

闰五月十四日（7 月 6 日），中、俄签订《四厘借款合同》。

闰五月十九日（7 月 11 日），徐骧率义军反攻台湾新竹。

六月十一日（8 月 1 日），福建古田斋教首领刘祥兴反对英、美教士勾结清朝官吏与民众为敌，率众愤怒焚毁教堂，史称“古田教案”。

六月二十五日（8 月 15 日），日本侵略军攻陷台湾苗栗。

七月初四日（8 月 23 日），日本侵略军攻陷台湾大甲溪。

七月初七日（8 月 26 日），日本侵略军攻陷台湾府（今台湾省台中市）。

七月初九日（8 月 28 日），日本侵略军攻陷台湾彰化。

八月二十一日（10 月 9 日），日本侵略军攻陷台湾嘉义，开始在南部登陆。

八月二十七日（10 月 15 日），日本侵略军攻陷台湾打狗（今台湾省高雄市）。

八月二十八日（10 月 16 日），日本侵略军攻陷台湾凤山。

九月初四日（10 月 21 日），日本侵略军攻陷台南府、安平，至此，日本侵略军已占领全台，“台湾民主国”灭亡。

九月初九日（10 月 26 日），孙中山领导的广州起义失败。

九月二十二日（11 月 8 日），中、日签订《交收辽南条约》。

九月间，康有为、陈炽、沈曾植、袁世凯、张孝谦、文廷式、杨锐、徐世昌、丁立钧、王鹏运等在北京发起成立强学会，梁启超任书记。

十一月十八日（1896 年 1 月 2 日），朝命钦差大臣刘坤一仍回两江总督本任，署理两江总督张之洞仍回湖广总督本任。

十一月二十八日（1896 年 1 月 12 日），康有为在上海创办《强学报》。

十二月初六日（1896 年 1 月 20 日），朝廷谕令封禁北京强学会。

十二月二十一日（1896 年 2 月 4 日），清政府将强学会改为官书局，专司翻译书报，隶属总理衙门管理。

是年，陈曾寿补县学生（见陈祖壬《蕲水陈公墓志铭》，《苍虬阁诗集》附录一，第 433 页）。

是年，陈仲陶（1895—1953）出生于浙江永嘉（今温州市鹿城区）一个书香之家。

## 光绪二十二年丙申(1896 年)　十九岁

是年，陈曾寿进入两湖书院深造，同学有朱克柔、关炯之等人。风华少年，议论风发：他们时常聚在一起，除研讨诗文、学问外，还喜欢议论时政，评点人物；每当此时，曾寿则“必胜而后已”（见陈曾则《苍虬兄家传》，《苍虬阁诗集》附录一，第 435 页）。

正月初一日（2 月 13 日），华俄道胜银行在上海开设，它是沙俄在中国开设的第一家银行。在 1904 年日俄战争前的八年中，相继又在牛庄、天津、汉口、北京、哈尔滨、吉林、海城、沈阳、铁岭、旅顺、营口、张家口、雅加和乌里雅苏台等地开设了 14 家分行。

正月十七日（2 月 29 日），张之洞交卸两江总督篆务，即日起程赴鄂。

正月二十八日（3 月 11 日），张之洞自江宁返抵武昌湖广总督本任。

二月初十日（3 月 23 日），清政府在北京与汇丰银行、德华银行订立《英德借款详细章程》。

二月二十六日（4 月 8 日），盛宣怀在上海徐家汇镇北创办南洋公学。

三月十八日（4 月 30 日），直隶总督李鸿章奉命出使俄国，参加尼古拉二世的加冕典礼，抵达彼得堡。

四月初九日（5 月 21 日），沙俄又以干涉归还辽东半岛有功，强索划定汉口俄国租界。

四月二十二日（6 月 3 日），中、俄在莫斯科签订《御敌互相援助条约》，即《中俄密约》，以中俄对日军事同盟为幌子，沙俄攫取了建筑东清铁路的特权，逐步控制了中国东北三省。

四月二十四日（6 月 5 日），刑部侍郎李端棻疏请设立京师大学堂及广设学校、立报馆等。

五月初五日（6月15日），江苏徐州爆发大刀会首领智效忠领导的反洋教起义，史称“徐州教案”。

六月十一日（7月21日），中、日签订《通商行船条约》。

七月初一日（8月9日），黄遵宪、梁启超、汪康年等人在上海创刊《时务报》。

七月二十五日（9月2日），中、俄订立《合办道胜银行合同》。

同日，爱新觉罗·溥儒（1896—1963）出生于京城皇室恭亲王的府邸。

八月初二日（9月8日），清政府出使俄国大臣许景澄与华俄道胜银行签订《中俄合办东省铁路公司合同章程》。

九月初五日（10月11日），孙中山在伦敦被清政府驻英使馆诱捕；十多天后，在英国朋友康德黎（原香港西医医院教务长）等人的援救下，获释脱险。

九月十四日（10月20日），清政府设立卢汉铁路总公司，以盛宣怀为督办。

九月十五日（10月21日），中、俄订立《北京新约》。

九月十八日（10月24日），朝命直隶总督兼北洋大臣李鸿章在总理各国事务衙门行走。

九月十九日（10月25日），中、法订立《滇越界约》。

十月二十三日（11月27日），爱新觉罗·溥修（1896—1956）出生于京城皇室辅国公、袭贝勒爵、加郡王衔的载濂府邸。

十二月十五日（1897年1月17日），美国商人在上海开办的鸿源纱厂正式开工。

是年，陈曾寿的恩师关棠①去世。

陈曾寿《散原先生夜过观先师关先生及强甫遗稿感而有诗奉答一首》的夹注云：“散原先生尊人右铭中丞公，曾保荐先师，得旨之日，先师弃世矣。”（见《苍虬阁诗集》第54页）

---

① 关棠(1847—1896)，字季华，室名“师二宗斋”。直隶大兴(今北京市大兴区)人，祖籍湖北汉阳。光绪十一年(1885年)举人，曾官罗田县教谕、荆州府教授，官至浙江知县。工诗、词、文。著有《师二宗斋遗集》《读易札记》《关季华先生尺牍》等，又曾参与编纂《湖北通志》。

# 光绪二十三年丁酉(1897 年)　二十岁

是年，曾寿的二弟曾则亦进入两湖书院学习；曾寿在书院学习非常勤奋刻苦，成绩优秀；“应经心、江汉书院课试，每列前等，所得奖金，尽以奉之大母，故大母于诸孙最喜爱（大）兄。”（见陈曾则《苍虬兄家传》，《苍虬阁诗集》附录一，第 435 页）

有时，曾寿也与朱强甫、关炯之及二弟曾则“竞骑郊外，学军阵步伐射击，慨然有用世之志”（见陈曾则《苍虬兄家传》，《苍虬阁诗集》附录一，第 435 页）。

又颇“注重军学家言，尝取胡文忠《读史兵略》及正、续《通鉴》、《圣武记》、《湘军志》等书，编为《古今战事图说》，命余绘为详图，考历代地名沿革、行军战略，标以五色兵线，乃军事最精之作也”（见陈曾则《苍虬兄家传》，《苍虬阁诗集》附录一，第 435 页）。

学习之余，曾寿喜欢背诵唐宋以来的名家之词，尤其喜欢苏轼、辛弃疾和李清照的词。

陈曾则在《旧月簃词序》中说：“忆余十五六岁时，兄长四岁，年方冠耳。兄喜诵苏长公‘大江东去’、‘明月几时有’及辛弃疾‘千古江山’、‘更能消、几番风雨’之词，亢声高歌，跌宕而激壮，闻之令人气长。又喜吟李易安‘萧条庭院’诸阕，如泣如诉，哀怨凄楚，闻之又不胜回肠荡气，低回而惆怅也。余亦效之，至可伤处，不仅泪随声下。词之情调能感人如是。”（见《苍虬阁诗集》附录二，第 495 页）

正月二十一日（2 月 22 日），康有为、梁启超、何廷光、何穗田、康广仁等人在澳门创办《知新报》。

正月二十九日（3 月 1 日），湖广总督张之洞奏设湖北武备学堂。

正月间，夏粹芳在上海创办商务印书馆，先设印刷所。

二月初三日（3 月 5 日），日本在江苏苏州设立日租界。

二月十三日（3 月 15 日），法国驻华公使强迫清政府同意不将海南岛及对面广东海岸割让给他国。

二月二十日（3 月 22 日），英国商人在上海杨树浦路创办的老公茂纱厂开车。

二月间，因巡抚谭继洵奉旨入京陛见，朝命湖广总督张之洞兼署湖北巡抚篆务。

二月三十至三月初四日（4 月 1 日—5 日），上海公共租界爆发独轮车夫反抗捐税的斗争，遭到英、美帝国主义海、陆军的镇压。

三月初七日（4 月 8 日），康有为与唐景崧、岑春煊、蔡希邠在广西桂林发起组织圣学会，出版《广仁报》。

三月二十一日（4 月 22 日），江标、唐才常等人在湖南创办《湘学新报》，后改为《湘学报》（旬刊）。

三月二十六日（4 月 27 日），中、比在武昌议定《卢汉铁路借款合同》。

四月二十六日（5 月 27 日），盛宣怀创建中国通商银行上海总行，它是中国自办的第一家商办银行；至年底，又在北京、天津、汉口、广州、汕头、烟台、镇江等地设立分行。

同日，谭继洵返抵武昌，张之洞交卸兼署湖北巡抚篆务。

六月间，梁启超、汪康年、麦孟华等在上海成立不缠足会。

七月初五日（8 月 2 日），孙中山离开加拿大赴日本横滨。

七月十九日（8 月 16 日），中东铁路[①]正式开工。

八月初五日（9 月 1 日），朝命以户部尚书翁同龢为协办大学士。

九月间，资产阶级维新派在长沙设立时务学堂。

十月初一日（10 月 26 日），严复和王修植、夏曾佑等人在天津创办《国闻报》（日报）。

十月初七日（11 月 1 日），山东曹州巨野县德国传教士唆使教徒欺压民众，激起民众公愤，酿成“巨野教案”；济宁、寿张、单县、武城等县民众在大刀会的号召下，纷纷响应。

十月二十日（11 月 14 日），德国借口“巨野教案”，派军舰强占胶州湾（位于中国黄海中部、胶东半岛南岸、山东省青岛市境内的半封闭海湾）。

十一月二十二日（12 月 15 日），沙俄舰队侵入辽东旅顺湾，强占旅顺、大连。

十一月间，陈诵洛（1897—1965）出生于浙江绍兴一个书香之家。

十二月十三日（1898 年 1 月 5 日），康有为等人在北京成立粤学会。

十二月间，湖广总督张之洞奏请设立粤汉铁路总公司。

---

① 中东铁路：“中国东方铁路”的简称，亦称作“东清铁路”“东省铁路”。日俄战争结束后称“中东铁路”，即“中国东省部铁路”之意，指的是沙俄在清朝末期修筑的从俄国赤塔经中国满洲里、哈尔滨、绥芬河到达俄国符拉迪沃斯托克（海参崴）的西伯利亚铁路在中国境内的一段。

是年，陈声聪（1897—1987）出生于福建闽侯一个书香之家。

是年，经考试，陈曾寿被选为拔贡生。陈祖壬《蕲水陈公墓志铭》中云：曾寿“年十八补县学生。光绪二十三年，以选拔贡于朝”（见《苍虬阁诗集》附录一，第433页）。

## 光绪二十四年戊戌(1898年)　二十一岁

是年，曾寿与二弟曾则仍在两湖书院学习，并开始写诗，颇受梁鼎芬、陈衍等人赞赏。

陈衍曾在《石遗室诗话》中记载说：“陈仁先为太初先生曾孙，诗学自有渊源。初相见于武昌两湖书院梁节庵山长座上，弱冠璧人，饮酒温克，喜就余言诗。出其所作，则皆抗希《骚》、《选》，唐以下若无足留意者。余不敢深言置可否，但曰：‘君甚似苏堪年少不作七言诗之时，恐可言者鲜耳。’自是详见不言诗者数年，别去不相见者又数年。”①

正月二十一日（2月11日），英国强迫清政府声明，不将长江流域各省割让或租借给其他国家。

二月初九日（3月1日），清政府再次向英、德集团续借“英德洋款”。

二月十三日（3月5日），周恩来（1898—1976）出生于江苏淮安城内驸马巷一个大户人家。

二月十四日（3月6日），清政府与德国在北京签订《胶澳租界条约》。

三月初六日（3月27日），清政府与沙俄在北京签订《旅顺大连湾租地条约》。

三月二十日（4月10日），法国强租广州湾，逼迫清政府宣布，两广、云南不让割与他国。

三月二十二日（4月12日），康有为在北京粤东会馆成立保国会，梁启超、林旭、宋伯鲁、杨锐、刘光第、徐仁录、陈虬、傅增湘等186人列名。

三月二十四日（4月14日），清政府与华美合众公司签订《粤汉铁路借款合同》。

三月间，湖广总督张之洞发表《劝学篇》，宣扬“旧学为体，新学为

① 陈衍：《石遗室诗话》卷三，辽宁教育出版社1998年，第33页；又见《苍虬阁诗集》附录三，上海世纪出版股份有限公司/上海古籍出版社2009年版，第508页。

用”的洋务观点，以干扰维新运动。

闰三月初二日（4 月 22 日），日本强迫清政府声明，不将福建割让给他国。

同日。严复译述英国赫胥黎的名著《天演论》出版发行。

闰三月十七日（5 月 7 日），沙俄与清政府在圣彼得堡订立《续订旅大租地条约》。

四月初二日（5 月 21 日），中、英签订《山西省开矿合同》。

四月二十一日（6 月 9 日），清政府与英国在北京签订《展拓香港界址专条》。

四月二十三日（6 月 11 日），光绪皇帝下“明定国是”诏书，宣布开始变法自强，先举办京师大学堂，又命督抚保举人才。百日维新（又称戊戌变法或戊戌维新）开始。

四月二十七日（6 月 15 日），朝廷任命荣禄为直隶总督兼北洋大臣，统率北洋三军（即董福祥的甘军、聂士成的武毅军和袁世凯的新建军）。

同日（6 月 15 日），慈禧太后逼迫光绪皇帝罢免翁同龢工部尚书、军机大臣等职务，逐回原籍。

四月二十八日（6 月 16 日），光绪皇帝在仁寿殿召见康有为，命其在总理衙门章京上行走，并许其专折奏事。

五月初三日（6 月 21 日），中、英订立《河南矿务合同》，英国夺取河南开矿权。

五月十三日（7 月 1 日），中、英在北京签订《订租威海卫专条》。

同日，四川大足县的余栋臣再次发动反洋教起义。

五月十五日（7 月 3 日），诏立京师大学堂，官书局及译书局皆并入大学堂，派孙家鼐为管理大臣。

五月二十四日（7 月 12 日），清政府颁布《振兴工艺给奖章程》，它是近代中国第一个奖励科学发明的条例。

五月二十八日（7 月 16 日），上海民众再次发动反对法国侵略者强占四明公所的斗争。

六月初七日（7 月 25 日），清政府命将张之洞的《劝学篇》颁发各省督抚、学政，俾得“广为刊布流传”。

六月十一日（7 月 29 日），清政府命各省兴办中小学堂。

六月十五日（8 月 2 日），清政府设立矿务铁路总局。

七月初五日（8 月 21 日），清政府设立农工商总局。

七月初八日（8 月 24 日），清政府发布上谕：光绪皇帝将于十月十九日奉太后赴南苑，再赴天津以次阅军。

七月十四日（8 月 30 日），奉上谕：裁撤詹事府、通政司、光禄寺、鸿胪寺、太常寺、太仆寺、大理寺等衙门；外省裁撤湖北、广东、云南三省督抚同城的巡抚，东河总督及不办运务之粮道与仅管疏销之盐道等。

七月十九日（9 月 4 日），光绪皇帝革去阻挠上书的礼部尚书怀塔布、许应骙等六堂官职。

七月二十日（9 月 5 日），诏令谭嗣同、刘光第、杨锐、林旭等以四品卿衔为军机章京，参与新政。

七月二十八日（9 月 13 日），农工商总局大臣端方以陈曾寿的同乡前辈樊增祥“蔚然通儒，亦精吏事，善持雅操，慈惠之师”①，作为通达时务者举荐，军机处当庭拟旨，预备召见。

七月二十九日（9 月 14 日），光绪皇帝赐康有为、杨锐密诏，谕以政变危机，望他们速筹良策。

八月初一日（9 月 16 日），光绪皇帝召见袁世凯，命以侍郎衔候补，专办练兵事宜。

同日，湖广总督张之洞奉命兼管湖北巡抚事务。

八月初二日（9 月 17 日），光绪皇帝密命康有为迅速出京，赴上海督办官报局。

八月初三日（9 月 18 日），谭嗣同密访工部右侍郎袁世凯，企图借袁氏之力（案：此指小站所练新军）以胁迫慈禧太后，袁佯应允。

八月初五日（9 月 20 日），工部侍郎袁世凯一回到天津，立即将帝党的计划向直隶总督荣禄告密。

八月初六日（9 月 21 日），慈禧太后发动政变，复出临朝训政，光绪皇帝被幽禁于中南海南海中的仙岛皇宫——瀛台。又以康有为“结党营私，莠言乱政”，下令通缉。

八月十三日（9 月 28 日）下午四时，谭嗣同、刘光第、杨深秀、杨锐、林旭、康广仁在北京菜市口被杀，史称“戊戌六君子”。

八月二十一日（10 月 6 日），清政府查禁湖南南学会，将湖南巡抚陈宝箴及其子吏部主事陈三立、湖南学政江标、庶吉士熊希龄等革职交地方官

---

① 茅海建:《戊戌变法史事考》(第二集),生活·读书·新知三联书店 2011 年版,第 171 页。

管束。

八月二十二日（10 月 7 日），清政府将刑部主事张元济革职。

八月二十五日（10 月 10 日），清政府与英国中英公司在北京订立《关内外铁路借款合同》。

八月间，汉口发生大火灾，延烧 5173 户，死 300 余人；朝命复设湖北巡抚一职。

九月初一日（10 月 15 日），怡和洋行代表英国银行公司与盛宣怀订立《沪杭甬铁路借款草约》。

九月十八日（11 月 1 日），上海纶华纱厂工人举行反对降低工人工资的罢工。

九月间，湖广总督张之洞选派两湖学生赴日游学。

十月初一日（11 月 14 日），梁启超在日本横滨创办《清议报》（旬刊），鼓吹保皇立宪。

十月二十二日（12 月 5 日），清政府悬赏购捕康有为、梁启超、王照。

十月间，湖北长乐县（今五峰县）发生民众击杀传教士、教民、焚掠教堂事件，张之洞严饬宜昌地方文武速予平定，阻止其蔓延、扩展。

十二月，湖广总督张之洞奏请在汉口设置夏口厅治，改“汉口同知”为“夏口厅抚民同知”。

是年，沈颎（1898—1963）出生于浙江嘉兴一个世代书香官宦家庭。

是年，陈道量（1898—1970）出生于浙江镇海一个书香之家。

## 光绪二十五年己亥(1899 年)　二十二岁

正月十九日（2 月 28 日），意大利向清政府租借浙江三门湾，为清政府所拒。

正月间，湖广总督张之洞改两湖、经心、江汉三书院课程，分经学、史学、天文、舆地、兵法、算学六门，并在三书院进行枪操，按月考校。

二月初三日（3 月 14 日），清政府任命毓贤为山东巡抚。

二月间，山东义和团（亦称“义和拳”）朱红灯率团众举行起义。

三月二十八日（5 月 7 日），中、俄订立《勘分旅大租界专条》及《辽东半岛租地专条》。

三月间，朝廷新授湖北巡抚于荫霖抵任。

四月初九日（5 月 18 日），英国、德国与清政府签订《津镇铁路草合同》。

六月十三日（7 月 20 日），康有为在加拿大成立保救大清皇帝会，简称“保皇会”。

八月初二日（9 月 6 日），美国国务卿海约翰提出对华门户开放政策。

八月十三日（9 月 17 日），山东平原义和拳首领朱红灯率团众抢劫教民。

九月十四日（10 月 18 日），工部右侍郎袁世凯率军击散山东平原义和拳朱红灯部众。

十月十四日（11 月 16 日），清政府与法国订立《广州湾租界条约》。

十月间，意大利窥视三门湾愈急，朝命沿江一带炮台严密防守。

十一月初四日（12 月 6 日），朝命撤换毓贤的山东巡抚职务，而以袁世凯署理山东巡抚，并率军大肆镇压义和团。

十一月十九日（12 月 21 日），山东义和团首领朱红灯被清军抓捕。

十一月二十一日（12 月 23 日），山东义和团首领心诚和尚（又号“本明和尚”）被清军抓捕，并同朱红灯一起解送济南。

十一月二十二日（12 月 24 日），毓贤在离开山东济南前，将义和团首领朱红灯、心诚和尚、于清水等人杀害。

同日，两江总督刘坤一奉命进京陛见，而以江苏巡抚鹿传霖署理两江总督。

十二月二十四日（1900 年 1 月 24 日），慈禧太后懿旨，立端王载漪之子为大阿哥（即太子），准备废掉光绪皇帝。

十二月二十七日（1900 年 1 月 27 日），英、美、法、德、意驻华公使一致要求清政府速下“剿灭”义和团的上谕。

## 光绪二十六年庚子（1900 年） 二十三岁

正月十一日（2 月 10 日），夏承焘（1900—1986）出生于浙江温州一个书香之家。

正月二十日（2 月 19 日），朝命直隶、山东督抚出示晓谕，严行禁止义和拳会；若仍执迷不悟，即行从严惩办。

二月十四日（3 月 14 日），朝廷擢升袁世凯为山东巡抚，调毓贤为山西巡抚，邓华熙为贵州巡抚。

三月初七日（4 月 6 日），英、美、德、法四国照会清政府总理衙门，请于两月“剿灭”义和团，否则将出兵“代剿”。

三月十三日（4 月 12 日），朝廷以山东部分义和团主力转入直隶境内，会威胁到朝廷安全，命直隶总督裕禄认真查禁。

四月二十四日（5 月 22 日），义和团在直隶涞水县大败清军，杀死副将杨福同，取得“涞水大捷”。

四月二十九日（5 月 27 日），英、俄驻华公使通知清政府总理各国事务衙门，拟派兵来京。义和团毁琉璃河、长辛店铁路；次日，又毁丰台铁路。

五月初四日（5 月 31 日），英、美、法、俄、日、意水兵三百余人进入京城使馆区。湖广总督张之洞致电总理衙门及军机大臣荣禄，请速剿拳匪，保护铁路。

五月十二日（6 月 8 日），两江总督刘坤一亦电请“剿灭”义和拳。

五月十三日（6 月 9 日），义和拳蜂聚北京附近，捣毁京津铁路。

五月十四日（6 月 10 日），英、德、俄、法、美、日、意、奥等八国组成二千多人的联军，由英国海军中将西摩尔率领，从天津向北京进发，抵达杨村（位于天津市武清区境东南部，京、津、塘高速公路与京山铁路之间，夹河成镇）。

五月十五日（6 月 11 日），日本驻华使馆书记杉山彬在北京永定门外为董福祥的部下所害。各国联军与义和拳在直隶廊坊（今河北省廊坊市）接战。

五月十六日（6 月 12 日），义和拳开始在北京焚烧外国教堂；总署大臣启秀传太后懿旨，慰问各国驻华使馆。

五月十九日（6 月 15 日），朝命京城步兵统领衙门、神机营、虎神营、武卫中军会同弹压“拳匪”；又命两广总督李鸿章迅速来京，而两广总督由广东巡抚德寿兼署。

同时，朝廷任命兵部侍郎李端遇、国子监祭酒王懿荣为京师团练大臣，办理京师团练事宜，督率兵勇，抗击联军，以保京师安定。

五月二十日（6 月 16 日），清廷召集王大臣、六部九卿会议，商阻洋兵进京事宜。两江总督刘坤一、湖广总督张之洞均电军机大臣荣禄，请速剿匪。

五月二十一日（6 月 17 日），八国联军开始攻打天津大沽口炮台；义和团进攻天津紫竹林租界。慈禧太后召见王大臣等议事。有人伪造了各国驻华公使要求太后归政的照会，太后见之大怒，声言要与联军决战。

五月二十四日（6 月 20 日），德国驻华公使克林德在京城被杀。董福祥率甘军与义和拳开始围攻北京东交民巷使馆。

五月二十五日（6 月 21 日），太后下旨，与各国宣战。两江总督刘坤一、湖广总督张之洞、巡阅长江水师大臣李秉衡等疆吏仍致电总署，请力剿“邪匪”。顷奉谕旨：“各督抚勿再迟疑观望，迅速筹兵筹饷，力保疆土。”

五月二十九日（6 月 25 日），慈禧太后颁下懿旨，停攻外国驻华使馆并派兵保护。

五月三十日（6 月 26 日），两江总督刘坤一、湖广总督张之洞等疆吏派代表与各国驻华领事会订《东南保护约款》。

六月初三日（6 月 29 日），清政府命我驻外国公使向所在国政府解释清政府的宣战乃是出于被迫。

六月初五日（7 月 1 日），奉天义和团烧毁城内法、英教堂和东清铁路公司。

同日，湖广总督张之洞奏请展缓本年乡试，并派湖南布政使锡良统帅湖北、湖南军北上护驾。

六月初七日（7 月 3 日），辽阳群众焚毁俄国人在茨儿山所开办的煤矿。

六月初十日（7 月 6 日），沙皇尼古拉二世乘机自任总司令，下动员令，先后调集近十八万军队，分六路入侵中国东北。

六月十二日（7 月 8 日），清政府任命原两广总督李鸿章为直隶总督兼北洋大臣，准备向八国联军乞和。

六月十三日（7 月 9 日），武卫前军总统、直隶提督聂士成在天津战死。

六月十八日（7 月 14 日），八国联军占领直隶天津，大肆劫掠。

同日，闽浙总督许应骙与俄、英、美等六国驻福州领事签订《福建互保协定》。

六月二十、二十一日（7 月 16 日—17 日），沙俄侵略军在黑龙江先后制造了“海兰泡惨案”与“江东六十四屯血案”。

其间，自盛京（今沈阳市）北至开原（今铁岭市开原市），南至海城（今鞍山市海城市），俄国人所修建之铁路、桥梁均为当地群众拆毁。

七月初三日（7 月 28 日），端郡王载漪矫旨逮杀反对围攻外国使馆和对外宣战的吏部左侍郎许景澄、太常寺卿袁昶。

七月初五日（7 月 30 日），八国联军成立天津临时政府，即“天津都统衙门”。

七月初六日（7 月 31 日），陈曾寿的好友张荫桓①在新疆迪化（今乌鲁木齐市）被杀。

七月初九、十日（8 月 4 日—5 日），沙俄侵略军先后占领哈尔滨、瑷珲、营口；八国联军占领北仓（今天津市北辰区北仓镇）。

七月十一日（8 月 5 日），八国联军攻陷杨村（天津市武清区杨村镇），已革职留任的前直隶总督裕禄自杀殉国。

七月十三日（8 月 7 日），清廷授直隶总督李鸿章为全权大臣，即日电商各国停战。德皇宣布以瓦德西为联军统帅。

七月十八日（8 月 12 日），八国联军占领通州（今北京市通州区）。

七月十九日（8 月 13 日），俄国侵略军攻占北京东便门。董福祥率军与义和拳一起连日猛攻各国驻华使馆。

七月二十日（8 月 14 日），八国联军攻入北京城内，大肆掳掠。

七月二十一日（8 月 15 日），慈禧太后挟持光绪皇帝仓惶离京西逃。

七月二十二日（8 月 16 日），清政府议和全权大臣李鸿章致电各国停战议和。

同日，甘肃布政使岑春煊迎护两宫于南口（今北京市昌平区南口镇）。

七月二十五日（8 月 19 日），诏命巡幸太原，命甘肃布政使岑春煊督理前路粮台，而以吴永、俞启元会办前路粮台。

七月二十六日（8 月 20 日），光绪皇帝于西逃途中发布《罪己诏》。

七月二十九日（8 月 23 日），朝命护理陕西巡抚端方在西安预备驻跸之所，准备迎驾。

七月三十日（8 月 24 日），朝旨准议和全权大臣李鸿章便宜行事，迅速处理善后事宜。李鸿章则电请派奕劻、荣禄、刘坤一、张之洞亦为全权大臣。

---

① 张荫桓(1837—1900)，字皓峦，号樵野。广东南海(今佛山市)人。出生世宦之家，幼聪慧，性豪俊，有胆识。同治三年(1864 年)纳资为知县，赴山东，为巡抚阎敬铭、丁宝桢赏识，找入幕府。后历任登青道、山东盐运使、安徽按察使，命值总理各国事务衙门；不久，擢升户部左侍郎。光绪十一年(1885 年)，充出使美国、西班牙、秘鲁三国大臣，办理华工被害交涉事宜。甲午战争议和之初，偕湖南巡抚邵友濂为全权大臣，日本不纳，遂改派李鸿章前往。光绪二十三年(1897 年)，又任出使美、英、德、法、俄诸国大臣。归国后，曾多次上疏，条陈见闻。戊戌变法期间，受命管理京师矿务、铁路总局，努力新政。政变后，遭徐桐等弹劾，革职充军新疆，交地方管束。不久被杀。工诗文，善绘画，好收藏。著有《铁画楼诗抄·文集》《荷戈集》《三洲日记》等。

七月间，黄孝纾（1900—1964）出生于福建闽县（今福州市闽侯县）一个书香官宦之家。

八月初五日（8 月 29 日），沙俄侵略军占领黑龙江齐齐哈尔。

八月初七日（8 月 31 日），朝廷加派两江总督刘坤一、湖广总督张之洞会同全权大臣李鸿章商办和议。

八月十六日（9 月 9 日），朝廷授权奕劻、李鸿章、荣禄均为议和全权大臣；刘坤一、张之洞会办议和事宜，均准便宜行事。

八月二十九日（9 月 22 日），沙俄侵略军占领吉林（今吉林省吉林市）。

闰八月初二日（9 月 25 日），朝命惩处纵容包庇拳匪的诸王大臣。庄亲王载勋、怡亲王溥静、贝勒载濂、载滢皆革去爵职，端亲王载漪撤去一切差事，交宗人府严加议处。辅国公载澜、左副都御史英年均交宗人府严加议处。协办大学士、吏部尚书刚毅、刑部尚书赵舒翘则交部议处。

闰八月初五日（9 月 28 日），沙俄派军队占领辽阳（今辽阳市）。

闰八月初八日（10 月 1 日），两宫离开山西太原前往陕西西安。

是日，议和全权大臣李鸿章接任直隶总督；沙俄派军队占领沈阳（今沈阳市）。

闰八月二十四日（10 月 17 日），议和全权大臣奕劻、李鸿章照会各国使臣，和议开始。

九月初四日（10 月 26 日），两宫抵达陕西西安，以原陕甘总督府为行宫。

九月初五日（10 月 27 日），各国驻华公使一致通牒，要求惩处载漪、载勋、载澜、溥静、毓贤、李秉衡、董福祥、刚毅、赵舒翘等十一人。

九月初九日（10 月 31 日），沙俄派军队占领锦州（今锦州市）。

九月十五日（11 月 6 日），八国联军在直隶保定杀害直隶布政使廷雍等六人。

九月十七日（11 月 8 日），沙俄强迫盛京将军增祺的代表签订《奉天交地暂且章程》。

九月十九日（11 月 10 日），两江总督刘坤一和湖广总督张之洞联名电奏：请速惩办诸祸首。

九月二十二日（11 月 13 日），朝旨革去载漪爵职，与载勋同交宗人府圈禁；溥静、载滢一并交宗人府圈禁；载濂已革爵职，命其思过；载澜、英年则降调，赵舒翘革职留任，毓贤充边。

是日，八国联军攻陷直隶保定后，开始进攻直隶张家口。

九月二十九日（11 月 20 日），议和全权大臣奕劻、李鸿章致电军机大臣荣禄，各国驻华公使坚持惩办甘肃提督董福祥。

十月初二日（11 月 23 日），两江总督刘坤一和湖广总督张之洞联名电奏：请速治毓贤、董福祥之罪。

十月十二日（12 月 3 日），朝命甘肃提督董福祥革职留任，即日带领所部回甘。

十月十九日（12 月 10 日），八国联军在京城设立管理北京委员会。

十一月初三日（12 月 24 日），各国驻华公使联合通牒，提出和约大纲十二条。

十一月初六日（12 月 27 日），清政府照允十二条大纲。

十一月二十五日（1901 年 1 月 15 日），议和全权大臣奕劻、李鸿章遵旨在合约上签字。

十二月初十日（1901 年 1 月 29 日），朝旨下：各朝中大臣、地方督抚，可就现实情形，并参酌中西政治，踊跃建言献策。

十二月二十五日（1901 年 2 月 13 日），朝廷第三次下旨加重惩处祸首：载漪、载澜均发配新疆永远监禁，载勋赐自尽，毓贤正法，刚毅追夺原官，董福祥革职，英年、赵舒翘革职定斩监候，徐桐、李秉衡革职并撤销恤典；启秀、徐承煜先行革职，查明后从严惩办。开复徐用仪、立山、许景澄、联元、袁昶原官。

是年，陈曾寿曾在武昌与友朋倡办普通中学，“延请教授，皆饱学知名士，故成就人才甚众，一年之中，学生补博士弟子者多人”（见陈曾则《苍虬兄家传》，《苍虬阁诗集》附录一，第 435 页）。

是年，许姬传（1900—1990）出生于江苏苏州一个书香之家。

## 光绪二十七年辛丑（1901 年）　二十四岁

正月初三日（2 月 21 日），朝廷再次下旨，加重惩处肇祸诸臣：载勋自尽，英年、赵舒翘自尽，毓贤正法；载漪、载澜斩监候，加恩发往新疆；照会各国交回启秀、徐承煜，即行正法；刚毅斩立决，徐桐、李秉衡斩监候，惟其已故，业经革职，撤销恤典，应免再议。

正月初十日（2 月 28 日），湖广总督张之洞奉旨兼署湖北巡抚篆务。

正月二十三日（3 月 13 日），山西巡抚锡良开缺，而以甘肃布政使岑春煊补调；因迎銮护驾有功，朝命河南布政使端方不必赴豫，仍留西安护理陕西巡抚。

正月间，恩师、武昌知府梁鼎芬得知陈曾寿的办学业绩，非常高兴，遂“亲临奖励，聘兄为方言、文普通二校伦理教授。所编讲义，称引号博，陈义精切，为人所称颂”（见陈曾则《苍虬兄家传》，《苍虬阁诗集》附录一，第435页）。

三月初五日（4月23日），德、法军队占领娘子关（位于山西平定县东北）。

四月初八日（5月25日），议和全权大臣奕劻、李鸿章联名上奏，请照和议总纲的要求，将“总理各国事务衙门”改为外务部，冠于六部之首，管部大臣以近支王公充之，设尚书二人，侍郎二人；尚书中须有一人兼军机大臣，侍郎中必须有一人通西文、西语。

四月十二日（5月29日），给各国的赔款议定，以金价计算，共四万五千万两，四十年偿清，年息四厘。

四月二十三日（6月9日），朝廷授醇亲王载沣为头等专使大臣，赴德国谢罪。

五月二十一日（7月6日），清政府发布上谕：“兹择于七月十九日由河南、直隶一带回京，着各衙门先期敬谨预备。”①

六月初九日（7月24日），清政府正式改“总理各国事务衙门”为外务部，派奕劻总理部务。

七月初一日（8月14日），朝廷再次下谕：改定两宫以八月二十四日回銮。

七月十六日（8月29日），诏命自明年始，乡试、会试等皆不准用八股文程式，而改试策论；而自明年始，罢停武科考试。

七月二十五日（9月7日），议和全权大臣奕劻、李鸿章与英、法、美、德、意、奥、比、西、荷、日、俄十一国代表签订和约（即《辛丑条约》），共十二款。

八月初二日（9月14日），朝命将各省所有书院改设成大学堂，各府及直隶州改设成中学堂，并多设蒙养学堂。

八月初五日（9月17日），八国联军根据《辛丑条约》规定，开始退出京城。

八月二十四日（10月6日）上午，两宫自西安起驾回銮。

---

① 吴永口述，刘治襄记，鄢琨标点：《庚子西狩丛谈》卷四，岳麓书社1985年版，第93页。

八月间，湖广总督张之洞广揽人才，并将陈曾寿招入幕府。

九月二十七日（11月7日），和议全权大臣李鸿章卒于任上，年七十九岁，追赠太傅，晋封一等侯爵，谥“文忠”，入祀贤良祠。朝命王文韶署理全权大臣，袁世凯署理直隶总督兼北洋大臣；又以张人骏为山东巡抚。

九月二十八日（11月8日），两宫驻跸河南郑州。

十月初二日（11月12日），两宫驻跸开封省城。

十月二十日（11月30日），奉懿旨，撤去溥儁“大阿哥”名号，立即出宫。

十月二十五日（12月5日），朝廷以共保东南疆土，尽心筹划，勋劳卓著，下旨赏加刘坤一太子太保衔，赏加张之洞、袁世凯太子少保衔。

十一月初四日（12月14日），两宫自河南开封行宫起驾。

十一月二十四日（1902年1月3日），两宫驻跸直隶保定府。

十一月二十八日（1902年1月7日），两宫圣驾自直隶保定启銮还京。

同日，朝廷以议和与共保东南疆土有功，下旨赏赐奕劻双俸，荣禄、王文韶、张之洞、刘坤一、袁世凯等双眼花翎，宫衔有差。

十二月初九日（1902年1月18日），慈禧太后公开露面接见各国驻华使节。

十二月二十一日（1902年1月30日），英、日缔结同盟条约。

十二月二十三日（1902年2月1日），朝命满汉可以通婚，并劝汉人妇女除缠足积习。

是年，曾寿的次子邦直（1901—1980）出生于武昌寓所。

是年，前辈、同乡好友杨守敬的《晦明轩稿》刊行，其中有《答陈仁先》三则。

是年，沈剑知（1901—1975）出生于福建侯官一个书香官宦世家。

是年，唐兰（1901—1979）出生于浙江嘉兴一个书香之家。

## 光绪二十八年壬寅(1902年)　二十五岁

正月初一日（2月8日），梁启超在日本横滨创办《新民丛报》（半月刊）。

正月二十四日（3月3日），梅花拳宗师、武举人景廷宾率领直隶广宗、巨鹿、威县一带义和团余众举行起义。

正月间，两江、湖广会设江楚编译局于江宁。

三月初一日（4月8日），中、俄订立《交收东三省条约》，规定沙俄军队在十八个月内分三批撤出东北。

三月十六日（4月23日），景廷宾的起义军树起“官逼民反”、“扫清灭洋”的大旗；邢台、内邱、新河、南宫、平乡等州县民众纷纷响应。

三月十九日（4月26日），龙榆生（1902—1966）出生于江西万载一个书香官宦家庭。

三月二十日（4月27日），蔡元培、蒋智由、黄炎培等在上海发起成立中国教育会，推蔡元培为事务长（即会长）。

四月初四日（5月11日），上海耶松船厂工人举行罢工：要求增加工资。

四月间，湖广改“两湖书院”为“两湖大学堂”，“自强学堂”为“文普通中学堂”，“经心书院”为“勤成学堂”；又改“武备学堂”、“防营将弁学堂”为“武高等学堂”，又设“武普通中学堂”；又创建“湖北师范学堂”及高等小学堂五所；又将“农务学堂”移至武胜门外，于“工艺学堂”增设工厂，增设“方言学堂”、“仕学院”等；另设立“学务处”管理全省学务。

同月里，上海商人成立上海商业会议公所，后改称“上海总商会”。

五月初二日（6月7日），山西巡抚岑春煊在太原开办山西大学堂。

五月初四日（6月9日），朝廷实授袁世凯为直隶总督兼北洋大臣。

五月十七日（6月22日），中、英订立《上海会审公廨合同》。

五月间，湖北省城警察正式创立；湖广考选优秀学子五十人赴日留学（其中师范学生三十人，警察弁目二十人），总督张之洞打算将陈曾寿送往日本深造。

六月二十二日（7月26日），奉上谕：“湖广总督张之洞著兼充督办商务大臣”。

七月十三日（8月16日），各国会议议定中国关税税率。

八月十二日（9月13日），日本设立湖南汽船会社，行驶于汉口至长沙、常德间。

八月中、下旬，曾寿与二弟曾则、三弟曾矩一起在武昌参加本年的乡试。榜发，兄弟三人同科取中举人，且均名列前茅，一时轰动江城，传为佳话。

周君适曾在《伪满宫廷杂忆》中记载：“光绪壬寅科乡试，陈曾寿兄弟三人同科中举，而且都名列前十名。”①

① 周君适：《伪满宫廷杂忆》，四川人民出版社1981年版，第1页。

因陈曾寿已考中举人（第六名），总督张之洞遂改变主意，仍将其留在幕中。

八月二十八日（9月29日），英国商人成立英美烟公司，相继在中国的上海、汉口、沈阳、哈尔滨等地设立烟厂。

九月初五日（10月6日），两江总督刘坤一逝于任上，年七十三岁，追封一等男爵，赠太傅，谥“忠诚”。

九月初六日（10月7日），奉上谕：“两江总督著张之洞署理，迅速赴任。”

九月十六日（10月17日），朝廷下旨：各省须仿袁世凯制定警务章程，办理巡警。

九月二十一（10月22日），湖广总督兼署两江总督张之洞上书奏保经济特科人才十六人（其中已服官者六人，由学堂出身者十人），陈曾寿名列其中。

十月初二日（11月1日），张之洞交卸完湖广总督篆务后，即乘“楚材”轮船启行。

十月初六日（11月5日），张之洞抵达江宁，暂以钟山书院为行馆。

十月初九日（11月8日），张之洞接署两江总督篆务，循例兼署两淮盐政、钦差通商大臣篆务。

十月十七日（11月16日），上海南洋公学学生发动学潮，二百余人退学；中国教育会在泥城桥福源里成立爱国学社，蔡元培为总理，章炳麟、黄炎培等为教员，专门接收从日本归来的留学生和上海、南京等地退学的学生。

十月二十五日（11月24日），湖南留日学生杨笃生、黄兴、樊锥等在日本东京创办《游学译编》（月刊），鼓吹反清的民族主义思想。

十一月初九日（12月8日），朝廷下旨：命云贵总督魏光焘为两江总督，署理两江总督张之洞仍回湖广总督本任。

十一月十八日（12月17日），京师大学堂正式开学。

是年，曾寿之父恩浦公出售房产，为叔父恩潞公纳赀为盐大使；恩潞公入都引见，归家未及一月乃病逝。

陈曾则《叔父墓志铭》云：“（吾父）售房产得数千金，为叔父纳赀入官，以慰大母之心……壬寅，入都引见。……归家不及一月，竟以急病而殁。”

是年，徐英（1902—1980）出生于湖北汉川一个书香之家。

## 光绪二十九年癸卯（1903年）　二十六岁

正月初一日（1月29日），湖北留日学生刘成禺、李书城等在日本东京创办《湖北学生界》（月刊，后改名《汉声》），宣传民主革命思想。

年初，曾寿和二弟曾则、三弟曾矩告别父母家人，一起北上参加当年的会试。

二月二十二日（3月20日），张之洞交卸两江总督篆务，仍回湖广总督本任。

三月初一日（3月29日），张之洞抵达武昌湖广总督府。

三月十一日（4月8日），沙俄交还辽宁的营口到期，却拒不履约撤兵。

同日，中国女留学生胡彬夏等在日本东京成立共爱会，是中国提倡男女平权的第一个爱国妇女团体。

三月二十一日（4月18日），沙俄驻华公使普拉嵩向清政府外务部提出七项新的要求。

三月二十七日（4月24日），湖广总督张之洞奉旨北上觐见。

四月初一日（4月27日），上海市民在张园召开拒俄大会，通电反对沙俄改约。

四月初三日（4月29日），日本东京的中国留学生五百余人集会，声讨沙俄侵占中国东北的罪行，并在会后组成"拒俄义勇队"。

四月初六日（5月2日），"拒俄义勇队"改名为"学生军"，主持人为蓝天蔚、黄兴等。

四月十三日（5月9日），会试榜发，陈曾寿被取为贡士，二弟曾则、三弟曾矩则名落孙山。

案：此次会试，为正、恩并科，补行光绪二十七年（1901年）辛丑会试正科、二十八年（1902年）壬寅恩科，在河南开封贡院举行；正主考为孙家鼐，副主考为徐会澧、荣庆、张英麟，另有夏荪桐、王乃徵、恽毓鼎等十八名同考官。

四月十五日（5月11日），留日学生黄兴、陈天华、钮永建、叶澜、秦毓鎏、蔡锷等人在东京成立军国民教育会。

四月二十日（5月16日），张之洞一行抵达京师，寓居下斜街"畿辅先哲祠"，幕府从人皆借居长椿寺。

五月二十四日（6月19日），朝廷在开封贡院举行殿试，共有315名贡士（其中本次正、恩并科取中 306 名，补行殿试的往科贡士有 9 名）参加。

殿试结束后，陈曾寿联捷成进士（第一百一十六名）；与其同科中进士的尚有王寿彭、胡嗣瑗、曾熙、郭宗熙、章钰、温肃、恩华、徐沅、朱国桢、杨熊祥、王葆清、陈敬第、袁家谷、黎湛枝、商衍瀛等 315 人。

五月底，陈曾寿被吏部签分至刑部，任为主事。

闰五月十五日（7 月 9 日），谕旨下："派裕德、张英麟、徐会澧、张之洞、张仁辅、戴鸿慈、熙瑛、李昭炜"为"经济特科阅卷大臣"。

闰五月十六日（7 月 10 日），因张之洞的荐举，陈曾寿至保和殿参加经济特科的考试。

闰五月二十日（7 月 14 日），东清铁路全线通车，正式开始营业。

闰五月二十七日（7 月 21 日），陈曾寿参试初选入围，再至保和殿参加经济特科的复试。

六月初五日（7 月 28 日），朝廷经济特科考试阅卷结束，陈曾寿取中，列二等①，免三年学习。

六月间，张之洞奉朝命会同张百熙、荣庆将现办大学堂章程一切事宜再行商订，并议订约束游学生、鼓励毕业生章程。

七月十六日（9 月 7 日），清政府设立商部，以载振为尚书，伍廷芳、陈璧为左、右侍郎。

八月十八日（10 月 8 日），《中美续议通商行船条约》在上海签字。

九月十六日（11 月 4 日），黄兴、陈天华、宋教仁等人在湖南长沙成立华兴会。

九月间，应恩师张之洞之邀，陈曾寿辞刑部主事职，出京南下，入湖广总督幕府。其时，张之洞正在湖广推行新政，广揽人才，如梁鼎芬、沈曾植、陈三立、陈衍等人皆先后入其幕，而以陈曾寿年最少。

十月二十二日（12 月 10 日），英印政府派荣赫鹏和麦克唐纳率领三千侵略军进犯中国的西藏地区。

十月二十七日（12 月 15 日），蔡元培、王小徐等人在上海组织对俄同志会，发行《俄事警闻》报纸，后改名为《警钟日报》，揭露俄国军队在东北的暴行。

十二月二十一日（1904 年 2 月 6 日），日本舰队袭击沙俄占领下的旅顺

---

① 此次经济特科考试，全国共有三百零六名保荐者参加初试，八十三名保荐者进入复试，最后录取一等袁家谷等九名，二等冯嘉徵等十八人。

口，争夺中国东北的日俄战争爆发。

十一月二十五日（1904年1月12日），张之洞会同管学大臣奏进重订学堂章程，并请专设学务大臣，奖励职官游历、游学，酌定新进士入馆办法，试办递减科举。

十二月二十二日（1904年2月7日），张之洞陛辞出京，回南皮老家省亲。

十二月二十五日（1904年2月10日），日、俄双方正式宣战。

十二月二十七日（1904年2月12日），清政府外务部宣布：日、俄开战，中国严守“中立”。

年底，在督署的陈曾寿与时任勤成学堂总教长的杨守敬结识，并成为忘年之交。陈曾寿常向杨守敬请教相关问题。一日，杨守敬给陈曾寿回函（即《答陈仁先》）①，就其提出的赤壁究竟在何处的问题予以答复：

> 赤壁之地，诸说纷纭。有谓乌林即赤壁者：《御览》（一百六十九）引《荆州记》“临漳山南峰谓之乌林，亦谓之赤壁”，此以赤壁在江北。又有谓赤壁在汉川县西八十里者，李吉甫已辨驳之。《御览》（七百七十一）引《英雄记》谓：“曹操北至江上，欲从赤壁渡江，无船，作竹簰使部曲乘之，从汉水下，出大江浦口。”此亦以赤壁在江北。然《周瑜传》言“遇曹公于赤壁，初一交战，公军败退，引次江北”，即赤壁在江南审矣。且张昭明言操得刘表水军蒙冲斗舰以千数，何为无船？然今嘉鱼下有簰洲，当亦因此得名。《文选注》（十三）引盛弘之《荆州记》：“蒲圻县沿江百里南岸有赤壁。”此《元和志》“赤壁山在蒲圻县一百二十里”所本，在江南岸，与“操败，引次江北”似合。然此山自名蒲矶山，故《一统志》驳之。惟《水经注》“在百人山南，谓即黄盖诈魏武处”，而其上又云“黄盖败魏武于乌林，相去几二百里”。足下遂疑其自相矛盾。余以为此不必疑也。盖曹操以水陆军沿江而下，声言八十万，周瑜谓“所将中国人不过十五六万，所谓表众不过七八万”，是则曹军亦实有二十三四万。以二十三四万之众，夫岂一二山林所能容？（近日日、俄之战，两军不过八十万，亦连营至二百里。）刘先主伐吴，连营七百里，以首尾不能相顾致败。然以二百里较之，固不相侔也。且《水经注》言赤壁之下有大军山、小军山，《纪要》谓是以吴、魏相持陈兵

① 杨守敬：《答陈仁先》，《晦明轩稿》，《杨守敬集》第五册，湖北人民出版社、湖北教育出版社1997年版，第1170页。

名。又其下有黄军浦，《水经注》亦谓是黄盖屯军所。夫吴以三万人拒曹操，其屯兵处已几及百里，合刘先主、刘琦之兵二万余人，亦不过五万余人。盖赤壁为操前锋所及，乌林为操后军所止。吴军以蒙冲斗舰数十艘从南岸引次俱前，同时发火，（观此则知自赤壁至乌林同时以火攻之。）盖由南而北，非必由下而上也。观《周瑜传》自明。是《水经注》所据，于当时军势至合。其他方志，附会之辞，正不必一一辨论也。

是年，周伟（1903—1989）出生于湖北黄陂一个书香之家。

是年，湖广总督张之洞在武昌创办湖北文普通中学堂，周从煊为文史科教习。

## 光绪三十年甲辰(1904年)　二十七岁

年初，鉴于留日学生的越来越多，湖北巡抚兼署湖广总督端方在征得张之洞的同意后，派陈曾寿赴日，出任留日学生领队。其二弟陈曾则曾在《双桐一桂轩续稿·苍虬兄家传》中云："巡抚端公方派兄领学生赴日本留学。兄属余同往，遍游岛中风景胜地，居三月而归。"①

正月十四日（2月29日），四川总督锡良奏设川汉铁路公司。

二月十四日（3月30日），张之洞一行抵达武昌湖广总督府，对外视事。

三月间，张之洞一行赴江宁与两江总督会商江南制造局移建新厂事宜。

同月里，张之洞札令湖北学务处设立湖北师范传习所，以陈曾寿为监督，杜宗预、徐毓华为正、副提调。

四月二十二日（6月5日），张之洞一行自江南返抵武昌；因端方已调任署理两江总督，朝命湖广总督张之洞兼署湖北巡抚。

四月间，陈曾寿和二弟曾则办理完派送赴日学生交接手续后，稍作停留，便自日本返回武昌，至学务处任职。

五月十八日（7月1日），湖南长沙正式对外开埠。

五月二十日（7月3日），刘静庵、曹亚伯、张难先等人在武昌成立科学补习所（后改名"日知会"）。

五月二十三日（7月6日），英国侵略军攻占西藏江孜（今日喀则市江

① 陈曾则:《苍虬兄家传》,《苍虬阁诗集》附录一,上海古籍出版社2009年版,第435—436页。

孜县）。

五月间，陈曾寿与杨守敬时相往来，陈曾寿曾向杨守敬请教汉高遣将破英布在何处事，杨守敬写有书函（即《答陈仁先》）①回复陈曾寿：

问汉高遣别将击英布军洮水南北，皆大破之。胡三省以为在江南零陵之洮阳，《读史兵略》以“洮”是“沘”之误，未知孰是？

答曰：此事互详《史》、《汉·高祖本纪》及《英布传》。《布传》言：“布走，度淮，数止战，不利，与百余人走江南。布旧与番君婚，故长沙哀王使人诱布，伪与俱亡走越，布信而随至番阳。番阳人杀布兹乡。”《高祖纪》则言：“布走，令别将追之，击布洮水南北，皆大破之，追得，斩布鄱阳。”徐广曰：“‘洮’音‘道’，在江、淮间。”《汉书》苏林曰：“‘洮’音‘兆’。”《通鉴》则兼采纪、传。胡《注》云：“布军既败走江南，则洮水当在江南。”因以零陵洮阳之洮水当之。齐次风疑其太远，全谢山《经史问答》遂疑“洮”为“沘”误。无论苏林、徐广所见，《史》、《汉》皆是“洮”字；布本传《史》、《汉》皆云“走江南，而后破之洮水”；沘水在江北，与《史》、《汉》皆不照，其误不待辨。汪士铎又袭为己说。唯《方舆纪要》以溧阳之洮湖当之，其说是也。盖是洮湖本荆王刘贾地。《布传》：“东击荆，荆王刘贾走死富陵。尽劫其兵，度淮击楚。”是其地已为布所得。布败走江南，复于洮湖南北收集散亡，与汉别将战，于情势甚合。又败而西走鄱阳，为番君所绐，于地望亦不乖。若零陵之洮水，是已近南越，何复返至鄱阳为所杀乎？而全谢山乃谓洮湖在吴王濞国内，深疵顾说之谬。不知封吴王濞在灭英布之后，明见《高祖本纪》，是真以不狂为狂者。至若布“与上遇蕲西会〇”，《史记》作“甀”。韦昭云：“甀，蕲之乡名。”《史记·正义》：“‘蕲’音‘机’。沛之蕲城也。”《通鉴》俗本误作“鄿”，汪氏遂疑为鹿邑之蕲县，是并《史》、《汉》皆不检矣。余尝谓汪氏一出己见，便成谬误，非苛论也。

六月二十二日（8月3日），英国侵略军攻占西藏拉萨，达赖十三世在俄国间谍德尔智的裹挟下，出走库伦（今蒙古都城乌兰巴托），意欲投奔沙俄，被清政府驻库伦大臣阻止。

---

① 杨守敬：《答陈仁先》，《晦明轩稿》，《杨守敬集》第五册，湖北人民出版社、湖北教育出版社1997年版，第1169页。

六月间，陈曾寿的前辈友人、著名词人王鹏运①在苏州病逝。

七月二十八日（9 月 7 日），英国侵略军头目荣赫鹏在布达拉宫强迫西藏三大寺的代表签署《拉萨条约》（又称《英藏条约》）。

九月十六日（10 月 24 日），黄兴、马福益等策划于湖南长沙起义，事泄失败，黄兴流亡日本。

十月十四日（11 月 20 日），陶成章、龚宝铨、蔡元培等人在上海发起成立光复会。

十月间，陈曾寿曾因事往游江南，时老上司端方正署理两江总督，遂与端方、洪子东、刘松庵等师友往游镇江焦山。

陈曾寿在《五月十三日同……游焦山……留山待王君伯沆》一诗的“沉泉悽怆久亦淡，约略话旧资僧谈”诗句后自注云：“甲辰岁十月，同游者为端忠敏、洪子东丈、刘松庵，皆下世。”（见《苍虬阁诗集》第 49 页）

结束焦山之游后，曾寿一行又游览了江宁的玄武湖。

后来曾寿在其《游玄武湖辟疆有诗次韵》一诗的“欢沉大府汪洋彦”诗句下自注云：“甲辰岁来游时，端忠敏督两江，幕府宾客极盛。”

其间，杨诵清以江苏官费生留美，与顾维钧同行；陈曾寿后来曾作有《题陶斋毛公鼎拓本为杨诵清作》一诗纪其交往（见《苍虬阁诗》卷四，《苍虬阁诗集》第 152—153 页）。

十一月初八日（12 月 14 日），陈曾寿收到同乡前辈、好友杨守敬寄来的致谢书函（即《致陈曾寿》②）：

仁先世大兄足下启者：

余亲朱璇甫（潭霖）去岁以误药暴病卒。其子锡嘏情殷向学，企承先志，美才也。昨星胎庶常来言，已恳足下补入方言学堂，甚欣甚慰。笃念故交，栽培后学，两得之。锡嘏现住敝处。补录有期，祈示一信为荷。即颂道安。不庄。

守敬顿首　　初八日

---

① 王鹏运(1850—1904)，字幼霞、佑遐，号半塘，晚号鹜翁，别署半塘老人、半塘僧鹜。广西临桂人。同治九年(1870 年)举人。历官内阁中书、内阁侍读、江西道监察御史、礼科给事中、礼科掌印给事中等职。光绪二十八年(1902 年)离京南下，寓扬州，主讲仪董学堂，并执教上海南洋公学。“晚清四大词人”之一。著有《庚子秋词》《半糖定稿》《半塘賸稿》等；另校勘编辑有《四印斋所刻词》16 册 36 卷、《四印斋汇刻宋元三十一家词》25 种 30 卷等。

② 此书函见于贺宏亮:《新见三十五通杨守敬信札考释》,《中国书法》2016 年第 3 期,第 25 页;因此书函不见于《苍虬阁诗集》中,故全文照录。

十一月初九日（12 月 15 日），沙俄军舰“阿斯科”号水兵持利斧在上海南京路劈死行人周生有。

十一月二十七日（1905 年 1 月 2 日），日本侵略军攻占旅顺，日、俄旅顺战役结束，双方签订投降协议，俄军将领司都塞尔向日军投降。

十二月初九日（1905 年 1 月 14 日），俄国共产党领袖列宁在《前进报》上发表《旅顺口的陷落》一文，揭露日俄侵略中国东北的暴行。

十二月十一日（1905 年 1 月 16 日），为曾寿之母周太夫人的五十寿诞，曾寿曾自绘寿母图并征歌为母亲贺寿（见陈三立《南湖寿母图记》，《散原精舍文集》卷七）。

十二月十九日（1905 年 1 月 24 日），奉上谕：“云南、湖北巡抚两缺即行裁撤，湖广总督、云贵总督均著兼管巡抚事。”

是年，曹靖陶（1904—1974）出生于安徽歙县一个书香官宦家庭。

是年，叶葱奇（1904—？）出生于安徽桐城一个书香之家。

## 光绪三十一年乙巳（1905 年）　二十八岁

正月间，沙俄侵占中国新疆巴尔鲁支山地区，并继续进兵喀什噶尔。

二月初六日（3 月 11 日），日本军队已将俄国军队驱逐出奉天城，

二月二十七日（4 月 1 日），“芦汉铁路”（又称“京汉铁路”）正式建成通车。

二月间，陈曾寿因事有湖南之行，并作有五言歌行《乙巳二月赴湘，长沙、湘阴、武冈为先高足金门公旧治，遗爱在民，至今父老犹能言之。时先曾祖秋舫公官京朝，常忽忽不乐，明发之怀形诸篇什。舟夜不寐，感怀先德，梦中得“长歌明发篇，浩叹京国年”十字，醒成之》纪其行（见《苍虬阁诗》卷一，《苍虬阁诗集》第 1 页）；陈曾寿《苍虬阁诗集》[①]中所收之诗，以此诗为最早。

其间，舟过岳阳，雨中登岳阳楼远眺，并作有五言长篇歌行《予自游焦山，梦寐不能忘，舟过岳阳，雨中登楼怀望》纪其事（见《苍虬阁诗》卷一，《苍虬阁诗集》第 1—2 页）。

在舟过武昌（今鄂州市）时，放眼四望，感慨良多，曾寿遂作《武昌舟中》一诗以纪之（见《苍虬阁诗》卷一，《苍虬阁诗集》第 2 页）。

① 陈曾寿著，张寅彭、王培军校点：《苍虬阁诗集》，上海世纪出版股份有限公司、上海古籍出版社 2009 年 1 月版。

三月间，陈曾寿得知好友朱克柔去世噩耗，立即自省城武昌赶赴浙江嘉兴祭奠，并作有《嘉兴吊强甫·其兄明甫、其夫人及其女，共四柩》（二首）以悼之（见《苍虬阁诗》卷一，《苍虬阁诗集》第 3 页）。

在嘉兴参加完亡友朱克柔的祭奠仪式后，陈曾寿又回到武昌，曾去函邀约前辈好友杨守敬相聚；惜前辈好友杨守敬因事不在武昌，未能赴约。

四月初七日（5 月 10 日），上海工商界召开商务总会会议，决定发起反对美国迫害华工、抵制美货运动，全国各地纷纷响应。

四月上旬，曾寿致函前辈好友杨守敬，专门向他请教相关问题。

四月十八日（5 月 21 日），浙江士绅集议：拒绝美商培次承办浙赣铁路。

四月二十四日（5 月 27 日），俄、日两国在朝鲜半岛和日本本州之间的对马海峡爆发“对马海战”。

五月初一日（6 月 3 日），广州士商集会，抵制美约。

五月十六日（6 月 18 日），天津、南京、汕头、潮州、杭州、福州以及新加坡等地绅商集议，抵制美约。

五月二十日（6 月 22 日），陈曾寿收到前辈好友杨守敬写来的回信（即《致陈曾寿》①）：

仁先大兄足下：

昨承邀未能赴，谢谢。所疑三条，唯首一条颇浅，然亦由《通典纪要》未分别言之。第二条实由变迁，此与郁水、汝水间。今人知汝水下流，非古之汝水下流。而不知郁水（白水）之上流，非古之上流。足下能疑及此，可谓善读《水经注》矣。至于江夏、武昌二郡之废置，其说颇长，兹谨疏其大略如此。足下由此而精进之，他日不难为地学名家。惜余《水经注图》及《水经注疏要删》均未出书，不能于足下有启发焉（《水经注图》已刻成，现已印样本，俟数日可装订成。《水经注疏要删》亦刻成一半，大约七八月间可出书，兹先付《水经注图》六叶，可按图核之）。并附以闻。伏暑远行，固非少年所计，然何不俟秋凉耶？唯珍摄不一。

守敬顿首　　　廿日挥汗

---

① 此书函见于贺宏亮：《新见三十五通杨守敬信札考释》，《中国书法》2016 年第 3 期，第 25 页；因此书函不见于《苍虬阁诗集》中，故全文照录。

五月三十日（7 月 2 日），袁世凯、张之洞、周馥等大臣联衔奏请于十二年后实行立宪政体。

六月十四日（7 月 16 日），清政府派载泽、戴鸿慈、徐世昌、端方出洋考察宪政。

六月十八日（7 月 20 日），上海各帮商董大会决议不定美货，商学会并召开实行抵制美约大会。

七月十四日（8 月 14 日），清政府又增派绍英出洋考察。

七月二十日（8 月 20 日），孙中山与黄兴、宋教仁等在日本东京成立中国同盟会。

七月二十一日（8 月 21 日），清政府发出指令，以禁用美货“有碍邦交”，命各省督抚“从严查究，以弭隐患”。

七月间，清政府赎回粤汉铁路，改由鄂、湘、粤三省筹款分段修建。

八月初四日（9 月 2 日），清政府诏令自明年之丙午科始，停科举。

八月初七日（9 月 5 日），日、俄签订《朴次茅斯条约》，俄国承认日本在朝鲜的特殊权益，将在中国辽东半岛的租借权转让给日本，割库页岛南部和千岛群岛与日本。

八月二十六日（9 月 24 日），革命党人吴樾在北京正阳门车站使用炸弹刺杀出洋考察的五大臣，吴樾当场死难。

八月二十七日（9 月 25 日），张謇、汤寿潜等奏准创设上海—大连轮船有限公司。

八月间，湖广总督张之洞与直隶总督袁世凯会奏：请立停科举，推广学校，并筹切要办法数端。

同月里，因张之洞的举荐，陈曾寿调任学部，迁员外郎。

秋天里，陈曾寿与好友李寿熙、同乡前辈左绍佐、周树模前往太清观赏菊不果，遂至龙泉寺游览，归饮酒楼；周树模前辈有诗纪行，陈曾寿亦依韵作《秋日同李伯虞、左笏卿、周沈观丈访菊太清观不得，遂至龙泉寺，归过酒楼小饮，周丈有诗，次韵》纪其事（见《苍虬阁诗》卷一，《苍虬阁诗集》第 4 页）。

其间，陈曾寿曾陪同同乡前辈左绍佐游览天宁寺，并有五言歌行《游天宁寺同左笏卿丈作》《天宁寺听松》纪其事（见《苍虬阁诗》卷一，《苍虬阁诗集》第 3、5 页）。

读到前辈左绍佐的诗作后，陈曾寿作有七言歌行《和左笏卿丈并简泊园丈》呈示左、周两位同乡前辈（见《苍虬阁诗》卷一，《苍虬阁诗集》第

5—6 页）。

九月二十八日（10 月 26 日），清政府改派载泽、戴鸿慈、端方、尚其亨、李盛铎出洋考察宪政。

九月间，张之洞奉旨督办“粤汉铁路”，并在武昌设立“粤汉铁路总局”。

十月初六日（11 月 2 日），日本政府文部省公布《取缔清韩留学生规则》。

十月十三日（11 月 9 日），曾寿收到前辈好友杨守敬寄赠的新书——《水经注疏要删》和随书寄来的函札（即《致陈曾寿》[①]）：

> 《水经注要删》一部奉赠，此书不启俗眼惊。计非我仁先无能知其程度也。《山谷集》二部取来（每部六两），如前途必欲四部，当为再取之。缘贵记一手亦不能携四部也。此致。即颂晨安。不庄。
>
> 守敬顿首　　十三日

十月十七日（11 月 13 日），张之洞出席芦汉铁路通车典礼；随又奏请将芦汉铁路改名为京汉铁路，旨下准行。

十月三十日（11 月 26 日），中国同盟会机关报《民报》在日本东京创刊，孙中山在《发刊辞》中首次揭示了三民主义。

十月间，为方便筹款自办川汉铁路，在武昌设立川汉铁路总局。

十一月初八日（12 月 4 日），中国留日学生八千余人为抗议日本政府取缔中、韩留学生，实行罢课，二百余人愤而回国。

十一月二十六日（12 月 22 日），《中日会议东三省事宜条约》签订，日本强迫清政府将沙俄侵占的中国东北南部的全部权益转让给日本。

是年，曾寿闲时曾读黄庭坚诗，见其诗中有“忍持芭蕉身，多负牛羊债”之句，偶有所感，遂用其韵作《读山谷“忍持芭蕉身，多负牛羊债”诗句，有所感，用其韵为十诗》以纪之（见《苍虬阁诗》卷一，《苍虬阁诗集》第 6—7 页）。

是年，陈巨来（1905—1984）出生于浙江平湖乍浦镇。

## 光绪三十二年丙午(1906 年)　二十九岁

是年，陈曾寿仍在学部任员外郎。

正月十三日（2 月 6 日），醇亲王载沣的长子溥仪（1906—1967）出生

① 此函札见于贺宏亮:《新见三十五通杨守敬信札考释》,《中国书法》2016 年第 3 期,第 25 页;因此函札不见于《苍虬阁诗集》中,故全文照录。

于京城府邸。

正月二十九日（2 月 22 日），江西南昌县知县江召棠被法国传教士王安之行凶刺死。

正月间，曾寿曾与同乡好友傅岳棻相聚，并作有五言歌行《次韵治芗观落日诗》（五首）相赠（见《苍虬阁诗》卷一，《苍虬阁诗集》第 8—10 页）。

二月初三日（2 月 25 日），南昌民众捣毁外国教堂，击毙法国传教士王安之等六人、英国传教士三人，酿成“南昌教案”。

同日，爱新觉罗·溥僡（1906—1963）出生于京城皇室恭亲王的府邸。

二月间，曾寿曾作有《感春四首，次昌黎韵》（见《苍虬阁诗》卷一，《苍虬阁诗集》第 10—11 页）。

三月初八日（4 月 1 日），连接北京与汉口的全长 1214.49 公里的芦汉铁路全线通车；在湖广总督张之洞和直隶总督袁世凯一起验收后，改名“京汉铁路”。

三月二十一日（4 月 14 日），上海华新纱厂工人为反对将工厂售予日本资本家，举行罢工。

四月初四日（4 月 27 日），《中英续订藏印条约》在北京签订。

闰四月十六日（6 月 7 日），日本设立南满洲铁道株式会社。

五月二十四日（7 月 15 日），中国留日学生在东京锦辉馆举行欢迎章炳麟大会，日本友人宫崎寅藏发表支持中国人民正义斗争的演说。

前年送留学生赴日本期间，曾寿曾前往观赏“庚子之役”的油画，联想近事，感触颇深，乃作七言长篇歌行《甲辰岁日本观油画庚子之役感近事作》以纪之（见《苍虬阁诗》卷一，《苍虬阁诗集》第 11—12 页）。

七月初四日（8 月 23 日），曾寿在学部夜值，而此时二弟寥志和好友谢凤孙正在镇江焦山游览，回忆山中胜景，乃作《七月初四日夜直，时复园、寥志正游焦山，杂忆山中诸胜，小诗寄之》（五首）寄赠（见《苍虬阁诗》卷一，《苍虬阁诗集》第 13 页）。

七月十四日（9 月 2 日），湖南巡抚端方擢升两江总督兼南洋大臣。

七月十七日（9 月 5 日），朝命于式枚总理广西铁路，以梁鼎芬为湖北按察使。

九月初一日（10 月 18 日），中岛真雄在辽宁沈阳创办《盛京时报》。

八月初三日（9 月 20 日），张之洞七十寿诞，蒙恩赏御笔“望重耆贤”匾额。

九月十一日（10 月 17 日），清政府下旨各省筹设谘议局，并预筹设立各府、州、县议事会。

九月二十三日（11 月 9 日），清政府改“督办政务处”为“会议政务处”。

九月二十七日（11 月 13 日），郭布罗·婉容（1906—1946）出生于满洲正白旗一个书香官僚家庭。

十月十九日（12 月 4 日），同盟会联合湘赣哥老会发动萍乡、浏阳、醴陵起义，萍乡矿工数千人加入。

十月二十四日（12 月 9 日），康有为在美国纽约《中国维新报》上发表公告，通知各地保皇会于 1907 年元旦改称“国民宪政会”，作为推动宪政的团体。

十一月初一日（12 月 16 日），江浙绅商在上海组织预备立宪公会，举郑孝胥为会长，张謇、汤寿潜为副会长。

十二月二十七日（1907 年 2 月 9 日），中日订立《扩展汉口租界专约》。

是年，曾寿尚写有《游仙》《朔风》《落花》等诗作（见《苍虬阁诗》卷一，《苍虬阁诗集》第 12—13、14 页）。

是年，中国第一所官办法律专门学校——京师法律学堂正式开学。

是年，应好友蓝钰之请，曾寿曾为其作水墨纸本行书横披（41.4 × 145 cm）。其所书横披系录曾寿今年所写的《甲辰岁日本观油画庚子之役感近事作》一诗（见《苍虬阁诗》卷一，《苍虬阁诗集》第 11—12 页）。其题识云：“（诗略）忆甲辰岁由日本，观油画图天津庚子年事。石如仁兄大人两正，弟曾寿。”钤印：“苍虬阁”。（详见北京城轩拍卖有限公司“2019 年春季拍卖会”——“中国书画一”专场拍卖品，编号：0209）

## 光绪三十三年丁未(1907 年)　三十岁

正月初一日（2 月 13 日），康有为、梁启超改“保皇会”为“国民宪政会”。

正月初五日（2 月 17 日），日本政府应清政府驻日公使杨枢的要求，下令早稻田大学和中央大学开除与同盟会有关系的中国留学生 39 人。

正月二十日（3 月 4 日），日本政府应清政府要求，迫令孙中山离境。

二月三十日（4 月 12 日），朝旨川汉铁路改由商办。

三月初八日（4 月 20 日），清政府改盛京将军为东三省总督，并设奉天、吉林、黑龙江三省巡抚。

三四月间，前辈好友陈衍奉命赴京出任学部主事兼京师大学堂教习，与陈曾寿共事，故两人时相往还、唱和。曾寿曾写有《失题·慰石遗作》

《失题·慰石遗并次其韵》等诗作（见《苍虬阁诗外集》，《苍虬阁诗集》第 393 页）。

陈衍在《石遗室诗话》中曾记载说："丁未余入都，君（案：指陈曾寿）已中甲科，官刑部，调学部，闻余至，约游枣花寺观牡丹。稍谈诗，知常与周少朴（树模）、左笏卿（绍佐）两侍御唱和，所祈向乃在昌黎、义山、荆公、山谷，大异昔日宗旨。继读近作，则古体雄深雅健，今体悱恻缠绵，不禁为之狂喜。急赠诗云：'昔读君诗笔崭然，只愁宝剑罕成篇。岂知江海频年别，忽睹云霞变态妍。兴会每从探讨出，深苍也要取材坚。羌无利禄荒寒路，肯与周旋定是贤。'"①

四月十一日（5 月 22 日），革命党人陈涌波、余既成等举行潮州"黄冈起义"，旋失败。

四月二十二日（6 月 2 日），革命党人邓子瑜等发动"惠州七女湖起义"，旋失败。

五月初九日（6 月 19 日），朝命解奕劻军机大臣差，命醇亲王载沣在军机大臣上学习行走，而以鹿传霖为军机大臣。

五月十一日（6 月 21 日），大学士王文韶因病乞休；谕下，以湖广总督张之洞为协办大学士。

五月二十六日（7 月 6 日），光复会领袖徐锡麟枪杀安徽巡抚恩铭，率巡警学堂学生在安庆举行起义，失败被杀。

六月初四日（7 月 13 日），女革命家秋瑾响应徐锡麟在浙江绍兴起义，事泄被捕；两天后，在绍兴被杀害。

六月十四日（7 月 23 日），奉上谕："张之洞着授为大学士，仍留湖广总督之任"。

六月十八日（7 月 27 日），奉上谕："张之洞着充体仁阁大学士。"

七月初二日（8 月 10 日），朝廷电召体仁阁大学士张之洞迅速来京陛见。

七月初十日（8 月 18 日），张伯祥、邓文翚、焦达峰、孙武、刘公等在日本东京成立革命团体共进会。

七月十三日（9 月 1 日），慈禧太后下诏准备"仿行宪政"，清政府预

---

① 陈衍：《石遗室诗话》卷三，辽宁教育出版社 1998 年版，第 33 页；又见《苍虬阁诗集》附录三，上海世纪出版股份有限公司、上海古籍出版社 2009 年版，第 508 页。

备立宪正式开始；随后改考察政治馆为宪政编查馆，直属军机处，下设编制局、统计局、庶务处、译书处、图书处、官报局。陈曾寿兼任编制局副科员。

七月二十四日（9月1日），革命党人王和顺等人在钦州、廉州、防城发动起义，历时半月后失败。

七月二十七日（9月4日），朝廷以袁世凯为外务部尚书兼会办大臣；并授张之洞、袁世凯为军机大臣。

八月初二日（9月9日），张之洞交卸湖广总督篆务，即渡江北上。

八月初五日（9月12日），军机大臣、体仁阁大学士张之洞奉旨抵达京城，寓居畿辅先哲祠。

八月十三日（9月20日），清政府决定在中央设立资政院。

八月十五日（9月22日），朝命张之洞以大学士兼管学部事务。

八月间，因张之洞的保荐，学部郎中陈曾寿"以提学使记名"（见陈曾则《苍虬兄家传》，《苍虬阁诗集》第435页）。

九月十三日（10月19日），清政府命各省设立谘议局。

九月二十六日（11月1日），军机大臣、体仁阁大学士张之洞移寓锡拉胡同，曾寿经常去府邸看望恩师。

九月间，曾寿在公务之余，喜翻阅前辈名臣阮元编选之《两浙輶轩录》。一日阅读到绍兴张岱事迹，心有所触，联想到前辈好友李葆恂的为人，遂作《阅〈两浙輶轩录〉，载绍兴张岱事；岱字宗子，累世通显，服食豪侈，家蓄梨园数部，日与诸胜流度曲征歌，及间以古学挑之，则自四部、七略以至唐宋说家荟萃琐屑之书，靡不赅悉。尝自谓："少壮秾华恍如梦境耳。"因有感于李猛庵丈之为人，率赋一律寄赠》（见《苍虬阁诗》卷一，《苍虬阁诗集》第15页）。

十月二十七日（12月2日），同盟会员黄明堂等发动镇南关起义，孙中山亲临指挥，历时七天后失败。

十一月初四日（12月8日），邮传部奏设交通银行。

十二月初十日（1908年1月13日），中、英、德签订《天津浦口铁路借款合同》。

是年，陈曾寿与刘朴生前辈结识、往来较多，并作有《赠刘朴生丈》《再赠朴丈》等诗纪其交往（见《苍虬阁诗》卷一，《苍虬阁诗集》第14—15页）。

是年，刑部右侍郎沈家本奉旨奏订新刑律，其中有“弑君与杀外国君主、弑父母与杀路人同罪”的条文；陈曾寿阅后觉其与中国以忠孝礼义制刑的传统不合，遂对其及其他悖谬之处，逐条批驳，形成文本，呈递给恩师、管部大臣张之洞；张公据以入奏，使所修之新刑律多处得以据此予以修改（见陈曾则《苍虬兄家传》，《苍虬阁诗集》附录一，第 435 页）。

案：沈家本主持起草的《大清刑律草案》中，有不少问题引起朝臣的激烈论争，除上面所说的问题之外，“无夫奸”也是引起争论最激烈的问题之一。“本来，有清一代对于‘无夫奸’的处罚并不算重，就司法实践而论，实际案例也极少。但到清末修律时，此条因事涉礼教，遂成为新旧双方论争的焦点议题。初次草案上奏后，朝廷让各部院和各省督抚签注意见，结果‘签驳者夥’。各部院的意见中，学部的奏驳最为激烈，影响也最大。此事‘初发难于仁先，于南皮枢相前极论之’。后由陈氏拟稿，‘南皮颇以为然’，尚书荣庆‘略为修改’，侍郎宝熙、严修‘勉强附名’，以学部名义上奏”①。

几十年后，当陈曾寿收到同年好友杨熊祥的赠诗，在给他所写之《子安同年用予寄散原老人诗韵寄赠奉和》一诗的夹注中还兴致颇高地提及此事：“在学部同子安疏争新刑律，乔左丞茂萱称为‘楚两生’。”（见《苍虬阁诗》卷十，《苍虬阁诗集》第 266 页）

陈曾寿供职学部，甚是勤勉，平日与人交往酬酢不是太多；南皮公入京后，除经常前往看望、请教外，公务之余，大多在家养菊。“性喜菊……每岁秋时，购菊数百盆，室中院外，陈列皆满，五色灿烂，亲自移置灌溉。江夏刘松庵为绘《种菊图》。兄题诗，辄命余书。马通伯先生题曰：‘萧然与草木为伍，其好尚与众异也。’”（见陈曾则《苍虬兄家传》，《苍虬阁诗集》附录一，第 435 页）

是年，曾寿入选备拣进讲员名单。《许宝衡日记》（一九〇九年二月十六日）记载：“查前年进讲懿旨，开单凡十一人：熙彦、乔树枏、刘廷琛、吴士鉴、周自齐、王式通、劳乃宣、赵炳麟、郭立山、陈曾寿、谭学衡，已备拣派于摄政王前进讲之员。”

是年，清政府曾命朝廷内外大臣为东三省保荐人材。

是年，李书勋（1907—？）出生于江苏宜兴。

是年，袁荣法（1907—1976）出生于湖南湘潭一个书香之家。

---

① 李欣荣：《清末关于“无夫奸”的思想论争》，《中华文史论丛》2011 年第 3 期。

## 光绪三十四年戊申(1908年)　三十一岁

正月初一日（2月2日），朝廷授醇亲王载沣为军机大臣。

二月初三日（3月5日），上海公共租界有轨电车通车。

二月二十四日（3月26日），邮传部右侍郎盛宣怀合并汉阳铁厂、大冶铁矿、萍乡煤矿组建成汉冶萍煤铁厂矿有限公司（简称“汉冶萍公司”），正式在农工商部注册；改官督商办，为完全商办。

二月二十五日（3月27日），黄兴率领华侨组成的中华国民军南路军发动钦廉上思起义，转战四十余日后失败。

二月间，学部会议购置民间藏书设备图书馆。

三月二十九日（4月29日），革命党人黄明堂、王和顺等在云南发动河口起义，历时一月后失败。

四月间，东三省总督徐世昌会同东三省各巡抚合保十五人：陈曾寿、钟文耀、谭延闿、李湜瀛、张凤台、宋书昇、金邦平、陆宗舆、曹汝霖、戚朝卿、张国淦、郭则沄、章宗祥、董康、金永。

案：徐世昌此次奏保的十五人，其后八人到京面试；当时全国共保荐一百四十余人，实到京城面试的只有六十六人，各有升迁。徐氏以陈曾寿名列第一，颇希望他能赴东三省为官；曾寿的座师、户部尚书荣庆问曾寿的想法，曾寿回答：“自审非人才耳。”最终未答应去东三省为官。究其原因，“盖兄以徐为袁世凯党，不屑依附其门也”（见陈曾则《苍虬兄家传》，《苍虬阁诗集》附录一，第436页）。

五月二十日（6月18日），考察宪政大臣于式枚上奏，言宪法自在中国，无需求之外洋，定于一则无非分之想，散于众则有竞进之心。

六月初十日（7月8日），资政院奏拟院章，颁布谘议局及议员选举章程。

六月二十日（7月18日），奉上谕：“着派大学士张之洞兼充督办（粤汉）铁路大臣。”

六月二十八日（7月26日），湖北新军士兵杨王鹏等人在武昌成立军队同盟会，后改组为群治学社。

六月间，学部奏准在京师设立女子师范学堂。

七月间，学部奏定各学堂学生毕业发给执照章程。

八月初一日（8月27日），清政府颁布《钦定宪法大纲》。

九月初二日（9月26日），钱仲联（1908—2003）出生于江苏常熟一个书香之家。

九月二十日（10 月 14 日），十三世达赖喇嘛在仁寿殿陛见。

九月二十五日（10 月 19 日），日本警视厅查封同盟会机关报《民报》。

九月二十六日（10 月 20 日），体仁阁大学士张之洞移居地安门外白米斜街，陈曾寿时常出入府邸，向恩师请教。

十月二十一日（11 月 14 日），光绪皇帝①崩于瀛台涵元殿，时年三十八岁，遗诏以摄政王载沣之子溥仪入承大统，为嗣皇帝，并承继穆宗为嗣，兼承大行皇帝之祧。以摄政王载沣监国；曾寿闻知消息，乃作《恭挽德宗景皇帝，用李商隐昭肃皇帝挽诗韵》（二首）以悼之（见《苍虬阁诗》卷一，《苍虬阁诗集》第 15—16 页）。

十月二十二日（11 月 15 日），孝钦显皇后——慈禧太后②亦薨，年七十三岁。

十月二十五日（11 月 18 日），嗣皇帝溥仪登极礼成，诏令改元，以次年为宣统元年。

---

① 光绪皇帝，即爱新觉罗·载湉(1871—1908)，咸丰之弟醇亲王奕譞之子，满族。同治皇帝崩，无子，由他入继大统，改元“光绪”。即位时年仅四岁，由慈禧太后“垂帘听政”。1887 年(光绪十三年)亲政后，朝政仍决于太后。中日甲午战争中主战，《马关条约》签订后，不愿做“亡国之君”，受日益兴起的变法思想的影响，思有所作为。1898 年(光绪二十四年)接受维新派主张，下诏变法，提拔任用维新派人士，贬斥顽固大臣，不断发布新政命令，引起慈禧太后和守旧势力的恐惧和不满。“戊戌政变”后，被幽禁于中南海瀛台。1900 年(光绪二十六年)义和团运动中，当八国联军迫近北京时，被慈禧太后挟持，逃往西安。1908 年 11 月 14 日，先慈禧太后一日死。庙号“德宗”。

② 慈禧太后，即“西太后”(1835—1908)，叶赫那拉氏，满洲正黄旗人，满族。咸丰皇帝宠妃，同治皇帝生母。咸丰帝死后，其子载淳六岁即位，被尊为太后。不久，伙同恭亲王奕䜣发动“祺祥政变”，垂帘听政。1861—1873 年，她勾结外国侵略者，利用曾国藩、左宗棠、李鸿章等汉族地主武装湘淮军，残酷镇压太平天国、捻军、回民、苗民、彝族等各地各族民众的武装起义。同治帝死后，立五岁的载湉为帝，仍由她垂帘听政。为适应反动统治的需要，她一面支持奕䜣、曾国藩、李鸿章等标榜的“自强”“求富”的洋务运动，开办军事工业和民用性企业，训练海陆军；一面又重用一些顽固守旧大臣，用清议牵制洋务派。对外则妥协投降，导致各种对外战争皆以失败告终，与帝国主义列强签订了一系列丧权辱国的条约，使中国陷入半殖民地、殖民地的痛苦深渊。对内既仇视民众的爱国正义斗争，又反对改良派的维新变法运动，还残酷镇压资产阶级的民主革命运动。自 1861 年开始垂帘听政至 1908 年去世，她统治中国近半个世纪，成为黑暗腐朽势力的代表、近代中国半殖民地化的象征。

十月二十六日（11月19日），革命党人熊成基在安徽安庆率领新军发动武装起义。

十一月初七日（11月30日），美、日两国互换照会，确认对华侵略“机会均等”。

十一月初十日（12月3日），清廷宣布：立宪预备，仍以宣统八年为限。

十一月二十日（12月13日），湖北武昌新军革命党人杨王鹏等将军队同盟会改为群治学社。

十一月二十六日（12月19日），奉上谕：“张之洞着赏加太子太保衔。”

十二月初六日（12月28日），奉上谕：“着派张之洞兼为督办鄂境川汉铁路大臣。”

十二月十一日（1909年1月2日），清政府鉴于袁世凯的权势日盛，难以驾驭，乃以“患足疾，步履维艰，难胜职任”为由，罢黜其回籍养疴。

十二月十五日（1909年1月6日），沪宁铁路建成通车。

是年，曾寿尚写有《渭渔三兄殇女感寄》《送魏刚长之官滇南》《梦莘田出诗一卷，皆咏梅花也，因倩松庵画梅寄莘田》等诗作（见《苍虬阁诗》卷一，《苍虬阁诗集》第16—17页）。

是年，俞大纲（1908—1977）出生于浙江绍兴一个书香之家。

## 宣统元年己酉（1909年）　三十二岁

正月十一日（2月1日），万国禁烟会议在上海召开。

新年期间，陈曾寿常与好友徐思允①、傅岳棻②往来，并作有五言歌行

① 徐思允（1876—1950），字愈斋，亦作裕斋，号苕雪。江苏武进人。曾官学部主事，为宫廷御医。1909年随杨澄甫研习太极拳，后又随李景林学剑术。1925年曾为同门好友陈微明所著之《太极拳术》作序。与陈曾寿、傅岳棻、郑孝胥等交游，多有诗词唱和。伪满洲国成立，奉召至长春，任溥仪御医。

② 傅岳棻（1878—1951），字治芗，号娟净。湖北江夏（今武汉市武昌区）人。优级师范毕业。光绪举人，曾任山西抚署文案。光绪三十至三十一年（1904—1905），出任山西大学堂教务长及代理总监督。后调任京师学部总务司司长、普通司司长，国务院铨叙局佥事、参事。辛亥革命后，出任靳云鹏内阁教育部次长，代理部务。晚年，致力于教育工作，曾任北平大学、河北大学、北京师范大学、北京大学教授。1947年，任《湖北文征》总纂。著有《西洋史教科书》《遗芳室诗文集》十六卷（现存中国国家图书馆）等。

《种菊同苕雪、治芗作》（七首）纪其事（见《苍虬阁诗》卷一，《苍虬阁诗集》第 20—21 页）。

一日得闲，陈曾寿遂拿出自己家藏的、元代画家梅道人（吴镇）所绘制的《四松图》仔细观赏，颇有感触，乃作七言歌行《题梅道人画松》以纪之（见《苍虬阁诗》卷一，《苍虬阁诗集》第 19—20 页）。

正月十九日（2 月 9 日），朝廷正式启用“督办粤汉铁路大臣兼督办鄂境川汉铁路之关防”。

正月间，得知好友林季鸿[①]以肺病去世，曾寿颇为感伤，乃作《林四季鸿幽居善病，养菊佳种甲都下。花时，予必往观；君以病不能多言，默对而已。然君少年时，风情遒上，工弈曲，以至琴笛琵琶之属，靡不精妙；酒间诸菊部子弟，环侍问业，君为之正拍订误，通夕不倦。自丧偶，萧然独处，终岁不出户庭。今年正月，竟以肺病死，感念不已，为赋此诗》以悼之（见《苍虬阁诗》卷一，《苍虬阁诗集》第 18 页）。

其间，因武昌家中有急事，曾寿曾请假回武昌一趟，并作有《十二日请急回武昌》《车过武胜关雪中购得兰数本》等诗纪其行踪（见《苍虬阁诗》卷一，《苍虬阁诗集》第 22 页）。

二月初一日（2 月 20 日），谕下：“派大学士张之洞为总裁官”，以恭修《德宗景皇帝实录》。

二月十四日（3 月 5 日），经军机大臣张之洞的举荐，朝廷下旨，命前礼部侍郎朱祖谋、前内阁学士陈宝琛入京觐见。

闰二月初四日（3 月 25 日），朝命陈宝琛出任礼部总理礼学馆事宜兼综纂订之职。从此，在家赋闲 25 年后，陈宝琛终于重获起用。

同时，朝命以朱祖谋为弼德院顾问大臣；朱氏以病辞，未赴任。

闰二月间，革命党人孙武、焦达峰等自东京回国后，在汉口租界设立共进会总机关，从事长江流域会党的联络活动。

其间，曾寿见庭院中的红梅、水仙、山茶、瑞香、海棠、牡丹、玉兰一起开放，甚是兴奋，乃作五言歌行《斋中红梅、水仙、山茶、瑞香、海棠、

---

① 林季鸿（？—1909），福建福州人。早年在京城师事著名京剧票友孙春山（1836—1889），通晓音律，对青衣唱腔研究颇深。梨园子弟向其请教、问业者颇多。身体多病，后以肺病卒。他曾改订名剧《玉堂春》，并传授给杨韵芳。著名琴师梅雨田（1865—1912）又将其教给年纪尚小的侄儿梅兰芳（1894—1961）。梅兰芳于 1911 年首演此剧造成轰动，从此出名。此剧亦成为梅兰芳此后的保留剧目。

牡丹、玉兰盛开》以纪之（见《苍虬阁诗》卷一，《苍虬阁诗集》第19页）。

一日，友人莹甫庭院中有一枝蓼花开了，曾寿遵属作《莹甫寓中有蓼花一枝，属赋》一诗相赠（见《苍虬阁诗》卷一，《苍虬阁诗集》第23页）。

又一日，友朋邀至畿辅先哲祠观海棠，曾寿曾写有七言歌行《畿辅先哲祠看海棠》纪其事（见《苍虬阁诗》卷一，《苍虬阁诗集》第23页）。

案：畿辅先哲祠在今北京宣武门外下斜街40号，为祭祀直隶省（今河北省）先贤之所，是直隶李鸿藻、张之洞、张佩纶等京官于光绪四年（1878年）所倡建。

三月上旬，曾寿听说法源寺的丁香花开得正盛，乃邀友朋前往观赏，并作有《法源寺看丁香》一诗纪其事（见《苍虬阁诗》卷一，《苍虬阁诗集》第24页）。

案：法源寺位于北京宣武门外教子胡同南端东侧，建成于唐武则天万岁通天元年（696年），初名悯忠寺，后几经增、重修，有顺天寺、大悯忠寺、崇福寺等名称，清雍正十二年（1734年）正式改名法源寺。它不仅是北京城内历史悠久的古刹，也是中国佛学院、中国佛教图书文物馆所在地，是培养青年僧侣和研究佛教文化的重要场所。法源寺亦以丁香闻名京城。

三月二十日（5月9日），德宗景皇帝梓宫奉移梁格庄行宫暂安。

三月二十六日（5月15日），革命党人于右任等在上海创办《民呼日报》。

四月十五日（6月2日），曾寿与同年好友田伏侯约游崇效寺赏牡丹不果，因忆往年此日与半塘老人游崇效寺之事，当时还作有感怀诗三首，于是作《四月十五日，田伏侯同年约崇效寺看牡丹；予晨往，主客皆未集。次日晤李猛庵丈，言是日到最后席散，客已尽矣。独坐成咏，因忆昔与半塘老人来游，恰亦四月十五日，感怀三首，予因和之》以纪其事（见《苍虬阁诗》卷一，《苍虬阁诗集》第24—25页）。

五月十一日（6月28日），朝命以端方为直隶总督，而以江宁布政使樊增祥署理两江总督。

五月间，应军机大臣张之洞所请，朝廷下旨："开复故已革户部尚书、协办大学士翁同龢原官。"

六月初四日（7月20日），大学士张之洞肝痛病时发。

六月二十一日（8月6日），上海勤昌丝厂女工因反对延长工时举行同盟罢工。

六月二十九日（8月14日），清政府查封《民呼日报》。

七月二十日（9 月 4 日），中、日订立《图门江中韩界务条款》。

七月间，学部上奏：筹建京师图书馆。

八月初八日（9 月 21 日），旅美华工冯如在旅美华侨的资助下，驾驶着自制的飞机飞上天空，成为中国第一个飞行家。

八月十二日（9 月 25 日），由中国工程师詹天佑自行勘测、自行设计建设的京张铁路建成通车。

八月十四日（9 月 27 日），张之洞病情加重，乃口授大意，属弟子陈曾寿草拟遗折。

八月二十日（10 月 3 日），索阅疏稿，伏枕改数字，即命速递。

八月二十一日（10 月 4 日）上午，监国摄政王载沣亲临张府视疾，慰劳甚殷。

同日晚，陈曾寿的恩师、体仁阁大学士、军机大臣张之洞①在京城地安门外白米斜街府邸去世，年七十三。晋赠太保，谥“文襄”，入祀贤良祠。曾寿得知消息，颇为悲伤，当即赶到张府祭奠，并作有《张文襄公挽诗》（二首）以悼之（见《苍虬阁诗》卷一，《苍虬阁诗集》第 27 页）。

吴庆坻《蕉廊脞录》卷二记载：“张文襄公遗折为陈仁先侍御曾寿属草，陈弢庵阁学宝琛润色，而公于枕上改定之……先一日，已拟定特谥‘文忠’或‘文正’。比遗疏上，以‘臣平生不树党援，不殖生产自励，他无所恋’二语触某邸之忌，临时忽易前议，改谥‘文襄’云。”

九月初一日（10 月 14 日），各省谘议局（除新疆外）宣告成立。

九月上旬，应好友徐思允之约，曾寿陪其至慈仁寺游览、观双松，并作有《同苕雪游慈仁寺看双松》一诗纪其事（见《苍虬阁诗》卷一，《苍虬阁诗集》第 22—23 页）。

其间，曾寿还曾应友朋之约，往游戒坛寺观松，并作有五言歌行《戒坛

① 张之洞（1837—1909），字孝达，号香涛，亦号芗涛、香岩、壶公、无竞居士，晚号抱冰、抱冰老人，因创办广雅书院，广雅书局，被人称之为“张广雅”。直隶南皮（今属河北）人。咸丰二年（1852），应顺天乡试，中第一名举人（即“解元”）。同治二年（1863）会试，中第三名进士（即“探花”），授翰林院编修。历任翰林院侍读、侍讲、内阁学士，湖北、四川学政，山西巡抚，两广、湖广、两江总督，累官至体仁阁大学士、军机大臣兼管学部。参政 40 余年，极力筹办洋务。又重视教育，提倡朴学，大力兴办书院和各种实业学堂，对清末的文化教育影响甚大。光绪二十四年（1898），撰著《劝学篇》，主张“旧学为体，新学为用”，反对维新思想。入军机兼管学部后，又支持同光体诗人，与进步的诗歌创作思潮相对立。工诗，现存诗 500 余首，诗风宽博厚重。著有《张文襄公全集》229 卷。

卧龙松歌》《游戒坛寺》等诗作纪其事（见《苍虬阁诗》卷一，《苍虬阁诗集》第25、26—27页）。

不久，四弟贻先见到大兄所写戒坛松诗后，竟梦见自己亦至戒坛寺来观松，醒后来信相告，并随信附有所作感怀诗四首；曾寿接信后，当即和作五言歌行《贻先弟见予戒坛松诗，遂梦至戒坛，见松高数丈，涛声如雷；惊寤，寄书相告，并感怀四首，走笔和之》寄赠（见《苍虬阁诗》卷一，《苍虬阁诗集》第27页）。

九月初九日（10月22日），陈曾寿曾招梁鼎芬、潘清荫、伍铨萃、江孔殷①与陈宝琛往游广化寺。

陈宝琛曾作有《九日节庵招集广化寺，同陈仁先曾寿、潘吾刚清荫、伍叔葆铨萃、江霞君孔殷感和节庵并怀伯严江南》②一诗纪其事。

梁鼎芬亦作有《九日仁先招集广化寺，述张文襄去年今日事感赋》一诗纪其事。

案：陈曾寿1917年曾写有一诗，题名《节师见予九日诗，寄语曰："岂忘庚戌重九耶，何诗中未及之?"盖是秋节师入都吊张文襄公之丧，予以九日邀同陈弢老集于什刹海广化寺，凄然相对，二老皆有诗，刘松庵为图记之。今忽忽八载矣，感赋长句奉寄以志哀》。其中所说之"庚戌"当为"己酉"之误。

九月十三日（10月26日），朝鲜爱国志士安重根在哈尔滨将日本内阁总理大臣、公爵、朝鲜第一任统监、太子太师伊藤博文击毙。

十月初一日（11月13日），陈去病、高旭、柳亚子等17人在苏州虎丘的张国维祠举行雅集，成立南社。

十月二十九日（12月11日），朝命立张之洞祠于京城。

十一月初，江苏谘议局议长张謇召集十六省谘议局代表在上海开会，决定成立国会请愿同志会，组织代表团进京请愿，要求速开国会，建立责任

---

① 江孔殷（1865—1950），字少荃，又字韶选，小字江霞，号兰斋，又号霞公，别署百二兰斋主人；世称江太史，谑称江虾。广东南海人。出生富商家庭。光绪三十年（1904年）进士，选庶吉士。历官翰林院编修、江苏候补道、广东候补道兼署清乡督办等职。辛亥革命爆发，奉两广总督张鸣岐之名操纵广东假独立，后顺应潮流赞成革命。1917年出任外资英美烟草公司买办，日进斗金。1930年在广州萝岗创办江兰斋农场，生产特供食品。后家道败落，寓居香港。1950年回广州，被押送回南海；不久，卒于乡。有美食家之称。

② 陈宝琛：《沧趣楼诗集》卷六，《沧趣楼诗文集》（上），上海世纪出版股份有限公司、上海古籍出版社2013年版，第121页。

内阁。

十一月上旬，湖北谘议局议员及数十名绅商发起组织了湖北铁路协会，举刘心源为会长，刘人祥、万昭度为副会长，反对借债修路，要求集股筹资，铁路自办，并派代表赴京请愿。江宁布政使、曾寿前辈友人樊增祥闻信，立即电函湖北当局，表示支持，并出面帮助谋划筹款等相关事宜。

十一月二十五日（1910 年 1 月 6 日），美国国务卿诺克斯照会中、日、英、法、俄、德各国，提出东北诸铁路中立案。

十二月初六日（1910 年 1 月 16 日），国会请愿同志会发动第一次请愿，上书都察院，要求速开国会，清廷不允。

十二月十一日（1910 年 1 月 21 日），日、俄两国声明：不允许将东北铁路改为公共铁路。

十二月十四日（1910 年 1 月 24 日），各省咨议局代表在北京组织速开国会同志会，通告各省谘议局。

十二月十九日（1910 年 1 月 29 日），直隶总督端方宴集同人，为苏东坡庆祝冥寿，适梁鼎芬来京参加张之洞的葬礼，遂参与宴集；曾寿乃作五言长篇歌行《陶斋尚书作东坡生日，宴集同人，节庵师会张文襄公之葬，亦来京师》以纪其事（见《苍虬阁诗》卷一，《苍虬阁诗集》第 28 页）。

十二月二十日（1910 年 1 月 30 日），革命党人熊成基在哈尔滨谋刺筹办海军大臣载洵，事泄被捕杀。

年底，曾寿正在想念家乡武昌的洪山菜薹，岂料正好家中寄来，兴奋之余，乃作五言长篇歌行《武昌洪山菜薹，色紫与他处异，移植色味俱变，盖吾乡蔬菜之冠。居北地久，思之甚；适家中寄至，欣然作诗》纪其事（见《苍虬阁诗》卷一，《苍虬阁诗集》第 28—29 页）。

是年，曾寿尚写有《寄莘田》《梦强甫》《鸡鸣怀朴生丈及四弟》等诗作（见《苍虬阁诗》卷一，《苍虬阁诗集》第 17、18、19 页）。

## 宣统二年庚戌(1910 年)　三十三岁

正月初三日（2 月 12 日），同盟会员倪映典等在广州发动新军起义，倪映典战死。

正月十八日（2 月 27 日），清政府颁布《中国红十字会试办章程》，命邮传部右侍郎盛宣怀为红十字会会长。

正月间，陈曾寿与徐思允、傅岳棻、许宝衡、杨熊祥等好友曾有结社之举，大家时常相聚唱和，曾各作有和韩愈的《感春》诗。

陈衍《石遗室诗话》中记载说："忆庚戌在都，仁先与茗雪（徐思允）、治芗（傅岳棻）、季湘（许宝衡）、仪真（杨熊祥）诸君，亦建诗社，各有《和昌黎感春诗》甚佳。函向仁先索其稿，惟寄茗雪《感春》四首，治芗则他作，季湘、仪真则无矣。当更求之。……仁先四首用昌黎原韵云：'春之来兮自何所，雪澌冰泮兮悲故处。众人熙熙登春台，欲往从之意忽阻。今我不乐诵书史，其骨已朽空自语。娇气淫志何益身，漫掷幽忧付来许。'其二云：'我闻先圣感春时，迟迟白日心伤悲。我巢漂摇苦风雨，绸缪一纲振天维。深衣玉几式忧患，帘外万息潜相吹。天人当春悄怀抱，下土蠢蠢畴知之。蓬门小女贮薄怨，春风入幕轻猜疑。蜂颠蝶舞絮撩乱，含意凝睇羞陈辞。荡荡青天那可问？屈葬鱼腹陶沉醨。江花恼人诉不得，杜鹃啼血成冤痴。仙凡贵贱势殊绝，心烦意乱知无宜。纫兰经年香气减，忍此绵邈当语谁？'其三云：'晨兴不能食，夜思不成卧。役役形空劳，忽忽志潜惰。江湖入怀新，乡井合眼堕。一醉三年留，投辖真无奈。'其四云：'挂冠神武犹何人，洗耳松风拂龙鳞。不知有冬漫春夏，了无荣悴空喜嗔。我今何为在尘世，看花对酒长忧贫。长安市儿弄狡狯，变化往往能通神。仙人长爪双鬓雪，弹指东海三扬尘。嗟哉吾党二三子，呻吟蛩駏还相亲。清晨坐起天气白，下照万木浓光新。不须停杯待烂漫，隐几一梦山中春。'《三百篇》以来，感春之意钟于诗人，李、杜尤多此作，但不题'感春'耳。昌黎所以不同李、杜者，语较生涩。仁先服膺昌黎甚至……善于肖韩者。"①

案：陈曾寿《苍虬阁诗集》中的作品，均是按年份顺序排列的；查《苍虬阁诗》和《苍虬阁诗外集》中庚戌年前后的诗作，均不见有陈衍诗话中论列的《和昌黎感春诗》（四首），可能是曾寿的遗佚之作。

二月十四日（3 月 24 日），清政府批准湖北设立商办粤汉川铁路公司。

二月二十一日（3 月 31 日），革命党人汪精卫、黄复生在北京谋炸载沣，事情败露，被捕入狱。

三月初二日（4 月 11 日），朝廷下旨，任命陈宝琛为内阁学士兼礼部侍郎衔。自此，陈宝琛开复原官。

三月初四至初六日（4 月 13—15 日），长沙发生抢米风潮，饥民焚毁抚台衙门、长沙税关及洋行、教堂等。

---

① 陈衍：《石遗室诗话》卷十，辽宁教育出版社 1998 年版，第 131—133 页；又见《苍虬阁诗集》附录三，上海世纪出版股份有限公司、上海古籍出版社 2009 年版，第 510—511 页。

四月十三日（5 月 21 日），山东莱阳贫苦农民曲诗文率饥民 700 多人冲进县署，要求速发积谷，减免苛捐杂税。

四月十五日（5 月 23 日），清政府与英、德、法、美四国银行团在巴黎达成铁路借款协议，将湖北、湖南两省人民争回的路权以国有的名义收回，再出卖给帝国主义，激起全国人民的义愤。

五月初六日（6 月 12 日），山东莱阳、海阳农民发动抗捐起义。

五月初十日（6 月 16 日），国会请愿团发动第二次请愿。

五月二十七日（7 月 3 日），山东莱阳曲诗文正式宣布起义，队伍发展至十几万人。

五月三十日（7 月 6 日），曲诗文率农民起义军攻打县城数日不下，只好放弃县城。

六月上旬，经过十几天的血战，起义军伤亡惨重，起义被镇压；曲诗文在当地农民的掩护下，逃到外地，隐姓埋名，才幸存下来。

七月二十五日（8 月 29 日），日本宣布合并韩国。

八月十一日（9 月 14 日），《国风报》第一卷第十八期出版，载有陈曾寿《题江杏村前辈〈梅阳归养图〉》一诗。

案：曾寿的前辈、好友江春霖被朝廷免官，将归养老家，前来辞行并出示《梅阳归养图》请题，曾寿欣然为其题《题江杏村前辈〈梅阳归养图〉》一诗相赠（见《苍虬阁诗》卷一，《苍虬阁诗集》第 17 页）。

八月十五日（9 月 18 日），湖北革命党人杨王鹏、李六如等在武昌将群治学社改组，成立振武学社。

九月初一日（10 月 3 日），清政府资政院行开院礼，监国摄政王载沣临院训词。

九月初九日（10 月 11 日），革命党人于右任在上海创办《民立报》。

同日，陈曾寿邀前辈陈宝琛和入京参加张之洞葬礼的老师梁鼎芬和部分好友至什刹海广化寺宴集，陈宝琛和梁鼎芬皆有诗纪其事，好友刘松庵还绘有宴集图纪之。八年后，陈曾寿曾在《节师见予九日诗，寄语曰：“岂忘庚戌（案：“庚戌”应为“己酉”之误）重九耶，何诗中未及之？”盖是年秋，节师入都吊张文襄公之丧，予以九日邀同陈弢老集于什刹海广化寺，凄然相对，二老皆有诗，刘松庵为图纪之，今忽忽八载矣。感赋长句，寄以志哀》一诗中提及此事（见《苍虬阁诗》卷三，《苍虬阁诗集》第 101—102 页）。

九月十五日至二十日（10 月 17—22 日），全国第一次运动会在上海举行，参加比赛的运动员 140 人，上海获第一名，华北获第二名。

九月二十日（10 月 22 日），第三次国会请愿代表团向载沣和资政院上书。

九月二十三日（10 月 25 日），东三省总督锡良、湖广总督瑞澂、两广总督袁树勋、云贵总督李经羲等省督抚联名上书请组织内阁，定明年开国会。

九月（10 月）间，国际飞行协会在美国旧金山举行飞行比赛，冯如驾驶其自制飞机参加比赛，获得第一名。

十月初三日（11 月 4 日），清政府宣布将九年预备立宪期限缩改为五年，并预行组织内阁；令民政部及各省督抚解散请开国会之代表。

十月十二日（11 月 13 日），孙中山在槟榔屿召开同盟会秘密会议，决定在广州再次发动武装起义。

十月二十日（11 月 21 日），钱锺书（1910—1998）出生于江苏无锡一个书香世家。

十一月初一日（12 月 2 日），沙皇政府召开内阁特别会议，专门讨论了吞并中国东北北部的问题。

十二月初九日（1911 年 1 月 9 日），曾寿的前辈、友人蒯光典①在京师去世。

十二月二十三日（1911 年 1 月 23 日），武汉各界数万人集会抗议英租界枪杀人力车工人的暴行。

十二月间，朝命陈宝琛以原衔充补为汉经筵讲官，正式成为随侍皇帝左右的文苑词臣。

是年，曾寿尚写有《和渭渔三兄咏草木诗》（二首）、《赠密丹阶》《复园以诗写赠次韵》《和人咏松二首》等诗作（见《苍虬阁诗》卷一，

---

① 蒯光典(1857—1910)，字礼卿，一作理卿，号季逑，别署金粟道人、斤竹山民。安徽合肥人。幼聪慧，八岁能诗。曾从冯桂芬、刘熙载学。光绪八年(1882 年)举人，次年成进士。散馆授翰林院检讨，充会典馆图绘总纂。光绪二十一年(1895 年)，张之洞任两江总督，入其幕；次年，刘坤一督两江，聘主尊经书院。光绪二十三年(1897 年)，张之洞聘为两湖书院监督。次年，创办江宁高等学堂。光绪三十二年(1906 年)，官江苏淮扬海道，加按察使衔。光绪三十四年(1908 年)，赴英国出任留学生监督。年余辞归，充京师督学局长。工诗文，通训诂，精目录学。著有《金粟斋诗》《金粟斋文》《金粟斋词》《文学蒙求广义》等。卒后编有《金粟斋遗集》八卷。

《苍虬阁诗集》第 29—31 页）。

是年，美国基督教会将南京汇文书院和宏育书院合并组成南京金陵大学堂（1915 年改名金陵大学）。

## 宣统三年辛亥(1911 年)　三十四岁

正月初一日（1 月 30 日），湖北革命党人蒋翊武、詹大悲、刘复基等在武昌成立文学社，蒋翊武被推为会长。

正月初十日（2 月 8 日），上海协和丝厂女工举行反对减发工资的同盟罢工。

二月间，陈曾寿由学部郎中擢升为都察院广东道监察御史。

三月初十日（4 月 8 日），同盟会员温生才在广州刺死署理广州将军孚琦，温氏亦随即被捕遇害。

三月十七日（4 月 15 日），清政府与英、美、德、法四国银行团订立一千万英镑币制改革和东三省实业振兴借款合同。

三月二十九日（4 月 27 日），黄兴、赵声、朱执信等同盟会员在广州发动武装起义（史称辛亥广州起义、辛亥广州三月二十九日之役或黄花岗之役），攻占两广总督府，随即被清军镇压。此役牺牲革命党人 86 人，后由善堂收殓烈士遗骸七十二具，合葬于城郊的红花岗（后改名黄花岗）。

四月初十日（5 月 8 日），清政府裁撤军机处，成立皇族内阁，以奕劻为总理大臣。

四月十一日（5 月 9 日），清政府取消粤汉、川汉铁路民办的成案，宣布铁路干线国有政策。

四月十二日（5 月 10 日），文学社在武昌小朝街八十五号设立机关部。

四月十六日（5 月 14 日），湖南长沙举行万人大会，决议拒外债，保路权。

四月十八日（5 月 16 日），长沙、株洲一万多名筑路工人举行游行示威，提出了罢市、罢课、全省抗缴租税的号召。

四月二十日（5 月 18 日），清政府任命端方为督办铁路大臣，前往接收四省商民集股的铁路公司。

四月二十二日（5 月 20 日），清政府派邮传部大臣盛宣怀与英、法、德、美四国银行团代表签订《粤汉川汉铁路借款合同》。

五月初十日（6 月 6 日），广东粤路股东千余人开会，决议保路，并通电湘、鄂、川，呼吁相互支持。

五月二十一日（6 月 17 日），川汉铁路股东代表在四川成都召开会议，反对铁路国有，组成保路同志会。

五月二十四日（6 月 20 日），中央教育会成立，张謇任会长，张元济、傅增湘任副会长。

六月初六日（7 月 1 日），孙洪伊、汤化龙、谭延闿、雷奋等在北京成立宪友会（又称民党）。

闰六月初六日（7 月 31 日），宋教仁、陈其美、谭人凤等人在上海北四川路湖北小学校成立中国同盟会中部总会。

闰六月十一日（8 月 5 日），上海晋昌、长纶、锦华、协和四丝厂工人为反对减工举行联合罢工。

闰六月二十一日（8 月 15 日），朝命陈宝琛充任弼德院顾问大臣。

七月初一日（8 月 24 日），四川成都举行万人保路大会，决定全省罢市、罢课，抗纳捐税，不认外债；重庆、嘉定、荣县等数十州县的保路分会纷纷响应。

七月初九日（9 月 1 日），四川川路股东大会决定实行抗粮抗捐。

七月十五日（9 月 7 日），四川总督赵尔丰在成都逮捕谘议局、保路同志会、铁路公司及股东会负责人。

七月十六日（9 月 8 日），四川保路同志会举行武装起义，包围成都，全省响应。

七月十八日（9 月 10 日），朝命陈宝琛为御前进讲的师傅，正式成为帝师；同时出任帝师的尚有大学士陆润庠，继而出任帝师的则是满、汉双榜进士伊克坦。

七月二十二日（9 月 14 日），武昌文学社、共进会组成统一的起义领导机构，决定总动员计划，推蒋翊武为革命军总司令、孙武为参谋长。

八月初四日（9 月 25 日），同盟会员吴玉章和王天杰率领起义军占领四川荣县，宣布独立，建立了革命党人领导的第一个地方政权。

八月十一日（10 月 2 日），为曾寿的寿诞，乃作《辛亥八月十一日生日感赋》（二首）以抒其概（见《苍虬阁诗》卷一，《苍虬阁诗集》第 32—33 页）。

八月十七日（10 月 8 日），孙武在汉口俄国租界宝善里二十二号赶制炸药引起爆炸，起义机关遭破坏。

八月十八日（10 月 9 日），蒋翊武等在武昌小朝街总部讨论形势，于下午五时发出起义的紧急命令，决定当晚十二时以中和门（今起义门）的炮声为号举义。 是夜十一时半，武昌小朝街起义总部被清朝军警破坏，刘复基、彭楚藩等人被捕。

八月十九日（10 月 10 日）早晨，宪兵营革命党代表彭楚藩、军事参谋刘复基、交通员杨洪胜在武昌被杀害。晚九时，武昌新军的革命士兵在第八镇工程第八营革命党总代表熊秉坤的指挥下，打响了起义的第一枪；湖广总督瑞澂、新军第八镇统制张彪弃城逃遁，武昌起义（即辛亥革命）爆发。

八月二十日（10 月 11 日），革命军攻克湖广总督衙门，武昌城光复；即日宣布废除清朝年号，中国为中华民国；中华民国湖北军政府成立，旋推举第二十一混成协协统黎元洪为中华民国军政府鄂军都督。

八月二十一日（10 月 12 日），汉阳、汉口相继光复；湖北军政府通电全国，宣告武汉三镇光复，电促黄兴、宋教仁速赴湖北；并请转电孙中山先生从速回国，主持大计。

八月二十二日（10 月 13 日），曾寿的同乡、前辈好友杨守敬乘江轮赴上海；抵达上海后，就寓居好友、广东富商甘作蕃家。

八月二十三日（10 月 14 日），清政府重新起用袁世凯，任命其为湖广总督；又任命岑春煊为四川总督，对抗起义军。

八月下旬，陈曾寿见武昌爆发革命，颇担心家人安危，乃请假南下；抵达汉口时，得知武昌城中家人已安全撤至蕲水老家，遂急乘舟赴蕲水巴河老家探望。其间，作有《八月乘车夜过黄河，桥甫筑成，明灯绵亘无际洵，奇观也》一诗纪其行（见《苍虬阁诗》卷一，《苍虬阁诗集》第 32 页）。

八月二十五日（10 月 16 日），曾寿乘舟经过黄州时，亦无心情上岸休息或会见友朋，仅作有《辛亥八月二十五日舟过黄州》一诗纪其行踪（见《苍虬阁诗》卷一，《苍虬阁诗集》第 33 页）。

曾寿的三弟曾矩在所写之《随笔》（笔名冷汰，未刊手稿）中曾记载："时伯兄官京曹，闻变，请假乘京汉车南下，至汉口，探知家人已行，遂亦至巴。"①

八月二十六日（10 月 17 日），湖北军政府公布《中华民国军政府条例》。

八月二十七日（10 月 18 日），沙俄唆使蒙古国叛国集团宣布"独立"。

八月二十八日（10 月 19 日），革命军大败清军于汉口刘家庙（今黄埔路到丹水池一带）。

九月初一日（10 月 22 日），湖南革命党人焦达峰、陈作新率领新军、

① 陈曾矩:《丁巳复辟记》,《近代史资料》,1958 年第 1 期。

会党起义，占领长沙，被推为正、副都督。

同日，陕西新军、会党发动起义，攻占西安，张凤翙被推为都督。

九月初二日（10 月 23 日），江西九江的新军发动起义，成立九江军政分府。

九月初三日（10 月 24 日），黄兴自香港抵达上海。

九月初四日（10 月 25 日），黄兴等人在红十字会女医师张竹君率领的战地救伤队的掩护下，自上海赶赴武汉。

九月初六日（10 月 27 日），清政府任命袁世凯为钦差大臣，节制湖北水陆各军。

九月初七日（10 月 28 日），清廷颁发停战文告，但整个南京城仍然在张勋等旧军的控制之下。

同日，黄兴等人安全抵达湖北省城武昌。

九月初八日（10 月 29 日），山西宣告独立，山西军政府成立，阎锡山任都督。

九月初九日（10 月 30 日），云南同盟会联合新军起义，次日成立云南军政府，推蔡锷为都督。

九月初十日（10 月 31 日），江西南昌新军举行起义，并于 11 月 2 日成立江西军政府，吴介璋为都督。

九月十一日（11 月 1 日），皇族内阁辞职，清政府任命袁世凯为内阁总理大臣，负责组织责任内阁。

九月十二日（11 月 2 日），江南新军第九镇统制徐绍桢与协统沈同午等在南京城外发动起义，被推为江浙革命联军总司令。徐氏率军进攻雨花台，被江南提督张勋击退。

同日，北洋军攻陷湖北汉口，民军退守汉阳。黄兴被委任为战时总司令。

九月十三日（11 月 3 日），上海革命党人占领县城，起义胜利。三天后成立沪军都督府，陈其美任都督。

九月十四日（11 月 4 日），浙江杭州新军起义，次日成立浙江军政府，推汤寿潜为都督。

同日，贵州新军发动起义，次日成立贵州军政府，举杨荩诚为都督。

九月十五日（11 月 5 日），江苏巡抚程德全在苏州起义，江苏独立，军政府成立，拥程德全为都督。

九月十六日（11 月 6 日），袁世凯以二万元收买马步周，在直隶石家庄车站刺杀革命党人、新军第六镇统制吴禄贞。

九月十七日（11 月 7 日），广西独立，成立军政府，先举巡抚沈秉堃为都督，随后改举陆荣廷为都督。

九月十八日（11 月 8 日），安徽独立，成立军政府，举巡抚朱家宝为都督。

九月十九日（11 月 9 日），福建新军起义，成立军政府，举统制孙道仁为都督。

同日，广东独立，成立军政府，举胡汉民为都督。

广东光复后，冯如带着自制的两架飞机参加革命，被广东革命政府任命为飞机队飞机长。

九月二十一日（11 月 11 日），汤寿潜、陈其美、程德全三都督通电，倡议在上海召开各省代表会议。

九月二十三日（11 月 13 日），山东独立，成立军政府，推举巡抚孙宝琦为都督。

同日，海军舰船十三艘在九江起义，加入革命行列。

自武昌起义爆发起，至九月二十三日，湖北、湖南、陕西、山西、云南、江西、上海、贵州、浙江、江苏、广西、安徽、福建、广东、山东等省先后发动起义，宣布独立。

九月二十四日（11 月 14 日），内阁总理大臣袁世凯在北京晋谒隆裕太后，誓言效忠清室。

九月二十五日（11 月 15 日），已光复各省代表会议在上海召开，定名为各省都督府代表联合会。

九月二十六日（11 月 16 日），内阁大臣袁世凯组成责任内阁。

九月间，陈曾寿鉴于乡下恶劣的环境，乃携全家人自蕲水巴河至上海横滨桥暂居。

曾矩在《随笔》中记载：原本以为乡下会安宁一些，岂料“乡间土匪蜂起，一夕数惊”。家人遂商议，“以乡间既不能安居，乃挈家移居上海。……全家四十余人，赁一小楼而居，室少人众，床褥不备，半席地以卧焉。居久之，生计益困，唯卖旧藏字画以度日”①。

其间，适好友徐莘田携家人回老家暂居，曾寿乃作《沪上别莘田》一诗相赠（见《苍虬阁诗》卷一，《苍虬阁诗集》第 33 页）。

---

① 陈曾矩：《丁巳复辟记》，《近代史资料》，1958 年第 1 期。

一日，曾寿前往好友甘翰臣家拜访，得与同乡、前辈好友杨守敬相遇，分外高兴；临别之前，杨守敬还应邀为陈曾寿的书斋“苍虬阁”题写了斋额[1]。

十月初一日（11 月 21 日），各省都督府代表联合会议定，公认湖北军政府为民国中央军政府。

十月初二日（11 月 22 日），四川重庆独立，成立军政府，推张培爵为都督。

十月初四日（11 月 24 日），上海各省都督府代表联合会决定赴武昌开会。

十月初七日（11 月 27 日），时任清政府川汉、粤汉铁路督办大臣的端方，奉朝命率湖北新军第八镇第十六协第三十一标及三十二标一部，经宜昌入川，前往镇压保路运动。

同日，四川成都独立，成立军政府，举谘议局议长蒲殿俊为都督。

是日，冯国璋率清军攻陷汉阳，起义军退至武昌。

十月初十日（11 月 30 日），各省都督府代表联合会代表抵达汉口英租界开会，讨论组织临时中央军政府问题。

十月上旬，陈曾寿闲居无事，遂在家研读史书，遇有疑问或不清楚的地方，便去函向前辈好友杨守敬请教。

十月十一日（12 月 1 日），沙俄策动蒙古国反动王公、上层喇嘛宣布“独立”，分裂中国领土。

十月十二日（12 月 2 日），江浙革命联军攻克江宁，南京光复，张勋败走徐州；两江总督张人骏和江宁将军铁良[2]登上日本军舰逃往沪上，革命中心乃由湖北转移到长江下游。

十月十四日（12 月 4 日），各省都督府代表联合会决定以南京为临时政府所在地；并推举黄兴、黎元洪为正、副元帅。

十月十六日（12 月 6 日），隆裕太后懿旨，准监国摄政王载沣引咎

---

① 文雷:《苍虬老人》,《艺文掌故琐记》,台湾平平出版社 1967 年版。

② 铁良(1863—1938),字宝臣,穆尔察氏,满洲镶白旗人。幼家贫,少即弃文习武,后入荣禄幕,深得信任,荐举入兵部,历官至兵部侍郎、会办京旗练兵。光绪二十九年(1903年),赴日考察军事,回国后擢升户部尚书、总理练兵处襄办大臣,光绪二十二年(1896 年),升军机大臣。次年,专任陆军部尚书。宣统二年(1910 年)调任江宁将军。辛亥革命后,寓居天津。张勋复辟,命为弼德院顾问。复辟失败,再居天津。1931 年参与成立伪满洲国。1938 年在天津去世。

辞职。

十月十八日（12月8日），内阁总理大臣袁世凯派唐绍仪为全权代表南下与革命军议和。

岑春煊在其《乐斋漫笔》中说："是时袁世凯出任组阁，发起和议，南北代表群集于沪上。实则世凯手握强兵，直压武汉，外挟民意，以制朝廷，使双方皆受其指挥，而坐收渔人之利，计诚狡矣！"①

十月十九日（12月9日），各省军政府亦同意派伍廷芳为代表与清方代表议和。

同日，前辈好友杨守敬收到陈曾寿请教的书信后，遂给他回了一封信（即《致陈曾寿》②）：

仁轩大兄足下：

得书，问刘裕伐南燕，先过大岘，后至东莞。而东莞在大岘之南，于形势不合。此《通鉴》之误。《宋书·武帝纪》但言进军琅邪及梁父、莒城二戍，莒城即在东莞之东南，而后言公既入岘，初无先入岘而后至东莞之文。《晋书》载纪则明言：其夏王师次东莞，超遣其左军段晖、辅国贺赖卢等六将，步骑五万进据临朐，俄而王师度岘云云。是刘裕先过东莞，而后入大岘，至审。《通鉴》采之，先后倒置，遂乖地理。今本《十六国春秋》又从《通鉴》采辑，亦因其误，不足据也。

足下虽未能核其致误之由，然致疑于形势不合，可谓善读书者矣。大抵《读史兵略》亦未能订正此误。凡汪梅村所治《汉志》《水经》，多所谬误，余撰《晦鸣轩稿》，曾痛诋之。今以一部呈览，知足下有心人，必不以老学究相疵也。即颂晚佳，不庄。

守敬顿首　　十九日灯下

十月二十四日（12月14日），汉口、上海两地各省军政府的代表齐集南京继续开会。

十月二十七日（12月17日），各省都督府代表联合会改举黎元洪为大元帅，黄兴为副元帅。

十月二十八日（12月18日），南北议和代表伍廷芳和唐绍仪在上海英

---

① 岑春煊：《乐斋漫笔》，荣孟源、张伯锋主编之《近代稗海》（第一辑），四川人民出版社1985年版，第107页。

② 此信见于贺宏亮：《新见三十五通杨守敬信札考释》，《中国书法》2016年第3期，第24—25页；因此信不见于《苍虬阁诗集》，故全文照录。

租界市政厅举行首次会议，英、日、美、德、法、俄六国驻沪领事及上海外商代表李德立出席。

十一月初六日（12 月 25 日），同盟会总理孙中山从海外回国，抵达上海。

十一月初十日（12 月 29 日），十七省军政府代表在南京会议，选举孙中山为中华民国临时大总统，并决议改用阳历。

十一月十二日（12 月 31 日），各省都督府代表联合会决定修改临时政府组织大纲，实行内阁制，增设副总统。

十一月十三日（1912 年 1 月 1 日），中华民国临时大总统孙中山自沪抵宁，于当晚 10 时宣誓就职，发表《临时大总统就职宣言》和《告全国同胞书》，宣告中华民国成立。

十一月十五日（1912 年 1 月 3 日），中华民国南京临时政府成立，各省代表推举黎元洪为副总统，通过孙中山提出的各部总长、次长任命名单。

十一月十六日（1912 年 1 月 4 日），章太炎与张謇等人在上海成立中华民国联合会，嗣发刊《大共和日报》。

十一月二十三日（1912 年 1 月 11 日），中华民国临时大总统孙中山宣布自任北伐军总指挥，派黄兴为北伐军陆军参谋长，制订六路北伐计划。

十一月二十六日（1912 年 1 月 14 日）凌晨，光复会领袖、浙江临时参议会议长陶成章，被刺死于上海广慈医院。

十一月二十七日（1912 年 1 月 15 日），当川汉、粤汉铁路督办大臣端方①一行抵达资州（今内江市资中县）时，新军突然哗变。端方与其弟端锦

① 端方(1861—1911)，托忒克氏，字午桥，号匋斋。满洲正白旗(在今内蒙古自治区锡林郭勒盟南郊)人。由荫生中举，后历任工部主事、直隶霸昌道、陕西按察使、陕西布政使、护理陕西巡抚。光绪二十六年(1900 年)八国联军进攻北京，慈禧太后与光绪皇帝逃至西安，他拱卫周备，深得宠信，不久擢升湖北巡抚，署理湖广总督。光绪三十年(1904 年)调任江苏巡抚，摄两江总督。光绪三十一年(1905 年)与载泽等出国考察政治，次年归国，上《欧美政治要义》，建议预备立宪，以抵制民主革命运动。同年任两江总督，逮捕革命党人甚急。宣统元年(1909 年)移督直隶，不久因在东陵拍摄慈禧葬仪被监国摄政王载沣免职。宣统三年(1911 年)重新起用为川汉、粤汉铁路督办大臣；旋率鄂军入川，途中为义军所杀。谥号“忠敏”。著有《端忠敏公奏稿》、《匋斋吉金录》八卷、《匋斋吉金录续》二卷、《匋斋藏石记》四十四卷等。

遂为起义新军军官刘怡凤所杀。

赵尔巽等《清史稿·端方列传》记载说："三年，命以侍郎督办川汉、粤汉铁路。时部议路归国有，而收路章条湘、川不一致，川人大哗。川、鄂为党人所萃，乘机窃发。……至资州，所部鄂军皆变，军官刘怡凤率众入室，语不逊，端方以不屈遇害。"（见《清史稿》卷四百六十九，第1456页）

十一月间，前江宁布政使李瑞清携全家数十口自南京来到上海，寓横滨桥，与陈三立、陈曾寿等居邻，以卖书画为生。

十二月初一日（1912年1月19日），教育部颁发《普通教育暂行办法》十四条，规定初等小学可以男女同校，要求教科书合乎民国宗旨，旧教科书和小学读经科一律废止。

十二月初四日（1912年1月22日），孙中山发表声明，如清帝退位，袁世凯宣布赞成共和，就马上辞职，推袁为总统。

同日，朱志尧、徐企文等在上海成立中华民国工党。

十二月初五日（1912年1月23日），清政府免去张人骏两江总督职务，以江南提督张勋接任两江总督。

十二月初九日（1912年1月27日），北洋军将领段祺瑞、姜桂题等48人通电全国，要求清廷"明降谕旨，宣示中外，立定共和政体"。

十二月初十日（1912年1月28日），南京临时参议院成立，林森当选议长。

十二月十一日（1912年1月29日），沈佩贞在上海创办女子尚武会。

十二月十六日（1912年2月3日），清隆裕太后命内阁总理大臣袁世凯与民军磋商退位优待条件。

十二月十八日（1912年2月5日），南京临时政府改大清银行为中国银行。

十二月二十一日（1912年2月8日），中华民国工业建设会在上海公布草章。

十二月二十三日（1912年2月10日），南京临时参议院通过优待清室条件八款。

十二月二十五日（1912年2月12日），宣统皇帝[①]奉隆裕太后懿旨，颁发退位诏书，授权内阁总理大臣袁世凯组织临时共和政府，有清二百六十八年之国运暨华夏二千余年的帝制时代正式终结，中华民国肇兴。

岑春煊在其《乐斋漫笔》中说："以数千年专制政体，一变而为共和之国，犹复优待清室，不失尊荣，以视前朝易姓诛夷之惨，相去何止天渊。昔日委质为臣者，今且与故君同为国之公民，而区区效忠一姓之狭义，皆当随潮流以俱去，抑世界大势之所趋耶。于是共和告成，改用阳历纪岁，以明年为中华民国元年云。"[②]

宣统皇帝溥仪退位后，根据优待清皇室条件，又继续在故宫里面住了十三年；而陈曾寿的前辈好友陈宝琛亦照样以"帝师"身份，每天出入"宫廷"，一边在毓庆宫教授逊帝读书，一边撰写《德宗本纪》和《德宗实录》。

十二月二十六日（1912年2月13），内阁总理大臣袁世凯通电声明赞成共和。孙中山向参议院辞职，荐举袁世凯为临时大总统。

十二月二十八日（1912年2月15日），南京临时参议院选举袁世凯为临时大总统。

是年，陈曾寿曾应好友刘承幹[③]之邀为王先谦所撰之《刘安澜妻邱氏墓志》书丹。

---

① 宣统皇帝，即清朝末代皇帝溥仪（1906—1967），爱新觉罗氏，字浩然。醇亲王载沣之子，光绪帝之侄。登基时不足三岁，由其父摄政。退位后仍住皇宫内，享受民国临时政府议定的清室退位优待条件。1917年张勋曾拥其复辟，旋即失败。1924年冯玉祥等发动"北京政变"时，废除大清皇帝称号，迁出皇宫。次年初潜居天津日租界，继续从事复辟活动。"九一八"事变后，在日本侵略军的保护下潜往长春。1932年3月，出任伪满洲国傀儡政权"执政"。1934年3月，改称"满洲帝国皇帝"。1945年日本投降，他下诏宣布退位，被苏联红军逮捕，押至赤塔，转入伯力监狱。1950年由苏联政府移交中国，监禁于抚顺。1959年大赦释出，回到北京。1963年起在文史资料研究委员会任职。1967年10月17日病逝于北京。著有《我的前半生》。

② 岑春煊：《乐斋漫笔》，荣孟源、张伯锋主编之《近代稗海》（第一辑），四川人民出版社1985年版，第107页。

③ 刘承幹（1881—1963），字翰怡，号贞一，别署求恕居士、嘉业老人。藏书楼名嘉业堂。浙江吴兴南浔人。光绪三十一年（1905年）秀才。宣统年间（1909—1911）以捐巨资授部郎中、四品卿衔、四品京堂。辛亥革命后定居上海。曾为《浙江通志》分纂、清史馆名誉纂修、通海垦牧公司董事等。卒于沪。家有藏书60万卷、20万册。刻有《求恕斋丛书》《嘉业堂丛书》《影宋四史》《旧五代史注》等。

案：刘安澜（1857—1885），字紫回，浙江吴兴南浔人。诸生。曾捐资为奉正大夫工部虞衡司郎中。有《国朝诗萃》行世。妻邱氏。卒后无子，以其二弟刘安江长子刘承幹过继为子。

## 民国元年壬子（1912 年）　三十五岁

年初，陈曾寿与家人在上海过年；已进入民国，闲居家中无事，乃作《咏怀》（十首）以抒发其感慨（见《苍虬阁诗》卷二，《苍虬阁诗集》第 34—36 页）。

正月初一日（2 月 18 日），南京临时参议院派蔡元培、宋教仁、汪精卫等人为专使，前往北京，迎接袁世凯南下就职。

正月初三日（2 月 20 日），南京临时参议院选举黎元洪为副总统，同时兼任湖北军政府都督。

正月十二日（2 月 29 日），袁世凯指使曹锟的第三镇制造北京兵变，次日波及天津、保定等地，并以此作为拒绝南下就职的借口。

正月十五日（3 月 3 日），英军一千多人，美、法、德、日军各二百多人抵京保卫其使馆。

正月十八日（3 月 6 日），南京临时参议院允准袁世凯在北京就任临时大总统之职。

同日里，前辈好友陈衍应陈曾寿之请，为其作《苍虬阁诗存・序》成，并自福州寄来上海（见《苍虬阁诗集》附录二，第 493—494 页）。

正月二十日（3 月 8 日），南京临时参议院通过《中华民国临时约法》。

正月二十二日（3 月 10 日），袁世凯在北京宣誓就任临时大总统，北洋军阀统治开始。

正月二十三日（3 月 11 日），南京临时政府在南京宣布《中华民国临时约法》。

正月二十五日（3 月 13 日），临时大总统袁世凯提名唐绍仪为国务总理。

正月二十七日（3 月 15 日），《中华民国暂行新刑律》公布。

二月初一日（3 月 19 日），南京女子代表至参议院要求参政权。

二月十二日（3 月 30 日），唐绍仪的内阁组成。

二月十三日（3 月 31 日），临时大总统袁世凯任命黄兴为南京留守。

二月十四日（4 月 1 日），孙中山正式向南京临时参议院提出辞职。

二月十五日（4 月 2 日），南京临时参议院议决临时政府迁往北京。

二月十八日（4 月 5 日），南京临时参议院议决该院迁往北京。

二月二十一日（4 月 8 日），女子参政同盟会在江苏南京成立。

二月间，陈曾寿曾与好友俞明震、李瑞清相约有杭州西湖之游，就住在刘氏花园，并作有《壬子二月同恪士、梅庵至西湖，寓刘氏花园》（三首）纪其行（见《苍虬阁诗》卷二，《苍虬阁诗集》第 38—39 页）。

同月里，樊樊山与湖北老乡、年前已来上海居住的陈曾寿时有往来，并作有五言长篇歌行《槟榔和仁仙》诗纪其交往（见《樊山集外》卷一，《樊樊山诗集》第 1768—1769 页）。

三月二十三日（5 月 9 日），由统一党、民社联合国民协进会、民国公会、国民党（非同盟会系统）等在上海合并组成共和党。

三月二十四日（5 月 10 日），英国侵略军再次侵占西藏的亚东、江孜。

三月二十六日（5 月 12 日），五族合进会在北京成立，推举姚锡光为会长。

四月十一日（5 月 27 日），由黄兴、程德全、黎元洪、唐绍仪、伍廷芳等党团领袖发起的政见商榷会，在上海成立。

四月中旬，胡思敬自江西南昌来游沪上。陈三立偕李瑞清于十六日（6 月 1 日）招梁鼎芬、秦树声、左绍佐、麦孟华、沈曾植、郑孝胥、沈瑜庆、樊增祥、陈衍、杨钟羲、李岳瑞、林开謩、何擎一、梅光迪、陈曾寿、吴庆坻、赵熙、朱祖谋、杨增荦、胡琳章①、胡孝先、熊亦园等 27 人，至愚园雅集，极一时之观。

胡思敬在其《吴中访旧录》中有详细记载："四月八日遂与之偕行……十二日抵上海，寓裕丰厚客店。……既莅沪，则从考功伯严访故人居址，伯严一一为予述之，曰：'梁按察节庵、秦学使右衡、左兵备笏卿、麦孝廉蜕庵，皆至自广州。李藩司梅庵、樊藩司云门、吴学使康伯、杨太守子勤皆至自江宁。赵侍御尧生、陈侍御仁先、吴学使子修，皆至自北京。朱古

---

① 胡琳章（1881—1951），字铁华，号宪，自贡贡井人。历任自贡民团督练公署总会办、自贡政公所所长、川康督办公署机要秘书、富成盐场东西两场场商联合办事处主任、贡井盐场评议公所议长等职。工诗词，善书法。著有《松所诗稿》《松所诗词》《胡铁华文钞》等。

微侍郎，新自苏州至。陈叔伊部郎，新自福州至。郑苏庵藩司、李孟符部郎、沈子培巡抚，皆旧寓于此。’……于是，伯严与梅庵订期，招以上所举十六人，益以四川胡铁华、胡孝先，广东何擎一，福建林贻书、沈爱苍，同乡梅斐漪及昀谷、亦园八人，共二十七人，于四月十六日大会于愚园。……晚归宴六合春，约各赋一诗，未成而散。”（见《退庐文集》卷二，民国十三年南昌刻本）

四月二十三日（6 月 8 日），临时参议院决议国旗为五色旗。

四月二十九日（6 月 14 日），临时大总统袁世凯下令撤销南京留守府，解除黄兴的职务。

五月初一日（6 月 15 日），胡思敬离沪返赣，樊樊山与陈三立、陈曾寿、赵熙、吴庆坻、李瑞清、杨钟羲、梁鼎芬等好友为其饯别。胡思敬曾记其事：“遂于五月朔日离沪，临时伯平、云门、子勤、仁先、尧生各赠以诗，梅庵赠以书，节庵赠以影像，贻重置酒饯别，座客有子修、梅庵、潜楼、鼎丞六人者……予留沪凡十六日，遇旧交二十四人，得新交六人。”（见《退庵文集》卷二，民国十三年南昌刻本）

五月初二日（6 月 16 日），唐绍仪辞去国务总理之职；十几天后，以陆徵祥为国务总理。

五月间，曾寿曾前往看望、拜访来沪小住的前辈好友陈衍，并请陈衍为自己审定诗稿。

陈衍在《石遗室诗话》中记载说：“别仁先二年余，海上相过，抱其《苍虬阁诗》五巨册使定之。已见者与未见者各半，多勃郁苍莽不可遏抑，（如挽李猛庵，尤极烦冤。）肝鬲手腕，有余前叙所未及道著者。尝谓诗至曹子建、杜少陵，论者几叹观止矣。然使子建享大年，少陵至七十，其诗境不知更当何如？所谓进境者，只问其视前之同不同，不问其视前之工不工也。前工于丹，后工于素，前工设色，后工白描，工同而所工不同矣。仁先此数册，伯严、苏堪、子培、确士、少朴、樊山诸君，各有评语。余谓‘以韩、黄之笔力，写陶、杜之心思’焉耳。苏堪云：‘哀乐过人，加以刻意。’陶、杜哀乐，时复过人，韩、黄则刻意矣。”①

六月二十八日（8 月 10 日），临时大总统袁世凯公布参议院制定的《国

① 陈衍：《石遗室诗话》卷二十五，辽宁教育出版社 1998 年版，第 344 页；又见《苍虬阁诗集》附录三，上海世纪出版股份有限公司、上海古籍出版社 2009 年版，第 517 页。

会组织法》和《议员选举法》，并下令在全国进行国会议员选举。

七月十二日（8 月 24 日），孙中山应临时大总统袁世凯的邀请抵达北京。

七月十三日（8 月 25 日），孙中山、宋教仁等人以同盟会为基础，联合统一共和党、国民共进会、共和实进会、国民公党等党派，成立国民党，公推孙中山为理事长。

七月十五日（8 月 27 日），民主党成立，拥自日本归国的梁启超为首领。

七月二十八日（9 月 9 日），临时大总统袁世凯授孙中山以“筹划全国铁路全权”，督办全国铁路。

八月十五日（9 月 25 日），临时大总统袁世凯任命赵秉钧为国务总理。

八月十八日（9 月 28 日），临时参议院决议 10 月 10 日为中华民国国庆纪念日。

八月间，曾寿闻知日本乃木大将自杀殉天皇之事①，颇有感触，乃作《闻日本乃木大将殉日皇事感赋》一诗以抒其慨（见《苍虬阁诗》卷二，《苍虬阁诗集》第 39 页）。

同月里，李瑞清与陈三立曾结伴同访陈曾寿。陈三立曾作有五言歌行《过仁先宅同李道士》纪其事（见《散原精舍诗续集》卷上）。

秋，曾寿得到几盆旧京的菊花，担心南北差别大、养不活，只得先将其寄养在邻近的花圃里，并作有《以旧京菊种移至海上寄养邻圃》一诗纪其事（见《苍虬阁诗》卷二，《苍虬阁诗集》第 40 页）。

其间，曾寿曾到寄养菊花的邻圃去看过几回自己寄养在那里的菊花，见其生长比较正常，已长出蓓蕾，颇为高兴，乃作《至邻圃视寄养菊花，已出蓓蕾喜赋》《述菊》（六首）等诗以纪之（见《苍虬阁诗》卷二，《苍虬阁诗集》第 42—43 页）。

九月二十一日（10 月 30 日），为陈三立的六十华诞，许多友朋皆有诗文为其贺寿；曾寿亦作有《赠散原先生》一诗相贺（见《苍虬阁诗》卷二，《苍虬阁诗集》第 44 页）。

---

① 1912 年 7 月 30 日，日本明治天皇病逝，日本大将乃木希典（1849—1912）一直为其守灵。同年 9 月 13 日，为明治天皇的殡葬之日。为报皇恩和教育世人，乃木希典和妻子双双剖腹自杀，追随天皇而去。

九月二十四日（11 月 2 日），陈曾寿的好友、著名诗僧释敬安①在北京法源寺圆寂；得知消息，曾寿乃赋《闻寄禅上人怛化口占一绝》以悼之（见《苍虬阁诗》卷二，《苍虬阁诗集》第 45 页）。

九月二十五日（11 月 3 日），沙俄强迫外蒙库伦傀儡当局签订《俄蒙协定》，规定俄国“帮助”蒙古国“自治”。

九月二十九日（11 月 7 日），中国政府严正声明，不承认《俄蒙协定》。

九月间，李瑞清患病卧床不起，陈三立与陈曾寿相约前往其宅探视。陈三立曾作有《同仁先问李道士疾》一诗纪其事（见曾迎三《清道人年谱》三，《内江师范学院学报》2014 年第 1 期）。

十一月下旬，陈曾寿曾至湖北黄陂，同表侄君亮迁葬外祖父坟墓，并作有《十一月二十六日同君亮表侄展外祖墓谨赋》一诗纪其事（见《苍虬阁诗》卷二，《苍虬阁诗集》第 43 页）。

其间，曾寿曾进山去看望独居山寺中养病的福孙表兄，久谈乃别，途中有感，并作五言长篇歌行《福孙表兄以心疾居山寺中，屏妻子不茶不饭，身备诸苦，往视谈竟夕，别去途中感赋》纪其事（见《苍虬阁诗》卷二，《苍虬阁诗集》第 44 页）。

十一月二十九日（1913 年 1 月 6 日），孙中山、黄兴、宋教仁等赞同筹建民国国史馆，撰修《中华民国史》。

十一月间，中华基督教青年会全国协会在上海成立。

十二月十一日（1913 年 1 月 17 日），宋教仁抵达湖南进行竞选活动；随后，经武汉前往上海。

十二月二十六日（1913 年 2 月 1 日），郑孝胥前往拜访陈曾寿，并与其同访李瑞清，与好友郓禹九、陈师曾相遇。

---

① 释敬安(1852—1912)，原俗姓黄，名读山。湖南湘潭人。幼丧父母，家境贫寒，读书不多。同治七年(1868 年)投湘阴法华寺出家，更法名敬安，字寄禅。次年，赴衡阳岐山仁端寺投恒志和尚门下，充苦行僧，并随精一和尚学诗。光绪三年(1877 年)秋，在四明山阿育王寺烧两指燃灯供佛，故自号八指头陀。历任上封寺、万福禅林、天童寺主持。光绪三十四年(1908 年)，宁波成立僧教育会，被推为会长。民国元年(1912 年)，中华佛教总会成立，被选为首任会长。同年九月，率僧众赴京会见内务部负责人，请求政府下令禁止各地侵夺僧产；其间，发生争执，愤而辞出。当晚圆寂于法源寺。工诗，为著名诗僧。作诗宗法六朝，自然、高淡、孤远，深寓禅机；五律绝似贾岛。因喜咏白梅，人称白梅和尚。著有《八指头陀诗集》。

郑孝胥在当天日记记载："（民国元年十二月）廿六日。访陈仁先，同过李梅庵，遇郓禹九、陈师曾，乃伯严之子也，小坐即去。"（见《郑孝胥日记》第三册）

十二月二十九日（1913 年 2 月 4 日），北京参、众两院复选，宋教仁主持的国民党获 392 席，占压倒性多数，拥护袁世凯的共和党、统一党、民主党仅获 223 席。

是年，好友刘廷琛曾自青岛来书问候，随书寄来的还有《潜庐读书图》，希望老友能为此图题诗；曾寿仔细观赏一番后，遂作五言长篇歌行《题刘幼云先生潜庐读书图》寄赠（见《苍虬阁诗》卷二，《苍虬阁诗集》第 41—42 页）。

是年，曾寿的同乡好友刘松庵去世，甚是悲痛，遂作有《哭刘松庵》（六首）以悼之（见《苍虬阁诗》卷二，《苍虬阁诗集》第 45—47 页）。

是年，曾寿尚写有《白梅》《谒节庵师不遇，感赋一首》《江陵戴烈妇诗》《纪梦中所见》《晓晴偶作》《断梦》《云物》《零落》《被酒昼眠，梦在西山戒坛寺中得"松翻急雨未全龙"之句，醒成之》等诗作和填有《暗香·寄巢云》《暗香·旧京乍识》等词（见《苍虬阁诗》卷二、《旧月簃词》、《苍虬阁诗外集》，《苍虬阁诗集》第 36、37—38、39、40—41、45、354、405 页）。

是年，曾寿的前辈、同门好友潘清荫①在巴县老家病逝。

## 民国二年癸丑(1913 年)　三十六岁

正月初一日（2 月 6 日），陈曾寿与冒广生、李瑞清、俞明震前去给陈三立拜年。陈三立曾作有《癸丑元旦冒鹤亭、李道士、仁先、恪士过话，留饭》一诗纪其事（见《散原精舍诗续集》卷上）。

俞明震亦作有《癸丑元旦简李梅庵道士》一诗纪其事（见《觚庵诗存》）。

---

① 潘清荫(1851—1912)，字吾刚，巴县人。同治十二年(1873 年)举人，出张之洞门下；以考选二等任达县训导。光绪十四年(1888 年)出任广雅书局纂校。光绪二十七年(1901 年)选山东济宁州州判。次年，任山东大学堂监督，叙同知。宣统元年(1909 年)，调任学部主事，迁法政学堂庶务长，擢员外郎，晋郎中。辛亥革命爆发，弃官归里；次年，卒于乡。工诗文，精考证。著有《四本堂集》《尔雅略例》《读段注说文记》《说文礼经互证表》《巴渝方言证》《礼制汇表》《诸经摘要》《宋元诸儒粹语》《直省分道属境歌略并图》《故事俗说百课》《历朝统系图、历朝统系歌略》等。

正月初十日（2 月 15 日），陈曾寿陪陈三立前往拜访郑孝胥。

郑孝胥在当天日记记载：“（民国二年正月）初十日。陈伯严、陈仁先来。”（见《郑孝胥日记》第三册）

正月十七日（2 月 22 日），隆裕太后[1]在紫禁城驾崩。

正月三十日（3 月 7 日），天下雪，陈三立邀陈曾寿、李筠庵前往拜访李瑞清，曾寿、筠庵因事均未至；陈三立曾作有《正月晦雪，过李道士，出醇醸饮之，醉写所触》一诗纪其事（见《散原精舍诗续集》卷上）。

正月间，过年无事，曾寿曾在家泼墨绘有《菊花图》；一日好友李瑞清过访，见书案上的《菊花图》，甚觉可爱，乃提笔在图上题写了《题陈仁先菊花图卷》一首绝句[2]。

二月初，陈曾寿兄弟与李瑞清兄弟陪陈三立至东明酒楼聚饮，陈三立曾作有《雪后携仁先昆弟四人、李道士昆弟三人，饮东明酒楼》一诗纪其事（见《散原精舍诗续集》卷上）。

二月十三日（3 月 20 日），大总统袁世凯指使凶徒枪击国民党代理理事长宋教仁于上海车站，两天后宋教仁在上海铁道医院去世。

二月十九日（3 月 26 日），江苏都督程德全通电公布刺杀宋教仁案主要证据，使真相大白于天下，大总统袁世凯的阴谋败露。

二月二十二日（3 月 29 日），瞿鸿禨、樊增祥、陈三立、沈曾植、缪荃孙等人在上海倡立超社（原名超然诗社），曾寿列名其中。

二月二十三日（3 月 30 日），应郑孝胥之邀，曾寿与李宣龚、诸宗元同过小有天陪前辈师友陈三立、李审言宴集。

郑孝胥在当天日记记载：“（民国二年二月）廿三日。李审言来，同过伯严，遂至小有天，邀拔可、仁先、贞壮共饭。”（见《郑孝胥日记》第三册）

二月二十七日（4 月 3 日），隆裕皇太后的灵柩移至西陵梁格庄暂安殿，好友梁鼎芬、沈瑜庆专程北上参加了丧礼。

---

① 隆裕太后(1868—1913),叶赫那拉氏,慈禧太后侄女。光绪十五年(1889)慈禧强制立为光绪皇帝皇后。八国联军侵入北京,随慈禧和光绪逃往西安。光绪二十八年(1902年)初回到北京。光绪三十四年(1908 年),光绪和慈禧相继去世,立醇亲王载沣三岁幼儿溥仪为皇帝,改年号“宣统”,被尊为皇太后,垂帘听政,而以载沣为监国摄政王。武昌起义爆发,内阁总理大臣袁世凯乘机要挟她交出政权。她被迫于 1912 年 2 月 12 日宣布清帝退位。

② 李瑞清著,段晓华点校整理:《清道人遗集》,黄山书社 2011 年版,第 29 页。

三月初二日（4 月 8 日），中华民国第一次国会开会。

三月二十日（4 月 26 日），民国大总统袁世凯与英、法、德、日、俄五国银行团签订《善后借款合同》。

三月间，曾寿曾有安徽灵璧、宿州之游，并填有《鹧鸪天·癸丑三月灵璧道中见燕子》《菩萨蛮·宿州道中见海棠》等词纪其游（见《旧月簃词》，《苍虬阁诗集》第 354、355 页）。

四月二十四日（5 月 29 日），统一、共和、民主三党合并，组成进步党，推举黎元洪为理事长，梁启超、汤化龙、张謇等为理事。

五月初五日（6 月 9 日），大总统袁世凯免去江西都督、原同盟会会员李烈钧之职。

五月初十日（6 月 14 日），大总统袁世凯调广东都督、原同盟会会员胡汉民为西藏宣抚使。

五月十三日（6 月 17 日），陈曾寿与陈三立、黄同武、胡思敬、俞明震、俞明颐一起游览镇江的焦山；住一晚后，曾寿则与黄同武、胡思敬、俞明颐先返；而陈三立与俞明震则在此等候王瀣并同往南京。曾寿曾作七言歌行《五月十三日同散原、恪士、寿丞、瘦唐、同武游焦山，一宿，与瘦唐、寿丞、同武先去，散原、恪士留山待王君伯沆》纪其行（见《苍虬阁诗》卷二，《苍虬阁诗集》第 49 页）。

陈三立亦作有《癸丑五月十三日至焦山，同游为陈仁先、黄同武、胡瘦唐、俞恪士、寿丞兄弟；越二日，王伯沆亦自金陵来会，凡三宿而去，纪以此诗》纪其事（见《散原精舍诗续集》卷上）。

五月二十六日（6 月 30 日），大总统袁世凯调安徽都督、原同盟会会员柏文蔚为陕甘筹边使。

六月初九日（7 月 12 日），原江西都督李烈钧在江西湖口宣布独立，被推举为江西讨袁军总司令，“二次革命”爆发。

六月十二日（7 月 15 日），川汉铁路督办黄兴潜入南京，与江苏都督程德全秘密会见，随后宣布江苏独立，并被举为江苏讨袁军总司令。

六月十四日（7 月 17 日），安徽宣布独立，柏文蔚任安徽讨袁军总司令。

六月十五日（7 月 18 日），陈炯明在广东宣布独立讨袁。

同日，陈其美率领上海讨袁军开始攻击制造局，居正率部占领吴淞口炮台。

六月十七日（7 月 20 日），福建宣布独立讨袁。

六月十九日（7 月 22 日），大总统袁世凯发布讨伐令。

六月二十日（7 月 23 日），大总统袁世凯下令撤销孙中山筹办全国铁路全权。

六月二十二日（7 月 25 日），江西讨袁军战败，湖口易帜。

六月二十六日（7 月 29 日），黄兴被迫自南京出走，江苏都督程德全宣布取消独立。

六月二十八日（7 月 31 日），大总统袁世凯任命熊希龄为国务总理。

六月二十九日（8 月 1 日），袁军张勋所部在攻陷徐州、清江后，进抵江北重镇扬州。

六月间，因母亲周太夫人患咯血之疾已数月，且较严重，曾寿遂奉母至杭州养病，寓居在三台别墅；随后购置得南湖地数亩，并开始谋划建房屋。

曾寿的三弟曾矩曾在《强志斋随笔》中说："母病后数月，出游杭州西湖，初借居刘庄，继赁居三台别墅，乃渐购南湖旁地数亩，建屋居之。"

曾寿的二弟曾则亦曾说："太夫人调养半年，病遂愈，于杭州南湖正对雷峰塔苏堤购地二亩，建屋三椽，以为修养之所。兄亦于其旁筑屋二间，因迁居其间。家藏有吴仲圭《苍虬图》，绝喜摹拟之，名其居曰苍虬阁，因以苍虬自号。无所资养，乃鬻画以事蓄；贫甚，怡然不以为苦。侍母游湖山诸名胜。"（见陈曾则《苍虬兄家传》，《苍虬阁诗集》附录一，第 436 页）

其间，曾寿曾奉母往游杭州的理安寺①，并作有《理安寺》一诗纪其事（见《苍虬阁诗》卷二，《苍虬阁诗集》第 47 页）。

七月十七日（8 月 18 日），袁军攻陷南昌，占领江西。

七月二十七日（8 月 28 日），袁军倪嗣冲所部攻占安徽安庆。

八月初一日（9 月 1 日），袁军张勋所部攻陷江苏南京，孙中山偕胡汉民再次逃亡日本。

八月十一日（9 月 11 日），进步党名誉理事熊希龄的第一流人才内阁组成。

---

① 理安寺：位于杭州九溪风景区杨梅岭村古道旁，古称涌泉禅寺、涌泉禅院，因寺内有与虎跑泉齐名的法雨泉，也称法雨寺。五代时，高僧伏虎禅师栖居在此，吴越王为之建寺。相传南宋时宋理宗来寺进香，遂改名理安寺。该寺规模庞大，建有山门、御碑亭、弥勒殿、大雄宝殿、禅堂、法堂、藏经楼、方丈、且住庵、松巅阁等建筑。它不仅建筑风格别致、山水景物清雅，而且留有大量人文景观。

八月十二日（9 月 12 日），四川讨袁军总司令熊克武放弃重庆，“二次革命”失败。

八月十五日（9 月 15 日），大总统袁世凯下令通缉孙中山、黄兴、李烈钧、柏文蔚、廖仲恺、朱执信等人。

八月十八日（9 月 18 日），大总统袁世凯授意成立公民党，以梁士诒为党魁，叶恭绰为副，收罗北洋官僚、政客加入。

八月间，仁先时常陪陈三立、李瑞清、曹东寅等师友至北四川路横浜桥附近散步赏月。陈三立曾作有《横板桥步月偕仁先、李道士》《横板桥北草场携曹东寅、李道士玩月》等诗纪其事（见《散原精舍诗续集》卷上）。

九月初五日（10 月 4 日），宪法会议通过并公布《大总统选举法》。

九月初七日（10 月 6 日），临时大总统袁世凯派军警包围国会，强迫国会开会，选其为正式总统。

九月初八日（10 月 7 日），国会选举黎元洪为副总统。

同日，英、俄、法、日等十三国以袁世凯公开承认一切不平等条约为条件，承认袁记民国。

九月十一日（10 月 10 日），袁世凯、黎元洪在紫禁城太和殿正式就任正、副大总统。

十月初七日（11 月 4 日），大总统袁世凯下令解散国民党，并取消国民党籍国会议员资格。

十月初八日（11 月 5 日），大总统袁世凯另组行政会议（后改名政治会议），行使议会职权。

同日，袁世凯政府同沙俄签订《中俄声明》，承认蒙古国自治权及沙俄在蒙古国的一切侵略特权。

十月间，陈曾寿对在上海种养菊花产生浓厚兴趣，成天与菊为伍，相继写有《以京师菊种寄养苏堪园中，托之以诗》《次韵节庵师高碑店菊花》《苕雪与觉先弟先后寄菊数十种，日涉小园，聊复成咏》（六首）等诗作（见《苍虬阁诗》卷二，《苍虬阁诗集》第 48、50、51—52 页）。

十一月十六日（12 月 13 日），光绪皇帝和隆裕太后的灵柩落葬崇陵，好友梁鼎芬、沈瑜庆再次北上，参加了奉安大典。

十一月十七日（12 月 14 日），陈三立在桃源隐酒楼宴请郑孝胥、沈曾植、俞明震、陈曾寿、李瑞清、王瀣等友弟。

郑孝胥当天日记记载：“（民国二年十一月）十七日。陈伯严招至桃源隐晚饭，子培、梅庵、恪士、仁先咸在座。有南京人王君（案：此处王

君，指的是王瀣），恪士云能诗，寓恪士处。”（见《郑孝胥日记》第三册）

十一月十八日（12 月 15 日）晚，陈曾寿与好友李瑞清相约至野外散步、看月，并作有五言歌行《十八夜，同李道人野次看月》纪其事（见《苍虬阁诗》卷二，《苍虬阁诗集》第 52 页）。

同日，大总统袁世凯御用的政治会议开会，篡夺国会职权。

十一月十九日（12 月 16 日），大总统袁世凯调张勋为长江巡阅使，冯国璋为江苏都督。

十一月下旬，陈曾寿与李瑞清曾至南京好友俞明震的府宅小住，与已先来南京的陈三立相聚。

郑孝胥在日记中记载：“（民国二年十一月）廿二日。携诗卷还伯严，语余云：明日赴南京。”（见《郑孝胥日记》第三册）

陈三立《留别散原别墅杂诗》二首之二中亦云：“觚庵临溪居，琴书不受垢……为想孟月终，道人下榻久（案：此处道人指李瑞清）。居士亦踵至（案：此处居士指陈曾寿），骋望侑杯酒。染画播清吟，呵气活枯柳。二士恨不留，金粉余老丑。”（见《散原精舍文集》卷七）

其间，老师陈三立曾夜晚来访，同曾寿一起阅览关棠及其子强甫的遗稿，有感而赋诗；曾寿遂作五言长篇歌行《散原先生夜过，观先师关先生及强甫遗稿，感而有诗，奉答一首》纪其事（见《苍虬阁诗》卷二，《苍虬阁诗集》第 54 页）。

与老师分别后，曾寿尚觉不尽意，又作有《和散原先生寒夜见过》一诗送呈（见《苍虬阁诗》卷二，《苍虬阁诗集》第 55 页）。

十二月十五日（1914 年 1 月 10 日），大总统袁世凯下令解散国会，停止参、众两院现有议员的职务。

是年，乙庵师以所辑刻之《西江诗派韩饶二集》相赠并索诗，曾寿乃作《沈乙庵先生以新刻〈陵阳倚松二集〉见赠索诗》致谢（见《苍虬阁诗》卷二，《苍虬阁诗集》第 50—51 页）。

案：沈曾植整理、编辑之《西江诗派韩饶二集》（含韩驹的《陵阳先生诗》和饶节的《倚松老人诗集》），刊刻于宣统二年（1910 年）。

是年，前辈好友陈宝琛曾自京城寄来书函，并随书函寄有《听水斋图》请题；曾寿亦颇思念前辈好友，细观此图后，乃作五言长篇歌行《寄怀陈师傅弢庵先生，即题听水斋图》寄赠（见《苍虬阁诗》卷二，《苍虬阁诗集》第 53—54 页）。

是年，曾寿尚写有《清浅》《觉先弟自京师寄槟榔来，诗以报之》《次韵沈观丈见赠》等诗作（见《苍虬阁诗》卷二，《苍虬阁诗集》第 47、48—49、54—55 页）。

是年，曾寿的前辈、好友顾印愚[①]在四川华阳老家病逝。

## 民国三年甲寅(1914 年)　三十七岁

年初，曾寿曾与陈三立、俞明震、李瑞清兄弟往来。

陈三立曾作有《夜访李道士，其弟筠庵方留养疾，仁先、恪士亦在座》一诗纪其事（见《散原精舍诗续集》卷中）。

正月十八日（2 月 12 日），大总统袁世凯解除熊希龄本兼各职，以孙宝琦代理国务总理，名流内阁倒台。

正月中、下旬，老师梁鼎芬自北京崇陵梁格庄有书函来，随书函寄来的尚有《崇陵种树图》；曾寿观后，细细琢磨，乃作五言长篇歌行《题节庵师〈崇陵种树图〉》寄赠（见《苍虬阁诗》卷二，《苍虬阁诗集》第 58—59 页）。

其间，前辈、好友劳乃宣曾过访，并出示其《劳（崂）山归去来图》请题，曾寿欣然为其作五言长篇歌行《题劳玉初先生〈劳（崂）山归去来图〉》相赠（见《苍虬阁诗》卷二，《苍虬阁诗集》第 59 页）。

二月初四日（2 月 28 日），大总统袁世凯宣布解散各省议会。

二月上旬，陈曾寿曾有湖北武昌之行，在武昌时，偶遇一卖饼老叟，勾起二十余年前之卖饼叟往事，感触颇多，遂作《曩岁住武昌，有卖饼叟作秦声，寒夜过深巷，其音幽咽，以长爇小炉，担间以竹筒炊饼，令爇，焦香喷鼻。自予入都，遭世变，忽忽二十余年。今以事复来城中，闻声呼之果叟也。询其年已七十，自言业卖饼四十年矣。感念旧事，为作一绝》纪其事（见《苍虬阁诗》卷二，《苍虬阁诗集》第 55 页）。

二月初六日（3 月 2 日），陈曾寿回湖北武昌改葬外舅和外姑的坟墓，途经洪山卓刀泉，感慨良多，遂作七言长篇歌行《二月初六日出东门，展外舅子封公暨外姑周夫人墓，过洪山卓刀泉，途间感赋》纪其事（见《苍虬阁

---

① 顾印愚(1855—1913)，字印伯，一字蔗孙，号所持，又号塞向宧、塞向翁，别署双玉堪；斋名楚雨堂、玉豀、玉局，四川华阳(今成都市双流区)人。光绪五年(1879 年)举人，与杨锐同为湖广总督张之洞入室弟子。曾官湖北汉阳县令、武昌通判。杨锐遇难后，不求仕进，入张幕多年。辛亥革命后，回老家奉母隐居。工诗文、善书法、喜集联。著有《成都顾先生诗集》《顾印伯先生遗墨》《安酒意斋尺牍》等。

诗》卷二，《苍虬阁诗集》第 56 页）。

曾寿一天夜里乘舟过江，颇有感慨，乃作《舟夜》一诗抒其慨（见《苍虬阁诗》卷二，《苍虬阁诗集》第 56—57 页）。

二月十九日（3 月 15 日），全国商会联合会在上海召开。

三月间，曾寿闲居无事，看着室外纷纷飘散的落花，生出诸多感慨，遂作《落花四首》以抒其慨（见《苍虬阁诗》卷二，《苍虬阁诗集》第 57 页）。

案：曾寿的落花诗传出后，同乡前辈、好友樊增祥和左绍佐都曾作诗和之；而这些诗被广泛传阅后，还引起海滨诗人们对落花诗的集体唱和，如周树模、沈瑜庆、瞿鸿禨、陈三立等诗人皆参与进来。

四月初七日（5 月 1 日），袁世凯颁布《中华民国约法》，废除《中华民国临时约法》；又撤销国务院，设立政事堂，任命徐世昌为国务卿。

四月初十日（5 月 4 日），政事堂正式成立，裁撤总统副秘书长，以杨士琦、钱能训为左、右丞；又任命袁思亮为政事堂印铸局局长，易顺鼎为印铸局副局长。

五月初二日（5 月 26 日），参政院在北京正式成立，黎元洪出任第一任院长；樊增祥与汪大燮、李家驹、张国淦等七十余人被聘为参政。

五月间，陈曾寿在上海曾与陈三立、李瑞清相聚。

陈三立曾作有《于李道士宅遇仁先，遂携旧酿过饮巷尾沽肆》一诗纪其事（见《散原精舍诗续集》卷中）。

其间，李瑞清之弟筠庵曾过访，并出示云南昆明钱沣（1740—1795，字东注，一字约甫，号南园）、江南上海曹锡宝（1719—1792，字鸿书，一字剑亭）遗墨请题，曾寿乃作七言歌行《李筠庵以钱南园、曹剑亭二公遗迹合装一幅属题》相赠（见《苍虬阁诗》卷二，《苍虬阁诗集》第 64—65 页）。

闰五月初三日（6 月 25 日），前辈、好友樊增祥曾致函陈曾寿（即《致陈曾寿》①）云：

仁先仁兄如面：前作《读简学斋诗书后》，第六首“庆乃贻后昆”误作“贻子孙”，则是一篇两押“孙”字矣（今日审稿本始看出），祈代改正。前日诗钟送谁阅看，就枕后又得一联云：“庾园客愧征西父，郑小同夸北海孙。”不识可补入否？若请子琴与笏卿作主考最佳……祥顿

① 樊增祥《致陈曾寿》，赵一生，王冀奇：《香书轩秘藏名人书翰》，浙江古籍出版社 2005 年版。

首，闰五月初三。

闰五月初七日（6 月 29 日），袁世凯命由参政院代行立法院职权。

闰五月初八日（6 月 30 日），袁世凯废除各省都督，在北京设立将军府，立将军名号。

闰五月十六日（7 月 8 日），孙中山在日本召开中华革命党成立大会，就任总理；并于七月十二日（9 月 1 日）公布《中华革命党总章》。

六月初十至十三日（8 月 1—4 日），德国对俄、法、英国宣战，第一次世界大战爆发。

六月十五日（8 月 6 日），袁世凯政府宣布对欧战（第一次世界大战）保持中立。

七月初三日（8 月 23 日），日本政府正式宣布对德作战。

七月十三日（9 月 2 日），日本派兵在中国山东半岛的龙口（今烟台市龙口市）登陆。

八月十七日（10 月 6 日），日军占领山东济南车站。

八月中、下旬，曾寿自上海赴杭州南湖看望、陪伴母亲。

其间，曾寿曾写有《三台山山居杂诗》（八首）、《独行至六通寺》《楼望》《晚禽》等诗作（见《苍虬阁诗》卷二，《苍虬阁诗集》第 60—63、64 页）。

一日，奉母往游龙井，然天公不作美，竟天下雨，无法尽兴，曾寿作有《龙井寺中坐雨》一诗纪其事（见《苍虬阁诗》卷二，《苍虬阁诗集》第 63 页）。

在杭州期间，曾寿曾与亦来杭州看望母亲的四弟贻先、五弟觉先相聚，于雨后同往法相寺游览，并作有《雨后同贻先、觉先买茶至法相寺》一诗纪其事（见《苍虬阁诗》卷二，《苍虬阁诗集》第 68 页）。

一日傍晚漫步山中遇雨，曾寿作有《雨过山中晚步》一诗纪其事（见《苍虬阁诗外集》，《苍虬阁诗集》第 394 页）。

八月二十七日（10 月 16 日），曾寿再次奉母至龙井游览，并作有《八月二十七日奉母再到龙井》一诗纪其事（见《苍虬阁诗》卷二，《苍虬阁诗集》第 63 页）。

八月二十八日（10 月 17 日），曾寿与马卓群、朱先生等友朋相约至刘庄游览，雨中小饮，并作《廿八日，同马卓群、朱先生刘庄坐雨小饮》一诗纪其事（见《苍虬阁诗外集》，《苍虬阁诗集》第 394 页）。

八月间，经袁世凯批准设立清史馆，以赵尔巽为馆长，正式启动《清史稿》的编纂工作；曾寿的二弟曾则、三弟曾矩[①]亦被聘为编纂人员，遂赴京编纂《清史稿》。

九月初四日（10 月 22 日），曾寿途经李庄，被其风景所吸引，乃作《九月四日李庄口占》一首纪其事（见《苍虬阁诗外集》，《苍虬阁诗集》第 394 页）。

九月上旬，陈曾寿赴杭州省母后又来到上海，与樊增祥、沈曾植、郑孝胥、陈三立等友朋往来唱和；并将从杭州西湖带来上海的泉水，分赠给各位师友。

郑孝胥的日记中记载："（民国三年九月）初九日，以菊花送仁先，拔可。仁先冒雨来谈，示杭州新作二十首。"（见《郑孝胥日记》第三册）

陈三立曾作有《仁先自西湖省母归，馈虎跑泉》一诗纪其事（见《散原精舍诗续集》卷中）。

沈曾植亦写有《仁先游西湖归以龙井水一瓻见饷赋谢此题樊山已出两章余未能尽继也》诗纪其事（见钱仲联《沈曾植集校注》（下），第 833—835 页）。

郑孝胥亦曾写有感谢曾寿惠泉水的诗作，曾寿则作有《次韵苏堪谢遗泉水之作》相赠（见《苍虬阁诗》卷二，《苍虬阁诗集》第 66 页）。

九月初九日（10 月 27 日）重阳节，曾寿颇怀念苕雪、治芗、季湘、石遗等师友，乃作《九日怀人四首》寄赠（见《苍虬阁诗》卷二，《苍虬阁诗集》第 67 页）。

九月十四日（11 月 1 日），陈曾寿在悦宾楼宴请陈三立、樊增祥和郑孝胥几位前辈。

郑孝胥当天的日记中曾记有其事："（民国三年九月）十四日，赴陈仁先之约于悦宾楼，晤伯严、云门。"（见《郑孝胥日记》第三册）

九月二十日（11 月 7 日），日本侵略军占领山东青岛。

九月间，上海招商局、太古、怡和三轮船公司中国海员举行总同盟罢工。

十月下旬，陈曾寿在上海常与陈三立、郑孝胥、李瑞清、徐莘田等师友

---

① 陈曾矩（1884—?），原名正矩，字挈先，号志强，室名志强斋。光绪二十八年（1902年）举人。民国初，曾被聘为清史馆协修。1923 年与罗振玉等参与发起东方学会。后以政治浊乱，不愿涉足仕途，遂专心讲学和研究宋儒理学。著有《伦书》《孝经约旨》《蹵然语》《历代战史纪要》《强志斋札记》《强志斋论稿》等。

往还。

十月二十一日（12 月 7 日），仁先陪陈三立、李瑞清前往拜访郑孝胥，谈至傍晚方散。

郑孝胥在日记中记载：“（民国三年十月）廿一日。伯严、梅庵、仁先来谈，傍晚乃去。”（见《郑孝胥日记》第三册）

十月二十二日（11 月 8 日），郑孝胥在小有天酒楼宴请于式枚、王聘三、陈曾寿、李瑞清等友朋。

郑孝胥在日记中记载：“（民国三年十月）廿二日。宴晦若、聘三、庚余、梅庵、仁先、鉴泉、贻书于小有天。”（见《郑孝胥日记》第三册）

陈三立曾作有《夜过仁先》一诗纪其交往（见《散原精舍诗续集》卷中）。

陈三立还作有《携仁先、李道士过太夷海藏楼赏晚菊》一诗纪其交往（见《散原精舍诗续集》卷中）。

一日，前辈好友徐莘田邀曾寿过府观菊，曾寿作有七言歌行《徐园看菊，已残萎矣，同莘老作》纪其事（见《苍虬阁诗》卷二，《苍虬阁诗集》67—68 页）。

其间，陈曾寿搜集、整理其少时老师关棠的遗集完成，在付梓刊印之前，特请老师陈三立为其作跋；陈三立早年在鄂时与关棠亦是朋友，乃欣然作《关季华遗集·跋》一文相赠（见《散原精舍文集》卷七）。

十月间，受先师关棠之子、好友炯之的委托，陈曾寿将先师的遗集整理完成付梓，并为其写了一篇跋文（即《师二宗斋遗集·跋》①）：

> 炯之曩以先师遗稿委曾寿校录，将以付梓，遭世变未果。今惧佚失，先以诗古文词若干首付排印，等诸录副而已。先师之学，凡事思所以然，而归于求实，绝意于身后之名，著述甚少。偶有所作，亦散失少有存者。早年喜为词，旋悔而焚弃。晚年乃复偶为之。仁和谭仲修先生以词名家，先师和其感秋之作，乃大惊服，以为相知不尽也。曾寿发蒙于先师，顾从学日浅，同学朱强甫以所受转相传述，至今稍稍知为人之道者，仅此而已。今强甫亦逝，曾寿废落，不足以究宣师学万一。以世变之亟亟，人心之汩没，而不知所底。遗文坠绪之泯没，固已安之若命

① 陈曾寿：《师二宗斋遗集·跋》，湖北省人民政府文史研究馆、湖北省博物馆编《湖北文征》（第十三卷），湖北人民出版社 2000 年版，第 57 页；因此跋不见于《苍虬阁诗集》中，故全文移录于此。

矣。然并世宿儒遗老，犹有知先师者，或览斯集，而慨然念近世之尚存斯诣，以自证慰于风雨晦冥之时。举世非之而不顾，遁世无闷而无所于悔，相遇犹旦暮也。

甲寅十月，弟子陈曾寿谨识。

十一月初六日（12 月 22 日），曾寿到前辈好友朱棣卿先生的府邸，见其府中有一种微带雪青色、高秀绝伦的白菊，甚是喜爱，遂索酒赏之，并作有七言歌行《冬至前一日，在朱棣卿先生斋中，见白菊一种，微带雪青色，高秀绝伦，索酒赏之》纪其事（见《苍虬阁诗外集》，《苍虬阁诗集》第 395 页）。

十一月十三日（12 月 29 日），袁世凯公布《大总统选举法》，任期十年，且得连任，继任候选人由总统提名。

十一月十七日（1915 年 1 月 2 日），陈三立在桃源隐酒楼宴请沈曾植、郑孝胥、俞明震、李瑞清、陈曾寿等友朋。

郑孝胥在日记中记载：“（民国三年十一月）十七日，陈伯严招至桃源隐晚饭，子培、梅庵、恪士、仁先咸在座。”（见《郑孝胥日记》第三册）

十一月二十四日（1915 年 1 月 9 日），曾寿的同乡、前辈好友、著名学者杨守敬①在北京寓宅去世。

十二月初四日（1915 年 1 月 18 日），日本公使日置益代表日本政府向袁世凯提出阴谋灭亡中国的“二十一条”要求。

十二月上旬，陈曾寿在上海时常与陈三立、郑孝胥、李瑞清等师友往还宴集。

十二月十一日（1915 年 1 月 25 日），为曾寿母亲周太夫人的六十寿诞，故请师友为母亲画图、题赠。

好友李瑞清应邀为陈曾寿绘设色纸本《南湖寿母图》一幅相赠。

---

① 杨守敬(1839—1915)，谱名开科，榜名恺，字云朋，号心物；后更名守敬，字鹏云，号惺吾，晚号邻苏老人。湖北宜都(今宜都市)人。同治元年(1862 年)举人。曾随黎庶昌日本，购得国内久已不传的宋以来的古籍，刻成《古逸丛书》二十六种，二百卷。回国后，任黄州府儒学教授，加内阁中书衔。晚年，受张之洞之聘，主两湖书院及勤政、存古两学堂讲席，又充湖北通志局编纂。后曾入京，以内阁中书任礼部顾问官。辛亥革命后，寓居上海、北京，曾出任袁世凯政府顾问、参政院参政、清史馆协修。卒于京。平生富藏书、善考证、工书法、尤精金石、目录学，亦工骈俪。著有《水经注疏》《水经注图》《望堂金石集》《晦明轩稿》《邻苏老人题跋》等数十部，今人辑有《杨守敬集》(十三册)。

老师陈三立感弟子一片孝心，则应邀为陈曾寿作《南湖寿母图·记》相赠（见《散原精舍文集》卷七）。

郑孝胥在日记中亦记载：“（民国三年十二月）初六日，陈仁先来，示伯严所作《南湖寿母记》及其母周太夫人六十寿序，求余作诗。”（见《郑孝胥日记》第三册）

十二月上、中旬，为使母亲周太夫人的六十寿诞热热闹闹，陈曾寿随又请好友何维朴、金蓉镜各绘设色纸本《南湖寿母图》一幅，随后广征题咏，朱祖谋、郑孝胥、蒋国榜、王乃澂、陈诗等遗老皆应邀为其赋诗作文，以此为母亲大人祝寿。后曾寿为了家人的生计奔走四方，迁徙南北，不幸将此手卷遗失。

案：李瑞清、何维朴、金蓉镜所绘之设色纸本《南湖寿母图》手卷（1.43.5×26.5cm；2.42.5×26.5cm；3.40.5×26.5cm），有陈祖壬题签、李瑞清引首释文（均略），另有陈三立、朱祖谋、郑孝胥、蒋国榜、王乃澂、陈诗等人题跋（亦略），详见北京诚轩拍卖有限公司“2015年秋季拍卖会”——“中国书画（一）”专场拍卖品，编号：0318。

十二月二十四日（1915年2月7日），陈曾寿陪陈三立赴郑孝胥府中相聚。

陈三立曾作有《小除日同仁先过太夷海藏楼看雪酌瓶酿》一诗纪其事（见《散原精舍诗续集》卷中）。

郑孝胥当天日记中亦记有其事：“（民国三年十二月）廿四日，伯严、仁先来访，共饮勃兰地，至暮乃去。”（见《郑孝胥日记》第三册）

是年，王开节（1914—？）出生于北京一个书香官宦家庭。

是年，曾寿尚写有《素心兰》《予数梦至一寺，门临大江，略似焦山定慧寺，而幽窕过之。昨又梦至其处，诗以纪之》等诗作和填有《踏莎行·白堂看梅》《洞仙歌·蜜供》等词作（见《苍虬阁诗》卷二、《旧月簃词》，《苍虬阁诗集》第65、66、355、356页）。

是年，好友郑孝胥的八卷本《海藏楼诗》在武昌刊行；后又增刊为十卷、十三卷。其十三卷本末附有《名流诗话》，共十三则，都是为评郑诗而作。其中，陈曾寿作有三则①：

人有恒言，视其诗，可以知其世。毋宁谓：观其诗，可以知其人

① 转引自谢永芳《陈曾寿年谱》，《词学》第35辑，第274—275页；因不见陈曾寿《苍虬阁诗集》，故全文移录于此。

耳。其人之志气性情，襟抱遭遇，皆于诗中见之。人之一生，由少而壮而老，所经历又不容已于言者。言之斯已矣，不贵多也。若无所为而强为之，累矣。且人之精神意气，发泄于盛年，既已成就，不必更添蛇足。昌黎病起泛舟诗，有无穷之慨味；东坡海外诗，另换一境地，诗亦换一面目，故佳。若二公晚年更作南山、秦州、八观等诗，则不类矣。后人不知此诣，年七八十，犹若与少年争胜者，殊可笑耳。故晚年之诗，着墨不多，神理内敛，皆其应得之象，不可以为疵也，但观其自立之地如何耳。少年之诗，贵有干将莫邪之利，芳香通体之美，回肠荡气，惘惘不甘之情。中年之诗，贵其精力弥满，波澜壮阔，惊心动魄，一字千金。晚年之诗，贵其枯而实腴，老而弥辣，秋景方中，天地正色。朱子谓：少陵中年夔州诸诗，极精严，晚年则横逆不可挡。此深于诗者也。海藏晚遇既异，可言者多，诗中大有事在，故精悍之气，不逊于前也。

东坡有云：三分作，七分读。特戏语耳。然吾闻海藏诵其所作，或间诵古人之诗，节奏抗烈，倍觉警动，开悟甚多。始知平昔于古人之诗，随意浏览，轻易忽略过去，埋没古人之精神为不少也。大约文字之由闻根人者，较由见根人者为深。凡人于所见之书，多不记忆，若听人说一故事，则终身不忘，此其验也。昔桓伊诵陈思王为臣良独难一篇，安石为之流涕。盖此等诗，若慷慨高歌，顿挫而出力，自然声情激烈，感动心脾。若徒目览，则减色矣。桐城家言：因声以求气。此至精之言也。读海藏集者当知此意。

少陵云：为人性僻耽佳句。诗虽以气格为上，佳句亦不可少者也，然必以真切为贵。作诗不外情、景、事三端。言情、言景、言事，必不可移之于他人、移之于他地、移之于他时，满题中之量，而又不溢出一分，恰到好处，意味有余，乃为真切。近世名家，或琳琅满目，然按之当时情事，不必定合，可以惊俗眼，非惬心贵当者也。诗意不足，或换一二新奇之字，遂以为佳，失之远矣。集中佳句，皆真切不可移者。此甚不易到之境，可与知者言也。海藏刊近诗若干卷见示，属随意书其所见于后，因书此数则，殊无当于高深也。

是年，《庸言》停刊。其中，第二卷第四号上刊载有陈曾寿《以京师菊种寄养海藏楼园中托之以诗》一诗。

## 民国四年乙卯(1915年)　三十八岁

正月初一日（2月14日），陈曾寿与李瑞清一起去给陈三立拜年；陈三立曾作有《乙卯元旦仁先、李道士见过》一诗纪其事（见《散原精舍诗续集》卷中）。

正月十二日（2月25日），曾寿的朋友麦孟华①在上海寓所病逝。

正月二十七日（3月12日），湖南乾城（今湘西土家族苗族自治州吉首市）大王岩煤矿工人举行罢工。

正月间，曾寿曾与友人外出赏梅、游览，并作有《刘园朱棣老梅下共醉》《看梅后归舟遇雨》《大雨后同复园至云林寺》等诗纪其行踪（见《苍虬阁诗》卷二，《苍虬阁诗集》第68、69页）。

二月初三日（3月18日），上海数万民众组织国民对日同志会，召开群众大会，决议拒用日货。

三月二十四日（5月7日），日本政府致北京政府外交部最后通牒，限48小时完全应允“二十一条”，否则“将执认为必要之手段”。

三月二十六日（5月9日），北京袁世凯政府正式承认丧权辱国的“二十一条”修正案，史称“五·九国耻”。

四月十二日（5月25日），北京政府外交总长陆徵祥与日本驻华公使日置益签订草约。

四月二十五日（6月7日），《中俄蒙协约》签字。

四月间，曾寿曾回蕲水老家拜谒祖茔，并作有《乙卯四月归里谒祖墓》（三首）纪其行（见《苍虬阁诗》卷二，《苍虬阁诗集》第71页）。

案：曾寿此次回乡拜谒祖茔，感慨良多；他曾在《乙卯四月归里谒祖墓》第一首诗后自注云：“曩与延斋六兄、楚生八兄、怡斋九兄、渭渔三兄扫墓，辄撷人家竹笋食之，香味俱绝。先曾祖墓在调军山，寺僧必贮本山雨前茶以献，今僧已再传，不知此故事矣。寺后有牡丹高丈余，花时最盛，今

---

① 麦孟华(1875—1915)，字孺博，号蜕庵，别署曼殊、先忧子、伤心人等。广东顺德人。1888年入广州学堂，1891年入万木草堂，与梁启超同学。1893年中举人。1895年入京会试，参与公车上书。此后参加保国会，积极为《万国公报》《时务报》撰稿，宣传变法思想。变法失败，逃往日本，协助梁启超创办《清议报》《新民丛报》，宣传保皇思想。1907年任政闻社常务员。1913年任《不忍》杂志编辑。后又充冯国璋幕僚。工诗、词、文。著有《蜕庵诗词》三卷及大量文章。

来零落已尽。祖墓金盆架守山者，于国变后为军，从前草舍，今则夏屋渠渠矣”（见《苍虬阁诗集》第 71 页）。

其间，途经武昌洪山阅兵台，感慨良多，曾寿乃作《过洪山阅兵台下》一诗以纪之（见《苍虬阁诗》卷二，《苍虬阁诗集》第 71 页）。

在经过黄梅时，突遇大雨，曾寿乃作《大雨过黄梅》以诗纪之（见《苍虬阁诗》卷二，《苍虬阁诗集》第 72 页）。

五月初四日（6 月 16 日），大总统袁世凯以“妨碍邦交”为名，再次申令禁止抵制日货。

五月十一日（6 月 23 日），郑孝胥邀陈曾寿一同前往拜访李瑞清，观赏其所藏碑帖画册；随后步至三马路禅悦斋食素菜，饭后又登楼观月，谈至八点半方散。

郑孝胥在日记中记载：“（民国四年五月）十一日，过仁先，同访李梅庵，观龙门造像，拓甚精；又观《隽修罗碑》《石门颂》，乃以墨演，伪作旧拓翁覃溪书《武虚谷墓志铭》，乃朱石君所撰；龚半千画册，甚奇。同出，步至三马路禅悦斋食素菜，登楼外楼看月，纵谈至八点半乃散。”（见《郑孝胥日记》第三册）

五月间，顾麟士曾为朱祖谋绘有《彊村校词图》，并撰有图《记》，先后应邀为此图题咏者有沈修、张尔田、孙德谦、郑孝胥、瞿鸿机、陈三立、杨钟羲、夏敬观、缪荃孙、胡嗣瑗、李传元、吴庆坻、吴士鉴、金蓉镜、喻长霖、罗惇曧、陈衍、黄节、李宣龚、冯煦、陈曾寿、况周颐、林开謩等人。曾寿所作为《清平乐・题彊村校词图》（龙榆生辑录《彊村遗书・外编》之《彊村校词图题咏》题作《为彊村先生题校词图》）一首（见《旧月簃词》，《苍虬阁诗集》第 355 页）。

案：1916 年秋，何维朴又绘有《彊村校词图》，先后为其题图者有沈曾植、王国维、秦绶章、叶昌炽、章梫、唐元晏、吴郁生、吴炯然、袁思亮、陈宝琛、胡嗣瑗、龙赓言、劳乃宣等人。1925 年春，吴昌硕亦为之绘有《彊村校词图》，并题词一首；先后为其题图者有宋文蔚、黄孝纾、诸宗元、陈诗、周达、冯幵、吴学廉、曾伋、曾广珊、程颂万等人。龙榆生曾于 1935 年将朱容孺所保存之吴氏所绘之图制版刊印于《词学季刊》第二卷第四号上。

六月初四日（7 月 15 日），《东方杂志》第十二卷第七号出版，上载有陈曾寿诗四首。

案：据统计，《东方杂志》自第十二卷第七号至第十七卷第二十四号

(1915 年 7 月 15 日至 1920 年 12 月 25 日)，共刊登陈曾寿诗八十二首[①]。

六月二十五日（8 月 5 日），曾寿的好友于式枚[②]在上海去世。

六月三十日（8 月 10 日），大总统袁世凯的宪法顾问、美国政客古德诺发表《共和与君主论》，极力提倡帝制。

六月间，陈曾寿曾有安徽宿州之游，并相继写有《宿州道中》《灵璧道中》《潼山村宿》等诗纪其行踪（见《苍虬阁诗》卷二，《苍虬阁诗集》第 70 页）。

七月十三日（8 月 23 日），杨度、孙毓筠、严复、刘师培、李燮和、胡瑛等人在北京成立“筹安会”，杨度和孙毓筠出任正、副会长，公开鼓吹帝制。

七月中、下旬，曾寿曾过镇江赴宝应视友朋疾，并回南湖别墅小住，曾作有《往宝应视朴生疾，过镇江作》《夜过镇江》等诗纪其行踪（见《苍虬阁诗》卷二，《苍虬阁诗集》第 77—78 页）。

七月十五日（8 月 25 日）夜晚，曾寿曾至海上登最高楼看月，并作有《十五夜月》《七月十五夜，登海上最高楼看月》等诗纪其事（见《苍虬阁诗》卷二，《苍虬阁诗集》第 73 页）。

七月二十一日（8 月 31 日）夜，曾寿梦见自己吟成“书画真有契，岁月来无穷”二句诗，醒后偶有所得，遂作《廿一夜梦作“书画真有契，岁月来无穷”二句，似翻后山诗意；醒后偶有所会，遂成二诗》以纪其梦（见《苍虬阁诗》卷二，《苍虬阁诗集》第 74 页）。

七月二十二日（9 月 1 日），参政院开会，审查各省变更国体的请愿书。

---

① 详见杨萌芽:《〈东方杂志〉与清末民初宋诗派文人群体》,《复旦学报》(社会科学版) 2007 年第 5 期。

② 于式枚(1853—1916),字晦若。广西贺县(今贺州市)人。光绪六年(1880 年)进士,选庶吉士,散馆授兵部主事。后充李鸿章幕僚多年,奏牍多出其手。光绪二十二年(1896 年),随李鸿章参加俄皇加冕典礼并出访德、法、英、美等国。回国后,加入康有为倡设的保国会。由员外郎授御史,不久升给事中。光绪二十七年(1901 年),赏五品京堂,充政务处帮提调,助奕劻、李鸿章签订《辛丑条约》。后出任京师大学堂总办、译学馆监督。光绪三十一年(1905 年),以鸿胪寺少卿督学广东(后改提学使)。又被推荐为广西铁路公司总理。光绪三十三年(1907 年)擢升邮传部侍郎、礼部侍郎、学部侍郎、修订法律大臣、国史馆副总裁。辛亥革命后,侨居青岛,谢绝袁世凯的聘任。清史馆成立,出任纂修总阅。晚年,旅居上海。

七月二十九日（9 月 8 日）夜，曾寿在南湖别墅，颇想念老师散原先生，遂作《南湖晦夜，寄怀散原先生》（四首）寄赠（见《苍虬阁诗》卷二，《苍虬阁诗集》第 72—73 页）。

八月初六日（9 月 14 日），杨度、孙毓筠、严复、刘师培、李燮和、胡瑛等发表筹安会宣言，时称筹安六君子。

八月初七日（9 月 15 日），陈独秀主编的《青年杂志》（次年 9 月改名为《新青年》）在上海创刊。

同日，曾寿的前辈、好友李葆恂①在天津寓所病逝。

曾寿得知噩耗，乃作五言长篇歌行《挽李猛庵丈》以悼之（见《苍虬阁诗》卷二，《此其樊山集》第 76—77 页）。

八月十一日（9 月 19 日），总统府秘书长、交通银行总理、财政部次长梁士诒等人成立全国请愿联合会；第二次向参政院递交请愿书，要求召开国民会议解决国体问题。

同日，乃陈曾寿的三十八岁生日，正当壮年时期，却无所事事，心中颇为忧虑，遂作《八月十一日生日偶作》一诗以抒其慨（见《苍虬阁诗》卷二，《苍虬阁诗集》第 74—75 页）。

八月二十四日（10 月 2 日），参政院根据“民意”，制定《国民代表大会组织法》。

八月三十日（10 月 8 日），大总统袁世凯公布《国民代表大会组织法》。

八月间，曾寿的朋友徐仁镜②病逝。

陈曾寿在《九月以事至天津……途中感赋二首》的第二首的夹注中云：“李猛庵丈、徐莹甫兄新逝。”（见《苍虬阁诗集》第 75 页）

九月初，陈曾寿自上海赴南京看望老师陈三立，途中作有七言歌行《将

① 李葆恂（1859—1915），原名恂，字宝卿，号文石；又更号叔默、戒庵、猛庵，别号红螺山人；辛亥后改名理，字寒石，号凫翁，别署孤笑老人。直隶义州（今辽宁省义县）人。少聪慧，好学多识；成年后，累试不举，遂游幕南北。先后入许振祎、张之洞、端方等大吏幕，颇为倚重，因功累官至江苏候补道。辛亥革命后，避居天津，著述自娱。通天文舆地，精收藏鉴赏，工诗文，擅书画。著述甚富，有《无益有益斋读画诗》《红螺山馆诗抄》《猛庵文略》《然犀录》《三邕翠墨题跋》《归学庵笔记》《工余谈艺》《梵天庐丛录》《偶园所见书画录》《义州李氏丛刻六种》等。

② 徐仁镜（1870—1915），字莹甫，江苏宜兴县（今宜兴市）人。徐致靖次子。光绪二十年（1894 年）进士，选庶吉士，散馆授翰林院编修。赞成维新变法。戊戌变法后被革职。工书画。曾与张元济校订有《最新地理教科书》四卷等。

至金陵视散原先生，车过镇江观落日作》纪其行（见《苍虬阁诗》卷二，《苍虬阁诗集》第75页）。

陈三立亦作有《仁先自沪渎来视，和其车行看落日之作》一诗纪其事（见《散原精舍诗续集》卷下）。

九月初七日（10月15日），筹安会改组为宪政协进会。

九月上、中旬，曾寿因事曾至天津，好友季湘、苕雪、治芗、子安、楚生八兄及二弟皆自京都来会；时值重九之日，大家就一市楼小饮，然后分别；曾寿曾作有《九月以事至天津，季湘、苕雪、治芗、子安、楚生八兄、寥志二弟皆自京来会，适逢九日，就市楼小饮即别去，途中感赋二首》纪其事（见《苍虬阁诗》卷二，《苍虬阁诗集》第75—76页）。

九月十七日（10月25日），袁世凯导演的“全国国民代表”选举开始，即所谓“国体投票”。

九月二十九日（11月6日），中、俄会订《呼伦贝尔协约》签字，沙俄强行将中国黑龙江省的一部分划为特别区，实行自治。

十月初四日（11月10日），革命党人王明山、王晥峰等刺杀袁世凯的爪牙、上海镇守使郑汝成于外滩白渡桥。

同日，《东方杂志》第十二卷第十一号出版，上载有陈曾寿《南湖夜起》一诗。

十月十三日（11月19日），蔡锷秘密离开北京，由天津乘船赴日本。

十月十四日（11月20日），袁世凯御用的各省区国民代表大会国体投票结束，全体代表赞成君主立宪。

十月二十九日（12月5日），中华革命党成员陈其美受孙中山之命在上海策动肇和兵舰起义，炮轰上海制造局。

十一月初五日（12月11日），参政院推戴袁世凯为皇帝，各省的推戴书上也一律写着：“恭戴今大总统袁世凯为中华帝国皇帝，并以国家最上完全主权奉之于皇帝，承天建极，传之万世。”

十一月初六日（12月12日），袁世凯宣布承受帝位，改国号为中华帝国，以次年为洪宪元年；并加紧筹备翌年的登基大典。袁世凯的倒行逆施，遭到举国上下的反对与声讨。

十一月初七日（12月13日），袁世凯在紫禁城居仁堂接受百官的朝贺。

十一月初十日（12月16日），黎元洪辞参政院院长职，由溥伦继任。

十一月十一日（12月17日），李烈钧、熊克武等人抵达云南昆明，准备反袁起义。

十一月十五日（12 月 21 日），被袁世凯软禁在北京的原云南都督（现任陆军部编译处副总裁、全国经界局督办）蔡锷，在梁启超、小凤仙等人的帮助下，由天津潜往日本，再由日本经台湾，转香港，过越南，抵达云南昆明。

十一月十九日（12 月 25 日），蔡锷与已来昆明参加护国运动的原江西都督李烈钧和现任云南督军唐继尧通电全国，宣布云南独立，组织护国军讨伐袁世凯，护国运动开始。

同一天，孙中山亦发表《讨袁檄文》，痛斥袁世凯的倒行逆施罪行。

也是在这一天，为曾熙的五十五岁生日，李瑞清在小有天酒楼设宴为好友祝寿，谭延闿、谭泽闿、李筠庵、陈曾寿、吕蘧生等人应邀出席。

《谭延闿日记》记载："十二月二十五日晴……任尹来，言道士招饮，遂与大武、俞三、吕满同赴之。至小有天，任尹复去，道士、曾九、立三、陈人先同来，乃知今日曾九生日也，任尹旋同旭君至。入席，饮啖甚欢。"①

十一月二十五日（12 月 31 日），袁世凯仍宣布改次年为洪宪元年。

十一月二十六日（1916 年 1 月 1 日），云南军政府正式成立，唐继尧任都督，并组成护国军总司令部，以蔡锷、李烈钧分别担任第一、第二军总司令。护国军在昆明校场誓师，发布讨袁檄文，历数袁氏十九大罪状，实行武力北上讨袁。

十二月初一日（1916 年 1 月 5 日），袁世凯下令近滇各省严筹防剿，并派曹锟督师进扎。

十一月下旬至十二月上旬，曾寿曾回南湖别墅小住，随后仍回沪上度岁。

其间，曾寿曾作有《湖上一夕大雪，寒不成寐，寄怀节庵先生梁格庄》（二首）纪其行踪（见《苍虬阁诗》卷二，《苍虬阁诗集》第 78 页）。

十二月二十三日（1916 年 1 月 27 日），贵州省宣布独立，赞成共和。

十二月二十九日（1916 年 2 月 2 日），曾寿与家人一起度岁，填有《祝英台近·乙卯除夕》一词以纪之（见《旧月簃词》，《苍虬阁诗集》第 356 页）。

---

① 《谭延闿日记》，转引自曾迎三《清道人年谱》（四），《内江师范学院学报》2014 年第 5 期。

是年，曾寿尚写有《病山先生独游天目山，归述其胜且示新诗，欻然神往，亦拟一首》（见《苍虬阁诗》卷二，《苍虬阁诗集》第76页）。

## 民国五年丙辰(1916年)　三十九岁

年初，因陈宝琛的荐举，原监修崇陵（崇陵已于去年底竣工）的梁鼎芬被召入宫，亦在毓庆宫授读。

正月十六日（2月18日），中华革命党在湖北武昌举事，失败。

正月间，好友陈叔通将其父蓝洲先生（即陈豪）与关棠先生的往来书函整理成册，出以示炯之；炯之得见先人手迹，感激涕零，当即决定付梓，随即请好友、先父弟子陈曾寿一阅，并撰写一篇跋文（即《关季华先生赤牍·跋》）①：

仁和陈蓝洲先生以名儒为循吏，吾鄂士民，戴若父师。所与游皆一时贤俊，交吾先师汉阳夫子犹挚。今其哲嗣叔通同年，以所藏先师书札示炯之世弟，曾寿因得敬读一过。先师交友之笃，御下之仁，诱掖士类之悱恻挚厚，所谓尝一滴而知曹溪之水者。而蓝洲先生之为人，亦可想见矣。当时海宇无事，虽隐弊为识者所忧，而贤士大夫酬答之际，片言寸楮，皆足令人深玩。今乃如隔世而不可复睹，岂不痛哉。今叔通同年，既葆藏父执遗札如是，炯之见先人手迹，凄然霜露之感，敬付之石印，冀垂永久。乃益叹君子之泽，久而不替，为可敬也。

丙辰正月，弟子陈曾寿敬识。

同月里，陈曾寿与其弟觉先自沪赴南京看望陈三立老人，并于次日与好友俞明震、王瀣等人陪散原老人等往游扫叶楼。曾寿曾作有五言长篇歌行《往金陵视散原老人，因读近侍〈过俞园看梅〉，翌日同游扫叶楼，归寄一首》纪其事（见《苍虬阁诗》卷二，《苍虬阁诗集》第78—79页）。

陈三立亦作有《仁先、觉先兄弟由沪过访，次日同伯沆、觚庵往登扫叶楼》一诗纪其事（见《散原精舍诗续集》卷下）。

二月十二日（3月15日），陆荣廷、梁启超等宣布广西独立，赞成共和。

二月十九日（3月22日），袁世凯被迫宣布取消帝制，仍称大总统。

---

① 陈曾寿：《关季华先生赤牍·跋》，湖北省人民政府文史研究馆/湖北省博物馆编《湖北文征》（第十三卷），湖北人民出版社2000年版，第57—58页；因此跋不见于《苍虬阁诗集》中，故全文移录于此。

二月二十日（3 月 23 日），黎元洪、徐世昌、段祺瑞致电蔡锷等人，请求停战，商议善后。

二月二十二日（3 月 25 日），《小说月报》第七卷第三号出版，上载有陈曾寿《七月十五夜看月》《赠王叔用》二诗。

二月二十六日（3 月 29 日），蔡元培等人在巴黎发起成立华法教育会，蔡元培与法国人欧乐被推举为会长。

三月初四日（4 月 6 日），广东省宣布独立，赞成共和。

三月初十日（4 月 12 日），浙江省宣布独立，赞成共和。

三月十七日（4 月 19 日），陆荣廷、梁启超等在广东肇庆成立护国军两广都司令部，以岑春煊为都司令，梁启超为都参谋，李根源为副参谋，开府办事。

三月十九日（4 月 21 日），袁世凯宣布恢复内阁制。

三月二十一日（4 月 23 日）晚，好友李宣龚①宴请陈三立、郑孝胥、陈衍、夏敬观、沈瑜庆、陈曾寿等人。

郑孝胥当天日记记载：“（民国五年三月）廿一日。夜，赴拔可之约，伯严、仁先、叔伊、剑丞、爱苍皆在座。”（见《郑孝胥日记》第三册）

三月二十二日（4 月 24 日），曾寿的好友蔡乃煌②在广州被反袁军所杀。

三月间，应前辈、好友郑文焯之邀，陈曾寿为其所藏梅清《黄山论道》题识。其题识云：“高情寄翰墨，兴到一挥洒。持慰故人病，用意见奇雅。先生茂叔伦，风月照山野。贱子生恨迟，无由拜长者。　展视瞿山册画属题。丙辰三月，陈曾寿。”

案：梅清（1623—1697），字渊公，号瞿山，安徽宣城人，明末清初画

---

① 李宣龚(1876—1953)，字拔可，号观槿，晚号墨巢，室名硕果亭。福建闽县人。光绪二十年(1894 年)举人。曾任芦汉铁路总办衙署书记、南通通榷、江苏桃源县知县、苏州农工商局会办等职，官至江苏候补知府。入民国，供职上海商务印书馆多年，曾任经理兼发行所所长。1941 年，出任合众图书馆(上海图书馆前身)董事。工诗词文，富藏书。著有《硕果亭诗正续集》等。

② 蔡乃煌(1861—1916)，字伯浩，广东番禺人。光绪十七年(1891 年)举人。曾随唐景崧入台。内渡后受到张之洞、袁世凯的赏识，官湖南候补道。光绪三十四年(1908 年)，出任上海道台。辛亥革命后，追随袁世凯，曾任江西、安徽、江苏三省禁烟特派员、广东鸦片专事局局长。1916 年 4 月，为反袁军所杀。

家。陈曾寿此处所题之诗，在十年后，曾应同年好友陈叔通之请，又题于其亡父陈豪的画册之上，仅第三句改成“怀贤存手泽”，其他句完全相同。另，先后为郑氏所藏此册题识者尚有黄葆戉、陈衡恪、何维朴、宋伯鲁等人。

四月初三日（5月4日），居正、吴大洲等在山东起义，攻占潍县、周村，三围济南，宣布独立。

四月初七日（5月8日），已宣布独立各省在广东肇庆成立中华民国军务院，遥戴黎元洪为大总统，推唐继尧为抚军长，岑春煊为副抚军长，梁启超、蔡锷、陆荣廷、李烈钧等为抚军，与袁世凯政府形成对峙。

四月初八日（5月9日），孙中山在上海发表《第二次讨袁宣言》。

四月十七日（5月18日），袁世凯派心腹干将在上海将陈其美杀害。

四月十九日（5月20日），陈曾寿偕陈三立、陈子言前往拜访郑孝胥。

郑孝胥当天日记记载：“（民国五年四月）十九日，陈伯严、陈仁先、陈子言来。”（见《郑孝胥日记》第三册）

四月二十一日（5月22日），袁世凯的亲信、四川将军陈宧宣布独立，改称都督。

四月二十四日（5月25日），《小说月报》第七卷第五号出版，上载有陈曾寿《刘园朱棣老梅下共醉》《看梅后归舟遇雨》二诗。

四月二十五日（5月26日），陕西宣布独立。

四月二十八日（5月29日），湖南宣布独立。

五月初六日（6月6日），袁世凯①在全国人民的一片唾骂声中惊惧而死，年五十八岁。

五月初七日（6月7日），黎元洪以副总统出任代理大总统。

五月二十五日（6月25日），《小说月报》第七卷第六号出版，上载有陈曾寿《寥志二弟寄玉侄小照来喜作》《沈乙老属题汤贞愍画松》《节厂师往千墩谒亭林墓以墓旁枇杷见饷》三诗。

---

① 袁世凯（1859—1916），字慰亭，又作慰庭，号容庵。河南项城人，故世称“袁项城”。少时至济南、南京、北京读书。光绪七年（1881年）弃文投奔吴长庆，任“庆军”营务处会办。次年，随吴长庆入朝鲜，因功擢“驻扎朝鲜总理交涉通商事宜大臣”。光绪二十一年（1895年）回国至天津小站训练新军，从此声誉鹊起，扶摇直上，历任直隶按察使、工部右侍郎、山东巡抚、直隶总督兼北洋大臣、练兵处会办大臣、督办铁路大臣、军机大臣兼外务部尚书等职。武昌起义爆发，出任内阁总理大臣。民国元年（1912年）初，逼清帝逊位，出任中华民国临时大总统；随后当选为中华民国大总统。民国四年（1915年）悍然称帝，建立“中华帝国”。次年二月，被迫取消帝制；五月，忧惧而死。

五月二十九日（6 月 29 日），黎元洪宣布遵行《中华民国临时约法》，恢复国会，裁撤参政院，任命段祺瑞为国务总理。

五月间，陈曾寿赴杭州南湖暂住，其间曾作有《湖上杂诗》（三首）纪其行踪（见《苍虬阁诗》卷二，《苍虬阁诗集》第 89 页）。

同月里，李详作《丙辰五月奉怀沪上诸友绝句二十七首》。其中，第四首怀陈三立，诗末自注云："乱后寓老靶子路，与子培、苏堪、樊山、仁先诸君称诗海上，又有才子师曾、彦通，如太邱之有元方、季方，羔雁相属。"

六月初七日（7 月 6 日），民国政府改各省军事长官为督军，民政长官为省长。

六月十五日（7 月 14 日）晚，曾寿与九兄、四弟诒先、五弟农先至飞来峰赏月，并作有《六月十五日夜，同九兄、四弟、五弟步至飞来峰看月》一诗纪其事（见《苍虬阁诗》卷二，《苍虬阁诗集》第 80 页）。

七月初三日（8 月 1 日），中华民国国会正式复会。

七月二十七日（8 月 25 日），《小说月报》第七卷第八号出版，上载有陈曾寿《夜梦作"书画真有契，岁月来无穷"二句，似翻后山诗意，偶有所会，遂成二诗》《八月二十七日奉太夫人再到龙井》《李庄晚坐》《龙井坐雨》四首。

八月初四日（9 月 1 日），《青年杂志》自第二卷第一号起改名为《新青年》。

八月十五日（9 月 12 日），俞明震邀陈曾寿至法相寺聚饮，曾寿曾作有《中秋日，恪士邀饭于法相寺》一诗纪其事（见《苍虬阁诗》卷二，《苍虬阁诗集》第 80—81 页）。

九月初四日（9 月 30 日），中、美订立《铁路借款合同》。

九月初九日（10 月 5 日），陈曾寿、俞明震带领俞伯刚、朱棣卿、马卓群、陆澍斋、徐肖研、许姬传、七伯父、觉先、邦荣、邦直等人至西湖龙井登高。曾寿作有《九日，同俞觚庵、其侄伯刚、朱棣卿、马卓群、陆澍斋、徐肖研、许姬传、七伯父、觉先弟、儿子邦荣、邦直共十二人，携酒肴至龙井登高》《和觚庵》等诗纪其事（见《苍虬阁诗》卷二，《苍虬阁诗集》第 82、83 页）。

案：朱棣卿、马卓群、陆澍斋都是西湖守庄之人，徐肖研则是许姬传的表兄，七伯父为陈恩澍。

同日，乃同乡好友傅岳棻的四十岁生日，曾寿颇思念好友，曾作有《湖上寄怀治芗即祝九日四十初度，兼讯苕雪、季湘、子安》（二首）寄赠（见《苍虬阁诗》卷二，《苍虬阁诗集》第 81 页）。

九月二十四日（10 月 20 日），天津人民集会反对法国侵占老西开为租界。

同日，陈三立自上海赴杭州南湖拜访陈曾寿、俞明震，留居数日。陈三立作有《丙辰九月二十四日车赴杭州南湖，访仁先、恪士，夜抵南湖新宅》一诗纪其行（见《散原精舍诗续集》卷下）。

九月二十五日（10 月 21 日），陈曾寿、俞明震陪同散原老人游览六和塔、法相寺。陈曾寿作有《同散原老人登六和塔》《法相寺中老樟一株，双干皆大十围，其本殆不可量，不知何代物也。散原老人属同赋之》等诗纪其游踪（见《苍虬阁诗》卷二，《苍虬阁诗集》第 84、85 页）。

陈三立亦作有《同仁先登六和塔》《法相寺古樟同仁先、恪士作》等诗纪其游（见《散原精舍诗续集》卷下）。

九月二十六日（10 月 22 日），冯煦、吴庆坻等好友得知陈三立来到杭州，亦前来相聚，并陪陈三立游览虎跑泉、龙井、西溪等胜景。

陈曾寿相继写有《散原先生来湖上，次日蒿老亦至，遂同游虎跑泉》《同散叟游龙井，蒿老先至》《子修丈约同蒿庵、散原游西溪，饭于交芦庵》《游西溪归，湖上晚景绝佳，同散原作》等诗纪其游踪（见《苍虬阁诗》卷二，《苍虬阁诗集》第 84、87、86 页）。

陈三立亦作有《冯蒿庵老人后余二日至湖上，遂偕游虎跑泉，仁先领群从亦追赴啜茗佛殿石壁下》《观龙井，同蒿叟、仁先》《补松同年招同蒿叟、仁先、恪士寻西溪，饮交芦庵，观所藏卷子》等诗纪其游（见《散原精舍诗续集》卷下）。

俞明震亦作有《游西溪归，泛舟湖上，晚景奇绝，和散原作》一诗纪其游（见《觚庵诗存》卷四）。

又一日，好友诸宗元得知散原老人来游西湖，遂冒雨前来，并同游云栖寺。陈曾寿作有五言长篇歌行《雨中，诸真长约同散叟、觚庵游云栖寺》纪其事（见《苍虬阁诗》卷二，《苍虬阁诗集》第 87—88 页）。

陈三立亦作有《雨中，诸真长携瓶酒邀偕仁先、恪士游云栖》一诗纪其事（见《散原精舍诗续集》卷下）。

九月二十九日（10 月 25 日），《小说月报》第七卷第十号出版，上载有陈曾寿《奉答左笏丈谢送泉诗》《李筠厂以钱南园曹剑亭二公遗迹合装属题》《萧寥》三诗。

九月底，送别散原老人，曾寿曾独自游览了云林寺，并作有《散原去后，独游云林寺二首》纪其事（见《苍虬阁诗》卷二，《苍虬阁诗集》第 88 页）。

其间，怡斋九兄曾来杭州相聚，曾寿填有《忆秦娥·女儿香，同怡斋九兄作》一词纪其事（见《旧月簃词》，《苍虬阁诗集》第 357 页）。

十月初四日（10 月 30 日），总统选举会补选冯国璋为副总统。

十月初五日（10 月 31 日）凌晨，民族民主革命家黄兴因积劳成疾，在上海病逝。

十月初九日（11 月 4 日），《德宗景皇帝本纪》全书告成，陈宝琛因功被授予太保。

十月十三日（11 月 8 日）上午，民族民主革命家蔡锷在日本福冈医院因喉疾病逝。

十月二十七日（11 月 22 日），天津法租界华工团举行示威游行。

十月间，陈曾寿见园圃中朋友赠送的那些北京菊花憔悴可怜，颇有感慨，乃填《木兰花慢·旧京移菊，憔悴可怜，感赋》一词纪其事（见《旧月簃词》，《苍虬阁诗集》第 357 页）。

案：朱祖谋在读到此词后，曾填有《木兰花慢·感春和苍虬》一词相和。

十一月初二日（11 月 26 日），上海江南造船厂全体工人千余人因反对巡警的搜身殴辱，举行罢工。

十一月间，陈曾寿与俞明震相约，于一场大雪后同游灵隐寺，并作有《大雪后同觚庵至灵隐寺二首》纪其行踪（见《苍虬阁诗》卷二，《苍虬阁诗集》第 90 页）。

俞明震亦作有《大雪后偕苍虬入灵隐寺同赋》纪其事。

十二月初一日（12 月 25 日），《小说月报》第七卷第十二号出版，上载有陈曾寿《湖上杂诗》（三首）。

十二月初二日（12 月 26 日），蔡元培被任命为国立北京大学校长。

十二月初八日（1917 年 1 月 1 日），胡适在《新青年》二卷五号上发表《文学改良刍议》一文。

同日，风雪交加，曾寿闲居无事，煮腊八粥以应节物，童稚皆欢；曾寿与七伯父话旧，颇伤感，乃填《天香·南湖寂住，风雪萧然。腊八日，煮粥聊应节物，童稚皆欢，独伤旧梦，同七伯父作》一词纪其事（见《旧月簃词》，《苍虬阁诗集》第 358 页）。

十二月十六日（1917 年 1 月 9 日），安徽督军张勋及各省督军代表应安徽省省长倪嗣冲之邀，赴徐州会议，提出修改约法、解散国会、改组内阁等主张。

十二月二十九日（1917 年 1 月 22 日），乃除夕之日，曾寿填有《喜迁莺·丙辰除夕次梦窗福山萧寺岁除韵寄呈寐叟》一词寄呈乙庵师（见《旧月簃词》，《苍虬阁诗集》第 358—359 页）。

沈曾植亦填有《喜迁莺·和仁先韵却寄》一词相和。

案：辛酉本《旧月簃词》所附沈曾植此词同商务本《曼陀罗寱词》相校有异文。又，夏敬观《忍古搂词话》云："嘉兴沈子培方伯曾植有《曼陀罗庵词》一卷。兹搜得集外词一解，和陈子纯韵《喜迁莺》云：'南湖日暮云云。'子纯仁先叔也，亦字止存。今子培词集中，有和韵寄仁先《喜迁莺》一解，乃叠此韵也。"此词，《沧海遗音》本未收，商务本《曼陀罗寱词》所收题作"和止存"，惜陈恩澍原唱未见，是其佚作。

另，曾寿伯父恩澍之词，除辛酉本《旧月簃词》中附录有二首外，载于《烟沽渔唱》中的共有九首（第 88 集 1 首、第 90 集 1 首、第 91 集 1 首、第 93 集 1 首、第 94 集 1 首、第 95 集 2 首、第 97 集 1 首、第 100 集 1 首）。

是年，曾寿尚写有《拟渔洋读三国志小乐府》（七首）、《题南园画瘦马》《同觉先、询先、儿子邦荣、邦直游陶庄》等诗作（见《苍虬阁诗》卷二，《苍虬阁诗集》第 79—80、82、83—84 页）。

是年，徐珂的《清稗类钞》刊行，其《文学类》中有一则文字评陈曾寿诗作（见《苍虬阁诗集》附录三，第 521 页）。

是年，俞明震将其《西湖诗》寄赠傅增湘，其封面有题识云："《西湖诗》一卷。陈伯严、俞恪士、夏剑丞、陈仁先。丙辰岁止，寄呈沅菽同年正。明震自南湖寄。"

案：《西湖诗》即《西湖杂诗》，又名《四家西湖诗》《散原诗钞》《散原觚庵吷庵苍虬阁诗钞》，为陈三立、俞明震、夏敬观与陈曾寿合撰的西湖诗集，有民国间石印本。

## 民国六年丁巳(1917 年)　四十岁

正月初十日（2 月 1 日），陈独秀在《新青年》二卷六号上发表《文学革命论》。

二月上旬，陈曾寿、陈觉先兄弟与沈瑜庆、王乃澂、林开謩、胡嗣瑗、汪钟霖[①]等好友陪同散原老人至苏州邓尉山探梅，随后游览天平山。曾寿曾作有《同散叟重游天平山》《登天平山同病老作》等诗纪其游踪（见《苍虬阁诗外集》、《苍虬阁诗》卷二，《苍虬阁诗集》第395、91页）。

沈瑜庆曾作有《同散原邓尉观梅归，会于培老海日楼，明日庸庵尚书招饮花近楼，补花朝社集，敬和原韵呈同社诸公》诗纪其事（见《涛园集》卷四《义熙集》）。

沈曾植亦作有《伯严诸君探梅邓尉归，庸庵尚书觞诸花近楼，唱诗竟日》一诗纪其事（见《海日楼诗注》卷八，第1032—1034页）。

其间，同人曾往游苏州玄墓山的圣恩寺[②]和石湖山，曾寿作有七言歌行《游玄墓圣恩寺》《石湖山》等诗纪其游踪（见《苍虬阁诗》卷二，《苍虬阁诗集》第90、92页）。

又同至苏州光福镇的司徒庙[③]观赏古柏，曾寿作有七言歌行《柏因社观柏》纪其事（见《苍虬阁诗》卷二，《苍虬阁诗集》第91页）。

又同至苏州光福镇蟠螭山太湖边的石壁游览，曾寿作有《太湖石壁》一诗纪其行踪（见《苍虬阁诗》卷二，《苍虬阁诗集》第93页）。

在游览苏州光福寺[④]期间，曾寿还曾与好友林开謩在寺中对弈，并遵好

---

① 汪钟霖（1867—?），字岩征，号甘卿，一号蟠隐。江苏吴县人。光绪十九年（1893年）举人。曾在《字林报》《蒙学报》任职。入民国，曾任驻奥使馆参赞，又曾入张勋幕，任冯国璋咨议官。晚年居南京。著有《赣中寸牍》《九通分类纂要》等。

② 圣恩寺：全称天寿圣恩禅寺。坐落在苏州市吴中区光福镇玄墓山东南的柴庄岭下，面对太湖。唐天宝年间建圣恩天寿寺。南宋宝祐年间又建圣恩禅庵，寺、庵并列，曾被辟为上、下道场。元天顺元年（1328年），幼主阿速吉八敕赐圣恩禅寺匾额。至正初，天寿寺毁于火灾，圣恩禅庵幸存，为佛教南宗发祥地。清康熙、乾隆到光福镇探梅多次，皆驻足于此。至正九年（1349年），江南名僧千岩元长禅师之高足万峰时蔚禅师从杭州入吴，卓息玄墓山。由于万峰的到来，信徒渐多。明洪武九年（1376年）开始辟地建观音阁及诸殿室，圣恩寺的香火便又兴盛起来。

③ 司徒庙：又名古柏庵、柏因社、柏因精舍，亦称邓尉庙，位于苏州市吴中区光福镇西的涧廊村东南，是东汉光武帝大司徒邓禹的祠庙。该庙建于何时，已无可考；现在的殿宇是清末民初重建的。庙中有四株古柏，树龄近二千年；四棵古柏组合在一起，宛如一幅天然的《古柏图》。乾隆看后，曾给四棵古柏树分别命名为：清、奇、古、怪。

④ 光福寺：本名舍利佛塔，又名光福讲寺，位于苏州市吴中区西南的光福镇铜观音寺后面的龟山上，是吴地最古老的寺院之一，也是吴中早期的寺观园林之一。始建于梁大同年间（535—545），距今一千四百多年，1998年修葺一新。因光福寺、光福塔的香火极盛，故将旁边的古镇也改名为光福。

友之属作有《光福寺与夷叔围棋，夷叔属赋诗纪之》一诗纪其事（见《苍虬阁诗》卷二，《苍虬阁诗集》第 93 页）。

一日，同人大都前往访观韩蕲王墓碑，曾寿留下陪散原老人，打算至他处游览而未果，并作有《同人访韩蕲王墓碑，予陪散叟他游未果》一诗纪其事（见《苍虬阁诗》卷二，《苍虬阁诗集》第 92 页）。

结束苏州之游，在临别之际，曾寿作《失题・赠胡琴初》一诗赠好友胡嗣瑗（见《苍虬阁诗外集》，《苍虬阁诗集》第 396 页）。

案：《苍虬阁诗外集》辑自周伟《伪满宫廷杂忆》中的这首《失题・赠胡琴初》诗，今见于《苍虬阁诗》卷三之《咏史二首》的第二首（见《苍虬阁诗》卷三，《苍虬阁诗集》第 135 页），应系校点时疏于考察所致。

二月十七日（3 月 10 日），上海商界联合会通电反对参加世界大战，全国各地商会纷纷响应。

二月十九日（3 月 12 日），俄国二月革命爆发，推翻沙皇专制政体，建立临时政府。

二月二十一日（3 月 14 日），北洋政府宣布与德国绝交。

二月下旬，曾寿在家闲居，填有《酷相思・嫩柳鹅黄千万缕》一词抒发其感慨（见《苍虬阁诗外集》，《苍虬阁诗集》第 406 页）。

三月上旬，曾寿自杭赴沪，既为搬迁作准备，亦为祝贺陈宝琛及其夫人的七十寿诞；当时，友朋们纷纷为弢庵老人及夫人祝寿；陈曾寿亦作有《寿陈弢老及其配王夫人七十初度》（三首）为其贺寿（见《苍虬阁诗》卷二，《苍虬阁诗集》第 93—94 页）。

陈三立不仅写有《陈太保弢庵夫子七十寿序》（见《散原精舍文集・集外文》），而且写有《弢庵师傅七十生日》一诗（见《散原精舍诗续集》卷下）相赠。

郑孝胥在日记中记载："（民国六年二月）廿二日。代旭庄作送伯潜夫妇寿联云：'典学方勤，默相黄发；嘉名肇锡，巧协齐眉。'陈夫人乃旭庄之姊，名曰'眉寿'，其父子恒三叔所命也。"（见《郑孝胥日记》第三册）

案：陈宝琛的生日为九月二十三日，其夫人王氏（王仁堪、王仁东的姐姐）则是同年三月的生日，故同仁们以其夫人的寿诞之日为他们举行双寿庆贺。陈曾寿在其《寿陈弢老及其配王夫人七十初度》三首之三的后面自注云："公所居海棠极盛，王夫人三月生，公以九月生。"

三月中旬，陈曾寿在杭州西湖购地上所建之别墅早已完工，遂乘自己北上之前，将全家自上海迁居杭州西湖新居。

三月二十一日（5 月 11 日），天下雨，陈曾寿奉母游览杭州府桐庐县富春江镇横山村（俗称“七里泷”），并作有五言歌行《三月二十一日雨中奉母游七里泷》、七绝《忍冬花》纪其行（见《苍虬阁诗》卷二，《苍虬阁诗集》第 94 页）。

其间，好友朱孙藩自江苏宝应前来拜访，并出示其近诗请求批评；曾寿遂作有《庶侯自宝应来并出近诗，赋此赠之》《和庶侯纪梦诗》等诗相赠（见《苍虬阁诗》卷二，《苍虬阁诗集》第 96、95 页）。

四月初二日（5 月 22 日），安徽督军张勋与安徽省省长倪嗣冲等召开第四次徐州会议。

四月初三日（5 月 23 日），黎元洪的总统府与段祺瑞的国务院之间因对德参战问题而矛盾激化，黎元洪下令免去段祺瑞国务总理职务，而命伍廷芳暂代。

四月初八日（5 月 28 日），北洋政府任命前审计院长李经羲为国务总理兼财政总长。

四月初九日（5 月 29 日），安徽省省长倪嗣冲等宣布与中央政府脱离关系。

四月初十日（5 月 30 日），浙江宣布独立。

四月十一日（5 月 31 日），山东、黑龙江相继宣布独立。

四月十二日（6 月 1 日），福建宣布独立。

同日，大总统黎元洪招安徽督军张勋入京共商国是。

四月十八日（6 月 7 日），安徽督军张勋率 5000 辫子军自徐州北上。

张勋在率兵离徐北上之前，曾电函邀约胡嗣瑗、刘廷琛、陈曾寿等人在天津相会。陈曾矩《丁巳复辟记》中记载说：“张之离徐也，曾电约胡君晴初（胡嗣瑗字）、刘公（指刘廷琛），亦以函约伯兄（指曾寿），遂结伴北上。”①

四月中旬，陈曾寿与胡嗣瑗、刘廷琛遂自上海启程，结伴北上。

四月二十三日（6 月 12 日），张勋强迫黎元洪解散国会。

四月二十四日（6 月 13 日），陈曾寿与胡嗣瑗、刘廷琛等抵达天津，与张勋相会。

四月二十五日（6 月 14 日），安徽督军张勋率 5000 辫子军抵达北京，

① 陈曾矩:《丁巳复辟记》,《近代史资料》,1958 年第 1 期。

准备复辟帝制。

据曾寿三弟曾矩说：辛亥革命后，其家兄一直不忘旧朝，积极参与张勋复辟帝制的筹划活动；而“辛亥国变以后，遗老旧臣志图兴复者，有升公允（字吉甫）、刘公廷琛（字幼云）、沈公曾植（字子培）、王公乃徵（字病山）、胡君思敬（字漱唐）、陈君毅（字贻重）、温君肃（字毅夫）及伯兄曾寿（字仁先）等。六年以来，奔走筹划，未尝一日懈其志。而诸将中可与谋者，唯张勋一人”（见陈曾矩《丁巳复辟记》）。

四月下旬，张勋有函约沈曾植、王聘三、郑孝胥、李季高、沈瑜庆等人北上共谋复辟之事，并委托陈曾寿专程赴沪敦请。陈曾矩《丁巳复辟记》中记载说：“（伯兄）代上海诸公作一书，亲持入都面张，与语甚恰。张复函约沈公子培、王公聘三及郑苏龛、李季高、沈爱苍等北上共同商办，并托伯兄亲至沪邀之。”

五月初一日（6 月 19 日），各省陆续通电取消脱离中央宣言。

五月初五日（6 月 23 日），曾寿前往梁鼎芬府宅拜望师尊，并分食御赐点心（见《九日同龙山居士……烟霞洞登高》四首之一的尾注，《苍虬阁诗集》第 98 页）。

五月初七日（6 月 25 日），李经羲正式就任国务总理。

同日，陈曾寿出京至天津，“方拟登津浦车南下，忽得京电，言沈、王二公同康有为已起行，请在津稍候”（见陈曾矩《丁巳复辟记》）。

五月初九日（6 月 27 日），“沈、王、康到津，遂同入都。张派员接待，设行馆于法华寺中，唯康居于张宅”（见陈曾矩《丁巳复辟记》）。

五月十三日（7 月 1 日）凌晨，张勋带领刘廷琛、康有为、沈曾植、王士珍、江朝宗、陈光远、吴炳湘等清朝旧臣，拥年仅 12 岁的清废帝宣统溥仪复位。

旨下，授沈曾植为学部尚书，而以李瑞清为学部左侍郎、陈曾寿为学部右侍郎。

作为帝师的陈宝琛，参与了复辟从策划到实行的最重要的密谋和决定，故被授予内阁议政大臣，位同首辅；其他人等，各有职任。

五月十四日（7 月 2 日），大总统黎元洪避入日本驻华公使馆，任命段祺瑞为国务总理，出面处理善后事宜。

五月十五日（7 月 3 日），浙江、江西、湖南、湖北等省通电反对复辟。段祺瑞亦在天津马厂誓师，率“讨逆军”入京讨伐张勋。

五月十八日（7 月 6 日），孙中山为进行护法活动，偕廖仲恺、朱执信、章炳麟等人乘海琛号军舰，自上海启程前往广东。

五月二十日（7 月 8 日），副总统冯国璋自立为代理总统。

张勋自宣布复辟之日起，就遭遇种种不测；在此危困之时，“兄（陈曾寿）每日至南池子忠武家，共患难，及忠武避之荷兰使馆，兄乃离去”（见陈曾则《苍虬兄家传》，《苍虬阁诗集》附录一，第 437 页）。

五月二十四日（7 月 12 日），段祺瑞率讨逆军攻入北京，张勋仓皇逃入荷兰公使馆，丁巳复辟（亦称张勋复辟）的丑剧仅上演了 12 天就破产了。

曾寿后来曾填有《满江红·过徐州感赋此阕》一词，追记张勋自徐州统兵北上入京事（见《旧月簃词》，《苍虬阁诗集》第 362 页）。

曾寿后来曾在其《五月十三日愔仲约酒集》一诗后自注云：“丁巳复辟，共事已逝者，张忠武、梁文忠、袁贞毅、王文肃、刘文节、朱文诚、万果敏、陈文忠、沈乙庵师、辜鸿铭、梁崧生、陈贻重、黎露苑诸君。”（见《苍虬阁诗集》第 279 页）

曾寿三弟曾矩对这十几天的情况有简要记述：“五月十四日（七月二日），予在（杭州）城中阅沪报，知复辟已宣布。……三日后，消息渐恶，忧甚，思入都视兄，而家中为官厅注意，时有暗探伺于门，乃与仲兄商，先送重堂至沪寓亲友处，而同仲兄北上。至天津，寓旭日栈。次晨登京津车，闻京中已有战事，车行极缓。……至前门，战甫止，路绝行人。……步至法华寺……一僧徘徊寺门外，询及伯兄，摇手止勿言，色怖甚，悄言已迁居他所。乃往晤傅君治芗，知伯兄寓徐君苕雪处，相见惊喜悲愤，不知语之何从矣。次日，往视乙师（沈曾植），寓一教堂中，见予等人，大恸，呜咽述经过事。居数日，予兄弟欲南归。治芗谓伯兄名在逮捕中，恐路途不便，极力阻止。继而，治芗于张志潭处谋得护照，言持此则途中无虞。伯兄却之，径行，居然平安抵沪。”（见陈曾矩《丁巳复辟记》）

《清史稿》张勋传亦记载云：“先后命官以勋及陈宝琛、刘廷琛等为内阁议政大臣，次则内阁阁丞万绳栻、胡嗣瑗，大学士为瞿鸿禨、升允，顾问大臣赵尔巽、陈夔龙、张英麟、冯煦等，各部尚书梁敦彦、张镇芳、雷震春、沈曾植、劳乃宣等，侍郎李经迈、李瑞清、陈曾寿、王乃澂、陈毅、顾瑗等，丞参辜汤生、章梫、黎湛枝、梁用弧等，都御史张曾敭，副都御史胡思敬、温肃；并召郑孝胥、吴庆坻、赵启霖及陈邦瑞、朱益藩等均来京。又以勋兼直隶总督、北洋大臣，仍留京。各省督抚提镇，皆就现任者改之。命下，各省多不应，而马厂师起，称‘讨逆军’，传檄讨勋，勋自请罢斥。及攻都城，勋与战，以兵寡不支，荷兰公使以车迎入使馆。”①

在京期间，梁鼎芬曾应弟子陈曾寿之请，为其书写水墨绢本行书团扇成扇（直径 21cm）。其题识云：“杨枢密以孙夫人画像属题，同沧趣作，卷内有及之惜抱、石洲诸先辈诗。　父兄忠于汉，仲谋迺不然。堂堂女子心，助汉祈胜天。白刀夹红灯，环姿武且妍。欲乘�矶月，呼渔话千年。仁先仁弟诗家商之。丁巳五日，鼎芬记于诗教堂。”（详见福建运通拍卖行有限公司“福州专场第 25 期拍卖会”——“同以上款或同一藏家”专场拍卖品，编号：0015）

五月二十六日（7 月 14 日），黎元洪通电全国，辞去大总统职务。

六月初一日（7 月 19 日），孙中山在广州倡议召集国会，组织护法军政府。

六月初四日（7 月 22 日），海军总长程璧光发表拥护护法的宣言，率领第一舰队南下广州护法。

六月十四日（8 月 1 日），副总统冯国璋正式出任大总统。

六月中旬，因张勋复辟失败，陈曾寿自北京南返后，在上海稍作停留即至杭州，奉母幽居湖上。据曾寿侄儿邦炎介绍：“此湖寓在南湖北岸定香桥畔，屋后即为‘花港观鱼’景点。曾寿居一临湖别院内，映波桥一带的‘苏堤春晓’景象隔水在望，桥外为‘雷峰夕照’之景，‘南屏晚钟’的景点即在塔侧。曾寿常云：‘西湖十景，我已占有其四。’其《木兰花慢》词所写‘正千树桃花，一堤杨柳，围绕吾庐’，及《浣溪沙》词所写‘修到南屏数晚钟，自成朝暮一雷锋’，均为湖居即景之语。花中他喜爱菊、梅，其湖居院中有梅花数株，因用姜夔《暗香》词起调‘旧时月色，算几番照我，梅边吹笛’句，名其居为‘旧月簃’。”②

六月二十七日（8 月 14 日），段祺瑞政府对德、奥两国宣战。

七月初八日（8 月 25 日），南下国会议员在广州召开非常会议（又称为非常国会）。

七月十五日（9 月 1 日），非常国会第四次会议选举孙中山为中华民国军政府大元帅，唐继尧、陆荣廷为元帅。

① 赵尔巽等：《清史稿・张勋传》卷四七三，上海古籍出版社、上海书店 1986 年版，第 1461 页。

② 陈邦炎：《陈曾寿年谱简编》，《苍虬阁诗集》附录四，上海古籍出版社 2009 年版，第 560 页。

七月二十四日（9 月 10 日），孙中山就任中华民国军政府大元帅，宣告军政府成立。

七月间，曾寿居杭州南湖期间，曾写有《湖夜不寐，忆苕雪京师》《湖上杂诗》（七首）等诗作（见《苍虬阁诗》卷三，《苍虬阁诗集》第 97—98 页）。

八月二十二日（10 月 7 日），孙中山通电全国，否认冯国璋、段祺瑞政府，并下令南方革命军开始北伐。

九月初九日（10 月 24 日），陈曾寿和谢凤孙①、俞明震带九兄、四弟、五弟、七弟及儿子邦荣、邦直至西湖的烟霞洞登高，并作有《九日同龙山居士、觚庵、九兄、四弟、五弟、七弟、儿子邦荣、邦直，烟霞洞登高》（四首）纪其事（见《苍虬阁诗》卷三，《苍虬阁诗集》第 98—99 页）。

不久，老师梁鼎芬在读到曾寿的重九登高诗后，曾寄语云："岂忘庚戌重九耶，何诗中未及之？"是年的重九日，曾寿曾邀陈宝琛和赴京吊张之洞之丧的梁鼎芬及其他友人至什刹海广化寺相聚，凄然相对，二老皆有诗，好友刘松庵曾为图纪之，忽忽已八年，感慨良多，乃作七言长篇歌行《节师见予九日诗，寄语曰："岂忘庚戌重九耶，何诗中未及之？"盖是年秋，节师入都吊张文襄公之丧，予以九日邀同陈弢老集于什刹海广化寺，凄然相对，二老皆有诗，刘松庵为图纪之，今忽忽八载矣。感赋长句，寄以志哀》寄赠（见《苍虬阁诗》卷三，《苍虬阁诗集》第 101—102 页）。

九月十八日（11 月 2 日），美、日《蓝辛石井协定》订立，美国承认日本在中国有特殊利益，日本则不否认美国对中国的权益。

九月十九日（11 月 3 日），陈曾寿陪同湖北同乡谢凤孙拜谒禹陵并登会稽山顶。曾寿曾作有七言长篇歌行《九月十九日，同复园谒禹陵，登会稽山顶》纪其事（见《苍虬阁诗》卷三，《苍虬阁诗集》第 100—101 页）。

在好友谢凤孙游杭州期间，陈曾寿曾陪同其游览云林寺，并作有《同复园游云林寺闻钟声》《次韵复园红叶诗》等诗作纪其行踪（见《苍虬阁诗》

---

① 谢凤孙（1880—1956），字石钦，号复园，又号樗公，晚号龙山居士。湖北随县（今随州市）人。清末秀才。1903 年考入武昌文普通中学堂。次年加入科学补习所。1907 年参加同盟会，曾任共进会秘书长，从事民主革命活动。武昌起义后，在湖北军政府谋略处就职，后任军政府顾问。1912 年夏，出任湖北革命实录馆馆长。1915 年任湖北教育会长。曾出任湖北筹安分会副会长，为袁世凯效力。1922 年，任湖北财政厅秘书。次年，出任湖北实业厅厅长。抗日战争时，留武汉，曾供职汪伪政府。新中国成立后，任武汉文史馆馆员。工书法，师从沈曾植。编著有《樗公随笔》《武昌起义档案资料选编》等。

卷三，《苍虬阁诗集》第 100、99 页）。

九月二十三日（11 月 7 日），俄国爆发十月社会主义革命。

九月二十四日（11 月 8 日），陈三立自南京抵达杭州南湖，寓居俞明震宅第，并前往拜访陈曾寿兄弟。陈三立曾作有《九月二十四日抵杭州南湖恪士宅，过仁先兄弟，座中遇汉川谢石钦（案：谢石钦非汉川人，而是随县人，陈氏记忆之误）》一诗纪其事（见《散原精舍诗续集》卷下）。

九月二十五日（11 月 9 日），陈曾寿、俞明震、谢凤孙等人陪散原老人再游法相寺、灵隐寺诸处；曾寿建议在法相寺的古樟旁筑一亭，同行者均赞成。

陈三立不仅应邀写了《樟亭记》一文（见《散原精舍文集》卷九），而且还作有《自灵隐登韬光》一诗（见《散原精舍诗续集》卷下）纪其事。

九月二十七日（11 月 11 日），《申报》《时报》《晨钟报》等皆向中国民众报道了俄国十月革命的消息。

同日，俞明震、谢凤孙、陈曾寿兄弟陪同散原老人前往富春山游览，宿桐庐。

陈三立曾作有《同石钦、仁先、挈先、恪士寻富春山水，宿桐庐逆旅，明日易小舸上溯七里泷登钓台，复还抵桐庐宿焉，赋纪三首》一诗纪其游踪（见《散原精舍诗续集》卷下）。

九月二十九日（11 月 13 日），俞明震、谢凤孙、陈曾寿兄弟陪散原老人往游七里泷，登钓台而返。曾寿曾作有《九月二十九日，同散原、觚庵、复园、挈先游七里泷》一诗纪其游（见《苍虬阁诗》卷三，《苍虬阁诗集》第 102 页）。

十月初，同乡好友谢凤孙将离杭赴沪，曾寿依依不舍，乃作《洗心阁中菊花开时，复园来住一月将别，为诗四首》相赠（见《苍虬阁诗》卷三，《苍虬阁诗集》第 102—103 页）。

十月初六日（11 月 20 日），段祺瑞辞去国务总理职务。

十月上旬，结束富春之游后，陈曾寿偕谢凤孙、散原老人至上海，寓居师长沈曾植家，并陪散原老人游览哈同园，旬日之后仍返回杭州南湖。

陈三立作有《沪上偕仁先晚入哈同园》《石钦有咏红叶之句，乙庵、琴初、仁先咸依韵和之，余亦继作》等诗纪其行踪（见《散原精舍诗续集》卷下）。

陈曾寿曾作有《散叟、复园先后来湖上，同作富春之游，过沪与石钦下榻海日楼，旬日别后皆有诗至，作感怀六首寄答》纪其事（见《苍虬阁诗》

卷三，《苍虬阁诗集》第 104—106 页）。

回到杭州南湖新居后，夜对菊花，感觉心中空落落的，陈曾寿乃作《复园既去，夜坐洗心阁，对菊偶成》一诗以纪之（见《苍虬阁诗》卷三，《苍虬阁诗集》第 103 页）。

十月十七日（12 月 1 日），冯国璋任命王士珍为内阁总理兼陆军总长。

十一月间，曾寿湖居无事，在家细细研读《张文襄公诗集》，作有《读〈广雅堂诗〉随笔》①记其读后心得及其对其师所作之诗的评价（见《苍虬阁诗外集》，《苍虬阁诗集》第 410—432 页）。

十二月二十日（1918 年 2 月 1 日），中日合办的中华汇业银行成立。在北京设立总行，旋在北京、天津、上海、奉天设立分行，是日本对华进行经济侵略的金融机构。

是年，曾寿尚写有《凛冽》《过马场》等诗作和填有《酷相思·嫩柳鹅黄千万缕》词（见《苍虬阁诗》卷三、《苍虬阁诗外集》，《苍虬阁诗集》第 106、406 页）。

是年，曾寿得到南宋建炎（1127 年）刊本之《山谷先生大全诗注》，遂在其扉页题写了观款，署“宣统九年”（据台湾《“国家”图书馆善本书志初稿》）。

案：后文所录之《浣溪沙》亦尾署“宣统甲子冬十月”，皆张舜徽《清人文集别录》卷二十四论曹元弼《复礼堂文集》所谓“不识时达变之过也”②。

## 民国七年戊午(1918 年)　四十一岁

是年，曾寿仍居杭州南湖新舍，与弟子、好友蒋国榜为邻并时有唱和。曾寿曾写有《湖居与苏庵结邻，次韵苏庵韵》一诗纪其事（见《苍虬阁诗》卷三，《苍虬阁诗集》第 108 页）。

正月二十八日（3 月 10 日），段祺瑞、徐树铮、王揖唐等人在北京安福胡同成立俱乐部，极力推行武力统一政策。

正月间，曾寿亦走出户外享受春光，并填有《木兰花慢·春日雪后泛舟》《浣溪沙·孤山看梅》等词以纪之（见《旧月簃词》，《苍虬阁诗集》第 359 页）。

---

① 陈曾寿此笔记原载《东方杂志》第十五卷第三、第四号。

② 张舜徽：《清人文集别录》（下册）卷二十四，中华书局 1963 年版，第 654 页。

二月十一日（3 月 23 日），段祺瑞再任国务总理，主张武力统一。

二月十三日（3 月 25 日），日本政府为反对新生的苏维埃政权，与段祺瑞政府互换《中日共同防敌军事协定》公文。

二月二十六日（4 月 7 日），曾寿的前辈、好友郑文焯①在苏州寓所去世，不久葬于邓尉。

二月二十九日（4 月 10 日），被西南军阀控制的非常国会改组军政府，将大元帅制改为总裁合议制，排挤孙中山。

同日，为老师沈曾植的六十九岁寿诞，曾寿乃作《乙老六十九岁生日祝词》（四首）为老师贺寿（见《苍虬阁诗》卷三，《苍虬阁诗集》第 109—110 页）。

二月间，好友胡嗣瑗曾有诗寄赠，曾寿乃作《次韵愔仲白桃花》相赠（见《苍虬阁诗》卷三，《苍虬阁诗集》第 106 页）。

其间，曾寿曾填有《高阳台・赠彊村老人》一词寄赠朱祖谋，词中夹注有“大鹤山人新逝”之语（见《旧月簃词》，《苍虬阁诗集》第 365 页）。

三月十五日（4 月 25 日），曾寿的前辈、好友瞿鸿禨②在上海卡德路寓所去世。

春暮时节，曾寿惜花之陨落，遂作《落花十首》以纪之（见《苍虬阁诗》卷三，《苍虬阁诗集》第 107—108 页）。

三月二十一日（5 月 1 日），上海英、美烟公司烟厂工人罢工。

三月二十二日（5 月 2 日），上海英商祥生船厂工人罢工。

---

① 郑文焯(1856—1918)，字俊臣，号小坡，又号叔问，晚号鹤、鹤公、鹤翁、鹤道人，别署冷红词客、尝梦游石芝崦、见素鹤翔于云间，因自号石芝崦主及大鹤山人。奉天铁岭(今属辽宁)人，隶正黄旗汉军籍，而托为郑康成裔，自称高密郑氏。光绪元年(1875 年)举人，曾任内阁中书。后累试不第，遂绝意仕进，弃官南游，旅居苏州，为江苏巡抚幕僚四十余年。辛亥革命后，曾至上海行医兼鬻书画。工诗词，通音律，擅书画，懂医道，长于金石古器之鉴，而以词人著称于世。著有《大鹤山房全集》。

② 瞿鸿禨(1850—1918)，字子玖，一作子九，号止庵，晚号西岩老人。湖南善化(今长沙市)人。同治十年(1871 年)进士，授翰林院编修，后擢升侍讲学士、詹事府詹事，又晋内阁学士。先后典河南、福建、广西乡试，出任河南、浙江、四川学政。任满，授礼部右侍郎。中日甲午战争中，上四路进兵之策，未被采纳。八国联军入侵，慈禧太后、光绪皇帝逃往西安，他亦随行，并甚得慈禧太后信任，出任工部尚书、军机大臣，兼充政务处大臣。后总理各国事务衙门改为外务部，居各部之上，他任尚书。清政府下命预备立宪，他参与策划。后因忤慈禧太后旨意，罢官归里。辛亥革命后，居上海，以清遗老终。著有《止庵诗文集》、《汉书笺识》、《超览楼诗稿》(六卷)、《瞿文慎公诗选遗墨》(四卷)等。

三月二十四日（5 月 4 日），因受西南军阀排挤，孙中山向广东非常国会请辞大元帅职。

三月间，陈曾寿与康有为、王乃澂、胡嗣瑗、黄同武曾陪同散原老人有常熟虞山之游。陈三立作有《虞山纪胜三篇：康更生、王病山、胡琴初、陈仁先、黄同武同游》纪其游踪（见《散原精舍诗续集》卷下）。

三月、四月间，《东方杂志》第十五卷第三、四号出版，上载有陈曾寿所撰之《读〈广雅堂诗〉随笔》。

案：陈曾寿此文后又被王培军、庄际虹《校辑近代诗话九种》收入。

四月初三日（5 月 12 日），留日学生罢学回国，反对中、日共同防敌军事协定。

四月初六日（5 月 15 日），鲁迅在《新青年》四卷五号上发表小说《狂人日记》。

四月初七日（5 月 16 日），《中日陆军共同防敌军事协定》订立。

四月初十日（5 月 19 日），《中日海军共同防敌军事协定》订立。

四月上旬，陈曾寿和郑孝胥、胡嗣瑗、王乃澂、夏敬观、李宣龚、余肇康、冯煦等师友与自南京赴沪给瞿鸿禨吊丧的散原老人往还宴集颇多。

郑孝胥在日记中记载：“（民国七年四月）初六日，仁先来简云：伯严来，居上海旅馆……至上海旅馆，（晤）伯严，座客甚满。遂同往都益处，胡琴初为主人，座中聘三、仁先、伯严及其七子彦通（案：即陈方恪）”。

“初七日，约伯严、仁先、聘三、洙源、琴初、彦通、剑丞、拔可饮于会宾楼，余尧衢、冯梦华皆来。”（见《郑孝胥日记》第三册）

四月十一日（5 月 20 日），非常国会选举孙中山、唐绍仪、伍廷芳、岑春煊、陆荣廷、唐继尧、林葆怿七人为军政府总裁，并推岑春煊为主席总裁。

四月十二日（5 月 21 日），孙中山离粤赴沪，护法运动失败。

同日，北京大学、北京高等师范学校等校学生二千余人赴总统府前请愿，要求废除中、日共同防敌军事协定。

四月中旬，北京《顺天时报》评选京剧新秀的活动结束：梅兰芳得票 232865 张，被评为“男伶大王”，刘喜奎得票 228606 张，被评为“坤伶大王”，尚小云得票 152525 张，被评为“童伶大王”。

四月间，同乡、前辈好友樊增祥曾应陈曾寿之请，为其作纸本行楷七言对联（131 × 30 cm × 2）：“阁下亦自有二骥，车前岂可少八驹。”其题识云："仁先仁兄雅属。戊午孟夏，樊增祥书。"钤印："樊嘉私印（白）。""姜畦（朱）。"（见上海国际拍卖有限公司"2002 春季艺术品拍卖会"——"中国书画"专场拍卖品，编号：214）

五月十七日（6 月 25 日），曾寿的好友王仁东①在上海寓所去世。

同日，《小说月报》第九卷第六号出版，上载陈曾寿《和念衣约游洪山不果》一诗。

五月二十三日（7 月 1 日），李大钊在《言志季刊》第三册发表《法俄革命之比较观》。

五月间，陈曾寿与同年、好友胡嗣瑗曾相约有天津、北京之游，并作有《夏五月与愔仲同年北游过天津，主瀹老、浪公两家。浪公一夕梦至一处层楼，複阁琳瑯满架，一老人以所书楼额视之，首尾为"五楼"二字，中覆以纸，问浪公曰："试射何字。"曰："当是'凤'字。"老人微哂曰："君知五凤楼耳。"揭视乃"岳"字也。浪公既志之，爱其名，属予归请太夫人书之。因题长句于后，邀愔仲同作且视瀹老》纪其事（见《苍虬阁诗》卷三，《苍虬阁诗集》第 110—111 页）。

其间，曾应好友李放之属，曾寿曾为其《词龛图》题跋，填有《菩萨蛮・为浪公作词龛图题句》一词相赠（见《旧月簃词》，《苍虬阁诗集》第 360 页）。

六月初六日（7 月 13 日），为恩师梁鼎芬的六十华诞，曾寿至京都拜谒恩师，并作《梁节庵师六十初度》（三首）为其贺寿（见《苍虬阁诗》卷三，《苍虬阁诗集》第 109 页）。

六月上旬，曾寿告别京都、沽上众师友，仍回杭州南湖寓庐。

七月初六日（8 月 12 日），由皖系军阀操纵的安福国会在北京开会。

七月初七日（8 月 13 日），上海日商日华纺织公司千名女工发动罢工，要求改善待遇。

七月十五日（8 月 21 日），直系军阀吴佩孚等通电反对段祺瑞的武力统一，南方军政府复电赞成和平，段祺瑞被迫命前线各军暂时保持守势。

七月二十日（8 月 26 日），传说中的太常仙蝶飞临苍虬阁，居二日乃

① 王仁东(1852—1918)，字旭庄、刚侯，又字勖专，别署完巢。福建闽县(今福州市)人。王仁堪之弟。光绪二年(1876 年)举人。初任内阁中书，与其兄王仁堪同在京朝，时人谓之"二俊"。兄殁后出京，历官南通知州、江安督粮道、苏州粮道兼苏州关监督、江宁道台、江苏提学使等职。辛亥革命后，举家迁居沪上，郁郁不自得，与同光体诗人往来密切。工诗，著有《完巢賸稿》。

去；适前辈好友王乃澂、朱祖谋等来游杭州，寓蒋氏湖楼；刚刚放好行装就来拜访苍虬，众人见到太常仙蝶甚感奇异；彊村老人首赋《太常引》一阕，众人纷纷和之。其后，曾寿又邀前辈好友李孺绘《太常仙蝶图》一幅，将诸同人所赋之词录于其上以纪之。陈曾寿当时亦填有《太常引・戊午七月，太常仙蝶来苍虬阁中，二日始去。时病山、彊村二老适来，约同人赋词纪之，龠庵作图》词二阕纪其事（见《旧月簃词》，《苍虬阁诗集》第361—362页）。

况周颐在《蕙风词话补编》卷三之“太常仙蝶词”条下记载：“彊村先生云：‘曩寓都门，屡见太常仙蝶，花间樽前，每祷辄至，若夙契然。其后督学五羊，告归苕雪，亦复如是。辛亥以还，赁庑沪渎。戊午七月，薄游西泠，寓花港蒋氏湖楼。甫卸装，过陈氏苍虬阁，偶谈次及仙蝶，仅时许，报蝶至，集窗棂间，黑质黄章，五采悉备……’客曰：‘是非彊村之言信，立致仙蝶也。仙蝶之灵，于其将至，默诏彊村以言也。’明日，值彊村初度，蝶见于蒋庄。又明日，彊村复诣陈，蝶亦与偕。自是不复见。彊村感其异，赋《太常引》。”①

案：自民国七年（1918年）七月朱祖谋为《太常仙蝶图》首赋《太常引》一词后，至民国十年（1921年）止，纷纷和作的就有况周颐一首、陈曾寿二首、胡嗣瑗一首、王乃澂一首、李孺一首、徐萃田二首、程颂万一首，再一次掀起关于“太常仙蝶”的热议（详见朱家英《清代文人与太常仙蝶故事的演变》，《中国典籍与文化》2015年总第92期）。

七月二十三日（8月29日），应弟子、好友蒋国榜之邀，陈曾寿与朱祖谋、长劬、澍斋等师友至龙井棋盘山登高，曾寿作有《戊午七月廿三日，苏庵招同彊村、长劬、澍斋游龙井棋盘山有诗，奉和一首》纪其事（见《苍虬阁诗》卷三，《苍虬阁诗集》第111页）。

在此次师友游览杭州期间，曾寿曾应彊村老人之属，为其《彊村校词图》题识，填有《清平乐・题〈彊村校词图〉》一词相赠（见《旧月簃词》，《苍虬阁诗集》第355页）。

案：民国五年（1916年）秋，何维朴为朱祖谋绘有《彊村校词图》一幅，于是，沈曾植、陈三立、劳乃宣、王国维、章梫、罗掞东、陈曾寿等名家纷纷为其题识。

其间，朱祖谋曾填有《高阳台・过苍虬湖舍》《浣溪沙・西溪泛舟同病

① 况周颐撰，屈兴国辑注：《蕙风词话辑注》，江西人民出版社2000年版，第515页。

山、仁先、贞壮、映庵、愔仲、（陈）伯完》（三首）等词。

七月二十六日（9月1日），北京国会选举徐世昌为大总统。

八月二十一日（9月25日），《小说月报》第九卷第九号出版，上载有陈曾寿的《素心兰》一诗。

八月二十四日（9月28日），中、日签订满蒙、山东铁路借款各二千万元合同；而北京陆军部又与日本银行团订立二千万元参战借款合同。

九月初二日（10月6日），曾寿的好友沈瑜庆①在上海虹口沈家湾寓所去世。

九月初六日（10月10日），徐世昌宣布正式就任中华民国大总统。

九月初九日（10月13日），陈曾寿与朱祖谋、王乃澂、胡嗣瑗、三弟絜先至镇江焦山登高，曾寿作有七言长篇歌行《九日，同彊村、病山两侍郎、愔仲阁丞、强志弟，焦山登高》纪其行（见《苍虬阁诗》卷三，《苍虬阁诗集》第112页）。

同日，朱祖谋亦填有《紫萸香慢·焦山九日同病山、仁先、愔仲》词纪其事。

九月初十日（10月14日）夜，陈曾寿和朱祖谋、王乃澂、胡嗣瑗、三弟絜先等至焦山的定慧寺②前静坐、看月；曾寿作有《重阳后一日，同人定慧寺山门夜坐》《定慧寺山门看月，与彊村同作》等诗纪其事（见《苍虬阁诗》卷三，《苍虬阁诗集》第112—113页）。

在游览镇江焦山期间，曾寿尚写有《焦山纪游杂诗》（八首）纪其行（见《苍虬阁诗》卷三，《苍虬阁诗集》第114—115页）。

结束焦山之游后，陈曾寿一行又赴南京散原精舍探视散原老人之疾。

---

① 沈瑜庆(1858—1918)，字志雨，号爱苍，一号霭苍，别号涛园。福建侯官(今福州市)人。沈葆桢第四子。光绪十一年(1885年)举人，分发刑部，旋改江南候补道，委办江南水师学堂。光绪二十一年(1895年)，受两江总督张之洞聘，主持南京筹防局营务处。庚子事变后，历任淮北盐道、淮北海兵备道、顺天府知府、山西按察使、贵州布政使、贵州巡抚等职。辛亥革命后，以清遗老隐居沪上。工诗文，尤长于诗，为宋诗派的重要成员。著有《涛园集》《涛园诗集》等。

② 定慧寺：位于江苏镇江市焦山的南麓。焦山又名樵山、狮子山、双峰山、乳玉山，位于镇江东面的长江之中，素有“中流砥柱”之称。因东汉末年隐士焦光避居此地，故名焦山。在东、西两峰之间又有一小峰，称别峰。焦山与金山隔江相望，称姐妹山。该寺始建于东汉兴平年间(194—195)，距今已有1800多年历史。原名普济寺，宋朝时称普济禅院，元代改称焦山寺，清康熙南巡来游焦山时，将其改名为定慧寺，一直沿用至今。

曾寿曾作有《同人登高后，至白下访散原老人》一诗纪其行（见《苍虬阁诗》卷三，《苍虬阁诗集》第115页）。

陈三立曾作有《沤尹、病山、琴初、仁先、絜先自焦山至，接语联吟四宿而别，赋纪十六韵》一诗纪其事（见《散原精舍诗续集》卷下）。

九月十一日（10月15日），李大钊在《新青年》五卷第五号上发表《庶民的胜利》和《布尔什维主义的胜利》两篇文章。

九月中、下旬，曾寿曾回汉阳蔡甸，为恩师关棠上坟，并作有《蔡甸上关师墓》一诗纪其事（见《苍虬阁诗》卷三，《苍虬阁诗集》第115页）。

十月初八日（11月10日），第一次世界大战结束。

十月十三日（11月16日），大总统徐世昌发布停战令。

十月十九日（11月22日），广州军政府亦下令停战，双方商定在上海举行南北和议谈判。

十月间，曾寿因事赴沪居好友家，又因事急归，未告知邻居好友徐莘田，莘田有诗来相问，曾寿乃和作《予因事至沪寓同武家，与莘田相距半里许。予归杭，未明而起，未作别，莘田追送，车已发矣。次日有诗来，和寄一首》相赠（见《苍虬阁诗》卷三，《苍虬阁诗集》第116页）。

此次赴沪期间，好友何振岱[①]曾赠送陈曾寿一把古琴，曾寿作有七言歌行《谢梅生赠琴》纪其事（见《苍虬阁诗》卷三，《苍虬阁诗集》第118页）。

十一月二十日（12月23日），陈独秀、胡适等人主编的《每周评论》在北京创刊。

十一月二十二日（12月24日），陈曾寿的挚友俞明震[②]在杭州西湖寓

---

① 何振岱(1867—1953)，字心余，一作心与，号梅生，晚号觉庐、悦明、梅叟；别署悦明居士、龙珠居士、觉庐老人、圆修老人、南华老人等。福建闽侯人。光绪二十三年(1897年)举人。次年受知于名儒谢章铤，清末入聘为江西布政使沈瑜庆藩署文案，后至北京司笔墨、任教多年，弟子盈门。工诗词文，兼善琴瑟，亦擅书画。著有《心自在斋诗集》四卷、《觉庐诗稿》七卷、《我春室文集》、《我春室诗集》、《我春室词集》，另编有《西湖志》二十五卷、《榕南梦影录》二卷、《春香社词钞》八卷、《琴瑟合谱》等；又为《福建通志》协修。

② 俞明震(1860—1918)，字恪士，号觚斋，晚号觚庵。浙江山阴(今绍兴市)人。光绪十六年(1890年)进士，授翰林院编修，后改官刑部，外放任道员。甲午战争爆发，至台湾佐唐景崧幕；后返大陆，居江南。光绪二十八年(1902年)，任江南水师学堂总办。宣统二年(1910年)擢升甘肃提学使，署理布政使。晚年筑室南京青溪与杭州西湖，与陈三立、陈寿曾等人诗酒唱和。著有《觚庵诗存》(亦称《觚庵诗》《觚庵诗集》)、《觚庵集》《觚庵漫笔》《台湾八日记》等。

所去世；得知消息，曾寿颇悲伤，乃作《觚庵先生挽诗》（四首）以悼之（见《苍虬阁诗》卷三，《苍虬阁诗集》第116—117页）。

十二月十七日（1919年1月18日），帝国主义分赃的巴黎和会开幕。

十二月二十日（1919年1月21日），北洋政府派陆徵祥等五人为参加巴黎和会全权代表。

十二月二十七日（1919年1月28日），中国代表在巴黎和会上要求取消“二十一条”，归还山东、取消列强在华特权等。

除夕（1919年1月31日）那天，曾寿在院中赏菊，突来兴致，乃作《除夕对菊口占》一诗（见《苍虬阁诗》卷三，《苍虬阁诗集》第118页）。

是年，二弟曾则之次子邦武（1918—？）出生。

是年，曾寿的前辈、好友江春霖①在福建莆田老家病逝。

是年，曾寿尚填有《虞美人·倾城士女长堤道》《临江仙·栀子香寒微雨歇》《临江仙·修到南屏山下住》（二首）、《如梦令·棹入藕花深处》等词作（见《旧月簃词》，《苍虬阁诗集》第359—360、360—361页）。

## 民国八年己未(1919年)　四十二岁

正月初二日（2月2日），曾寿带夫人及絜先、觉先至灵隐寺烧香拜佛，并作有七言歌行《己未正月二日偕妇及絜先、觉先两弟至灵隐寺》纪其事（见《苍虬阁诗》卷三，《苍虬阁诗集》第118—119页）。

正月初八日（2月8日），上海日商日华纺织公司工人罢工；上海美商美孚油洋行工人罢工。

正月十二日（2月12日），中国赴巴黎和会代表公布中、日各项密约。

正月十五日（2月15日）傍晚，曾寿漫步庭院花丛中，偶有所感，乃填《木兰花慢·湖居，元夕花下作》一词以纪之（见《旧月簃词》，《苍虬阁诗集》第363页）。

正月下旬，曾寿收到清华学校的聘书，安顿好家中事宜，即准备北上赴

① 江春霖(1855—1918)，字仲默，亦字仲然，号杏村，晚号梅阳山人。福建莆田人。光绪二十年(1894年)进士，历官翰林院检讨、武英殿纂修、国史馆协修、官至新疆道，兼署辽沈、河南、四川、江南道监察御史。为人正直，访察吏治，不避权贵，声震朝野。宣统二年(1910年)，因得罪权贵，被免官归里。从此厌恶政治，热心公益事业，曾出任修筑韩坝海堤、荻芦溪大桥董事。工诗文。著有《江侍御奏议》《江春霖文集》等。

清华任教。

正月二十日（2 月 20 日），南、北和平会议代表唐绍仪和朱启钤在上海举行会议。

正月间，天下雪，曾寿颇思念远在福州的好友何振岱，并于雪后作《雪后寄怀梅生》一诗寄赠（见《苍虬阁诗》卷三，《苍虬阁诗集》第 119 页）。

二月十四日（3 月 15 日），上海印刷工人二千余人发动罢工。

二月间，中国第一批勤工俭学留学生启程赴法国。

其间，天下雨，独坐书斋，偶有所感，乃作《湖斋坐雨》一诗纪之（见《苍虬阁诗》卷三，《苍虬阁诗集》第 121 页）。

三月初一日（4 月 1 日），中国代表抗议巴黎和会三国会议解决山东问题的办法。

三月十一日（4 月 11 日），驻日公使章宗祥启程回国，留日学生持“卖国贼”旗痛斥之。

三月十二日（4 月 12 日），为前辈、好友郑孝胥的六十寿诞，陈曾寿曾专程赴沪，并作有《苏堪六十生日》（八首）相赠，为好友贺寿（见《苍虬阁诗》卷三，《苍虬阁诗集》第 121—122 页）。

案：陈曾寿为祝贺郑孝胥的六十华诞，共写了十首诗，此处收入八首，另二首见于《苍虬阁诗外集》，《苍虬阁诗集》第 396 页。

郑孝胥当天的日记记载：“（民国八年三月）十二日，戏罢，往大世界，众中遥见袁伯夔、俞寿丞等。归，视楼中电灯灿烂，席犹未散。遂至黄同武宅中，晤陈仁先昆季、朱古微、王聘三、吴宽仲等。是日，贺客内外百余人，十点后稍定（仁先集句赠联云：‘白日当天三月半，万人如海一身藏’）。”（见《郑孝胥日记》第四册）

案：曾寿所赠之联，系其《苏堪六十生日》八首之一的头两句，分别集自李商隐、苏轼的诗句。

在赴上海庆贺郑孝胥六十寿诞期间，曾寿曾与王乃澂、胡嗣瑗、谢凤孙等好友相聚唱和，并写有《次韵病老樟亭》《愔仲年来酒量稍减，感赠一首》《次韵复园》等诗作纪其事（见《苍虬阁诗》卷三，《苍虬阁诗集》第 122、123 页）。

三月中旬，曾寿自上海回到杭州，打点行装，准备北上，并填有《木兰花慢・湖上桃花开时北游》一词纪其行踪（见《旧月簃词》，《苍虬阁诗集》第 364—365 页）。

三月中、下旬，陈曾寿离杭北上就清华学校教职；抵达清华后，遂与汪鸾翔①同居清华园古月堂中，为时一年多。曾寿《苍虬阁诗续集》卷下中有一首七律，其题曰《访巩庵，数年不相见矣……忆曩昔同居清华园古月堂中，每夕必沽莲花白酒共醉，或相对作画，盖一年余云》（见《苍虬阁诗续集》卷下，《苍虬阁诗集》第338页）。曾寿曾作有七律《清华园即事》纪其行踪（见《苍虬阁诗》卷三，《苍虬阁诗集》第119页）。

初到清华，陈曾寿常常利用课余时间，与陈宝琛、徐思允等旧时师友往还唱和，曾作有《次韵弢庵师傅见赠》《与茗雪围棋》等诗纪其事（见《苍虬阁诗》卷三，《苍虬阁诗集》第119—120页）。

其间，曾寿曾前往拜访好友云和主人，并填有《浣溪沙·己未都门重过云和主人》（二首）纪其事（见《旧月簃词》，《苍虬阁诗集》第363—364页）。

一日，曾寿前往看望陈宝琛，并请弢庵师为自己的诗卷题词。陈宝琛欣然作《题陈仁先诗卷》一诗相赠（见《沧趣楼诗集》卷八，《沧趣楼诗文集》第179页）。

又一日，同乡前辈、好友左绍佐得知曾寿至京，遂邀其野游，曾寿曾填有《踏莎行·赠左笏丈》一词相谢（见《旧月簃词》，《苍虬阁诗集》第363页）。

三月二十九日（4月29日），巴黎和会决定将德国在山东的权利让予日本。

四月初四日（5月3日），北京各大专学校代表在北大开会，决定于5月7日在中央公园召开国民大会；当晚七时，又在法科礼堂开会，决定提前在明日举行爱国示威游行。

四月初五日（5月4日），北京学生三千余人举行爱国示威游行，火烧赵家楼外交次长曹汝霖的住宅，痛殴驻日公使章宗祥。五四运动爆发。

自四月开始，陈曾寿又结识了清华学校的汪鸾翔、黄桂芬、瑞光、唐

---

① 汪鸾翔（1871—1962），一作名鸣鸾，字公岩，号巩庵，广西桂林人。十五岁取秀才。光绪十四年（1888年）赴广州，考入广雅书院，为名儒朱一新弟子。光绪十七年（1891年）中举人。光绪三十三年（1907年），奉召赴学部，审定教科书。后历任北京第一师范、顺天高等学堂、天津法政学堂、保定优等师范学校、清华学校、河北大学、明国中国大学国文教授，亦是北京国立美术学院等校的中国画及中国美术史教授。1952年被聘为中央文史研究馆馆员。工诗文，擅书画。著有《秋实轩诗抄》《秋实轩诗集》《炳烛斋日记》等。

彝、张贵馨等一批朋友，时常在一起谈诗论画、宴集唱和；曾寿曾作有《张梦兰先生以南翔罗汉菜见饷，其太夫人手腌也。相传菜种为达摩祖师所遗，止附南翔寺十里有是菜；祖师来时有鹤南飞，故以名寺云》《同巩庵画〈寒山拾得图〉戏题》等诗纪其事（见《苍虬阁诗》卷三，《苍虬阁诗集》第125—126页）。

不久，因大家兴趣相投，便在校园内成立了一个水木簃画社。

汪鸾翔曾作有《题〈霜簃读画图〉，并柬苍虬》一诗纪其事：

畸人三五聚抟沙，水木凄清境不哗。岸柳霜严馀败叶，池莲秋老剩残花。灯明倍益诗心朗，酒酽能添醉眼斜。作者霜毫秋老剩残花。灯明倍益诗心朗，酒酽能添醉眼斜。作者霜毫濡不辍，只怜元镇在天涯。（“簃”在清华园荷花池之南。其东有大厅颜曰水木清华。己未以来，余与陈苍虬、黄松庵、瑞熙臣、唐孟伦、徐佛三、梁洛文等人结画社于此，因名之曰水木簃画社。庚申以后苍虬南下，画社犹相沿未改。辛酉春日遂作此图纪之，因系秋景，遂题曰《霜簃读画图》，并诗以柬之。）

其间，陈曾寿曾应友朋之属，填有《菩萨蛮·题画》一词（见《旧月簃词》，《苍虬阁诗集》第362页）。

四月二十九日（5月28日），孙中山在上海发表《护法宣言》。

五月十三日（6月10日），北京军阀政府被迫免去曹汝霖、章宗祥、陆宗舆的职务。

五月间，好友何振岱得知陈曾寿至清华任教，颇为高兴，特地自福州寄赠荔枝三百颗；曾寿甚是感动，乃作《何梅生以荔枝三百颗寄饷，报诗四章》赠谢（见《苍虬阁诗》卷三，《苍虬阁诗集》第123—124页）。

同月里，前辈、好友王乃徵自上海以所撰之亡姬兰婴的小传寄示，曾寿乃作五言歌行《病老以自撰姬人兰婴小传寄示，即书其后》寄赠（见《苍虬阁诗》卷三，《苍虬阁诗集》第124—125页）。

案：陈三立亦曾收到王氏所寄亡姬兰婴小传，并作有《病山成亡姬兰婴小传，题其后》相赠。

六月初一日（6月28日），中国代表在举国人民的严厉督责和中国旅欧学生、工人的强烈要求下，拒绝在《凡尔赛合约》上签字。

六月间，陈曾寿应同年、好友王葆清之邀，从清华园古月堂搬到王府居住。

七月间，曾寿曾填有《浣溪沙·题〈桐君桐阴待月图〉》一词抒发其感慨（见《苍虬阁诗外集》，《苍虬阁诗集》第406页）。

闰七月间，曾寿在王府经常与友朋相聚夜话，并应邀与汪鸾翔合作绘制有《秋斋夜话图》画幅。

王开节在《苍虬阁诗集·跋》中记载说：“是时先君勤耽内典，摒绝世缘，不服措意于文字之事，交好中如宋芝田伯鲁、张蘁斋元奇、王晋卿树枏、成淡厂多禄诸丈，强先君结诗社，觞咏园中，而丈（案：指陈曾寿）又远来，结习盖难遽捐。丈尝于斋中作《秋斋夜话图》，诸老联句，胡愔仲嗣瑗年丈以细楷书其端。此图后二十年尚悬之斋中，故忆其句云：‘老柳萧疏故邸秋，回灯深馆足淹留。为添画意翻诗卷，欲助谈锋泻茗瓯。照眼残山凉入梦，堆胸野史惯言愁。羁鸟明月心千里，望裹杭州又鄂州。’”（见《苍虬阁诗集》附录二，第501页）

王开节在《海伦府君年谱》中亦云：“陈丈（案：此指陈曾寿）寓吾家时，曾与桂林汪巩庵（鸣鸾）孝廉合作《秋斋夜话图》，胡愔仲（嗣瑗）年丈以细楷书四人联句于其上端。”（年谱附于《观休室诗》书后）

八月十一日（10月4日），为曾寿的四十二岁生日，好友王葆清在家设宴为其贺寿，并作五言歌行《八月十一日为苍虬居士生，居士生后予四年，而先予二日，于是居士住世四十有二年矣。既主余家，乃治斋为寿，赋诗索和》纪其事（见王葆清《观休室诗》）。

王开节在《苍虬阁诗集·跋》中记载说：“先君集中，有寿丈五言古风，前有小序云：‘八月十一日为苍虬居士生，居士生后予四年，而先予二日，于是居士住世四十有二年矣。既主余家，乃治斋为寿，赋诗索和。’由先君之年推计，是民国八年己未。”（见《苍虬阁诗集》附录二，第501页）

案：惜今日已无法见到当日王开节之父所作之祝贺陈曾寿生日的诗了。按照陈曾寿的为人和个性，王开节之父设宴为自己祝寿并赋诗索和，陈曾寿一定会回应，作诗答谢；但今存之《苍虬阁诗》《苍虬阁诗续集》《苍虬阁诗外集》中均不见有此内容的诗篇，这只能说明：陈曾寿当日曾作有和诗，后因种种原因没有保存下来而遗亡了。

八月间，孙中山在上海宣布将中华革命党改组为中国国民党。

九月十三日（11月5日），北洋军阀政府以靳云鹏为总理组织内阁，总统仍为徐世昌。

九月间，老师梁鼎芬因病自西陵回到京城寓所，曾赠给陈曾寿一些海棠、木瓜，曾寿感其盛意，作有《题海棠、木瓜·节师自西陵归，持赠》一诗赠谢（见《苍虬阁诗》卷三，《苍虬阁诗集》第126页）。

十一月初一日（12 月 22 日），曾寿的前辈、好友缪荃孙①在上海寓所去世。

十一月十九日（1920 年 1 月 9 日），曾寿的师长梁鼎芬②在北京寓所去世。

十一月二十四日（1920 年 1 月 14 日），陈曾寿与郑孝胥等友朋至清凉寺公祭梁鼎芬，曾寿作有《梁文忠公挽诗》（三首）以悼之（见《苍虬阁诗》卷三，《苍虬阁诗集》第 127 页）。

郑孝胥在日记中记载："（民国八年十一月）十九日，梁星海卒，约以廿四日公祭于清凉下院。"

"廿四日，赴清凉寺公祭梁星海，到者二十余人。"（见《郑孝胥日记》第四册）

十一月间，在浙江省教育厅厅长夏敬观的大力支持和众多词人的积极参与下，吴兴词人周庆云发起组织重建西溪秋雪庵③，并在其侧动工修建两浙

① 缪荃孙(1844—1919)，字炎之，一字筱珊，晚号艺风、艺风老人。江苏江阴人。早年肄业于丽正书院。同治元年(1862 年)举人。光绪二年(1876 年)进士，授翰林院编修。曾先后入将军崇文勤、总督吴勤惠、川东道姚彦士及张之洞幕。历主江楚编译书局及南菁、泺源、江宁、钟山、龙城等书院。曾奉命创办江南图书馆、京师图书馆。赞成洋务新政，曾赴日本考察学务。辛亥革命后，寓居上海，与遗老结为诗社。后入清史馆，任总纂。晚年杜门不出，以著述自娱。学识渊博，著述丰富。著有《艺风堂文集》8 卷、《艺风堂续集》8 卷、《艺风堂文漫存》《艺风堂藏书记》《艺风老人日记》等。另编有《近代文学大纲》《常州词录》《续碑传集》(86 卷)等数十种。

② 梁鼎芬(1859—1919)，字星海，一字心海，又字伯烈，号节庵，又号夕庵，别号不回山民、藏山、夕厂、冬厂、病翁、葵霜、鹿翁、清士、痛夫等；室名有耻堂、葵霜阁、栖凤楼、抗愤堂等。世称节庵先生。光绪六年(1880 年)进士，授翰林院编修，历官知州、知府、道员、按察使、布政使等。甲午战争时期，因弹劾李鸿章误国，被朝廷降五级调用，名震朝野。后受张之洞聘，先后主讲广雅书院和钟山书院。辛亥革命后，以遗老自居，被废帝溥仪召为毓庆宫行走，曾参与张勋复辟。卒后谥"文忠"。工诗词，善书法。著有《梁节庵先生诗》《欸红楼词》(一卷)等。

③ 秋雪庵：秋雪庵位于浙江杭州西溪河渚湿地的中心水域，也是西溪湿地的精华区块，是"西溪八景"之一。建于宋淳熙初年，因为在孤岛之上，向东南一望无际的芦苇滩地在秋季的明月下，呈现出令人名利俱冷、一片白茫茫的意境。明代大书画家陈继儒便取唐人诗句"秋雪蒙钓船"的意境，题名"秋雪庵"。其中弹指楼当年由董其昌题写匾额，成为秋雪庵中的重要人文内容。由于其独具一格的田园风情，历来是文人墨客的休闲览胜，养生和隐居的理想环境，他们在西溪留下了大量的诗词、字画、碑文等胜迹。

词人祠。

陈曾寿在其所作《秋日同愔仲、剑丞、病山、彊村、勉甫游西溪，访交芦庵秋雪庵遇雨，归作〈西溪泛雨图〉，题四绝句》的第四首中的夹注云："秋雪庵近法华山，湖州周君梦坡筑祠其侧，祀历代词人。"（见《苍虬阁诗集》第130页）

是年，周伟①与陈曾寿之长女邦巽订婚，并跟随陈氏学习。

是年，曾寿尚写有《赠石禅》（二首）、《惘惘寄石禅》《张铨衡为其母寿建塔，摹刻柳书金刚经，嵌其上征诗》《题杨园先生遗像》等诗作（见《苍虬阁诗》卷三，《苍虬阁诗集》第120、121、126、127页）。

是年，陈作霖（1837—1920）的《可园诗话》（八卷）铅印本刊行，在其第八卷中有一段文字专门评陈曾寿的《西湖诗钞》中的二首诗（见《苍虬阁诗集》附录三，第519页）。

## 民国九年庚申(1920年)　四十三岁

正月间，列宁领导的共产国际派维金斯基（中文名伍廷康）来华，与李大钊、陈独秀等人联系，帮助建立中国共产党。

二月二十一日（4月9日），曹锟在保定召集直系五督（直督曹锟、苏督李纯、赣督陈光远、鄂督王占元、豫督赵调）和奉系三督（奉督张作霖、吉督包贵卿、黑督孙烈臣）组成反皖八省联盟。

二月间，曾寿与好友胡嗣瑗相约前往高氏园观残梅、新柳，并填有《扬州慢·庚申二月，同愔仲至高氏园看残梅新柳》一词纪其事（见《旧月簃词》，《苍虬阁诗集》第364页）。

三月间，陈曾寿辞去清华学校教职，仍回杭州南湖闲居。

其间，在途经徐州时，偶有所感，乃填《满江红·过徐州感赋此阕》一词以纪之（见《旧月簃词》，《苍虬阁诗集》第362页）。

隐居杭州的卢洪昶曾前来拜访老友，曾寿作有《赠卢鸿沧》一诗纪其事（见《苍虬阁诗》卷三，《苍虬阁诗集》第128页）。

---

① 周伟(1903—1989)，字君适，号漱霞，笔名圣刍、寒云。湖北黄陂人。清光绪重臣周恒祺之曾孙，周世鼎之子，其母为瞿秋白的嫡姑母，表兄弟感情甚笃。幼聪慧，喜文史、诗词、书画、棋艺、京剧。1919年与陈邦巽订婚后，一直随侍陈曾寿学习，文学、艺术造诣更深。伪满洲国成立，随陈氏赴长春任伪职。晚年迁居四川。新中国成立后，曾受到冲击。1981年被聘为四川省文史馆馆员、四川诗词书画研究社监事等。工诗词，擅书画。著有《伪满宫廷杂忆》(后被译为日文，名《悲剧的皇帝》)等。

四月间，曾寿因事乘京汉火车北上入京，并作有《自辛亥八月乘京汉车南下，今岁四月复由此路北上感赋》《过良乡》《过长辛店》等诗纪其行（见《苍虬阁诗续集》卷三，《苍虬阁诗集》第 129 页）。

抵达北京后，又与好友胡嗣瑗相聚；一日，愔仲前来，出示所得之西山大觉寺玉兰影片属题，曾寿乃填《洞仙歌 · 愔仲以西山大觉寺玉兰影片属题》一词相赠（见《旧月簃词》，《苍虬阁诗集》第 366 页）。

五月二十五日（7 月 10 日），段祺瑞对直奉联军下达总攻击令。

五月二十七日（7 月 12 日），曹锟、张作霖联名通电讨段，直皖战争正式爆发。

六月初四日（7 月 19 日），皖军被直奉联军击败，段祺瑞被迫通电辞职，北京政权遂为直、奉军阀主要是直系军阀所支配。

六月间，陈曾寿和胡嗣瑗一起出都，途经济南，遇好友刘潜老人，乃作《六月同愔仲出都，过济南，遇刘潜老》一诗以纪之（见《苍虬阁诗续集》卷三，《苍虬阁诗集》第 130 页）。

七月二十二日（9 月 4 日），曾寿的好友李瑞清突然中风，送医院抢救。

八月初一日（9 月 12 日）晚九点，曾寿的好友、诗人、著名书画家李瑞清①经中西医治疗无效，在上海虹口寓所去世。

八月三十日（10 月 11 日），曾寿的好友、著名诗人易顺鼎②在北京寓

① 李瑞清（1867—1920），字仲鳞，一作仲霖，号雨农，晚号悔庵，一号悔痴；斋名玉梅花庵、黄龙砚斋、宝石室、师郑室；入民国后，署清道人、玉梅花庵主；戏号李百蟹。江西抚州人。光绪十九年（1893 年）举人，次年成进士，入翰林，任南京两江优级师范学堂监督、江宁提学使。辛亥革命爆发，樊增祥逃逸，朝命署理江宁布政使。提倡艺术教育，特设图画手工科，造就艺术教育人才颇众。晚年以清遗老自居，寓沪鬻字画为生。张勋复辟时，授学部左侍郎。卒后谥文洁。工诗文，精鉴赏，富藏书；善书画，尤擅书法，与湖南曾农髯并称为当代两大书家。著有《清道人选集》《清道人遗集》等。

② 易顺鼎（1858—1920），字实甫，又字实父、中实、仲硕、中硕，号眉伽，别号哭庵、忏悔斋、一厂、一厂居士等。湖南龙阳（今汉寿县）人。光绪元年（1875 年）举人。六应会试不第。光绪十三年（1887 年），改官河南候补道。不久辞归，在庐山筑琴志楼。应张之洞聘，主两湖书院经史讲席。中日甲午战爆发，力主对日作战。光绪二十六年（1900 年），督办江阴防务。光绪二十八年（1892 年），擢任广西右江道；不久调署太平思顺道。为岑春煊弹劾罢官。光绪三十四年（1908 年），授云南临安开广道。辛亥革命后隐居上海。袁世凯当政时，任代理印铸局局长。工诗文，与樊增祥齐名，为中晚唐诗派的代表诗人。著有《琴志楼编年诗录》12 卷、《琴志楼游山诗集》8 卷等；今人编有《琴志楼诗集》。

所病世。

秋间，陈曾寿曾陪同胡嗣瑗、夏敬观、王乃徵、朱祖谋等师友往游杭州西溪，参观交芦庵、秋雪庵，途中遇雨，归后绘《西溪泛雨图》，并作有《秋日同愔仲、剑丞、病山、彊村、勉甫游西溪，访交芦庵、秋雪庵遇雨，归作〈西溪泛雨图〉，题四绝句》纪其游（见《苍虬阁诗续集》卷三，《苍虬阁诗集》第 130 页）。

其间，曾应好友王乃徵之请，为其绘《飞鸟山馆图》，并作有七言长篇歌行《为王病山侍郎作〈飞鸟山馆图〉并题》相赠（见《苍虬阁诗续集》卷三，《苍虬阁诗集》第 128—129 页）。

一日，邀好友胡嗣瑗至湖中水阁小饮，并写有《与愔仲饮水阁》一诗纪其事（见《苍虬阁诗续集》卷三，《苍虬阁诗集》第 130 页）。

结束杭州之游，曾寿颇有些依依不舍，乃填《高阳台·赠彊村老人》一词赠送彊村老人（见《旧月簃词》，《苍虬阁诗集》第 365 页）。

九月初七日（10 月 18 日），曾熙、沈曾植、陈三立、康有为、刘廷琛、陈曾寿等同人在上海为李瑞清举行了追悼会。

此日，数十位生前好友参加了追悼会，赠送了挽联。陈曾寿亦赠送了挽联（见 1920 年 10 月 18 日《时报》之《清道人之悼期》）：

生有何乐，死有何哀，辛螫十年，心应难瞑目；

病不及知，殁不及视，苍凉终古，诀谁实为之。

九月间，孙中山指示闽、粤军回师广东，驱逐桂系军阀，并自上海启程赴广州。

十月初一日（11 月 10 日），孙中山委任陈炯明为广东省省长兼粤军总司令。

十月二十日（11 月 29 日），孙中山抵达广州，重组护法军政府。

十月间，好友徐思允因事自天津至上海，曾寿赶赴上海与好友相聚，并陪好友游览南山，分别后曾作有《同茗雪游南山，别后寄此并简浪公》一诗寄赠他和好友李放（见《苍虬阁诗》卷三，《苍虬阁诗集》第 131 页）。

十一月间，曾寿在上海时与老师沈曾植和好友胡嗣瑗往来，曾作有《和乙庵师二首并简愔仲》纪其事（见《苍虬阁诗》卷三，《苍虬阁诗集》第 133 页）。

其间，偶尔回忆起在清华园的日子，遂勾起对好友汪鸾翔的思念，乃作《寄怀巩庵清华园》（二首）寄赠（见《苍虬阁诗》卷三，《苍虬阁诗集》第 131—132 页）。

十二月底，陈曾寿留在上海二弟家度岁。

其间，颇思念好友徐莘田，遂填《浣溪沙·雪夜寄莘田》一词寄赠（见《旧月簃词》，《苍虬阁诗集》第 366 页）。

十二月三十日（1921 年 2 月 7 日），望着雪中开放的梅花，偶来兴致，遂绘《数点天心图》一幅，并作《除夕作数点天心图》一诗纪之（见《苍虬阁诗》卷三，《苍虬阁诗集》第 133 页）。

是年，曾寿尚写有《次韵石禅》《买石四首》《梦中至某寺，醒记以诗》等诗作和填有《点绛唇·秋海棠》一词（见《苍虬阁诗》卷三、《旧月簃词》，《苍虬阁诗集》第 132—133、365 页）。

是年，曾寿三弟曾矩之子邦炎（1820—？）出生。

是年，曾寿的前辈友人、学者、文学家陈作霖[①]在南京老家去世。

## 民国十年辛酉(1921 年)　四十四岁

正月初一日（2 月 8 日），好友胡嗣瑗有《元旦试笔》送示，曾寿乃作《次韵愔仲同年元旦试笔》相赠（见《苍虬阁诗》卷三，《苍虬阁诗集》第 134 页）。

冬去春来，曾寿希望新的一年自己的处境会有好转，乃填《无闷·辛酉元旦》一词以表达自己的愿望（见《旧月簃词》，《苍虬阁诗集》第 367 页）。

正月十四日（2 月 21 日），为万寿节（溥仪生日），陈曾寿与冯煦、王秉恩、邹嘉来、余肇康、吴庆焘、朱祖谋、郑孝胥、王乃徵、章梫、杨钟羲、胡嗣瑗、沈颎等师友前往沈曾植的海日楼相聚，同观其所藏之《中兴间气集》《河岳英灵集》（皆为《四部丛刊》底本，自天一阁流出），并推举郑、吴二人分别于二书卷尾手书观款（据黄裳《来燕榭书跋》）。

新年过后，好友胡嗣瑗因事曾赴杭州，并独游湖上，作诗寄示；曾寿乃作《愔仲同年独游湖上园，寄示二律，次韵寄怀》寄赠（见《苍虬阁诗》卷

---

① 陈作霖(1837—1920)，字雨生，又字伯雨，自号懒道人、盲和尚，别署耄道人、可园老人等。江宁人。陈元恒长子。光绪元年(1875 年)举人，三应会试不第后，遂不复出，以授徒为生。后受聘参与修纂《江宁府、县两志》，又总校《江苏通志》。曾出任崇文经塾教习、奎光书院主讲、元宁县学堂校长、学务处参议、编译官书局帮纂等职。工诗、文、词。著有《金陵通纪》《先正言行录》《元宁乡土志》《凤麓志》《可园文存》《可园诗存》《可园词存》《可园诗话》等十数种。

三，《苍虬阁诗集》第134页）。

二月二十八日（4月7日），国会参、众两院联合在广州举行非常会议，制定《政府组织大纲》，并推孙中山为非常大总统。

二月间，陈曾寿处理完相关事情，仍回杭州南湖新居。

其间，曾应友朋之邀前往杭州烟霞洞①观梅，并填有《浪淘沙·烟霞洞看梅》一词纪其行踪（见《旧月簃词》，《苍虬阁诗集》第366页）。

三月初三日（4月10日），国会非常会议发表宣言，并敦请孙中山就职，建立正式政府。

三月二十八日（5月5日），孙中山在广州就任中华民国非常大总统，反对南北军阀统治。

三月间，曾寿闲居无事，曾自作有《苍松》水墨扇片。其题识云："辛酉春暮，苍虬。"钤印："苍虬。"（详见北京明珠双龙国际拍卖有限公司"2009书画精品拍卖会"——"书画精品"专场拍卖品，编号：0079）

四月十六日（5月23日），曾寿的好友沈曾桐②在北京寓邸去世。

四月间，由吴兴词人周庆云主持重建的西溪秋雪庵竣工；庵后附设有两浙词人祠，祠中供奉有自唐五代以来的词人原籍两浙、或宦游两浙的1044位词人的牌位，每年都举行一次祭祀活动；从此，两浙词人祠也成为西溪八景的核心景区。

两浙词人祠建成后，遂邀请著名词人朱祖谋为祠堂撰写楹联；朱氏自沪抵杭后，就下榻于后辈、好友陈曾寿的南湖寓所。

朱祖谋拟以唐代温庭筠《过陈琳墓》诗中"词客有灵应识我"句为上联，而一时未得如意的下联；陈曾寿乃以宋代文同送苏轼出为杭州通判诗中"西湖虽好莫吟诗"句属对，遂成一副绝妙的集句联。

---

① 烟霞洞：位于南高峰下的烟霞岭上，是浙江省杭州市的著名风景点。该洞外宽内窄，深约30米，洞壁顶部密布着大大小小的石钟乳，如果有阳光映入，宛如烟霞，故名烟霞洞。洞内两壁刻有五代、宋代、清代和1979年补塑的十六罗汉造像：有盘膝坐者、有沉思冥想者、有横眉怒目者、有手抚老虎者，栩栩如生，神态各异。其中五代的罗汉群像被学术界公认是现存最早的十六罗汉造像。它是杭州西湖最古老的洞壑之一，此洞之佛龛石刻造像，巧妙地利用了天然岩穴雕刻而成，在我国佛像石刻艺术史上具有很突出的地位。

② 沈曾桐（1853—1921），字子封，号同叔，沈曾植弟，光绪十二年（1886年）进士，选庶吉士。散馆后授翰林院编修。曾任湖北乡试考官。甲午后忧愤国事，常与同僚议论朝政，主张变法维新，提倡西学，支持康有为组织强学会，并列名为发起人。清末曾任广东提学使。辛亥革命后，以遗老自居。

案：两浙词人祠建成后，周庆云曾辑录有《历代两浙词人小传》，计十六卷。

六月十七日（7月21日），曾寿的前辈、好友、学者劳乃宣①在青岛寓所去世。

六月十九日至二十七日（7月23—31日），中国共产党第一次全国代表大会在上海举行。全国各地共产主义小组选派的代表毛泽东、何叔衡、董必武、陈潭秋、王烬美、邓恩铭、李达、李汉俊、张国焘、刘仁静、陈公博、周佛海以及陈独秀指派的代表包惠僧、共产国际的代表马林、赤色职工国际代表尼科尔斯基出席了会议。

六月间，曾寿的堂弟曾任将其平时所收集到的堂兄的词和自己平时的和堂兄之作汇成一编付排，并作有《〈旧月簃词〉序》一篇说明其缘由（见《苍虬阁诗集》附录二，第496页）。

七月初七日（8月10日），国会非常会议通过出师北伐的决定，并咨请孙中山宣布徐世昌罪状，明令出师讨伐，以谋求国家的统一。

七月下旬，弟子、好友蒋国榜为陈曾寿刊印《苍虬阁诗集》。陈三立应邀为之作《〈苍虬阁诗集〉序》相赠（见《苍虬阁诗集》附录二，第487页；又见《散原精舍文集·集外文》）。

付梓前，弟子、好友蒋国榜写有《〈苍虬阁诗存〉跋》一文附于集后（见《苍虬阁诗集》附录二，第499—500页）；曾寿颇感蒋氏之盛情，乃作《苏庵以予诗稿付刊感赋》一诗纪之（见《苍虬阁诗》卷三，《苍虬阁诗集》第141页）。

七月间，中国劳动组合书记部在上海成立。

八月初八日（9月9日），广州国会发出通电，反对吴佩孚倡议的庐山国是会议。

八月中旬，全国各地的词人、文学大家、社会名流云集西溪，第一次在

---

① 劳乃宣（1843—1921），字季瑄，号玉初，亦号矩斋，晚号韧叟。浙江桐乡人。同治十年（1871年）进士，以知县发往直隶，历官临榆、南皮、蠡县、完县、吴桥、清苑等县知县、吏部主事、浙江大学堂总理等职。光绪三十四年（1908年）奉召进京，任宪政编查馆参议、政务处提调；后出任江宁提学使。宣统三年（1911年）任京师大学堂总监。入民国，以遗老退居青岛。曾任袁世凯内阁学部副大臣。张勋复辟，授法部尚书。复辟失败，隐居上海、青岛等地。精筹算，工诗文。著有《遗安录》《古筹算考释》《约章纂要》《各国约章汇录》《义和拳教门源流考》《简字丛录》《共和正解》《桐乡老先生遗集》等。

此举行隆重的两浙词人祠祭祀典礼。祭祀典礼由著名词人朱祖谋主祭。陈曾寿曾填有《前调（念奴娇）·西溪词人祠堂落成，与祭，次映庵韵》《采桑子·又赋二阕，呈彊村老人》等词纪其事（见《旧月簃词》，《苍虬阁诗集》第367—368页）。

周君适曾记载说："祠堂落成后，由发起人向全国各地名流分发通知，克期来杭州参加祭典，请当代大词人朱孝臧主祭……时值深秋季节……在这一次祭典中，我见到的遗老有陈三立、吴士鉴、袁思亮、余肇康、王乃澂。"（见周君适《伪满宫廷杂忆》）

案：祭祀活动期间，朱祖谋、恽毓珂、夏敬观、徐珂、袁思亮等人皆填有词纪其事。周庆云亦填有《瑞鹤仙·西溪秋雪庵侧附建词人祠堂，恽瘦兰赋词落之，即用原韵》《百字令·西溪词人祠堂落成，剑丞赋此见寄，次韵答之》两首词纪其事。

公祭活动结束后，陈曾寿曾尽地主之谊，在家中设宴款待各位远道前来的师友。

周君适曾记载说："两浙词人祠公祭礼成以后，陈曾寿买了一坛女儿酒邀请从远道来参加祭典的几位老友到苍虬阁品佳酿、'打诗钟'……陈曾寿邀请的客人有陈三立、朱孝臧、王乃澂、袁思亮、胡嗣瑗、吴士鉴等。"（见周君适《伪满宫廷杂忆》）

其间，应前辈、好友周庆云之邀，曾寿曾为其绘有《草堂频荐图》，并将所作之《念奴娇》一词录于其上。其题识云："草堂频荐，梦坡先生属。辛酉八月，陈曾寿。"

八月中、下旬，在"两浙词人祠"公祭活动结束后，众师友相约前往杭州邻近的临安县天目山①，游览了龙泉庵②、昭明寺③、分经台④、禅

① 天目山：位于浙江省西北部临安市境内，浙、皖两省的交界处，距杭州84千米，在杭州至黄山黄金旅游线中段，古名浮玉山，天目之名始于汉，有东、西两峰，顶上各有一池，长年不枯，故名。是韦陀菩萨的道场，素有"大树华盖闻九州"之誉。

② 龙泉庵：位于开化县苏庄镇西北部（婺源县江湾镇东南部）的佛教名山——石耳山上，石耳山乃是浙江开化县与江西婺源县的界山。

③ 位于浙江省临安市东天目山之玉屏、环翠两峰之间的昭明寺，是南朝梁大同年间（535—545）为昭明太子修禅而专门修建，时称昭明院，帝赐额昭明禅寺，后人称昭明寺。昭明太子萧统曾在此山分《金刚经》，并编选了我国现存最早的文选集——《昭明文选》。

④ 分金台：天目山昭明寺著名景点之一。

源寺[①]等名胜，曾寿相继写有《夜行临安道中》《护龙亭》《宿龙泉庵》《登天目山望云海》《雨宿昭明寺赋呈同人》《观瀑亭》《昭明寺夜坐》《钟楼口占》《过斋厨偶作》《十九日上分经台》《钟楼晚眺狮子峰》《宿西峰禅源寺，以雨甚不得登绝顶，归途感赋》等诗作纪其游踪（见《苍虬阁诗》卷三，《苍虬阁诗集》第135—136、136—137、138、139—140页）。

游览完临安天目山后，因大部分师友要返回上海，故而众师友又前往游览了苏州的垂虹桥和慈圣庵，然后分别；曾寿作有《垂虹亭观瀑，次韵愔仲》、《慈圣庵同人步月》等诗纪其行踪（见《苍虬阁诗》卷三，《苍虬阁诗集》第138、140页）。

回到南湖居舍后，曾寿精心地绘制了一幅设色纸本《第三十四洞天图》（引首：8.5×30.6cm；画心：8.6×36.6cm；后跋一：8×50.5cm；后跋二：9.1×195cm）。其题识云："辛酉九月，苍虬游天目归后作。"

案：曾寿在完成《第三十四洞天图》后，请母亲周太夫人题引首："第三十四洞天。辛酉九月，云。"随后又请同年好友胡嗣瑗署签："第三十四洞天图。苍虬为横云作，愔仲题捡。"接着，曾寿又在画的后面写了一篇长跋，说明相关情况："（录《晚行临安道中》《护龙亭》《宿慈胜庵》等诗十四首，文略。）辛酉九月十五日冒雨同澄秋、勉甫、愔仲、剑丞、安巢、陟甫游天目山，乘舟至余杭，易肩舆，晚抵临安，宿慈胜庵。十六日，行七十里，宿昭明寺下院。十七日，登天目东峰十里，至昭明寺，天已暮。十八日，以雨不得出游，傍晚微霁，登钟楼，望狮子峰，至垂虹桥观瀑。十九日，上分经台，至西峰，宿禅源寺。二十日，以雨甚不能登山，遂返临安，仍宿慈胜庵，共得诗十五首。二十七日灯下书。苍虬。　询先七弟十月十三日三十初度，即以此为寿。诗中多言云龙，弟固以横云名其阁者，又小字阿龙，信乎物各有主也。弟读书上达，安知他日无云龙之合，以此卷为预兆耶。宣统十三年十月二十八日，灯下曾寿记于南湖旧月簃。"（见香港苏富比拍卖有限公司"2016秋季拍卖会"——"中国书画"专场拍卖品，编号：1303）

八月间，曾寿曾自绘水墨纸本扇面《临流偃坐图》镜心（13×40cm）。其题识云："临流偃坐图。　辛酉秋，摩仇实父本。苍虬陈曾寿。"钤

① 禅源寺：位于浙江省临安市西天目山南麓昭明、旭日两峰之下，掩映在青山绿林之中，是韦驮菩萨的应迹道场，为浙江名刹之一。禅源寺历代高僧辈出，传法系属临济宗，远播东瀛。抗战时期，为浙江省一中所在地，浙江大学内迁时，曾暂驻于此。

印：“（模糊不清）。”（详见太平洋国际拍卖有限公司“2008 太平洋迎春艺术品拍卖会”——“中国书画”专场拍卖品，编号：0005）

九月间，曾寿在家闲居，哪知时光荏苒，寒露已过，乃填《蝶恋花·闻露》一词抒其感慨（见《旧月簃词》，《苍虬阁诗集》第 368 页）。

十月十三日（11 月 12 日），美、英、日、法、意、中、荷、葡、比九国召开了华盛顿会议。这是帝国主义国家在第一次世界大战结束后，重新划分远东及太平洋区域势力范围的一次会议。

同日，为曾寿七弟曾言[①]的三十岁寿诞，曾寿以自己精心所绘之《第三十四洞天图》相赠，作为贺礼。

案：自辛酉年（1921 年）九月起，至乙亥年（1935 年）止，先后有陈曾寿、陈三立、溥儒、郑孝胥、胡嗣瑗、王乃澂、朱祖谋、冯煦、杨钟羲、何梦星、柯劭忞、陈宝琛、李孺、汪诒书、李放、程颂万、罗振玉、吴庆焘、温肃、余肇康、许闻武、黄孝纾、李国松、溥僡、谭泽闿、杨熊祥、徐沅、朱益藩、陈曾则等名流应邀为《第三十四洞天图》题跋，有的还不只题跋一次，遂形成了珍贵的设色纸本《第三十四洞天图》手卷。（见香港苏富比拍卖有限公司“2016 秋季拍卖会”——“中国书画”专场拍卖品，编号：1303）

十月二十五日（11 月 24 日），广州国会宣布徐世昌、吴佩孚祸国殃民罪状。

十一月二十五日（12 月 23 日），应好友彝初先生之请，曾寿为其制作设色纸本《长松古佛》书法成扇。成扇的正面是曾寿所绘之《长松古佛》图。其题识云：“辛酉冬至后一日，为彝初仁兄画长松古佛。曾寿。”钤印：“仁先。”“好秋轩。”成扇的背面乃曾寿所书自作诗三首。其题识云：“（诗略）辛酉冬月，录游天目山诗，彝初仁兄大人两教苍虬，弟陈曾寿。”钤印：“耐诗句。”

案：曾寿所说“录游天目山诗”，指的是其《登天目山望云海》《观瀑亭》《钟楼口占》三首（见《苍虬阁诗》卷三，《苍虬阁诗集》第 136、137、138 页）。（详见浙江长乐拍卖有限公司“2006 春季大型艺术品拍卖会”——“中国书画下”专场拍卖品，编号：0424）

---

① 陈曾言（1892—?），字询先，号横云，别署横云阁主，斋名横云阁。曾当过家庭教师，为杭州著名画家戴熙的曾孙婿。精篆刻，著有《横云阁主印存》等。

十二月十五日（1922 年 1 月 12 日），香港海员在中国共产党的影响和推动下，为反对港英当局的压迫，争取改善待遇，举行了大罢工，史称香港海员大罢工。

是年，曾寿尚写有《咏史二首》《题孙隘堪南窗寄傲图卷》等诗作（见《苍虬阁诗》卷三，《苍虬阁诗集》第 135、141 页）。

## 民国十一年壬戌(1922 年)　四十五岁

正月初七日（2 月 3 日），曾寿偶有所感，乃作《人日》以纪之（见《苍虬阁诗》卷四，《苍虬阁诗集》第 147 页）。

正月十六至二十四日（2 月 12—20 日），张作霖、段祺瑞先后派代表到粤，与孙中山商议合作讨伐直系事宜。

新年期间，曾寿偶然得到明李在[①]所绘之《圯下授书图》，十分高兴，当即作《题圯下授书图》（二首）纪其事（见《苍虬阁诗》卷四，《苍虬阁诗集》第 142 页）。

又得到明末清初徐灿[②]女史所绘制的花卉图册，颇为兴奋，乃作《题徐湘苹女史花卉册》（三首）纪其事（见《苍虬阁诗》卷四，《苍虬阁诗集》第 144 页）。

一日，有友朋来访，并出示前人为前秦王猛[③]所绘之《王景略货畚图》请题，曾寿乃作《题〈王景略货畚图〉》一诗相赠（见《苍虬阁诗》卷四，《苍虬阁诗集》第 144—145 页）。

正月中，曾寿曾绘制有设色纸本《溪山远健》立轴一帧（99.5 × 52cm）。其题识云："耕烟麓台皆师子入，耕烟得其雄健，麓台得其厚

① 李在(？—1431)，字以政，号一斋，甫田(今福建)人。迁居云南。后奉诏入宫。宣德(1426—1435)时，与戴进、谢环、石锐、周文清同待诏入直仁智殿，为金门画史，是宣德时期宫廷画院最杰出的画家之一。传世作品有《琴高乘鲤图》《阔渚晴峰图》《山村图》《归去来兮图》等。

② 徐灿(约 1618—1698)，字湘苹，又字明深、明霞，号深明，晚号紫言，江苏吴县人。为光禄丞徐子懋的次女，弘文院大学士、海宁陈之遴(1605—1666)的继室。工诗词，擅书画。著有《拙政园诗集》《拙政园诗余》等。

③ 王猛(325—375)，字景略，东晋北海郡剧县(今山东潍坊寿光东南)人。后移家魏郡。出身贫寒，好学博览，善于谋略用兵。见世乱隐居山中，以贩卖畚箕为生。后与前秦苻坚一见如故，受其聘出山，并辅佐苻坚扫平群雄，统一北方，屡建奇功，累官至丞相、中书监、尚书令，封清河郡侯。

密，此幅兼取两家所长，未知有万一之似否，壬戌春正月，蕲水陈曾寿。”钤印：“苍虬。”“峰峦浑厚草木华滋。”过后，仍觉不太尽意，又题跋云：“昔黄鹤山樵作画傅色，三年而后成，近世麓台师大痴浅绛亦半月始或一幅，盖欲其深厚入纸，非积浙不可也。曾寿再识。”钤印：“陈曾寿印。”“简学曾孙。”（详见敬华（上海）拍卖股份有限公司“2005秋季艺术品拍卖会”——“中国近代书画上、下”专场拍卖品，编号：0601）

正月间，陈曾寿曾应友朋之邀，前往孤山[①]赏梅，并填有《一萼红·孤山探梅》一词纪其事（见《旧月簃词》，《苍虬阁诗集》第369页）。

同月里，为前辈书画家何庚生的九十寿诞，曾寿乃精心绘制设色纸本《红树青山图》（12.5×32.3cm）一幅，其题识云：“红树青山无限诗。壬戌春正正月，为更生老人先生寿。蕲水陈曾寿作于南湖。”钤印：“陈曾寿印”“苍虬阁。”“我见青山多妩媚料青山见我亦如是。”并以此图为何庚生老人贺寿。

案：何庚生老人收到此画后，遂请曾寿的母亲周保珊为此画引首：“以介眉寿　周保珊。”钤印：“佩云。”随后便广征名流题跋。至1925年止，为此画题跋（跋文均略）的计有杜纯、朱福诒、余元钊、许炳榛、叶成、张健、谢宸慈、王云、陈默盦、黄元伯、颜恂、赵甫臣、章仲穆、潘飞声、邓炽昌、周君亮、吴石于、戴振声等二十三人，于是形成了今天我们见到的珍贵的设色纸本《红树青山图》手卷。（详见中国嘉德国际拍卖有限公司“中国嘉德2006迎春拍卖会”——“笔舞墨香——香港藏家珍藏近百年名家书画”专场拍卖品，编号：3022）

也是在正月里，应好友虞琴之请，曾寿为其绘制设色纸本《仿王原祁山水》成扇（19×50cm）。其题识云：“麓台晚年仿子久笔力苍坚，一洗纤秾之习。壬戌春正月临，奉虞琴老兄方家教，陈曾寿。”钤印：“寿。”“苍虬。”

案：第二年的七月，虞琴又请好友金蓉镜在此成扇的背面用行书书写诗文（略）。其题识云：“虞琴老兄法家正，癸亥七月逭暑南湖，金蓉镜。”钤印：“蓉镜。”（详见上海嘉禾拍卖有限公司“上海嘉禾2012年春季艺术品拍

---

① 孤山：位于杭州西湖的西北角，四面环水，一山独特，山虽不高，却是观赏西湖景色的最佳之地。它因位于西湖的里湖与外湖之间，故名孤山；又因多梅花，亦名梅屿。孤山海拔38米，为西湖群山最低的山，然而却是湖中最大的岛屿，也是湖中唯一的天然岛屿。

卖会”——“艺苑拾萃——名家书画”专场拍卖品，编号：634）

二月间，父亲恩浦公的身体越来越衰弱，母亲年事亦高，曾寿在家陪侍双亲；其间写有《幽居》《残梅》《入世》《春日早起》等诗作（见《苍虬阁诗》卷四，《苍虬阁诗集》第145、146、147、152页）。

同月里，应好友周庆云之请，曾寿为其作纸本行书扇片（19×51cm）。其题识云：“（诗略）壬戌春二月录旧作，奉梦坡先生两正，陈曾寿。”钤印：“苍虬。”

案：曾寿的录旧作共三首：七律《咏史二首》（见《苍虬阁诗》卷三，《苍虬阁诗集》第135页）；七绝《湖上杂诗》六首之三（见《苍虬阁诗》卷三，《苍虬嘒举》第98页）。（详见上海朵云轩拍卖有限公司“朵云四季十四期拍卖会”——“中国书画一”专场拍卖品，编号：204）

三月初八日（4月4日），曾寿之父恩浦公病逝杭州。陈三立曾写有《挽陈子青翁》一诗以悼之（见《散原精舍诗别集》）。

因战乱所阻，曾寿只得将父亲灵柩暂时停放在庭院里，又邀请老师陈三立为亡父写有《蕲水陈先生墓志铭》一文（见《散原精舍文集》卷十二）。

曾矩在其《强志斋随笔》中记载说：“父弃养后，殡于中院堂中。余与大、二兄居父原居室内。……数月后，两兄扶柩归鄂安葬。”

父亲去世后，曾寿便在杭州南湖湖舍为父亲守灵。

其间，曾有友朋过访，并持同乡前辈杜濬①先生遗像和一张画请题，曾寿乃作《题杜茶村先生遗像》《题画》相赠（见《苍虬阁诗》卷四，《苍虬阁诗集》第148页）。

其间，曾寿在家翻检书箧，偶然发现亡师梁鼎芬写给某人的书函，心有所感，乃作《题节庵师与某人书后》一诗以抒其慨（见《苍虬阁诗》卷四，《苍虬阁诗集》第148页）。

一日，朋友杨诵清过访，并出示其所藏端方的毛公鼎拓本请题，曾寿乃为其作七言长篇歌行《题陶斋毛公鼎拓本，为杨诵清作》相赠（见《苍虬阁诗》卷四，《苍虬阁诗集》第152—153页）。

四月初三日（4月29日），第一次直奉战争爆发，奉军大败。战后，张作霖退往关外，宣布东北三省自治；从此，北京政府完全由直系军阀

① 杜濬（1611—1687），原名诏先，字于皇，号茶村，室名变雅堂。湖北黄冈团风人。副贡生。一生不得志，以诗文自娱。明亡，隐居南京鸡鸣山。所为诗文豪健，为世人所重。著有《变雅堂文集》《变雅堂诗集》等。

控制。

四月初五至初十日（5月1—6日），中国劳动书记组合部在广州主持召开了第一次全国性的工会代表大会，史称第一次全国劳动大会。

四月初九日（5月5日），中国社会主义青年团第一次全国代表大会在广州召开。

四月三十日（5月26日），曾寿的好友、著名学者、文学家胡思敬①在南昌老家去世。

四月间，好友胡嗣瑗听说曾寿之父仙逝，专程前来吊唁并看望、安慰好友；曾寿曾作有《大雷雨坐湖庐同愔仲作》《同愔仲夜话》等诗纪其事（见《苍虬阁诗》卷四，《苍虬阁诗集》第149页）。

好友胡嗣瑗曾陪同陈曾寿往游浙江鄞县的天童山②以散心，曾寿作有《将游雁荡不遂，改游天童，舟中口占》一诗纪其行（见《苍虬阁诗》卷四，《苍虬阁诗集》第149—150页）。

在游览天童山期间，曾寿相继写有《阿育王寺舍利殿》《天童寺》《余曾梦至一寺，寺旁有塘甚广，青山环绕，不见一人，风境凄冷。今至育王寺，宛然梦境也》《育王寺豆腐甚美，与西山戒坛寺稷粥可称双绝》等诗作纪其行踪（见《苍虬阁诗》卷四，《苍虬阁诗集》第150—151页）。

此次的天童山之游，颇为愉快，以致曾寿返回杭州后还难以忘怀，曾写有《忆舍利殿》一诗纪之（见《苍虬阁诗》卷四，《苍虬阁诗集》第152

---

① 胡思敬(1870—1922)，字漱唐，一字笑缘，号退庐，晚号退庐居士。江西宜丰县新昌镇人。光绪二十年(1894年)进士。光绪二十四年(1898年)，任吏部主事，极力反对维新变法。宣统元年(1909年)，补辽沈道监察御史。后转掌广东道。弹劾两江总督端方，有直声。因再三上书反对君主立宪，遂于宣统三年(1911年)初辞官归里。辛亥革命后，定居南昌，奔走于遗老、军阀间，企图复辟。1917年张勋复辟，授任溥仪的都察院左副都御史；赴任途中，闻事败而返。晚年究心宋学、经史。工诗文，富藏书。著有《退庐文集》《退庐诗集》《戊戌履霜录》《国闻备乘》《退庐笺牍》等，合刊为《退庐全集》。另辑有《豫章丛书》(收乡邦文献105种)。

② 天童山：位于浙江鄞县(旧称宁波府)东约35公里处，为太白山之一峰，是我国禅宗五山之一。西晋永康元年(300年)，僧义兴来此开山结庵。唐开元二十年(732年)，僧法璇(太白禅师)于山东麓建太白精舍，此即古天童寺。肃宗至德二年(757年)僧宗弼等移寺现址，并整备诸堂。乾元二年(759年)赐名天童玲珑寺。咸通十年(869年)又赐名天寿寺。北宋景德四年(1007年)改名景德禅寺，而为禅宗著名道场。明代改称天童禅寺，洪武二十五年(1392年)册封此寺为天下禅宗五山之第二山。清代赐号弘法寺，后称天童弘法寺，与镇江金山寺、常州天宁寺、扬州高旻寺并列为禅宗四大丛林。

页）。

五月十一日（6 月 6 日），孙中山就徐世昌退职发表对外宣言，警告帝国主义不得干涉中国内政。

五月十三日（6 月 8 日），广州非常国会通电，反对黎元洪复任总统职位。

五月十六日（6 月 11 日），黎元洪就任北洋军阀政府大总统职务，特任颜惠庆署理国务总理。

五月二十一日（6 月 16 日），陈炯明叛变革命，所部四千多人围攻孙中山的总统府，孙中山登上楚豫舰避难；次日，转登永丰舰，亲率海军各舰讨伐叛军。

闰五月十三日（7 月 7 日），《德宗景皇帝实录》全书告成并举行首函呈进仪式，陈宝琛因功加太傅衔。

闰五月二十二至二十九日（7 月 16—23 日），中国共产党第二次全国代表大会在上海举行。陈独秀、蔡和森、李达、邓中夏、张国焘、张太雷、向警予等十二名代表出席了会议。会议的中心任务是制定党的革命纲领。

六月间，曾寿在十二年之后，重新觅得名贵菊种新洗红一盆，且有三朵花将开，甚是高兴，乃填《卜算子·菊中"新洗红"一种，颜色独绝，京中已不易得，十二年中，予数移来，皆不活。今岁又觅得一盆，有花三朵，将开矣，喜赋》一词以纪之（见《旧月簃词》，《苍虬阁诗集》第 369 页）。

七月二十三至二十七日（9 月 14—18 日），江西安源煤矿和株萍铁路工人一万七千多人，发表罢工宣言，高呼"从前是牛马，现在要做人"的口号，提出保障政治权利、改善待遇和增加工资等十七项要求，举行了大罢工。罢工取得重大胜利。

七月间，应芝麓先生之请，苍虬与乙庵老人携手，为其绘书陆游《临安春雨初霁》水墨纸本《松泉图》成扇（19 × 54cm × 2）。成扇的正面，乃曾寿仿梅道人所绘之《松泉图》，其题识云："梅道人《松泉图》闻尚在世间，苦不得见，偶写其意。壬戌秋七月，芝麓仁兄雅鉴，陈曾寿。"钤印："苍虬。"

成扇的背面，为乙庵老人所书陆游之《临安春雨初霁》诗，其诗及题识云："世味年来薄似纱，谁令骑马客京华。小楼一夜听春雨，深巷明朝卖杏花。矮纸斜行闲作草，晴窗细乳戏分茶。素衣莫起风尘叹，犹及清明可到家。　芝麓仁兄属，寐翁。"钤印："乙庵。""海日楼。"（详见北京

城轩拍卖有限公司“2014年春季拍卖会”——“中国书画二”专场拍卖品，编号：0353）

八月间，闻沈曾植病重，陈曾寿和胡嗣瑗曾在三弟曾矩的陪同下，专程自杭州赴沪去探望。曾寿曾写有《过沈乙庵师故宅》一诗纪其行（见《苍虬阁诗》卷四，《苍虬阁诗集》第143页）。

曾矩曾在其《强志斋随笔》中记载说：“乙庵先生，辛亥后始见于沪上，久而弥亲。真挚之味，感人入骨。……壬戌八月，先生病重。予同大兄、晴初自杭趋省。先生就卧榻侧一一执手若诀别然，其情景至今犹历历在目。至十月，而先生归道山矣。”

在沪期间，有友人来访，并出示《五月骑驴入华山图》请题，曾寿乃欣然作七言长篇歌行《题〈五月骑驴入华山图〉》相赠（见《苍虬阁诗》卷四，《苍虬阁诗集》第145页）。

同月里，应好友彦畴之请，曾寿为其绘制设色纸本《听琴图》立轴（67×27.5cm）。其题识云：“松寒水寒，万古萧森；泠泠一曲，洗耳龙吟。壬戌秋八月，仿松雪笔，奉彦畴仁兄世大人雅正，陈曾寿。”钤印：“心知李成是我师。”（详见上海博古斋拍卖有限公司“上海博古斋2017年秋季艺术品拍卖会”——“中国书画·文房雅玩”专场拍卖品，编号：2127）

九月初六日（10月25日），应好友淦卿先生之请，曾寿为其绘制水墨纸本《墨松》成扇（19.5×49cm）。其题识云：“淦卿仁兄雅属。壬戌重九前三日，陈曾寿。”钤印：“苍虬。”

案：1942年的九月，淦卿又请好友颜恂在此成扇的背面书行书书法（略），其题识云：“壬午九月，淦卿仁兄雅属。以恭颜恂。”钤印：“臣恂印。”于是，便形成了陈曾寿与颜恂携手合作之水墨纸本《墨松》行书成扇（19.5×49 cm×2）。（详见横滨国际拍卖有限公司“2015夏季拍卖会”——“中国书画一”专场拍卖品，编号：1010）

九月初九日（10月28日），曾寿应邀与王葆清等友人一家相聚，并作诗唱和。

王开节在《苍虬阁诗集·跋》中记载说：“壬戌重九，先君以‘淡月生疏柳’为韵，督诸兄赋诗，有佳句，丈（案：指陈曾寿）辄赐诗宠之。节方八龄，睹状心窃向慕，苦吟得句，丈赐诗有‘吟诗老凤惊雏凤，把笔羲之视献之’之句，以为奖挹。先君曾有和作，诗载集中。”（见《苍虬阁诗集》附录二，第501页）

九月十三日（11月1日），粤汉铁路总工会在长沙新河成立。

九月二十一日（11月9日），为曾寿之师陈三立的七十寿诞，众多友朋、弟子皆以诗、联为其祝寿，陈曾寿和胡嗣瑗等人亦专程自杭州赴南京为老师贺寿。

郑孝胥在其日记中记载：“（民国十一年九月）十八日，陈仁先、胡琴初来，仁先将赴鄂，与琴初同过南京为陈伯严祝寿。”（见《郑孝胥日记》第四册）

九月下旬，曾寿与二弟曾则护送父亲灵柩回鄂，葬于蕲水下巴河祖茔；曾寿曾作有《舟中》《秋露》一诗纪其行（见《苍虬阁诗》卷四，《苍虬阁诗集》第153、148页）。

十月初三日（11月21日），曾寿的老师、好友、著名文学家、学者沈曾植[①]在嘉兴老家去世。

案：沈曾植去世前一日曾书绝笔七言联：“石室竹卷长三尺，山阴草迹编千文。”后陈曾寿等三十余人曾为其题跋。

十月十二日（11月30日），紫禁城里举行了盛大的册封候补道、世袭六世贵族荣源之女婉容为皇后的“册封礼”。

十月十三日（12月1日），溥仪在紫禁城乾清宫举行隆重的大婚典礼。

十二月初六日（1923年1月22日），沪上同人为沈曾植举行了隆重的祭奠仪式；陈曾寿在老家处理完父亲灵柩的安葬事宜，稍稍休整便自鄂中回到上海，与余肇康、郑孝胥、陈三立、胡嗣瑗、周达、陈衍、王乃澂等师友一起参加了沈曾植的公祭活动。

郑孝胥在当天的日记记载：“（民国十一年十二月）初六日，公祭子培……夜，过余尧衢晚饭，伯严、琴初、仁先、宽仲、叔用、聘三俱在座。”（见《郑孝胥日记》第四册）

十二月初十日（1923年1月26日），孙中山与苏联代表联合发表宣言，史称“孙文越飞宣言”。

十二月十六日（1923年2月1日），京汉铁路工人在郑州举行京汉铁路

---

① 沈曾植(1850—1922)，一作增植，字子培，号乙庵，又号巽斋，晚号寐叟，别署乙公、巽斋老人、东轩居士、逊斋居士等。浙江嘉兴人。同治十二年(1873年)举人。光绪六年(1880年)进士，历官刑部主事、员外郎、郎中，兼充总理衙门章京。中法战争后，支持康有为上书言事；甲午战争爆发，赞成康梁变法，参与强学会。以安徽提学使署理布政使，随又护理巡抚，触怒权贵，以病乞归，隐居上海。张勋复辟，被任为学部尚书。复辟失败，仍侨居上海。学识渊博，精研西北史地，精佛典，富藏书，亦工诗文；书法尤享盛名，各体均善，尤擅草书。著有《海日楼文集》《海日楼诗集》《乙庵诗存》《海日楼诗补编》等。

总工会成立大会，遭到北洋军阀吴佩孚的武力阻挠。

十二月十九日（1923 年 2 月 4 日），京汉铁路全体工人开始总罢工。

十二月二十二日（1923 年 2 月 7 日），吴佩孚在帝国主义的支持下，命令其部下肖耀南等，在江岸、郑州、长辛店及其他各站对工人进行残酷镇压。工人领袖、江岸分会委员长、共产党员林祥谦，湖北工团联合会和京汉铁路总工会法律顾问、共产党员施洋与其他四十余名工人惨遭杀害，史称“二·七惨案”。

十二月三十日（2 月 15 日），曾寿自上海回到杭州南湖度岁，并作有《岁除返湖庐》一诗纪其行踪（见《苍虬阁诗》卷四，《苍虬阁诗集》第153—154 页）。

是年，曾寿尚写有《落叶和闻宾门》（二首）、《白秋海棠》《寄高颖生》《美德孰如羊》《哭侄女岚》等诗作（见《苍虬阁诗》卷四，《苍虬阁诗集》第 143、144、146—147、153 页）。

是年，彊村老人所辑刻之《沧海遗音集》十三卷十二种①完成，将陈曾寿的《旧月簃词》（一卷）收入。

是年，胡先骕在《学衡》第十八期发表《评胡适〈五十年来中国之文学〉》一文，其中有一段文字评论了曾寿的诗作（见《苍虬阁诗集》附录三，第 531 页）。

是年，曾寿的前辈好友何维朴②在上海寓所去世。

是年，曾寿清华学校的同事、朋友唐彝③病逝任上。

是年，著名文学家、翻译家林纾曾写有《答郑孝胥书》，其中述及陈曾寿；其书略云：“弟自始至终，为我大清之举人。谓我好名，听之；谓我作伪，听之；谓我中落之家奴，念念不忘故主，则吾心也。如刘廷琛、陈曾寿之假名复辟，图一身之富贵，事稍少衄，即行辞职，逍遥江湖。此等人以国家为孤注，大事既去，无一伏节死义之臣，较之梁节庵一味墨守常经，窃谓逊之。故弟到死未敢赞成复辟之举，亦度吾才力之所不能，故不

① 朱祖谋编辑：《沧海遗音集》十三卷十二种，有民国十一年（1922 年）朱氏刻本。

② 何维朴（1842—1922），字诗孙、亦作师孙，号盘止，亦号盘叟，别署秋华居士、遂老人。室名“颐素斋”“盘梓山房”。湖南道县人。何绍基之孙。同治六年（1867 年）副贡。曾官内阁中书。清末曾任上海浚浦局总办。晚年寓居上海，以卖字画为生。工书画，善鉴赏，精篆刻，尤以山水画名于时。著有《颐素斋印存》六卷等。

③ 唐彝（1871—1922），字贻典，号孟伦，广东香山人。善诗画。早年曾随其叔父唐国安护送第一批幼童赴美留学。后任清华学校庶务长。

敢冒从以败大局。”①

## 民国十二年癸亥(1923年)　四十六岁

正月里，曾寿陪家人过完年，便又自杭州前往上海与兄弟、友朋相聚。

二月初十日（3月26日），全国各地人民举行反日集会游行，要求取消“二十一条”及收回旅顺、大连租借地。

二月二十六日（4月11日），北洋政府派王宠惠等抵沪，与孙中山的驻沪代表胡汉民等洽谈统一问题。

二月间，孙中山在广州成立大元帅府，以廖仲恺、伍朝枢、谭延闿分任财政、外交、内务部长。

四月间，陈曾寿自上海返回杭州南湖，并作有《四月返湖庐》纪其行（见《苍虬阁诗》卷四，《苍虬阁诗集》第154页）。

在南湖宅居期间，又想起去年与好友游天童山的快乐时光，又作了《忆舍利殿》一诗纪其事（见《苍虬阁诗》卷四，《苍虬阁诗集》第155页）。

四月二十八至五月初七日（6月12—20日），中国共产党第三次全国代表大会在广州举行。陈独秀、李大钊、毛泽东、瞿秋白、陈潭秋、蔡和森、张太雷、张国焘、谭平山、向警予等三十多位代表出席了会议。大会着重讨论了与孙中山领导的国民党建立革命统一战线的问题。

四月二十九日（6月13日），北洋政府发生内讧，取代徐世昌而为大总统的黎元洪，又被直系军阀首脑曹锟赶下台，被迫离京赴津。

五月间，在送前辈友人何庚生②之葬的途中，经过安巢，见鲜花盛开，不远处即五峰草堂；而见到五峰草堂，就自然想起原曾在此居住、如今却远在天津的好友胡嗣瑗，归后乃作《送何庚生老人之丧，路经安巢，花盛开，望见五峰草堂感赋，寄愔仲天津》一诗以纪之（见《苍虬阁诗》卷四，《苍虬阁诗集》第154页）。

六月间，《学衡》第十八期出版，上载胡先骕《评胡适〈五十年来中国

---

① 林纾:《答郑孝胥书》,转引自张旭,车树昇:《林纾年谱长编》,福建教育出版社2014年版,第400页。

② 何庚生(1933—1923),字梦星,号觉庵,西宁(今郁南县)人。监生。同治(1862—1874)初在籍办团练,因功授九品官职;后捐巡检,签分浙江候补。光绪三十年(1904年),曾受浙江候补道刘学询委派,专门负责西湖刘庄的选址和建园事宜。工诗文,擅书画。著有《觉庵诗存》二卷、《历代画家小史辑览》四卷、《意园灌菊图》三卷、《觉庵存札》等。

之文学〉》一文，其中论及陈曾寿。

七月间，应好友溥卿先生之请，陈曾寿与季厚焘携手，为其绘制设色纸本行书书法《秋山图》成扇。成扇的正面为季厚焘所绘《秋山图》，其题识云：“偶仿鹿床居士，似溥卿先生方家正，癸亥七月，今啬。”钤印：“今啬。”成扇的背面为陈曾寿的行书书法，其所书内容及题识云：“鲁公喜书大字，予家所藏颜氏碑最多，未尝有小字者，惟干禄字书注最为小字，而其体法与此记不同，盖干禄之注特舒和，而不局蹙此记遒结，尤为精悍，此所以或者疑之也。余初亦颇以为惑，及把玩久之，笔画巨细皆有法，愈看愈佳，然后知非鲁公不能也，故聊志之，以释疑者。鲁公平生写碑，惟东方朔赞最为精雄，字间栉比而不失清远，盖由逸少本来也。　溥卿仁兄大人雅正，陈曾寿。”钤印：“寿。”（详见上海鸿盛拍卖有限公司“2010春季拍卖会”——“中国书画一”专场拍卖品，编号：0326）

八月初二日（9 月 12 日），曾寿的前辈、上司、同僚、朋友张勋[①]在天津寓所去世；曾寿闻讯，颇为悲伤，乃作《张忠武公挽诗》（四首）以悼之（见《苍虬阁诗》卷四，《苍虬阁诗集》第 142—143 页）。

八月初五日（9 月 15 日），《国华》月刊在上海创刊，章太炎任社长兼主编，章门弟子汪东、黄侃等任编辑。

八月初七日（9 月 17 日），曾寿的好友、亦是老师陈三立之子陈师曾[②]在南京寓所病逝。

八月二十五日（10 月 5 日），直系军阀首领曹锟逼迫总统黎元洪辞职下台后，以五千银元一张选票贿赂国会议员，当选为“总统”，世称“贿选总统”。

---

① 张勋(1854—1923)，字绍轩。江西奉新人。光绪十年(1884 年)在长沙投军，累官至云南、甘肃提督。宣统二年(1910 年)，调统江防营，驻浦口。次年，出任江南提督。武昌起义时，镇守南京，与起义军激战，滥杀无辜；南京城破，退守徐州，出任江苏巡抚兼署两江总督、南洋大臣。民国六年五月十三日(1917 年 7 月 1 日)拥溥仪复辟，自封为议政大臣兼直隶总督、北洋大臣。五月二十四日(7 月 12 日)，复辟失败，躲入荷兰大使馆。民国九年(1920 年)徙居天津。

② 陈师曾(1876—1923)，原名衡恪，字师曾，号槐堂，别号朽道人，以字行；室名染仓。江西义宁人。陈三立长子。幼聪慧，毕业于日本高等师范学校。回国后曾南通、长沙等地任教。后曾出任江西省教育司司长、教育部教育编审等职。晚年曾担任北京高师、北京美专教授。工诗词文，擅书画，精篆刻。著有《槐堂诗钞》《不朽录》《染仓室印存》《中国文人画研究》《中国绘画史》《陈师曾先生遗墨》等。

八月二十九日（10 月 9 日），孙中山大元帅府下令讨伐曹锟，通缉贿选议员。

八月三十日（10 月 10 日），曹锟在北京宣誓就任大总统。

九月初八日（10 月 17 日），北京文艺界三百余人集会于江西会馆，举行隆重的陈师曾追悼会，梁启超、周印昆、姚华等作演说。

九月十九日（10 月 28 日），孙中山在广州召开国民党临时中央执行委员会议，讨论国民党改组事宜。

九月间，是广东富商、好友甘作蕃的七十寿诞，曾寿自杭州赴上海，并写了五言长篇歌行《寿甘翰臣七十》为其贺寿（见《苍虬阁诗》卷四，《苍虬阁诗集》第 156—157 页）。

其间，曾寿曾前往看望彊村老人，并填有《惜黄花慢·同彊村老人作》一词相赠（见《旧月簃词》，《苍虬阁诗集》第 370 页）。

十月中，为前辈、好友周庆云的六十寿诞，曾寿特地绘制了水墨纸本《无量寿佛》立轴（136.5×34.7cm）为其贺寿。其题识云："无量寿佛。曩读《佛说无量寿经》，谓佛姿色清净，光颜巍巍。威容显耀，超绝无量。风吹散花，遍满佛土，随色次第，而不杂乱，柔软光泽，馨香芬烈。足履其上，蹈下四寸，随举足已，还复如故，輙为神往，兹为梦坡先生六十初度写祝无量寿。陈曾寿记于西湖定香桥畔老莲旧馆。"钤印："苍虬。"

案：周庆云是南浔巨富，又好金石书画，与海上文坛有着广泛的联系，其月波楼收藏古今名家作品极丰。得到陈曾寿所绘《无量寿佛》图，极为高兴，曾在图上题签云："陈苍虬侍郎画赠佛像。癸亥十月。"（详见香港苏富比拍卖有限公司"2015 秋季拍卖会"——"中国书画"专场拍卖品，编号：1400）

十月间，隆恪、方恪、安醴兄妹自南京扶其母俞淑人与其长兄师曾之灵柩至杭州，暂厝于净慈寺内。

同月里，陈曾寿回到杭州南湖，并作有《十月返湖庐》《湖庐听雨》等诗纪其行踪（见《苍虬阁诗》卷四，《苍虬阁诗集》第 157、156 页）。

其间，曾有友人青虬子过访话旧，曾寿乃作《与青虬子话山游之乐》一诗纪其事（见《苍虬阁诗》卷四，《苍虬阁诗集》第 157 页）。

十一月间，方恪兄妹奉其父陈立三从南京移居杭州旗下白傅路；陈曾寿、汪诒书等人时常前往看望、陪伴立三老人。

潘益民、潘蕤《陈方恪年谱》中记载说："冬，北风刮起，西湖边寒气逼人，清冷难御，散原老人偕先生兄妹离开顾氏旧庄，移居靠近俞明颐寓所的旗下白傅路。在杭州的老友陈苍虬、朱晓岚、汪颂年等常来诗词唱和，闲聊谈天，或在饭后分咏‘打诗钟’以让散原老人散心消遣。”（见《陈方恪年谱》）

十二月十五至二十五日（1924 年 1 月 20—30 日），中国国民党第一次全国代表大会在广州举行，李大钊、毛泽东、林祖涵（林伯渠）、瞿秋白等共产党人作为正式代表出席了会议。李大钊还被孙中山指定为大会主席团五个委员之一。大会重新解释了三民主义，制定了联俄、联共、扶助农工的三大政策。

是年，陈曾寿曾“编选《旧月簃词选》一册，并撰写四六文序文一篇，以表达其对词学的见解”（见陈邦炎《陈曾寿年谱简编》，《苍虬阁诗集》附录四，第 562 页）。

是年，陈曾寿的好友、著名学者曹元忠①在吴县老家病逝；曾寿得知消息，乃作《挽曹君直》（并序）以悼之（见《苍虬阁诗》卷四，《苍虬阁诗集》第 146 页）。

是年，弟子、好友蒋国榜校勘的宋代陈与义的《简斋集》刊印面世，并以一套相赠；曾寿颇赞赏蒋氏的义举，欣然作《蒋苏庵新刊〈简斋集〉见赠》一诗寄赠（见《苍虬阁诗》卷四，《苍虬阁诗集》第 154 页）。

是年，曾寿尚写有《和志强》《题周子洁葬徐俟斋启》《拟孟郊》等诗作和填有《南乡子・相见靥双嫣》《浣溪沙・焚香》等词作（见《苍虬阁诗》卷四、《旧月簃词》，《苍虬阁诗集》第 155、157、369—370 页）。

是年，商务印书馆铅印本《近代诗钞》面世，其中所选陈曾寿诗作而又不见于《苍虬阁诗》和《苍虬阁诗续集》者尚有《莘田使来，得书感赋》、《赠念衣并怀左、周二丈》、《偶成》、《次韵觉庵枣花寺看牡丹》、《读剑南诗》、《次韵莘田留别》、《与莘田夜话，去后作》、《周念衣约游洪山不果，枉赠一首，次韵留别》、《同马卓群至龙井》、《十一夜月》、

---

① 曹元忠（1865—1923），字夔一，亦作揆一，号君直，别号凌波居士。吴县（今江苏苏州市）人。少从名师学。光绪二十年（1894 年）举人，曾参加公车上书。后累应礼部试和经济特科试，皆不第。纳资捐内阁中书。历官玉牒馆校勘、大库学部图书馆纂修、礼学馆纂修、内阁侍读学士、资政院议员等职。辛亥革命后，以遗老居乡，著述终老。精三礼、医学、词章，通目录、校勘学，工诗词，富藏书。著有《笺经室遗集》《赐富堂诗词稿》《丹邱先生集》《宋元本古书证》《桂华珠丛》《司马法古注》《顾黄三儒从祀录》《学志》等。

《寄莘田·时莘田初游西湖遇雨》（三首）、《绿阴》、《赠青溉》、《奉和纕蘅移居诗》、《寄公渚》等（见《苍虬阁诗外集》，《苍虬阁诗集》第300—400、401、402、403、404、405页）。

## 民国十三年甲子(1924年)　四十七岁

是年，曾寿仍住杭州南湖寓庐。

正月初三日（2月7日），全国铁路总工会在北京成立。

正月间，《学衡》第二十五期出版，上载有胡先骕《评陈仁先〈苍虬阁诗存〉》一文；其文略云："苍虬阁诗才气似未及散原精舍及海藏楼，而以精严胜，与二家略有韩、柳之比。近代诗人意境、功力可与之匹者，殆不多觏。然作者正当年富力强之候，进境当未有艾。苏、黄之后，主中原坛坫者不得不推张宛邱，则他日所谓桂冠诗人者，殆舍仁先莫属也。"（此文详见《苍虬阁诗集》附录三，第531—542页）。

三月二十四日（4月27日），北京各学校及民众团体联合发表宣言，反对日本对中国的文化侵略。

四月初九日（5月12日），曾寿的前辈友人梁敦彦①在北京寓所去世。

四月（5月）间，在苏联和中国共产党的帮助下，国民党在广州黄埔创办陆军军官学校，任命蒋介石为黄埔军校校长。

五月十三日（6月14日），为好友程颂万的六十寿诞，袁思亮、陈曾寿和年仅十一岁的陈巨来合作，为程颂万的自用砚刻文（19.2×13.3cm×2，袁思亮赋诗，陈曾寿书，陈巨来刻），用以为其祝寿。

案：砚台之刻文云："人生才智各有涯，有能不能空咨嗟。东坡先生天所厚，政事气节完无瑕。诗词文赋并奇绝，余事书画犹名家。前无古人后来者，落落千载谁能加。并世乃有十发叟，公之所能无不有。仕官显晦虽殊科，亦博循声在人口。鹿川诗卷定巢词，晚岁为文尤不苟。公专画竹叟画石，雪浪奇峰入吾手。公书磅礴难遽同，叟书篆隶能兼工。即论嗜酒亦相似，少饮辄醉时复中。公生盛时叟所羡，叟之所遭公不见。闭门讲学扶人伦，欲以六经康世变。独有一事公不如，糟糠偕老鸿光庐。虽无颍滨有过

① 梁敦彦(1857—1924)，字朝璋，又字崧生，广东顺德人。1873年赴美留学，1881年毕业于耶鲁大学，回国后历任两广、湖广督署文案，并累迁至汉阳、天津海关道员。1907年任出使美国、德国、墨西哥、秘鲁、古巴大臣，1909年擢升外务部尚书。1911年出任袁世凯内务部大臣。辛亥革命后，曾任北洋政府交通总长。张勋复辟时，被任命为外交部长。

迈，叚以大耋能乘除。瓣香南丰吾敢拟，惟不能诗差可比。雷门布鼓叟莫何，引满大笑苍颜酡。　十发先生六十寿诗，袁思亮赋，陈曾寿书，陈咢刻砚，甲子竹醉日。”

六年后，程颂万又在另一方砚台上刻文以纪其事。其刻文云：“鸜鹆砚。昔予六十，伯夔赋诗，仁先书于砚背，因题匣端。　东坡非吾不可至，坡世乃非吾所世。赠诗寿我袁中郎，呼我起坡分短长。公归海外我世外，朋鶵天风岂相会。文章〇〇波浑浑，愿得化公天路尘。端溪紫云割一片，鸜鹆转睛胡不猒。视予视坡何以辩，学百不如名复贱。公归乃得田易羡，我流资汝偿炊爨，苍虬侍郎书此诗，为我哭之还笑之。　十发翁，庚午冬日，年六十又六。”（详见西泠印社拍卖有限公司“2017 年春季拍卖会”——“文房清玩——历代名砚及古墨”专场拍卖品，编号：2143；又见陈巨来《安持人物琐忆》，上海书画出版社，第 75 页）

五月十五日（6 月 16 日），黄埔军校举行开学典礼，孙中山亲临讲话。

五月间，应山坐先生之请，陈曾寿与吴昌硕携手，为其合作设色纸本《梅花·书法》成扇（18 × 46cm × 2）。成扇的正面为吴昌硕所绘之《梅花》图，其题识云：“山坐先生雅属，甲子夏，吴昌硕年八十一。”钤印：“吴俊之印”“吴昌石。”成扇的背面为陈曾寿所书楷书仲长公理之《乐志》（文字略），其题识云：“仲长公理《乐志》，山坐先生雅属，陈曾寿。”钤印：“寿印。”（详见东京国际拍卖株式会社“2014 年中国艺术品拍卖会”——“‘还朴精庐’吴昌石作品”专场拍卖品，编号：0163）

同月里，冒广生曾陪朱祖谋、陈三立泛舟西湖，随后往访陈曾寿不遇，乃前往俞恪士故居。

冒广生曾作有《同古微、散原泛舟南湖，访陈仁先不值，遂至俞恪士故居》一诗纪其事。

六月初二日（7 月 3 日），由国民党中央农民部创办、共产党人澎湃主持的第一届农民运动讲习所在广州开学。

六月十四日（7 月 15 日），广州沙面工人为反对英、法帝国主义的新警律，举行罢工。

七月二十九日（8 月 29 日），在英国总领事的支持下，广州商团发动叛乱。

八月初五日（9 月 3 日），江浙军阀战争爆发。

八月二十一至九月二十五日（9 月 19 日—10 月 23 日），第二次直奉战争爆发。由于直系热河前线总司令冯玉祥回师北京，发动政变，囚禁贿选总统曹锟，致使直系全线溃败，总司令吴佩孚率领残部退往武汉。冯与奉系军阀共推段祺瑞为中华民国临时政府执政。旋张、段勾结，排斥冯玉祥，北京政权实际被亲日派所控制。

八月二十五日（9 月 23 日），曾寿的好友罗惇曧①在北京寓所去世。

八月二十七日（9 月 25 日），已历 950 余年的杭州雷峰塔②突然倒塌了，在当时引起很大的社会震动；陈曾寿和同年好友胡嗣瑗闻知消息，遂相约亲临现场拾得一些残卷，归后各填有《八声甘州·甲子（1924）八月二十七日，雷峰塔圮。据塔中所藏〈陀罗尼宝箧印经〉，造时为乙亥（975）八月，正宋艺祖开宝八年，距今九百五十余年矣。千载神归，一条练去。末劫魔深，莫护金刚之杵；暂时眼对，如游乾闼之城。半湖秋水，空遗蜕之龙身；无际斜阳，杳残痕于鸦影。爰同愔仲同年共赋此阕，聊写愁哀云尔》一词，以表达其哀愁（见《旧月簃词》，《苍虬阁诗集》第 371 页）。

秋夜里，曾寿面对一枝瓶荷独坐，听着室外淙淙的雨声，看着冬郎的画像，偶有所思，乃作《秋夜对瓶荷一枝，雨声淙淙，偶题冬郎小像二首》以纪之（见《苍虬阁诗》卷四，《苍虬阁诗集》第 159—160 页）。

九月二十日（10 月 18 日）晚，曾寿坐于书案灯下，拿出近来自己所收集到并对残缺部分进行填补后的雷峰塔所藏经卷细观，偶有所思，遂绘《补经图》一幅，并在其上书《湘月·蒙茸尖合》一阕，结尾署有“苍虬居士”四字。端详许久，尚觉不尽意，乃又题诗并题识其上云：“‘六时钟鼓近

① 罗惇曧(1872—1924)，一作惇融，字掞东，又字孝遹，号瘿庵，又号退宾，晚号瘿公。广东顺德人，生于北京。早年入广雅书院，为康有为弟子。后又游张百熙门下。光绪二十六年(1900 年)入京。废科举，报捐主事，官至邮传部郎中。入民国，历任总统府秘书、参议、顾问、国务秘书、礼制馆编纂等职，并为袁克定师。袁世凯称帝，拒不受禄，退出政界，纵情诗酒，流连剧场。与王瑶卿、梅兰芳交往甚密，与程砚秋交往尤密；曾为程砚秋、梅兰芳等编写过不少剧本。晚年贫病交迫，困窘而死。诗文书法，海内驰名。著有《瘿庵诗集》《瘿公词》《鞠部丛谭》及史著《太平天国战纪》《戊戌德宗之密诏》《庚子国变记》《中俄伊犁交涉始末》《中日兵事本末》《拳匪余闻》等。

② 雷峰塔：为五代吴越王钱俶因黄妃得子而建，故名黄妃塔或称皇妃塔；因建于杭州西湖南岸净慈寺前的雷峰上，故又名雷峰塔；又因地处西关外，所以也称西关砖塔。为西湖十景之一。这座佛塔，始建于 957 年，原为八面七层的砖木结构楼阁式；南宋时重修为八面五层，至明代仅存砖构塔身。其塔基底部辟有井穴式地宫，存放着珍藏有佛螺髻发舍利的纯银阿育王塔和龙莲座释迦牟尼佛坐像等数十件佛教珍贵文物和精美供奉物品。古塔塔身上部的一些塔砖内，还秘藏有雕版印刷的佛教《一切如来心秘密全身舍利宝箧印陀罗尼经》经卷。

南屏，惆怅灵光付杳冥。寥廓心魂无着处，寒釭相对补残经。’钱王以〈陀罗尼经〉八万四千卷舍入塔中，圮后，人争剔取，多成灰末，完者至不易得。余收得残本数卷，取他卷零星残字补之，亦无聊消遣法也。贻先四弟得一卷，只缺数十字，板本墨色出一切之上，以遗余。秋宵多暇，因作《补经图》，装于经卷前。甲子九月二十日灯下，苍虬居士记。”（见上海博物馆所藏的有陈曾寿绘图并题诗词及识语之三卷经卷的第一卷）

九月二十一日（10 月 19 日）晚，曾寿思之再三，又绘《补经图》一幅，并在其上书《八声甘州·剔残砖秋雨逗苔斑》一阕，结尾署有“九月二十一日夜书”数字（见上海博物馆所藏的有陈曾寿绘图并题诗词及识语之三卷经卷的第一卷）①。

案：雷峰塔倒塌后，陈曾寿曾亲赴现场，目睹八万四千余卷藏经多成灰烬，甚是惋惜，仅收得较完整者数卷，残缺部分则以他卷残字补之，又自绘《补经图》二幅；曾寿曾填有《前调（八声甘州）·皇妃塔中，藏经凡八万四千卷，多成灰末。予收得稍完者数卷，以他卷残字补之，自作〈补经图〉》一词纪其事（见《旧月簃词》，《苍虬阁诗集》第 371—372 页）。

九月间，陈曾寿还绘制有《雷峰夕照》图一幅，其题识云：“甲子秋九月，陈曾寿。”随后，释真放、姚华、张祖廉②、冯煦、冒广生、程颂万、溥儒、胡嗣瑗等师友先后为其题写了诗词，黄孝纾则作《吊雷峰塔文》题其上（见上海博物馆所藏的有陈曾寿绘图并题诗词及识语之三卷经卷的第二卷）③。

同月里，应好友许炳榛之请，曾寿为其绘制设色纸本《西湖归隐图》。其题识云：“《西湖归隐图》，甲子秋九月，苓西仁兄属绘，陈曾寿。”钤

---

① 此二幅《补经图》及题识，详见沈津《杭州雷峰塔及〈一切如来心秘密全身舍利宝箧印陀罗尼经〉》，《书韵悠悠一脉香——沈津书目文献论集》，广西师范大学出版社 2006 年版，第 88—90 页。

② 张祖廉（1873—?），字彦云，号山荷。浙江嘉善人。光绪二十八年（1902 年）举人，次年参加经济特科考试后，授知县。后曾官学部总务司行走、弼德院秘书。入民国，曾任陇秦豫海铁路督办。工诗文，亦善词。著有《八识田斋骈文》《文选类韵》《长水词》《唱和词》《娟镜楼词》《定庵先生年谱外纪》等；又编辑有《娟镜楼丛刻》七种。

③ 沈津《杭州雷峰塔及〈一切如来心秘密全身舍利宝箧印陀罗尼经〉》，《书韵悠悠一脉香——沈津书目文献论集》，广西师范大学出版社 2006 年版，第 88—90 页。

印："寿。""苍虬。"

案：此图绘成后，好友许炳榛曾请绘画大师吴昌硕为其引首："美人芳草寄西冷。甲子嘉平月，吴昌硕书端。"钤印："吴俊之印""吴昌石。"随后广泛征题，至1929年止，计有功寿、李曾彧、康有为、陈三立、汪诒书、朱祖谋、庞元济、金保权、商衍鎏、沈同午、陈夔龙、黄干、徐乃昌、莫棠、吴荫培、刘学询、大浩山人、谢远涵、王秉恩、许炳榛、陆勓夫、桂坫等二十余位名流为其题跋，形成了今天珍贵的设色纸本《西湖归隐》手卷（14.3×80.2 cm）。详见纽约苏富比有限公司"2017纽约亚洲艺术周"——"中国书画"专场拍卖品，编号：0925。

十月初六日（11月2日），曹锟宣告下台，由黄郛摄政内阁。

十月初八日（11月4日），曾寿闲居无事，遂拿出所藏雷峰塔经卷的第二卷，见图残去一部分，又文字首尾略残，乃用朱笔补之，并在末尾署上"甲子冬十月初八日，陈曾寿补"。

案：据柳向春《雷峰塔藏经若干问题刍议》的考证，目前所知陈曾寿曾题跋过的卷子达九卷之多：其一，上海博物馆藏本。曾熙、张爰、黄起凤、王云、陈曾寿绘图并题词，吴昌硕、邹安跋。其二，上海博物馆藏本。陈曾寿绘图并题诗，姚华、张祖廉、冯煦、冒广生、程颂万、黄孝纾、溥儒、胡嗣瑗题词。其三，上海博物馆藏本。陈曾寿绘图并题词。其四，国家图书馆藏本。陈曾寿绘图并题词，康有为跋。其五，国家图书馆藏本。陈曾寿绘图并题词，思棣绘图，冯煦等题词。其六，国家图书馆藏本。王云绘图，陈曾寿绘图并题词。其七，美国哈佛大学福格美术馆藏本。陈曾寿绘图并题词。其八，二〇〇三年朵云轩拍本。陈曾寿绘图并题词（甲子秋九月绘《黄妃塔图》，题《八声甘州》一阕）。其九，二〇一〇年保利秋拍阮性山旧藏本。陈曾寿绘图并题词，又有吴昌硕、郑孝胥、袁思永、徐行恭、刘克鼐等题词。

十月初九日（11月5日），根据黄郛摄政内阁的决定，冯玉祥将军派京畿卫戍总司令鹿钟麟、警察总监张璧和国民代表李煜瀛等进宫，迫令清废帝溥仪在《修正清室优待条件》上签字，并于当天将溥仪（包括婉容和文绣等眷属）驱逐出紫禁城；溥仪只得携家眷暂时搬进北府（其父载沣的醇王府）居住。

十月十四日（11月10日），孙中山应冯玉祥等人电邀，启程北上，并发表北上宣言。

十月十九日（11 月 15 日），曾寿的好友许引之①因与女婿俞平伯四处收购雷峰塔散佚的经卷，偶感风寒，在杭州府宅病逝。

十月二十八日（11 月 24 日），中华民国临时执政府成立，段祺瑞就任临时总执政。

十一月初三日（11 月 29 日），清废帝溥仪担心还会有人对其不利，便住进了德国医院。

十一月十六日（12 月 12 日），应陈曾寿之邀，好友释真放在陈曾寿修补的第二卷经卷的末尾题有《题雷峰塔图》一联及识语；“天逋残衲”则题有《题苍虬大师补经图》一诗。其题署日期为“甲子仲冬既望”（见上海博物馆所藏的有陈曾寿绘图并题诗词及识语之三卷经卷的第二卷）。

十一月二十八日（12 月 24 日），段祺瑞执政府公布《善后会议条例》。

十二月初六日（12 月 31 日），孙中山扶病由津入京，受到十万民众的热烈欢迎，并发表《入京宣言》，重申救国主张。

十二月十七至二十八日（1925 年 1 月 11—22 日），中国共产党第四次全国代表大会在上海举行。会议除讨论通过了一系列决议案之外，还着重讨论了党如何加强对民族民主革命运动的领导以及党在组织上和群众工作方面如何准备的问题。

是年，曾寿尚写有《纪梦》《焚香》《泪·拟义山》等诗作和填有《浣溪沙·修到南屏数晚钟》《踏莎行·云缝铺金》等词作（见《苍虬阁诗》卷五、《旧月簃词》，《苍虬阁诗集》第 158—159、160、372 页）。

是年，应好友许炳榛之请，陈曾寿曾为其收藏之明代书画家陆包山所绘之设色纸本《牡丹》立轴（132.8×31.2cm）题跋。其题识云：“淡扫蛾眉绝世姿，九天清露洗胭脂。涂鸦尤甚污寒具，乞与平章好护持。　苓西人仁兄以包山绿牡丹属题，口占廿八字聊志宝惜之意耳。曾寿。”钤印：“陈曾寿。”

案：此立轴曾由朱之赤、何瑗玉、许炳榛等人收藏。画幅上有明人周天

① 许引之(1875—1924)，字汲侯，号琴愉，又号安巢。浙江杭州人。许宝驯之父，俞平伯岳父。诸生。自清末至北洋政府，历任驻韩国仁川领事、天津厘捐局总办兼京张铁路转运局总办、邮传部行走兼全国铁路议员、南七省税务调查、直隶烟酒公卖局局长等职，曾筹建中国银行浙江省分行并担任首任行长。业余爱填词，喜昆曲，工书法，好收藏。著有《蕉石词》。

球和近代汪祖亮、许应鏕、朱福青、阚仲韩、郑文焯、俞樾、顾文彬、康有为、陈曾寿等名流的题跋。按画幅上所署题跋时间看，康有为和陈曾寿为最后题，大约同时。详见中国嘉德国际拍卖有限公司“中国嘉德 2011 年春季拍卖会”——“中国古代书画二”专场拍卖品，编号：0632。

是年，曾寿的前辈、好友吴庆坻①在上海寓所去世。

## 民国十四年乙丑(1925 年)　四十八岁

正月初九日（2 月 1 日），“广州革命政府”开始第一次东征，讨伐军阀陈炯明。

正月中、下旬，应好友徐嘉宾②、孙澄方③之邀，陈曾寿曾陪同他们往游浙江鄞县鄮山的阿育王寺等名胜。

陈曾寿后来在其《秋间，予病几殆，陟甫九兄、夷希同年邀游鄮山……追念感赋四首》第二首的夹注中云：“前岁同徐适庵、孙顷波来，今适庵赴京师，顷波适美利坚。”（见《苍虬阁诗集》第 164 页）

同月里，曾寿在家闲居无事，曾自制水墨纸本《双骏图》立轴（129×64cm）。在此图的上方，从右至左有曾寿的题识云：“壮马脱重衔。乙丑春正月，仿南园通副，陈曾寿。　脱去重衔，何意能、票挑乃尔。夜舍得、轻衫角逐，风云尺咫。我笔消磨三品料，平生蹄落千金市。○促来、驾驭必英雄，知谁是。　中原恨，悲歌里。筋骨在，轻千里。肯低头下阪，输人如此。灏气成虹吾与汝，残年射虎今何世。可曾忘、并辔刷幽燕，斯须耳。　满江红，苍虬并题于守骏轩。”钤印：“苍两慧斋”“陈曾

① 吴庆坻(1848—1924)，字子修，一字敬疆，号悔余生，晚号补松老人。浙江钱塘(今杭州市)人。曾入诂经精舍从俞樾问学。光绪十二年(1886 年)进士，授翰林院编修，充会典馆纂修。光绪十七年(1891 年)，充顺天乡试同考官。光绪二十三年(1897 年)，简放四川学政。光绪二十九年(1903 年)，调云南学政。光绪三十二年(1906 年)，擢升湖南提学使，兼署布政使、提法使。其间，曾赴日本考察学制。宣统三年(1911 年)辞归。辛亥革命后，移家至沪。工诗文，善书法。著有《补松庐诗录》八卷、《悔余生诗》五卷、《补松庐文录》八卷、《蕉廊脞录》八卷等。另编纂有《浙江通志》《杭州府志》等。

② 徐嘉宾，生卒年不详，字适庵，又字捷庵、捷翁，号式盦，江苏东台(祖籍镇江)人。清末民初学者，与吉城友善。擅长山水、花鸟，旁及辞赋、金石之学。

③ 孙澄方，生卒年不详，字顷波，安徽寿县人。1930 年曾与关赓麟、曹经沅、陈毓华、李宣倜、冒广生、靳志、廖维勋等人在南京成立青溪诗社。著有《中国计划行政论》《行政三联制与行政权的运用》等。

寿印”“苍虬书画。”

后又觉不尽其意，乃接着再题识云：“南园书法直接平原，画马师宋元，于工严中寓沉雄之气，称其为人。后人惟书力摩之，终有不可及者在也。又闻其画鹤亦居神，只惜未得见。苍虬再题。”钤印：“（模糊难辨）。”（详见上海鸿盛拍卖有限公司“2010 春季拍卖会”——“中国书画一”专场拍卖品，编号：0444）

二月初二日（2 月 24 日），经郑孝胥、罗振玉的奔走，溥仪由日本人护送至天津日租界内之张园。

二月十八日（3 月 12 日），伟大的民主主义革命先行者孙中山（1869—1925）在北京病逝。

二月间，溥仪移居天津租界张园后，与清朝遗老遗少以及张作霖、段祺瑞、吴佩孚等往来密切，并成立清室驻天津办事处；又听从陈宝琛的建议，任命陈曾寿为清室驻天津办事处顾问。

同月里，陈曾寿奉旨后，携眷自杭州潜赴天津谒见溥仪，曾作有《乙丑二月赴行在所寓浪公斋中海棠二盆盛开》诗纪其行踪（见《苍虬阁诗》卷五，《苍虬阁诗集》第 160 页）。

二弟曾则曾记载说：“上（指溥仪）出宫避日兵营，（兄）旋微服去津，因携眷北上请安，依行在所，时时召见。”（见陈曾则《苍虬兄家传》，《苍虬阁诗集》附录一，第 437 页）

三月二十三日（4 月 15 日），《国华》月刊第二卷第八期出版，上载有陈曾寿去年八月所填之《八声甘州·甲子八月二十七日雷峰塔圮……聊写愁哀云尔》（镇残山风雨耐千年），但题作“为周左季题雷峰塔吴越藏经卷子”。该刊同时载有同题之作四首：胡嗣瑗《八声甘州·甚匆匆龙象返诸天》、冯煦《八声甘州·甚南楼一角日栖迟》、况周颐《八声甘州·坐南屏烟翠晚钟前》、吴士鉴《八声甘州·古临安王气黯然收》。

案：《烟沽渔唱》卷七之《集外词》所录陈曾寿此词题作《八声甘州·题雷峰塔藏经》。另录有同赋者之作五首：一是章钰的《水调歌头·坏劫佛难捄》（原误作《大江东去》），其他四首均为同调，除胡嗣瑗前录词之外，另几首为：郭宗熙《八声甘州·又牟尼密谛落人间》、周学渊《八声甘州·叹藏经七宝镇庄严》、郭则沄《八声甘州·甚龙天弹指劫尘空》。

三月间，陈曾寿仍寓居天津好友李放家中，溥仪有事不时召见；曾寿曾填有《丑奴儿慢·乙丑春三月，赴行在所，寓小石斋中，海棠盛开》词纪其行踪（见《旧月簃词》，《苍虬阁诗集》第 372—373 页）。

其间，曾寿与前辈好友陈宝琛时有往来；曾寿曾作有五言长篇歌行《弢庵太傅以先世诰封属题》纪其事（见《苍虬阁诗》卷五，《苍虬阁诗集》第168页）。

陈宝琛曾作有《和仁先词堪海棠》一诗相赠（见《沧趣楼诗集》卷八，《沧趣楼诗文集》第195页）。

同月里，好友陈实铭家藏陈维崧手书词稿新裱完成，曾寿应邀为其第五册题署云："迦陵检讨手书乌丝词稿。 蹋公仁兄家藏，陈曾寿谨署。"

案：该手稿共八册，今藏南开大学图书馆。其他各册题署情况依次为：第一册"迦陵先生手书词稿。义州李放敬题"。第二册"迦陵词。蜀中后学李准敬题"。第三册"迦陵词。通家后学冒广生敬题"。第四册"陈检讨词稿。乙丑仲春，孝胥"。第六册"迦陵先生手书词稿。乙丑四月，归安朱孝臧"。第七册"迦陵先生手书词稿。乙丑四月，胡嗣瑗署"。第八册"陈检讨词稿。乙丑四月，温肃敬题"。

四月初九日（5月1日），曾寿的二弟曾则[1]在上海武昌路创办致柔拳社（次日《申报》有详细介绍），推广杨氏太极，沪上名人王一亭、聂云台等均来就学。

四月十三日（5月5日），曾寿漫步在蔷薇花下，偶有所思，乃作《春尽日，蔷薇花下作》一诗以纪之（见《苍虬阁诗》卷五，《苍虬阁诗集》第160—161页）。

四月下旬至闰四月上旬（5月），在中国共产党的领导下，爆发了"五卅"运动，全国掀起了反帝高潮。

闰四月十一日（6月1日），上海实行罢工、罢市、罢课（即总同盟罢工），抗议帝国主义制造的"五卅"惨案。

闰四月十三日（6月3日），同乡好友、京剧艺术家余叔岩听说陈曾寿来到旧京，特来拜访，并拿出一把成扇请求为他绘制《传钵图》，陈曾寿乃欣然为其绘水墨纸本《为余叔岩绘传钵图》相赠。 其题识云："《传钵

---

① 陈曾则(1881—1958)，字慎先，号寥志、微明。湖北蕲水人。陈曾寿二弟。光绪二十八年(1902年)举人。清史馆设立，入京任纂修之职。同时从孙禄堂学习形意拳和八卦掌。后又随杨澄甫学太极拳，终成一代武术大师。后曾任教于北京五城中学优级师范、浙江求是学院。1925年在上海创办致柔拳社，自任社长，后又在苏州、广州等地设立分社，专心教授武术，弟子甚众。工诗词、古文，精武术，善书法。著有《海云楼文集》《御诗楼续稿》《双桐一桂轩续稿》《京师优级师范国文讲义》《太极拳》《记太极拳》《太极拳术、剑术》《太极拳、剑问答》《八卦掌擒拿图》等。

图》，叔岩老友一笑。乙丑闰四月十三夜灯下作，时晨秋阁主人来玩，下榻苍虬阁中，剪烛剧谈，甚乐也。苍虬。”钤印：“陈曾寿印。”

案：在陈曾寿所绘之《传钵图》的左右边，尚有当时名流仲英、杨坚芳、钽叟、老铁、老蛰、莲幢居士、栗斋等七家的题跋赞咏。1930 年正月间，余叔岩又请好友、大诗人樊增祥在此扇面的背面题跋。樊氏的题识云：“叔岩供奉属题《传钵图》，谓传叫天之衣钵也。吕天歌罢怆池灰，菊部飘灵楚有材，非树非台空色相，天教法嗣嗣黄梅。再世青城女转男，曹溪一夕最清甘，伶伦公论朱渐紫，屈宋乡评青胜蓝。叔岩与叫天皆鄂人，其祖三胜供奉余未之见，缺考。紫云供奉则余之故人也，祖孙父子三世名伶。余昔最赏紫云，其同门朱霭云亦与余善，李爱师〇有紫夺朱之谑。君虽师法叫天，然叫天晚年似忧未及今之。叔岩附跋一笑。庚午正月，八十五翁樊山识。”钤印：“嘉。”于是，此扇面不仅被喜国剧者奉为至宝之物，而且被收藏家视为收藏珍品。（详见上海崇源艺术品拍卖有限公司“2004 春季大型艺术品拍卖会”——“中国近现代书画”专场拍卖品，编号：1789）

闰四月二十九日（6 月 19 日），广东、香港十余万工人为支持声援五卅运动，反对帝国主义，举行了政治大罢工。此次大罢工（即省港大罢工），坚持了一年零四个月，沉重地打击了英帝国主义，对巩固广东革命根据地、推动北伐战争，起了巨大作用。

闰四月间，《甲寅》自第一卷第五号至第九号，开始连载汪国垣所撰之《光宣诗坛点将录》。汪氏点陈曾寿为“天英星小李广花荣”：“用如健鹘风火生，学语小儿知姓名。杜陵老子歌花卿。”“谏果回甘味逼真，呕心字字出艰辛。百篇脱口吾能诵，万卷撑肠笔有神。每见泪痕悲象魏，晚完臣节许逃秦。怀贤一代推晞发，抗手诗雄只二陈（谓沧趣、散原两丈。——程康《题苍虬阁诗》）。”“漫说渊源出二陈，临川深婉李精纯。〇中风雅垂垂尽，天启斯文作替人。”“苍虬为太初裔孙。诗屡易其体。中年以后，取韵于玉溪、玉樵，取格于昌黎、东坡、半山。晚年身世，又与王官谷、野史亭为近。忠悃之怀，写以深语，深醇悱恻，辄移人情，沧趣、散原外，惟君鼎足焉。”

辟疆论赞之后，附有章士钊所撰之《论近代诗家绝句》：“本是龙拿虎掷身，翻成寂寂度残春。空王礼罢无人觉，风送钟声报了因。”“好诗不在钝根中，绝世聪明却爱聋。灰已寒时拨宁益，欢从堕处拾何从。”（此读君《旧月簃词》有感而作。）

案：辟疆此作 1934 年至 1935 年又连载于《青鹤》第三卷第二期至第七

期；1940年代中叶修改之定本，在“文革”中被毁，现通行之本为程千帆所整理。汪辟疆曾在其《展庵醉后论诗》中云：“海藏能尽，苍虬能不尽。词能尽而味不尽，故真挚；词不尽而味内蕴，故深婉。知海藏之能尽，乃知苍虬之能不尽。”①

同月里，应好友隐渔仁兄之请，曾寿为其绘《苍松图》并隶书成扇。其题识云：“昔倪高士写天目第三松，吴仲圭写第四松。予游天目，求所谓第三、第四者不可考，只见第一松，节为写照。　　隐渔仁兄姻大人雅玩，乙丑闰四月，陈曾寿。”

五月初四日（6月24日），广东军政府照会各国，要求以废除不平等条约为解决“五卅”惨案的基础。

五月初九日（6月29日），全世界被压迫民族国民大会在北京召开。

五月十一日（7月1日），广东军政府改组为国民政府，汪精卫任主席。

五月间，闲居无事，曾寿曾绘制设色纸本《江城春晓》立轴（71×35.5 cm）。其题识云：“江城春晓 仿王晋卿，乙丑夏五月，陈曾寿。”钤印：“苍虬。”（见博古斋拍卖有限公司“2016年秋季艺术品拍卖会”——“中国书画”专场拍卖品，编号：733）

七月初二日（8月20日），国民党左派领袖廖仲恺在广州被暗杀。

七月间，应好友伯良之请，曾寿为其绘制设色纸本《太行秋色》立轴（71×40cm）。其题识云：“万壑〇嶕峣，秋声捲怒潮。恨无长剑倚，且用酒盅浇。落海成翻沸，中原久寂寥。荆高何处觅，怀古欲相招。伯良仁兄以美酝相饷，写此为报。乙丑秋日，陈曾寿。”钤印：“苍虬”“曾寿印”“苍慧斋。”（详见北京翰海拍卖有限公司“2010秋季拍卖会”——“近现代书画11”专场拍卖品，编号：1875）

八月十四日（10月1日），广东革命军进行第二次东征，讨伐军阀陈炯明。

八月二十七日（10月14日），是杭州雷峰塔倒塌一周年之日，曾寿闲居无事，遂将去年自己所绘之《补经图》第二图找出，端详良久，然后提笔在其上题识云：“‘哀哉千古人，欣戚逐成毁。我塔本无缝，弹指庄严起。叹世岁忽周，城郭秋笳里。纷纷貉子过，嬲此湖山美。陈迹冷一

① 汪国垣：《展庵醉后论诗》，《说近代诗》，上海古籍出版社2001年版，第285页。

邱，四海增多垒。依样年复年，懒复问山鬼。’雷峰塔圮，忽经岁矣，感赋一首。乙酉（1925）八月二十七日，苍虬记。”（见上海博物馆所藏的有陈曾寿绘图并题诗词及识语之三卷经卷的第一卷）

九月初九日（10月6日），曾寿前往海西庵寻觅亡师梁鼎芬的读书处，并作有《九日海西庵访梁节庵师读书处》一诗纪其行（见《苍虬阁诗》卷五，《苍虬阁诗集》第167页）。

九月中，应好友梅庵先生之请，曾寿为其制作设色纸本《山水》立轴（97.5×31.5cm）。其题识云：“一邱能满幽居意，万壑从消春昼长。解向萧疏觅真逸，赚他隐几梦倪黄。拟麓台笔如参曹洞禅，味外之味无尽藏也。梅庵仁兄大雅之属。乙丑九月，陈曾寿。”钤印：“苍虬”“好秋轩。”（详见浙江长乐拍卖有限公司“2005春季中国书画艺术品拍卖会”——“中国书画上”专场拍卖品，编号：0030）

九月间，叶挺独立团在广东肇庆成立，隶属于国民革命第四军。

同月里，曾寿闲居无事，曾自己绘制有纸本《苍虬图》立轴（34×103cm）。其题识云：“乙丑秋九月，曾寿。”钤印：“苍虬。”（详见北京泰和嘉诚拍卖有限公司“2014年泰和嘉诚秋季艺术品拍卖会”——“中国书画1—王氏·静斋藏品”专场拍卖品，编号：342）

十月初八日（11月23日），国民党右派在北京召开西山会议，参加会议的有叶楚伧、邵元冲、石瑛、张继、谢持、邹鲁、居正、林森等十余人，史称“西山会议派”。他们策划另立国民党中央，反对孙中山的三大主张。

十月间，曾寿闲居无事，遂绘制纸本《秋峦耸秀》立轴（177×47cm）。其题识云：“秋峦耸秀，彷王廉州。”钤印：“陈曾寿印。”此画轴上有务敏的题签：“陈仁先先生山水屏真迹。　名曾寿，湖北蕲水人。乙丑孟冬，务敏题签。”（详见北京印千山国际拍卖有限公司“北京印千山2017迎春艺术品拍卖会”——“四海集珍—书画”专场拍卖品，编号：0143）

十一月十七至十二月初六日（1926年1月1—19日），中国国民党第二次全国代表大会在广州召开。

十二月二十二日（1926年2月4日），是日立春，曾寿闲居无事，乃自绘《松石益寿图》。其题识云：“乙丑冬十二月立春日，陈曾寿。”

十二月下旬，因母亲周太夫人身体不是太好，曾寿遂请假南下，回杭州度岁。

十二月三十日（1926 年 2 月 12 日），应好友芝宝之请，曾寿为其绘制水墨纸本《云山苍茫》立轴（66.5×44cm）。其题识云："弦歌君似陶彭泽，诗画吾渐老郑虔。偃蹇无心聊出岫，风尘何计可归田。怀人岁暮情无极，带雪梅开老更妍。写寄雪山供望眼，焚香小阁想悠然。　芝宝老兄雅教，乙丑除夕，弟曾寿。"钤印："苍虬。""曾寿印。""仁寿。"（详见苏州东方艺术品拍卖有限公司"2015 春季艺术品拍卖会"——"中国书画"专场拍卖品，编号：0709）

同日，曾寿兴致颇高，还自己绘制有水墨纸本《山水》立轴（79.5×34.5cm）。其题识云："弦歌君似陶彭泽，诗画吾惭老郑虔。偃蹇无心聊出岫，风尘何计可归田。怀人岁暮情无极，带雪襟开老更妍。写寄云山供望眼，焚〇小阁想悠然。　乙丑除夕，苍虬陈曾寿并志。"钤印："苍虬""曾寿印。"（详见富得拍卖行有限公司"2013 年第 115 期拍卖会"——"中国书画"专场拍卖品，编号：0370）

是年，曾寿尚写有《寄怀君适、顷波》《闻鸡》、《一日》、《小楼》（十首）等诗作和填有《临江仙·如此凄迷如此夜》一词（见《苍虬阁诗》卷五，《旧月簃词》，《苍虬阁诗集》第 161、162—164、373 页）。

是年，曾寿二弟曾则的《海云楼文集》（一卷）铅印本面世。

是年，杨澄甫口授、二弟曾则笔录之《太极拳术》一书，由中华书局出版。

是年，曾寿的前辈、同乡好友周树模[①]在北京寓所去世。

是年，彊村老人曾填有《小重山·苍虬示红豆诗，愧不能和，拈此报之》一词寄赠曾寿（案：朱氏词题中所谓"红豆诗"未详所指，待考）。

## 民国十五年丙寅(1926 年)　四十九岁

正月二十五日（3 月 9 日），长沙召开市民大会，成立湖南人民临时委员会。

---

① 周树模(1860—1925),字少朴,号沈观,一号孝甄,晚年自号泊园老人。湖北天门人。光绪十五年(1889 年)进士,授翰林院编修。历任广东、山西乡试副主考、会试同考官、江苏提学使。先后主两湖书院、经心书院、江汉书院、蒙泉书院讲席。光绪三十一年(1905 年),偕五大臣出洋考察政治。光绪三十三年(1907 年),任奉天左参赞。次年,擢升黑龙江巡抚。辛亥革命后,避居沪上。民国三年(1914 年),出任行政院长。工诗文,尤工诗,常与樊山、芴卿、实甫、石遗、絅斋等人诗酒唱和。著有《谏垣奏稿》《抚江奏稿》《沈观诗文集》。

二月初五日（3 月 18 日），北京发生帝国主义勾结军阀破坏中国革命而制造的屠杀中国军民的事件，史称“三一八”惨案。

二月初七日（3 月 20 日），广州发生反共阴谋的中山舰事件（亦称“三二〇”事件）。

同日，中国共产党发表反对段祺瑞屠杀民众的《告全国民众书》。

二月间，曾寿因事回了一趟蕲水下巴河老家，随后自老家经黄州返回杭州；沿途所见，无复往日景象，顿生感慨，并曾填有《一萼红·黄冈县长圻塝，沿江岸四十里，平畴弥望。予由里门至黄州，率经其地。曩值郡试之岁，士人毕至，商贾辐辏，兵后荒凉，无异僻壤。丙寅二月重经感赋》一词纪其事（见《旧月簃词》，《苍虬阁诗集》第 373 页）。

同月里，曾寿曾自绘水墨纸本《无量佛》书法成扇（19 × 52cm × 2）。成扇的正面为其所绘之《无量佛》图，扇面的左上角有其题识云：“光颜巍巍，威神无极。如是炎明，无与等者。日月摩尼，珠光焰耀，皆悉隐蔽，犹如聚墨。如来颜容，超世无伦。正觉大音，响流十方。戒闻精进，三昧智慧，威德无侣，殊胜希有。深谛善念，诸佛法海，穷深尽奥，究其涯底。无明欲怒，世尊永无。人雄师子，神德无量。功勋广大，智慧深妙，光明威相，震动大千。　　丙寅春二月，陈曾寿敬绘。”钤印：“寿。”成扇的背面乃其所书佛经内容（略），其题识云：“节佛说无量寿经。丙寅春二月，陈曾寿。”钤印：“陈曾寿。”（详见广东小雅斋拍卖有限公司“2018 年春季艺术品拍卖会”——“清风徐来——扇子书画”专场拍卖品，编号：0031）

同月中，曾寿又曾自制有水墨纸本《墨松》团扇面（直径 25cm）。其题识云：“（诗略诗见《湖上杂诗》六首之三，《苍虬阁诗集》第 98 页）丙寅二月，陈曾寿。”钤印：“陈曾寿印。”（详见富得拍卖行有限公司“2017 年第 126 期拍卖会”——“中国书画”专场拍卖品，编号：0067）

三月二十六日（4 月 18 日），奉系、直系两军在北京会师。

三月二十八日（4 月 20 日），第一次全国农民代表大会在广州召开。

三月中，曾寿历经甲子、乙丑、丙寅三年时间填补、书写、绘制的纸本《一切如来心秘密全身舍利宝箧印陀罗尼经（即雷峰塔藏经）》（陈曾寿苍虬阁藏卷）终于完成（引首：6.7 × 35.8cm；画：7.7 × 45.5cm；经：6.9 × 213cm；跋：10.5 × 60cm）。

案：在《一切如来心秘密全身舍利宝箧印陀罗尼经（即雷峰塔藏经）》（陈曾寿苍虬阁藏卷）整理完成后，曾寿遂请母亲周保珊为其引首：“黄妃砖

塔藏经　丙寅三月，保善。”钤印“保”“珊”。又在“引首”的左边绘有雷峰塔倒塌前的图景。并在经卷空白之处录书自己所填之《八声甘州》《浣溪沙》《临江仙》《念奴娇》《踏莎行》词五首，使所藏之经卷制作颇为精致，亦可见其用心良苦。藏卷上有陈曾寿的钤印“好秋轩”“词皇阁”“苍虬”“臣陈曾寿”等多枚。（详见北京保利国际拍卖有限公司“北京保利2018春季拍卖会”——“古籍文献·唐宋遗书·翰墨菁萃·西文经典”专场拍卖品，编号：0068）

三月下旬，应好友李放之请，曾寿为其绘制设色纸本《迷你书画合璧》成扇（16×5.6 cm×2）。成扇的正面绘有山水、村庄图案，其题识云：“丙寅春三月，词堪老弟属，曾寿。”成扇的背面乃用楷书录有阮亭诗，其题识云：“（诗略）丙寅春不尽三日写阮亭诗，词堪老弟属，曾寿。”

案：《迷你书画合璧》成扇（16×5.6 cm×2）的尺寸特小，扇面仅高5.6 cm，扇骨全长10.5cm，要在其上绘画、书法颇难；而此类成扇又最受藏家青睐。详见北京城轩拍卖有限公司“2005秋季拍卖会”——“善哉扇斋——黄天才藏扇”专场拍卖品，编号：0430。

三月底，陈曾寿听说散原老人卧病，曾作有《问散原先生疾》一诗寄赠问候（见《苍虬阁诗》卷五，《苍虬阁诗集》第166页）。

三月（4月）间，国民军驱逐段祺瑞下台，“临时执政府”在全国人民的声讨中倒台。

同月里，《学衡》（月刊）第五十二期出刊，上载有钱仲联所撰之《近代诗评》，其中有一段文字论及陈曾寿的诗作（见《苍虬阁诗集》附录三，第544页）。

同月里，曾寿应好友陈叔通之请，为其亡父陈豪的画册题诗。其题识云：“‘高情寄翰墨，兴到一挥洒。持慰故人病，用意见奇雅。先生茂叔伦，风月照山野。贱子生恨迟，无由拜长者。’‘高侯我所贤，病革书报予。呻吟忧国语，娇女代翁书。至今一展示，如闻杜老吁。嗣祖固为福，不见沧海枯。’‘觥觥老泉集，风流被坡颍。和仲性豪疏，同叔特峻整。观君仲叔间，胜处差可并。怀贤存手泽，古道良不泯。’　叔通仁兄同年奉其先德蓝洲年丈画册属题。丙寅三月，陈曾寿。”

案：先后应邀为陈豪（1839—1910）画册题识者尚有黄葆戉、陈衡恪、何维朴、宋伯鲁等人。经查，曾寿所题此三诗，均未收入其《苍虬阁诗》中。另，十余年后，曾寿尚写有《一夕梦至陈仲恕园中，花木郁然，有小精室，为予画竹一幅……尤精妙，醒记以诗》一诗（见《苍虬阁诗集》第259页）。

四月二十六日（6月6日），蒋介石出任北伐军总司令。

四月间，叶挺独立团作为北伐军的先遣队，奉命出师湖南。

夏间，曾寿母周太夫人病重，曾寿诸弟纷纷前来杭州侍母疾；不久，母病不治逝去。曾寿遂扶母亲灵柩回蕲水巴河河坪祖茔安葬，曾作有《宿河坪丙舍》一诗纪其行踪（见《苍虬阁诗》卷五，《苍虬阁诗集》第161页）。

五月二十二日（7月1日），广东革命政府发出北伐宣言。

五月三十日（7月9日），国民革命军在广州举行北伐誓师大会。

六月初三日（7月12日），叶挺率领的北伐先遣队攻占长沙等地。

六月二十三日（8月1日），汉阳兵工厂工人举行总罢工。

六月间，曾寿安葬完周太夫人后，稍事休整，仍回杭州居住。

六月间，曾寿的同乡、同年好友朱国桢①病逝于湖北武昌寓所。

七月初一日（8月8日），曾寿三弟曾矩之女邦岚（1914—1926）病逝，曾寿作有《哭侄女岚》一诗悼之（见《苍虬阁诗》卷四，《苍虬阁诗集》第153页）。

七月十七日（8月24日），曾寿的前辈好友张謇②在南通老家病逝。

---

① 朱国桢(1878—1926)，字星胎，湖北大冶金山店镇人。光绪二十八年(1902年)中举人，次年成进士。殿试为一甲第一名，"状元"却是同科的山东考生王寿彭，曾引起在京鄂籍官员罢朝一日。选为庶吉士后，被派赴日本早稻田大学学习法律。回国后，历任政要处纂修、国史馆总纂、实录馆纂修、中丞参议等职。入民国，曾任黎元洪总统府顾问、湖北法律专科学校校长、湖北省政府秘书长、筹备处长、代理教育厅长、全国禁烟局督办、浙江省教育厅长等职。晚年不堪时世混乱，乃辞官归隐。著有《日本政律及中国》《满清史略》《赴秋闱集》和《从政日记》等。

② 张謇(1853—1926)，字季直，号蔷庵，又署蔷公，别号张季子，晚年自称蔷翁。江苏南通人。早年入淮军将领吴长庆幕，任文书。1885年中举人，随后执掌江苏赣榆选青书院、崇明瀛洲书院。1894年中状元，授翰林院修撰。《马关条约》签订后，同情维新运动，列名强学会。主张实业救国和教育救国，将发展实业和教育视作"富强之大本"。以南通为基地，创办大生纱厂。后又相继创办通海垦牧公司、上海大达轮船公司、复新面粉公司、资生铁冶厂等；并自1912年起，相继创办通州师范、女子师范、盲哑学校、伶工学校、南通图书馆、气象台、剧场、公园、医院及中小学校多所。曾任震旦学院董事，对南京高等师范、吴淞中国公学、上海复旦大学的创立均有贡献。1909年被推选为江苏教育总会会长、谘议局议长。辛亥革命后，出任南京临时政府实业总长，并与程德全、章太炎等组织统一党与国民党对抗。1913年，任袁世凯政府的农林、工商总长兼全国水利局总裁。1915年辞归，继续经办实业，并主持江苏文化教育事业。工诗文，亦擅书法。著有《张季子诗录》《张謇日记》《张謇函稿》《蔷翁自订年谱》等。

七月十八日（8 月 25 日），曾寿的前辈好友况周颐①在上海寓庐病逝。

七月二十至二十三日（8 月 27—30 日），国民革命军北伐军先遣队攻占湖北的汀泗桥、贺胜桥。

七月二十九日（9 月 5 日），英国军舰炮轰四川万县，死四千余人，造成“万县惨案”。

八月初一日（9 月 7 日），国民革命军北伐军相继占领汉阳、汉口。

八月十一日（9 月 17 日），冯玉祥在绥远五原（今属内蒙古自治区）誓师，就任国民联军总司令，加入国民革命军，并向甘肃、陕西进军，与北伐军南北呼应。

八月间，为好友任筱珊的七十寿诞，陈曾寿与吴昌硕携手，合作设色纸本《菊石・书法》册页（26 × 41cm × 2），为其贺寿。吴昌硕为其绘《菊石》图，其题识云：“颂臣先生七十荣寿。丙寅秋，吴江任筱珊属，吴昌硕写于禅甓轩。”钤印：“俊卿。”陈曾寿则为其书庄子《逍遥游・养生主》（节录，文字略）一段，其题识云：“颂臣先生七旬荣寿，苍虬陈曾寿。”钤印：“寿印。”“苍虬。”（详见安徽世达拍卖有限公司“2011 秋季艺术品拍卖会”——“艺术品”专场拍卖品，编号：0268）

九月初四日（10 月 10 日），国民革命军北伐军攻占武昌，吴佩孚兵败，二万余人被歼灭。

九月间，《学衡》第五十七期出版，上载有陈曾寿《读渔洋送戴务旃游华山诗“洛阳货畚无人识，五月骑驴入华山”，爱其气象不凡，为作二图》《过乙庵诗人故宅》等诗。

十月初四日（11 月 8 日），国民革命军北伐军进入南昌，歼灭了孙传芳的主力。

十月二十七日（12 月 1 日），张作霖在天津就任安国军总司令，并发表

① 况周颐（1861—1926），原名周仪，字夔笙，又字葵孙，号黄风，又号玉梅词人，晚号蕙风词隐。广西临桂人。光绪五年（1879 年）举人，官内阁中书。在京为官时，与同里王鹏运相友善，共晨夕，结词社，钻研词学。南归后，先后入两江总督张之洞、端方幕。入民国，所作之词多寓眷念清室覆亡之情。晚年居上海，以遗老自居，卖文为生。50 年致力于作词，尤精词论。与王鹏运、朱祖谋、郑文焯合称为“晚清四大词家”。词作九种，合刊为《第一生修梅花馆词》，后又删定为《蕙风词》二卷。另有《蕙风词话》五卷，泛论历代词人，举其名篇警句，兼涉考据，发展了常州词派的理论主张。

长篇的《反赤宣言》。

十月间，《学衡》第五十八期出版，上载有陈曾寿《落叶二首和闻宾门》。

十一月二十八日（1927年1月1日），国民党中央政治会议决定将国民政府从广州迁往武昌。

十二月初二至三日（1927年1月5—6日），人民群众在中国共产党和武汉国民政府的领导、支持下，相继收回汉口、九江英租界。

十二月十八日（1927年1月21日），曾寿的友人、原参政院院长溥伦①在天津去世。

是年，曾寿的前辈好友秦树声②在北京寓所去世。

是年，曾寿的前辈友人郓禹九③在家乡武进病逝。

是年，曾寿的好友、收藏家李放④在天津寓所病逝。

---

① 溥伦(1874—1927),字彝庵,又字叙斋,爱新觉罗氏,隶满洲镶红旗。溥伦乃乾隆帝五世孙,贝勒爱新觉罗·载治第四子,过继给道光帝长子隐志郡王爱新觉罗·奕纬为嗣孙。光绪七年(1881年),袭封“贝子”爵位,时称“伦贝子”。光绪二十年(1894年),加“贝勒”衔。光绪三十年(1904年),曾率团赴美国参加“世界博览会”。光绪三十三年(1907年),担任资政院院长。宣统三年(1911年),出任农工商大臣、资政院议长。入民国,依附袁世凯,赞成帝制,出任参政院院长。晚年寓居天津。酷爱金石,富收藏。

② 秦树声(1861—1926),字幼衡,又作右衡、宥横,号乖庵,晚号晦鸣、晦明。河南固始人。光绪十二年(1886年)进士,历任工部主事、员外郎、营缮司记名御史、会典馆总纂等职。光绪二十九年(1903年),再中经济特科进士,历官云南曲靖知府、云南按察使、提法使、广东提学使等职。入民国,避居上海。后被聘为《清史稿》总纂,迁居北京。通洋务,精舆地,明刑法,工诗文。著有《乖庵文录》《刑法会要》《清地理志》《西洋史》等;另编纂有《续修河南新志》。

③ 郓禹九(1865—1926),字毓昌。江苏武进人。恽祖祁之子。任张勋幕僚多年。民国二年(1913年),张勋任江苏巡抚,旋转任长江巡阅使;禹九奉调赴徐州,出任长江巡阅使署参谋长。张勋复辟失败后,避居沪上。民国十二年(1923年),江浙军阀齐燮元、卢永祥开战,禹九出面维持地方治安。次年七月,张宗昌率军南下,禹九与其周旋,得保地方安宁。民国十四年(1925年),被推举为武进商会会长。

④ 李放(1887—1926),原名充国,又名放原,后易名放,字无放,号词堪,别号浪翁(公)、狷君、小石、真放、猥君、墨幢道人等;藏书楼名“抱竹轩”“艺海堂”“清远阁”。直隶义州(今河北省易县)人。李葆恂子。官至度支部员外郎。入民国,隐居北京、天津等地,著述自娱。承家学,富藏书,多秘籍,收藏书画亦多。著有《中国艺术家征略》《八旗画录》《画家知希录》《皇清书史》等。

是年，曾寿的同年好友田吴炤[1]在北京寓所病逝。

## 民国十六年丁卯(1927年)　五十岁

年初，曾寿仍在杭州南湖寓庐过年。

正月十八日（2月19日），国民革命军北伐军攻入浙江杭州。

二月初三日（3月6日），蒋介石制造了“赣州惨案”，杀害赣州总工会委员长、共产党员陈赞贤。

二月初七至十四日（3月10—17日），中国国民党二届三中全会在汉口召开，会议通过了维护孙中山三大政策、提高党权、反对蒋介石军事独裁等项决议。

二月十三日（3月16日），蒋介石以武力解散拥护孙中山三大政策的国民党南昌市党部，解散江西省学联，封闭国民党左派的《贯彻日报》。

二月十四日（3月17日），蒋介石又捣毁国民党左派的九江市党部和总工会，并组织反共游行。

二月十七日（3月20日），蒋介石抵达安徽安庆，收买暴徒杀害革命群众。

二月十八日（3月21日），在共产党人周恩来、罗亦农、赵世炎、汪寿华等领导下，上海八十余万工人进行总罢工，随即举行武装起义——上海工人第三次武装起义；两天后，起义工人武装占领全上海，并建立了上海特别市临时政府。

二月二十一日（3月24日），当北伐军攻占南京时，美、英、法、意等帝国主义借口保护侨民和领事馆，命令其停泊在下关江面的军舰炮击南京，打死打伤中国军民二千余人，房屋财产损失无数，世称“南京惨案”。

二月二十三日（3月26日），蒋介石秘密抵达上海，与帝国主义者、上海买办资产阶级筹划反革命大屠杀。

---

① 田吴炤(1870—1926)，原名行照，又名潜，字小钝、小莼，号伏侯，又号潜山、郎庵等；室名景伟楼、移山堂、鼎楚堂、七启庵等。祖籍湖北天门，生于荆州。1897年入两湖书院学习，1898年留学日本成城学校。回国后充任湖北自强学堂教习。1901年随罗振玉赴日考察教育。1902年中湖北乡试举人。1905年随五大臣出游欧美。1908年充任游日学生监督兼使署参赞。入民国，历官湖北沔阳、广济县知事、奉天(对日)交涉员、内务部佥事、职方司司长等职。1926年春被免职，同年病逝北平。精通说文，工书法，善翻译，富收藏。著有《说文二徐笺异》十四卷、《一切经音义引说文笺》十四卷、《宋本说文校勘表》等，译著有《论理学纲要》《普通教育学要义》《生理卫生学》《哲学新铨》等。

二月二十八日（3月31日），曾寿的前辈好友康有为[①]在青岛的“天游园”别墅病逝。

案：康有为曾有书函致曾寿：“数日不面，想万福。顷有要商，希一屈惠临。能偕亭林尤善，敬问寿老五兄兴居。有为顿首。”

二月间，曾寿因在杭州的生计日艰，乃迁居上海，以授读、鬻卖诗文字画为生。

案：卜居杭州南湖期间，堂伯父恩澍公和堂兄曾祚之遗孤一直跟随曾寿生活；为了维持一家人的生计，陈曾寿不得不忍痛割爱出售家中所藏之宋徽宗《晴麓横云》山水和元吴镇《苍虬图》等。

三月初五日（4月6日），奉系军阀搜查苏联驻华使馆，逮捕苏联外交人员和在使馆中避难的李大钊等六十余人。

三月初九日（4月10日），曾寿尝与老师陈三立、好友王乃徵和刚由天津来沪的好友郑孝胥相聚。

郑孝胥在日记中记载：“（民国十六年三月）初九日，与病山同至甘园，晤伯严、仁先及其弟○先。”（见《郑孝胥日记》第四册）

三月初十日（4月11日），曾寿的好友叶德辉[②]因反对国民政府和国民革命军领导的北伐战争，破坏工农运动，在长沙被农民所杀。

---

① 康有为(1858—1927)，原名祖诒，字广厦，号长素，别署西樵山人，戊戌后自称“更生”。广东南海人。早年从朱次琦学。1888年起，曾多次上书光绪皇帝，请求变法图强。1890年起，开始聚徒讲学，培养维新人才。1895年入京会试，发动“公车上书”，要求拒约、迁都、变法。是年中进士，授工部主事，未就职。积极从事组学会、办报纸，宣传变法维新的活动。1898年依靠光绪皇帝发动了变法维新运动。变法失败后逃亡海外，继续宣传保皇思想。1913年回国，宣传尊孔复辟。1917年伙同张勋复辟帝制。复辟失败后，成为北洋军阀的政客。工诗文，善书法，富收藏。著有《南海先生诗集》《大同书》《新学伪经考》《戊戌奏稿》等。今人编有《康有为全集》。

② 叶德辉(1864—1927)，字奂彬，一作焕彬，又字奂份，号直山，又号渔水，别号郎园、自园。原籍江苏吴县人，太平天国期间迁长沙，后以湘潭为籍。光绪十一年(1885年)举人，光绪十八年(1892年)进士，与张元济、李希圣为同年，官吏部主事。不久辞归，以提倡经学自任。维新变法期间，激烈攻击康、梁变法思想，并破坏湖南新政。袁世凯复辟帝制，发起组织筹安分会，任会长。1927年因破坏北伐和工农运动，被农民所杀。平生博学精到，工诗文、善书法，精鉴赏，尤长于经史、目录版本学；对小学、碑刻、摹印、占卜等皆有研究，所著及校刻书达百数十种。著有《郎园读书志》16卷、《书林清话》10卷、《观古堂文录》4卷、《翼教丛编》6卷、《观古堂骈俪文》《郎园消夏诗》《郎园山居文录》《郎园北游文存》《四库全书总目版本考》20卷等。其子汇刻为《郎园全书》，共126种。

三月十一日（4 月 12 日），以蒋介石为代表的国民党新右派集团在上海发动了反革命政变，残酷捕杀共产党员、革命群众和镇压革命运动，史称“四一二”反革命政变。

三月十四日（4 月 15 日），国民党反动派在广州发动反革命政变，捕杀共产党人、工人积极分子二千人，史称“四一五”惨案。

三月十七日（4 月 18 日），蒋介石在南京成立代表帝国主义和地主买办阶级利益的“国民政府”，并通过“清党”决议。

三月间，曾寿见庭院中的桃花盛开，乃用周邦彦词韵填有《花犯·沪寓桃花盛开，次清真韵》一词以纪之（见《旧月簃词》，《苍虬阁诗集》第 374 页）。

四月二十一日（5 月 21 日），湖南反动军官许克祥受何键的指使，在长沙发动了反革命的叛变，袭击革命组织，捕杀共产党员和革命群众，随后在全省开始了反革命的大屠杀。因此日的电报代日韵目是“马”字，故史称“马日事变”。

五月上旬，武汉政府北伐军与冯玉祥所部在郑州会师。

五月十一日（6 月 10 日），汪精卫和冯玉祥在郑州举行会议，密谋反共事宜。

五月十九日（6 月 18 日），张作霖在北京就任中华民国陆海军大元帅。任命潘复为内阁总理，发表了九个部的总长名单和军政府组织令，组成了安国军政府——这是北洋军阀最后的小朝廷。

五月二十一日（6 月 20 日），冯玉祥在徐州与蒋介石举行徐州会议，决定实行宁汉合作，共同反共。

五月间，应好友尧臣先生之请，陈曾寿与吴观岱携手，为其绘制设色纸本《西湖风景》书法成扇（19×51cm×2）。

此成扇的正面为吴观岱所绘之《双峰插云》图，其题识云：“双峰插云。为西湖十景之一，以意图之看之，尧臣先生以为何如。吴观岱，时年六十有六，丁卯夏五月也。”钤印：“吴。”“观岱。”成扇的背面为陈曾寿所书行书《西湖志·双峰插云》一则（文字略），其题识云：“录《西湖志·双峰插云》一则，尧臣仁兄雅属，陈曾寿。”钤印：“复志。”（详见苏州市吴门拍卖有限公司“十周年庆艺术品拍卖会”——“清风徐来——成扇、扇面”专场拍卖品，编号：0911）

六月十七日（7 月 15 日），汪精卫集团在武汉发动反革命政变，公开宣布与共产党决裂，随即大批屠杀共产党人和革命群众，第一次国内革命战争失败，史称“‘七一五’反革命政变”。

七月初四日（8 月 1 日），在周恩来、贺龙、朱德、叶挺、刘伯承等人的领导下，爆发了南昌起义，打响了武装反抗国民党反动派的第一枪，成为中国共产党独立地领导革命武装斗争的开端。

七月初六日（8 月 3 日），曾寿的前辈、好友冯煦①在上海寓所去世。

七月上旬，曾寿曾应好友冒广生之请，为其十二世祖冒辟疆遗像题诗——《题冒巢民先生小像为其十二世孙鹤亭作》（见《苍虬阁诗》卷四，《苍虬阁诗集》第 156 页）。

案：据冒怀苏编《冒鹤亭先生年谱》载，本年七月初七日，冒广生曾持冒辟疆遗像至沪请夏敬观题诗，则陈曾寿此诗，应该题于是日前后。

七月二十二日（8 月 19 日），南昌起义军攻占江西瑞金。

七月中下旬，曾寿患了一场病，且病颇重；三弟曾矩带病自杭州赴上海探视。

陈曾矩《随笔十五则》中云：“丁卯，大兄在沪患病，余居杭亦患感冒，急欲省视，带病至沪。”

八月初四日（8 月 30 日），湖南省委成立以毛泽东为书记的前敌委员会，作为秋收起义的最高指挥机关。

八月十一日（9 月 6 日），为陈曾寿的五十寿诞，因大病刚愈，孙多巘②九兄、夷希同年遂邀其游览郧山，并请僧普佛为曾寿的母亲周太夫人资冥福；游览归后，曾寿感念亲朋之厚意，乃作《秋间予病几殆，陟甫九兄、夷希同年邀游郧山，时为八月十一日，为予五十初度。两兄斋僧普佛为先

① 冯煦（1843—1927），原名熙，后改名煦，字梦华，号蒿庵、蒿史，晚号蒿叟，辛亥后自称蒿隐公。江苏金坛人。少好词赋，有“江南才子”之称。光绪十二年（1886 年）探花，授翰林院编修，历官会典馆、国史馆纂修、安徽凤阳知府、山西河东道、四川按察使、署理布政使、安徽布政使、安徽巡抚。后卜居江苏宝应。宣统二年（1910 年），苏豫皖发生大水，起用为赈灾大臣，五次出入灾区了解灾情，尽力赈灾。民国后侨居沪上，创办义赈协会，以赈济灾民。工诗词骈文，尤擅词，亦工书法。著有《蒿庵类稿》32 卷、《蒿庵类稿续编》3 卷、《蒿庵词话》、《蒙香室词》（一名《蒿庵词》）2 卷、《蒿庵随笔》4 卷、《蒿庵日记》等。另辑有《宋六十一家词选》12 卷；撰修有《江苏通志稿》《金坛县志》《宝应县志》等。

② 孙多巘，生卒年不详，字陟甫，号八公山民，斋名小墨妙亭。安徽寿州（今淮南市）人。瑞州知府孙家铎之孙，清末状元孙家鼐侄孙。民国实业家。寓居上海。与当时社会、文学名流多有交往。家富收藏，擅书法，喜刻书。

母周太夫人资冥福，归后病良已，追念感赋四首》纪其事（见《苍虬阁诗》卷五，《苍虬阁诗集》第164—165页）。

八月十四日（9月9日），毛泽东以中央特派员的身份和湖南省委在湘赣边界领导了著名的秋收起义。同年九月底，起义部队到达井冈山，创建了中国共产党领导下的第一个农村革命根据地。

八月间，应好友胡嗣瑗之请，曾寿曾为其作水墨纸本行书屏轴（173×32cm）。其屏文及题识云："（诗略，见其《小楼》十首之六，《苍虬阁诗集》第163页）子玉老兄两正。丁卯秋八月陈曾寿，时晤于上海。"钤印："苍虬。"（详见浙江长乐拍卖有限公司"2003中国杭州西湖博览会——浙江佳宝秋季艺术品拍卖会"——"中国书画"专场拍卖品，编号：0167）

九月初一日（9月26日），曾寿的前辈好友赵藩①在云南老家去世。

九月初九日（10月4日），应吴昌硕、周庆云、狄葆贤、姚景瀛②及诸宗元之邀，陈曾寿与沪上同人余肇康、王秉恩、陈三立、王乃澂、朱祖谋、曾广钧、汪诒书、吴庆焘、俞明颐③、程颂万、钱葆青④、夏敬观、袁思亮、谭泽闿等至华安酒楼宴集、登高，极一时之盛。

---

① 赵藩(1851—1927)，白族，字樾村，一字介庵，晚号石禅，别号蝯仙，别署石禅老人。云南剑川人。光绪元年(1875年)举人。曾入云贵总督岑毓英幕。后历官四川酉阳直隶州知州、盐茶道、永宁道、四川按察使等职。辛亥革命后，曾参加护国、护法运动，被选为众议院议员、广州军政府交通总长、云南省图书馆馆长等职。工诗，善书，富收藏。著有《向湖村舍诗初集》《二集》《向湖村舍杂著》《介庵楹句集钞》《介庵楹句续编》《介庵楹句正续合钞》《金石书画题跋》《咸同滇中兵事纪》等；晚年编辑有《云南丛书》205种1402卷。

② 姚景瀛(1867—1961)，原名瀛，字虞琴，一作渔吟，号景瀛，别署东湖渔隐。室名珍帚斋。浙江仁和亭趾(今杭州市余杭区)人，后寄寓上海。性喜结纳，五十余年间，与上海美术家、诗人词客，多有诗酒往还。新中国成立后，被聘为上海市文史研究馆员。工书画，亦能诗，富收藏。著有《珍帚斋诗画稿》等，补辑有《临平记再续》。

③ 俞明颐(1873—1966)，字寿臣，亦作寿丞，浙江山阴(今绍兴市)人。曾国藩孙女婿。曾以湖南试用道出任湖南武备学堂总办、湖南督练公所兵务总办，1904年任湖南学政，1905年总办长沙开埠事宜，1906年补湖南辰永沅靖道，1908年调任江西吉南赣宁道。入民国，退出政界，寓居上海，曾任商务印书馆董事。

④ 钱葆青(1859—?)，字灵哕，一字仲仙，又作仲轩，晚号看镜老人。湖北谷城人。光绪十一年(1885年)拔贡，十五年(1889年)举人。历任湖南平江、清泉、衡阳县知县。三十四年(1908年)，被聘为京师大学堂国文教习。1918年推选为民国第二届国会参议员。工诗文，喜金石，善书法，富收藏。著有《重熹堂全集》《戊辰(1928年)消夏百一诗》《己巳(1929年)销夏怀人诗》等。

陈谊《夏敬观年谱》记载："（民国十六年丁卯）10月4日，沪上文人集于华安高楼，举行重九登高会，到会者有王秉恩（雪澄）、秦秉直（子质）、陈三立（散原）、余肇康（尧衢）、王乃徵（病山）、朱祖谋（古微）、金镜蓉（甸丞）、汪颂年（诒书）、潘飞声（兰史）、曾广钧（重伯）、吴庆焘（宽仲）、曾熙（农髯）、程颂万（十发）、钱葆青（仲仙）、黄庆曾（笃友）、俞明颐（绶臣）、沈卫（淇泉）、徐珂（仲可）、陈棠（荫轩）、陈曾寿（仁先）、邹景祺（适庐）、夏敬观（剑丞）、严家炽（孟蘩）、谢凤孙（复园）、宗舜年（子戴）、赵世椤（叔孺）、褚德彝（礼堂）、王体仁（绶珊）、叶尔恺（伯皋）、李厚礽（云书）、商言志（笙伯）、高明显（欣木）、丁仁（辅之）、袁思亮（伯夔）、袁思永（巽初）、谭泽闿（瓶斋）、陈宝书（豪生）、莫永贞（伯衡）、关炯（炯之）、何遂（叙甫）、吴迈（东迈）、恽毓珂（觐叔）、沈焜（醉愚）、王贤（启之）、吴敬铭（肃丹）。又期而未至者恽毓龄（季申）、徐乃昌（积馀）、陶葆廉（拙存）、张元济（菊生）、王震（一亭）、冒广生（鹤亭）、李宣龚（拔可）、蒋汝藻（孟苹）、王蕴章（西神）、聂其杰（云台）、吴熙年（引之）、汪景玉（璇书）。主人吴昌硕（缶庐）、周庆云（梦坡）、狄葆贤（楚青）、姚景瀛（虞琴）、诸宗元（贞壮）等。"（《夏敬观年谱》卷之三）①

九月间，曾寿曾前往拜访、看望彊村老人，并填有《六丑·海棠，和彊村老人》一词相赠（见《旧月簃词》，《苍虬阁诗集》第374—375页）。

是年秋，曾寿的前辈友人、"楚中三老"之一的左绍佐②在北京寓所去世。

十月二十八日（11月21日），陈曾寿和好友吴学廉分别于中午、晚上宴请郑孝胥、陈三立、王乃澂、朱祖谋等师友。

郑孝胥在其当天的日记记载："（民国十六年十月）廿八日，鉴泉约至会宾楼饭。坐有伯严、锡之、王芸芳……陈仁先约晚饭，古微、聘三、伯

---

① 程谊:《夏敬观年谱》,黄山书社,2007年版。

② 左绍佐(1846—1927),字季云,一字竹笏,号笏卿,别号竹笏生。湖北应山人。光绪六年(1880年)进士,授刑部主事,与袁昶、沈曾植友善。先后官刑部三十年。庚子事变,两宫西狩,随扈。后累官至福建监察道、广东南绍廉道。民国后,亦曾出仕。晚年居上海、北京,常与樊山、少朴、实甫、石遗、絅斋等人诗酒唱和。工诗善词。著有《竹笏斋词抄》《蕴真堂集》《竹笏日记》等。

严、范之皆在座。”(《郑孝胥日记》第四册)

十一月初六日(11 月 29 日),曾寿的前辈好友、杰出艺术家吴昌硕① 在上海寓所去世。

十一月十八日(12 月 11 日),张太雷、叶挺、恽代英、叶剑英、杨殷、周文雍、聂荣臻等人在广州领导国民革命军第四军教导团和广州工人举行武装起义,建立了广州苏维埃政府。由于帝国主义和国民党反动派的联合镇压,起义最后失败;所剩部分武装,分别转移至海陆丰和广西左、右江等地农村,与当地农民起义武装会合,继续坚持革命斗争。

十一月间,应好友胡嗣瑗之请,曾寿为其作水墨纸本行书屏轴(173 × 32cm)。其屏文及题识云:“午候苦郁蒸,小卧避长昼。睡味晚始知,一枕敌千疚。梦见颀丈夫,眉宇丛神秀。问道劳洗涤,谓汝本无垢。真源绵若存,岩石断微溜。但守须臾间,时节未可又。天人同一役,斯理观已透。无事真得闲,一笑众香囿。　子玉老兄属,录近作(案:查陈曾寿诗集,不见有此诗)即正。丁卯十一月陈曾寿,时同客沪上。”钤印:“陈曾寿印。”“仁先。”(详见浙江长乐拍卖有限公司“2003 中国杭州西湖博览会——浙江佳宝秋季艺术品拍卖会”——“中国书画”专场拍卖品,编号:0167)

十一二月间,曾寿与三弟一起回浠水老家扫墓(见陈曾矩《随笔十五则》)。

年底,曾寿仍回到上海与家人团聚、度岁。

是年,曾寿尚写有《书愤》、《寥志弟遗水蜜桃,夜起食之感赋》、《自题焦山画册》、《景文诚公挽诗》(二首)等诗作和填有《浣溪沙·花近高楼恰未知》一词(见《苍虬阁诗》卷五,《旧月簃词》,《苍虬阁诗集》第 165、166、167、168、374 页)。

---

① 吴昌硕(1844—1927),初名俊,又名俊卿,字昌硕,又字仓石;别号仓硕、老仓、老缶、苦铁,又署破荷、大聋、缶道人、石尊者等。浙江孝丰(今湖州市安吉县)人。17 岁出外逃荒,22 岁回乡刻苦求学,中秀才后遂绝意仕进。曾入诂经精舍从俞樾学习。30 岁始学诗文、书法、篆刻与绘画。53 岁时被保举出任安东县(今江苏涟水)知县,一月即辞去。长期寓居上海。光绪三十年(1904 年),与吴隐等人在杭州西湖孤山创立西泠印社,任社长。与任伯年、蒲华、虚谷并称“清末海派四大家”。其集诗书画印于一身,融金石书画为一炉,艺术风尚在国内外影响很大。著有《缶庐集》《缶庐诗存》《缶庐印存》《吴苍石印普》《缶庐近墨》《苦铁碎金》《吴昌硕画集》《吴昌硕作品集》等。

是年，曾寿的好友李岳瑞[①]在咸阳老家病逝。

## 民国十七年戊辰(1928年)　五十一岁

年初，曾寿仍在上海二弟寥志处过年。

正月上旬，朱德、陈毅等率领南昌起义保存下来的一部分部队，由广东北江地区进入湖南南部，在当地党组织的配合下，发动和领导了宜章年关暴动，揭开了湘南起义的序幕。

正月中旬，郴州、永兴、资兴、耒阳等十余县农民纷纷起义，部分县还建立了农民革命政权。

正月二十五日（2月16日），蒋介石和冯玉祥、阎锡山、李宗仁相会于河南开封，商定：蒋任国民革命军总司令兼第一集团军总司令，冯任第二集团军总司令，阎任第三集团军总司令，李任第四集团军总司令，四方联合向奉军和直鲁军进攻。

二月十六日（3月7日），国民党中央政治会议改推蒋介石为主席，李济深、李宗仁、冯玉祥、阎锡山分别为广州、武汉、开封、太原政治分会主席。

闰二月十九日（4月9日），蒋（介石）、冯（玉祥）、阎（锡山）、桂（李宗仁）四个集团军北伐进军开始。

闰二月二十四日（4月14日），郑孝胥邀请王秉恩、陈三立、朱祖谋、吴庆焘、王乃徵、夏敬观、李宣龚、陈曾寿食素菜。

郑孝胥在其当天的日记记载："（民国十七年闰二月）廿四日，约雪澄、伯严、古微、宽仲、病山、剑丞、拔可、仁先食素菜。"（见《郑孝胥日记》第四册）

三月初二日（4月21日），陈曾寿偕王秉恩、陈三立、朱祖谋、王乃徵、袁思亮等师友前往好友郑孝胥府宅祭奠其亡妻（郑妻病逝于闰二月初十日）。

---

① 李岳瑞(1862—1927)，字孟符，号春冰，别署春冰室主、惜诵等。陕西咸阳人。光绪八年(1882年)举人，次年成进士，选庶吉士。散馆后历官工部主事、工部员外郎、总理衙门章京等职。戊戌变法期间，与康有为、梁启超等人关系密切，积极宣传变法思想。变法失败后，被革职，回家乡赋闲。三十一年(1905年)，应邀赴上海任商务印书馆编辑，并在中国公学兼课。清史馆成立，被聘为编修，参与编纂《清史稿》。1922年归乡。工诗文，富藏书。著有《春冰室野乘》《悔逸斋笔乘》《郢云词集》《国史读本》等，又与梁启超合著《中国六大政治家》。

郑孝胥当天的日记记载：“（民国十七年三月）初二日，王雪澄、陈伯严、朱古微、陈容民、宋澄之、王聘三、陈仁先、许鲁山、罗子经、袁伯夔、丁晋生来致公祭。”（见《郑孝胥日记》第四册）

三月初九日（4 月 28 日），朱德、陈毅等率领南昌起义保存下来的一部分部队和湘南起义的农军到达井冈山，在宁冈砻市与毛泽东领导的部队会师，并于三月中旬成立了中国工农革命军第四军（四月中旬，根据中共中央的指示，改称中国工农红军第四军）。

三月十四日（5 月 3 日），日本帝国主义在山东济南制造了屠杀中国军民和外交人员的惨案。日军攻占城区，奸淫掳掠，残杀中国军民及外交人员六千余人，伤一千七百余人，毁坏财产价值数千万元。史称“五三”惨案或“济南惨案”。

三月间，曾寿在女婿周君适等人的陪同下，自上海回到杭州湖舍。曾寿曾填有《疏影·戊辰三月，同夷希、君适返湖庐》词纪其事（见《旧月簃词》，《苍虬阁诗集》第 375 页）。

案：《烟沽渔唱》卷六之《集外词》中载有四首《疏影·和苍虬湖楼感旧》：郭宗熙“湖光暱客”、徐沅“疏蓬倦客”、胡嗣瑗“归来似客”、郭则沄“浮生是客”（《龙顾山房诗余》题作“和苍虬同年湖楼感旧原韵”）。

四月十六日（6 月 3 日），曾寿的同乡黎元洪[①]在天津寓所去世。

四月十七日（6 月 4 日），奉系军阀张作霖被日本关东军炸死于沈阳西北的皇姑屯车站，史称“皇姑屯事件”。

四月三十日（6 月 17 日），曾寿的前辈友人辜鸿铭[②]在北京寓所去世。

---

① 黎元洪（1864—1928），字宋卿，湖北黄陂人，人称“黎黄陂”。14 岁随父北上，寓居天津。光绪九年（1883 年）考入天津北洋水师学堂。中日甲午战争爆发，曾随舰队北援。光绪二十一年（1895 年），三赴日本考察军事、政治。光绪三十一年（1905 年），擢升第二镇第三协统领兼护该镇统制官。次年，任陆军暂编第二十一混成协协统领。武昌起义后，任革命军湖北军政府都督。南京临时政府成立，当选为副总统。袁世凯去世后，曾两任大总统。晚年投资实业。能诗文，工书法。

② 辜鸿铭（1856—1928），名汤生，字鸿铭，自号汉滨读易者。福建厦门人。因家属侨居国外，故早年曾留学英、德、法国，获博士学位；又游历意、奥等国，考察政治、文化。精英、德、法等国语言及拉丁文。30 岁始回国，曾为张之洞、周馥幕僚，官至外务部左丞。曾用英文将《中庸》《论语》《春秋大义》等典籍译介给欧美，深为西方人所景仰。辛亥革命后，任北京大学教授。著有《读易草堂文集》（内篇 1 卷，外篇 1 卷），辑有《蒙养弦歌》，另有汉译《痴汉骑马歌》等。

四月间，曾寿仍在杭州南湖寓庐小住，并作有《四月返湖庐》一诗纪其行（见《苍虬阁诗》卷四，《苍虬阁诗集》第154页）。

五月十九日（7月6日），蒋、冯、阎、李四个国民党集团军总司令在北京集会，商讨善后事务。

五月下旬，遗民特质较为突出的词社——“须社”在天津郭则沄的栩楼成立，并举行第一次社集。陈曾寿此次未能出席，但以后却是此词社的重要成员。

案：“须社”社友除陈曾寿之外，尚有郭宗熙、郭则沄、查尔崇、李孺、章钰、周登皞、白廷夔、杨寿枏、林葆恒、王承垣、徐沅、陈实铭、周学渊、许钟璐、胡嗣瑗、李书勋、唐兰、陈恩澍、周伟等十九人。陈宝琛、樊增祥、夏荪桐、陈懋鼎、陈毅、高德馨、邵章、夏敬观、姚亶素、万承栻、袁思亮、钟刚中、黄孝纾等人亦间与之。月凡三集，限调与题。社集共一百次，自一九二八年五月首集起，至一九三一年五月十二日为最后一次雅集。

“须社”的前身当为“冰社”。郭则沄《清词玉屑》卷九云：“余于曲中相识最久者，无如王怜卿。乙丑、丙寅间，‘冰社’同人恒过李小石词龛夜话，怜卿日必相从，至参横月落始散，从无倦色。”其卷十二亦云：“‘冰社’同人隶旗籍者，惟约庵与白栗斋，而约庵遇尤蹇。”郭曾炘《邴庐日记》（一九二八年七月初七日）云：“是日为‘冰社’会期，‘冰社’同人近改为填词之会。”许钟璐《清故诰授光禄大夫头品顶戴赏戴花翎署浙江提学使司提学使侯官郭公墓表》云：“公博学能文，虽颠沛忧危之际，未尝朝夕废文字。在天津，结冰社、须社、俦社。在旧都，结钵社、律社。与一时硕彦耆儒商量旧学，皆推公为祭酒。”由上可粗略窥见“冰社”与“须社”之间的演变和联系。

五月间，陈曾寿仍自杭州南湖返回上海。

六月初六日（7月22日），彭德怀、滕代远、黄公略等共产党人在湖南平江领导所部革命士兵和当地农民举行武装起义，成立了中国工农红军第五军和平江工农兵苏维埃政府，开辟了湘鄂赣革命根据地。

七月上旬，应好友履仁先生之请，金蓉镜老人在好友陈曾寿所绘之水墨纸本镜心《松》上题跋。其题跋系录辛稼轩词一阕（词略）。其题识云：“履仁先生法家嘱正。戊辰七月上浣，香严居士金蓉镜，时年七十有三。”钤印：“香严庵。”

案：此前，应好友履仁先生之请，陈曾寿曾为其绘制有水墨纸本《松》镜心（114×51cm），其题识云：“履仁仁兄正，陈曾寿。”钤印：“曾寿印。”

（详见山东恒昌拍卖有限公司“2013年迎春艺术品拍卖会”——“近现代书画名家专题”专场拍卖品，编号：0068）

七月间，曾寿曾回杭州寓庐小住，并填有《庆宫春·莎隐虫声（七月返湖庐）》词纪其行（见《旧月簃词》，《苍虬阁诗集》第376页）。

案：《烟沽渔唱》卷七之《集外词》所载，首句作“莎隐蛩声”。另录有“和苍虬重返湖庐韵”二首：胡嗣瑗“愁叠芳馨”、郭则沄“幽渚蜻迷”（《龙顾山房诗余》题作“苍虬重返湖庐有词见赠依韵和之”）。

其间，好久没有得到现在天津的同年好友胡嗣瑗的消息，曾寿乃填《踏莎行·寄愔仲》一词寄赠问讯（见《旧月簃词》，《苍虬阁诗集》第375页）。

八月二十五日（10月8日），国民党中常委会推举蒋介石为国民政府主席兼陆海空军总司令。

九月上、中旬，女婿周君适陪同陈曾寿和黄孝纾[①]至镇江焦山登高，夜宿松寥阁；曾寿曾作有《戊辰九月，同公渚、君适焦山登高，宿松寥阁》一诗纪其行踪（见《苍虬阁诗外集》，《苍虬阁诗集》第403—404页）。

十月初十日（11月21日），曾寿梦见自己来到南湖寓庐听雨，夜景幽绝，梦醒后乃填《踏莎行·十月初十日，梦湖斋坐雨，夜景幽绝，醒记之》一词以纪之（见《旧月簃词》，《苍虬阁诗集》第376页）。

十月十三日（11月24日），为好友、中国邮票大王周今觉的五十寿诞，周氏曾作诗纪之；曾寿遵属作《梅泉五十初度有诗及后山简斋，自抒身世之感，属和》一诗相赠（见《苍虬阁诗》卷六，《苍虬阁诗集》第170页）。

十月中、下旬，陈曾寿曾回南湖寓庐小住，并作有《十月返湖庐》诗和填有《八声甘州·十月返湖庐，晚菊尚余数种，幽媚可怜》《烛影摇红·许汲侯丈于三台山下辟一园，梅花最胜，自丈谢世，不忍复过。今来湖上，

---

① 黄孝纾（1900—1964），字公渚，号匑庵、匑厂，别号霜腴、辅唐山民、灌园客、沤社词客、天茶翁等，福建闽侯人。父黄曾源，进士出身，官至济南知府。入民国，举家迁居青岛。家学渊源，孝纾及冠即通经学、考据、训诂、书画、诗词。1924年移居上海。不久，受藏书家刘承干之聘，至湖州南浔主持嘉业堂藏书楼，得以遍览其藏书。其间，曾兼任上海南洋公学、暨南大学教职；又从陈三立学诗，从况周颐学词，参与沪上文人的社集活动。1934年辞聘回青岛，任教山东大学。1937年赴北平，任北京艺专校长、北京师范大学教授。1946年山东大学复校，被聘为教授，直至去世。著有《匑厂文稿》六卷、《匑厂词乙编》一册、《崂山集》等；另编选有《楚辞选》《欧阳修词选译》《三苏文》《黄山谷诗》等十余种。

正值花时，折数枝插瓶赏之》《前调（烛影摇红）》词纪其行（见《苍虬阁诗》卷四，《旧月簃词》，《苍虬阁诗集》第157、376—377、378页）。

其间，曾寿曾再次往游法相寺，归后作有七言长篇歌行《忠樟行》（并序）纪之（见《苍虬阁诗》卷六，《苍虬阁诗集》第174—175页）。

十月间，应好友载如居士之请，曾寿为其绘制设色纸本《天目览胜图》成扇（48×18.5cm）。其题识云："天目览胜图。载如居士以丁卯九月同孙翁漱石……（案：中间字太小，辨认不清；其题识中所录《登天目山望云海》诗，见《苍虬阁诗集》第136页，此处略）戊辰十月，蕲水陈曾寿。"钤印："苍虬。"

案：1929年夏，载如居士又请顾颉刚在此成扇的背面题跋。顾氏仔细观赏正面所绘之图后，遂以行书将明代袁宏道的《天目山记》（部分，此略）书其上。其题识云："己巳夏始，载如居士以仁先所绘《天目览胜图》属题，辄录袁宏道《天目山记》，未竟也，顾颉刚。"钤印："颉刚启事。"于是，书画合璧，遂形成了今天所见到的陈曾寿和顾颉刚合作的设色纸本《山水·书法》成扇。（详见西泠印社拍卖有限公司"2014年秋季拍卖会"——"中国书画成扇"专场拍卖品，编号：2196）

十一月初一日（12月12日），彭德怀、滕代远等率领平江起义建立的红五军主力，转战到达井冈山，与红四军会合。

十一月初八日（12月19日），曾寿的本生祖母朱氏去世，享年89岁。

十一月十八日（12月29日），奉系军阀张学良通电全国，宣布：从即日起遵守"三民主义"，服从"国民政府"，改变旗帜（将北洋政府的五色旗改换成国民政府的"青天白日满地红旗"）。此举标志着北伐的结束、国民政府完成全国的统一以及北洋政府的正式结束。

十一月间，曾寿仍回沪上，冬夜漫长，乃作《冬夜杂述》（十首）以纪之（见《苍虬阁诗》卷六，《苍虬阁诗集》第170—172页）。

其间，曾有好友冯幵前来拜访，并出示《逃空图》请题；曾寿乃作《题冯君木逃空图》一诗相赠（见《苍虬阁诗》卷六，《苍虬阁诗集》第173页）。

又有散原老人弟子、《时事报》编辑曹靖陶[①]前来拜访，并出示其《看

---

① 曹靖陶（1904—1974），又名熙宇，字倜生，号看云楼主、看云楼主人；因排行第三，故常署名"曹三"。曹辅钦第三子，曹元宇之弟。安徽歙县雄村人。早年师从陈三立、袁克文等。暨南大学肄业，出任《时事报》编辑，其评论颇著时名。晚年寓居江苏昆山。工诗，尤以五言蜚声诗坛，又善书法。著有《音乐戏曲舞蹈人名辞典》《小戏考》《看云楼诗集》等。

云楼觅句图》请题；曾寿乃作《题曹靖陶〈看云楼觅句图〉》一诗相赠（见《苍虬阁诗》卷六，《苍虬阁诗集》第 173 页）。

十二月初四日（1929 年 1 月 14 日），为打破湘赣敌军对井冈山根据地的“会剿”，毛泽东、朱德、陈毅率红四军主力挺进赣南、闽西。

十二月初九日（1929 年 1 月 19 日），著名思想家、政治家、文学家梁启超在北京协和医院病逝。

十二月间，老师陈三立曾为陈曾寿的《苍虬夜课》作评语云：“沉哀入骨，而出以深微澹远，遂成孤诣。陶令称‘摆落悠悠谈，请从余听之’，固有旷世而相感者耶？戊辰腊日，三立读”；“杜云‘泪痕血点垂胸臆’，苏云‘脂膏尽精微’，欲括二语诵此卷。戊辰小除，三立，年七十有六。”（陈三立：《陈曾寿苍虬夜课评语》，《散原精舍诗文集补编·诗文补遗》）

年底，溥心畬在收到好友陈曾寿的书函后，当即作水墨纸本镜心《致陈曾寿行书诗卷》（10×102cm）回赠。因所录其新作之诗颇多，且字细难以辨认，故略。此处仅录其题识：“仆违西山，端忧多暇。每会林邱，感伤猿鹤。戊辰岁暮，苍虬侍郎自海上寄尺书至。瞻望伊人，道阻且长。但寄新诗，弥深缱绻。溥儒并识。”钤印：“心畬。”“溥儒。”“长毋相忘。”（见北京保利国际拍卖有限公司“北京保利十二周年秋季拍卖会”——“‘温故’——近现代书画私人珍藏”专场拍卖品，编号：1912）

除夕之日（1929 年 2 月 9 日），曾寿回想其一年来的境况，感慨良多，乃作《戊辰除夕》一诗以抒其慨（见《苍虬阁诗》卷六，《苍虬阁诗集》第 175 页）。

是年，陈曾寿的前辈、同乡好友、文史学者吴庆焘[①]在上海寓所去世；曾寿闻讯，颇为悲伤，乃作《吴宽仲先生挽诗》（三首）以悼之（见《苍虬阁诗》卷六，《苍虬阁诗集》第 173—174 页）。

是年，曾寿尚写有《感愤》《谢陟甫馈蒸鸭》《后剧》等诗作（见《苍

---

① 吴庆焘(1856—1928)，一名庆恩，字宽仲，号文鹿，亦号炯然，别号孤清居士。湖北襄阳人。光绪十一年(1885 年)举人。早年主要从事《襄阳四略》的编纂刊行工作。宣统元年(1909 年)，推选为湖北谘议局议长。一年后辞职，出任江西赣南道台。入民国，曾任襄阳红十字会会长。后寓居上海，以卖字为生。曾为上海中华书局书写仿宋体字，书局则据以铸成铅字，用于印刷。工书法，善诗词，精考订。著有《韡珠仙馆诗存》(又名《吴炯然先生诗集》，内有《诗存》七卷，并附有《陶陶集》和《词附》)、《襄阳四略》(即《沿革略》一卷、《兵事略》六卷、《金石略》十二卷、《艺文略》五卷、附一卷)二十五卷等，曾校补《襄阳耆旧记》。

虬阁诗》卷六，《苍虬阁诗集》第169、172页）。

是年，前辈师长陈宝琛曾应邀为陈曾寿作《题仁先围城中画册》一诗相赠（见《沧趣楼诗集》卷九，《沧趣楼诗文集》第213页）。

是年，陈曾寿偶然得到宋宣和御笔牡丹，遂请彊村老人为其题写斋额，以藏其画；彊村老人欣然为曾寿题斋额为“词皇阁”，并填有《宴山亭·苍虬邃于词，复喜绘事，一日得宣和御笔牡丹，曰：“此词皇画也。”为书“词皇阁”，以榜其斋》一词纪其事。

案：陈曾寿后来曾写有《题宣和御笔鞓红牡丹》一诗，其末句云：“披图题署词皇阁，付与万古长咨嗟。（彊村侍郎题曰‘词皇阁’。）”又，林鹍翔在其《琴调相思引》的序中亦云：“苍虬得宣和御笔牡丹，曰：‘此词皇画也。’彊村师为书‘词皇阁’榜其斋，复词以张之。”

是年，曾寿的前辈、好友王秉恩①在上海兆丰路寓所去世。

是年，曾寿的好友成多禄②在吉林老家病逝。

是年，曾寿的朋友徐珂③在上海寓所去世。

---

① 王秉恩(1845—1928)，字雪澂，亦作雪岑、雪澄、雪城、雪丞、雪尘，又字息存，号茶龛，别署息尘庵主，晚号华阳真逸；室名元尚居、明耻堂、野知厂、强学簃、养云馆。华阳(今四川双流)人。同治十二年(1873年)举人。颇为张之洞赏识，曾入成都尊经书院。后入张之洞幕府多年，协助张氏创办广雅书局并被推举为提调，刻有《广雅丛书》，数量多，价值高、甚实用。张氏督湖广，亦随往，主持汉口商务局。后曾官广东提法使、广东按察使。入民国，寓居上海，与叶昌炽、缪荃孙等往来密切。工诗文，善书法、通目录、精校勘，富收藏。著有《养云馆诗存》《息尘庵诗稿》《彊教宧杂著》《读书随笔》《公牍稿》《王雪澂日记》等；又与罗文彬合撰有《平黔纪略》(二十卷)；另校勘有《石景汇函》《方言》等数十种。

② 成多禄(1864—1928)，原名恩令(恩龄)，字竹山、竹珊，号澹堪。隶汉军正黄旗。室名榆庐、澹园、十三古槐馆。祖籍山西，后北迁吉林其塔木镇(今属九台市)。16岁取附贡生。光绪十一年(1885年)拔贡。光绪十九年(1893年)考国子监，取第一。次年应顺天乡试，因病未终场，从此绝意仕进。后曾入盛京将军依克唐阿、齐齐哈尔副都统程德全幕府。光绪三十一年(1905年)以候选同知擢升绥化知府。光绪三十三年(1907年)辞职随程德全赴江苏。辛亥革命后归乡。1916年任省参议员、中东铁路理事会董事。晚年寓居北京，出任参议院议员、教育部审核处处长兼图书馆(今北京图书馆)副馆长。工诗，善书。著有《澹庵诗草》《澹堪诗草》《成多禄年谱》等。今人辑有《成多禄集》。

③ 徐珂(1869—1928)，原名昌，字仲可，浙江杭县(今杭州市)人。李慈铭晚年弟子。光绪十五年(1889年)举人。曾入袁世凯、苏元春幕。1901年至上海担任《外交报》、《东方杂志》编辑多年；后入上海商务印书馆任杂纂部部长。南社社员。编有《清稗类钞》《清朝野史大观》《天苏阁丛刊》《康居笔记汇函》《历代白话诗选》《古今词选集评》等。

是年，曾寿的同年、朋友黎湛枝①在北平去世。

## 民国十八年己巳(1929年)　五十二岁

年初，陈曾寿前往看望老师陈三立，并将近作呈示老师，请求批评。曾寿曾作有七言歌行《以近诗请散原先生评定附呈一诗》纪其事（见《苍虬阁诗》卷六，《苍虬阁诗集》第175—176页）。

正月初八日（2月17日），上海同人在静安寺公祭梁启超，陈三立与张元济主持其事。

二月初八日（3月18日），国民党召开第三次全国代表大会，通过《确定训政时期党政府人民行使政权治权之分际及方略案》，进一步剥夺了全国人民的民主权利。

二月中旬，又是春光明媚之时，想起去年此时与好友傅岳棻相约游览房山的上方山未果，忽忽一年，颇思念好友，乃作《寄治芗》一诗寄赠（见《苍虬阁诗》卷六，《苍虬阁诗集》第176页）。

二月下旬，曾寿曾回了一趟蕲水老家，为父母和先祖上坟、扫墓，并作有《河坪上冢》《黄州江干旅夜》等诗纪其行（见《苍虬阁诗》卷六，《苍虬阁诗集》第176—177页）。

其间，有友人朱用和②招饮，回忆起友人之尊人晓岚先生的饮酒之乐，不觉怆然流涕，乃作七言长篇歌行《朱用和招饮，因忆其尊人晓岚先生饮酒之乐，怆然出涕，送赠一首》相赠（见《苍虬阁诗》卷六，《苍虬阁诗集》第177—178页）。

三月十一日（4月20日），明日就是好友郑孝胥的七十寿诞，陈曾寿为其绘《夜起图》，并作五言歌行《为苏堪作〈夜起图〉即祝其七十初度》相赠，为其贺寿（见《苍虬阁诗》卷六，《苍虬阁诗集》第178页）。

陈三立见到陈曾寿所绘之《夜起图》后，乃作七言绝句《苍虬为太夷所

---

① 黎湛枝(1870—1928)，字露苑，又作露庵、璐庵，广东南海人。少家贫，聪颖好学。16岁成秀才，23岁中举人，光绪二十九年(1903年)取二甲第一名进士，选庶吉士。散馆授翰林院编修，曾教溥仪等宗室子弟读书。宣统元年(1909年)任出使俄国参赞。张勋复辟时授学部右丞。善书法。

② 朱用和(1898—?)，祖父曾任某省藩台，开办有柳江煤矿。1923年担任淮南保纪矿务实业有限公司董事。1929年任华商大同煤矿股份有限公司董事，次年任经理，1934年改任董事。1945年9月，奉宋子文派遣，前往接收淮南的铁路和煤矿，并出任淮南矿路股份有限公司董事长。

作〈夜起图〉》赠苏堪，为其贺寿（见《散原精舍诗别集》）。

郑孝胥当天的日记记载：“（民国十八年三月）十一日，陈仁先为作《夜起庵图》，并赠五古一首，陈伯严亦题一绝。”（见《郑孝胥日记》第四册）

三月十六日（4 月 25 日）夜，曾寿梦见自己来至一寺，人告其为“明月寺”；时身临寺前之大潭边，月光皎洁，环境甚美，乃赋词一阕；醒后却记不全，然余味在心，遂填《临江仙·三月十六夜，梦至一寺，殿前广潭，月光皎洁。有人告予曰：“此明月寺也。”因成一词。醒后不全记，余味在心，足成之》一词纪其事（见《旧月簃词》，《苍虬阁诗集》第 378 页）。

四月间，好友冒广生自南京赴上海公干，曾过访陈曾寿，并请他为自己绘制《写经图》；曾寿遵属为之绘图，又作《为鹤亭作写经图题句（并序）》（三首）相赠（见《苍虬阁诗》卷六，《苍虬阁诗集》第 179 页）。

五月间，天甚热，在家闲居避暑，有友人持戴熙《湖天清晓图》出示请题；曾寿细观其图，乃作七言长篇歌行《题戴文节公〈湖天清晓图〉》相赠（见《苍虬阁诗》卷六，《苍虬阁诗集》第 181 页）。

六月初六日（7 月 12 日），曾寿的前辈、好友陈庆年①在家乡去世。

六月间，酷暑难当，然酷暑将尽，曾寿特作《残暑》以纪之（见《苍虬阁诗》卷六，《苍虬阁诗集》第 181 页）。

同月里，清废帝溥仪自天津的张园迁居静园。

七月间，应好友高贞伯之邀，曾寿为其作水墨纸本山水书法成扇。扇子正面绘山水图，其题识云：“仿麓台晚年笔，己巳秋七月，贞伯仁兄正，陈曾寿”。钤印：“陈曾寿。”扇子的背面为书法（19 × 49 cm），其题识云：“东方云海空复空，群仙游戏光明中。荡摇万象生顷刻，岂有贝阙藏珠宫。心知所见皆幻影，敢以耳目烦神功。水冷天地闲为我，起蛰鞭鲛龙重楼。翠阜出霜晓异事，惊倒百岁翁人闲。有得皆力取世外，无物谁为雄

---

① 陈庆年(1863—1929)，字善馀，自号石城乡人，晚号横山。祖籍皖南徽州，先世迁居江苏丹徒人。光绪八年(1882 年)补县学生员，是年秋乡试，与沈曾植交游。光绪十二年(1886 年)，肄业于南菁书院，与唐文治、赵剑秋、孙师郑等人同学，并为王先谦、黄以周所器重。光绪十四年(1888 年)，中优贡生。后入张之洞幕，居武昌，任译书局总纂兼两湖书院分教。又赴湘，任高等学堂监督兼提调湖南全省学务。再赴江南，受两江总督端方聘，入江楚编译局和江南图书馆任职。民国十年(1921 年)，唐文治创办无锡国学专修馆，聘其为主讲，因病未赴任。工诗文，富藏书。著有《横山草堂集》《五代史略》《辽史讲义》《中国历史教科书》《横山乡人类稿》《古香研经室笔记》《横山乡人丛钞》等。

率然。有请不我据信我，人厄非天穷潮阳。太守南迁归喜见，石廪堆祝融自言。正直动山鬼岂知，造物哀龙钟伸眉。伸眉一笑岂易得，神之报汝亦已丰。斜阳万里孤鸟没，但见碧海磨青铜。新诗绮语亦安得，相与变灭随东风。贞伯仁兄雅正，苍虬陈曾寿。”钤印：“陈曾寿。”（见广东崇正拍卖有限公司“2016 秋季文物艺术品拍卖会”——“润德堂书画藏珍”专场拍卖品，编号：184；又见《梅庵藏画集》，上海书画出版社 2009 年 8 月，第 647 页）

八月初九日（9 月 11 日）夜，曾寿梦见自己来到一处，书案上摆放着魏晋六朝人的诗集，翻看其内容，妙趣纷纶，甚有余味；醒后追忆，又不记得内容，乃作《八月初九夜，梦至一处，案上书装册甚古，翻视为魏晋六朝人诗，梁诗标曰：“梁言。”齐曰：“齐言。”妙趣纷纶，盎有余味。醒后追忆不得，遂拟二首，仿佛所见云》以纪其事（见《苍虬阁诗》卷六，《苍虬阁诗集》第 183 页）。

八月上旬，彭德怀、滕代远率领红五军的五、六纵队回师湘鄂赣边界，与黄公略率领的湘鄂赣边支队会师合编，统称红五军；彭德怀任军长，滕代远任政委，黄公略任副军长，邓萍任参谋长，吴溉之任政治部主任。

八月三十日（10 月 2 日），应龙榆生之邀，陈曾寿赴张园雅集；同至者有陈三立、朱祖谋、夏敬观、袁思亮、王乃澂、程颂万、谢凤孙、黄孝纾等。同人以陈三立将离沪赴庐山，故为其饯行。

张晖在《龙榆生先生年谱》中记载：“（民国十八年己巳）十月二日（重阳前十日）主张园雅集，与会者有陈三立、朱祖谋、夏敬观、陈曾寿、袁思亮、王病山、程颂万、谢凤孙、黄孝纾及先生尊人龙赓言等。时陈三立将北上，众人为之饯行。先生及夏敬观、程颂万、袁思亮、黄孝纾等皆有诗纪念。是日摄影留念，先生将照片寄赠陈石遗、赵熙（香宋），二人皆有诗回赠。”（见《龙榆生先生年谱》卷二，学林出版社 2001 年版）

八月间，著名诗人蒋智由在上海寓所病逝。不久，其弟子吕美荪持其师自编遗诗过访陈曾寿请题；曾寿见其已将早年所写那些新派诗大都删去，颇为赞赏，乃作《书诸暨蒋观云诗集后》一诗相赠（见《苍虬阁诗》卷六，《苍虬阁诗集》第 184 页）。

九月上旬，因与友朋相约去镇江焦山游览，曾寿遂先至南湖寓庐小住；其间，曾写有《秋怀三首》《湖夜》等诗纪其事（见《苍虬阁诗》卷六，《苍虬阁诗集》第 182—183 页）。

九月初八日（10 月 10 日），西北军将领宋哲元等通电反蒋，并进军河南，开始了蒋介石与冯部西北军之间的战争。

九月初九日（10 月 11 日），曾寿与好友黄孝纾等人相约游焦山，想起在庐山陪女儿养病的女婿周君适，乃作《九日焦山登高，同公渚作，寄君适庐山》一诗寄赠（见《苍虬阁诗》卷六，《苍虬阁诗集》第 183 页）。

次日，又与诸好友往游别峰庵①，归坐定慧寺门前，偶有所思，乃作七言歌行《同陟甫、印楼、厚先、公渚至别峰庵观落日，归坐定慧寺山门》纪其行（见《苍虬阁诗》卷六，《苍虬阁诗集》第 184 页）。

九月十一日（10 月 13 日），陈曾寿拿出经自己修补过的第二卷经卷，请好友黄孝纾将其在数年前题写的《吊雷峰塔文》迻录于经卷末；黄孝纾欣然遵命，并在移录完全文后题识曰："右《吊雷峰塔文》，稿成于甲子秋日，苍虬世丈属移写卷末，即乞察正。 己巳重九后二日。"（见上海博物馆所藏的有陈曾寿绘图并题诗词及识语之三卷经卷的第二卷）

九月中旬，曾寿见北方战乱又起，乃作有《闻近事偶作》一诗以抒其慨（见《苍虬阁诗》卷六，《苍虬阁诗集》第 189 页）。

十月十一日（11 月 11 日），曾寿的好友曾广钧②在湖南老家去世。

十月十五日（11 月 15 日），中共中央政治局通过开除陈独秀党籍的决定。

十月下旬，陈曾寿带领夫人、子女赴庐山看望生病的长女，与尚居住庐山牯岭的老师陈三立相聚。

郑孝胥曾在日记中记载："（民国十八年十月）廿八日，过剑丞、沈昆三、胡适之、袁伯夔、陈仁先、周梅泉，仁先赴庐山。"（见《郑孝胥日

---

① 别峰庵：在焦山双峰之阴的别岭上，翠竹环抱之中，有一座别致的方形四合院，称"别峰庵"。"别峰"乃是指该岭有别于焦山山顶之主峰（东峰和西峰）之意。该庵始建于宋代。庵内北侧有小斋三间，天井中有一花坛，桂花树两株，修竹数竿，环境清雅幽绝。因郑板桥曾在此读过书，故使其名闻遐迩。

② 曾广钧（1866—1929），字重伯，号觙庵，又号汲安，别署中国之旧民。祖籍湖南衡阳，出生于湘乡县荷塘（今双峰县荷叶镇）。曾国藩第三子曾纪鸿长子，曾国藩长孙。光绪十五年（1889 年）进士，授翰林院编修。甲午战争后，官广西武鸣府知府。宣统三年（1911 年）弃官归里，卒于里。工诗词，精书法。其诗惊才艳丽，属温李一派，王闿运称之为"圣童"；梁启超称其为"诗界八贤"；又与李希圣、汪荣宝、孙希孟并成为擅长"玉溪体"的四大家。著有《环天室诗集》前后集。

记》第四册）

陈曾寿曾写有《十月率室人及儿子邦直、女荃视长女疾于庐山之芦林，适散原先生来牯岭，过访，先生有诗奉和》《次韵散原先生大雪后过访》《奉和散原先生二首》等诗纪其事（见《苍虬阁诗》卷六，《苍虬阁诗集》第184—185、186页）。

陈三立则相继写有《仁先视女疾来匡山见过感赋》《雪霁访仁先芦林山居》《仁先复过谈有述》等诗纪其事（见《散原精舍别集》）。

其间，陈曾寿曾为老师陈三立绘有《幽栖图》，并作《为散原先生作〈幽栖图〉次韵》一诗相赠（见《苍虬阁诗》卷六，《苍虬阁诗集》第188—189页）。

陈三立则作有《仁先为作〈幽栖图〉纪以一诗》致谢（见《散原精舍别集》）。

在女婿君适之弟君颖的陪同下，曾寿游览了黄龙寺①、好汉坡②等地，并作有《同君颖至黄龙寺》《同君颖宿圣华精舍》《下好汉坡》等诗纪其事（见《苍虬阁诗》卷六，《苍虬阁诗集》第186、187—188、193页）。

在江西庐山看望女儿、女婿期间，曾寿尚写有《来山中不得往游诸胜，闷坐简散原先生》《诵普贤行愿品》《夜坐二首》《晚霁》《石滑》《幽忧二首》《拟游白鹿洞未果》《山中即事二十四韵》等诗作纪其行踪（见《苍虬阁诗》卷六，《苍虬阁诗集》第187、188、189—190、191页）。

十一月十一日（12月11日），共产党人邓小平、张云逸、韦拔群、雷经天等领导广西右江地区的部分革命士兵和当地农民游击队约五千人在百色举行武装起义，成立了红七军和右江工农民主政府。

十一月二十四日（12月24日），曾寿携女下山治疾，前去与老师陈三立告别，并作有五言长篇歌行《十一月廿四日携女下山治疾走别散原先生》纪其事（见《苍虬阁诗》卷六，《苍虬阁诗集》第192页）。

---

①　黄龙寺：坐落于江西省九江市庐山玉屏峰麓。所在踞庐山之中，前对天王峰，后枕玉屏峰，西为赐经亭，下临大溪。寺宇为万山环抱，松杉碧绕，修篁蔽日，景色奇幽。相传早在晋代，释昙诜在此修持，并栽下2株婆娑宝树、1株银杏。该寺由明代僧人释彻空于万历年间（1573—1620年）肇建，初名“鹿野禅林”，由时任江西提学副使的王宗沐题寺额。后释彻空法承临济宗黄龙派，且寺靠黄龙潭而建，故又名“黄龙寺”。

②　好汉坡：位于莲花洞登山小路的半山坡，地势险峻，林深谷幽，一千级台阶蜿蜒而上，能一口气不休息爬上去，自然属于登山好汉，故此地称“好汉坡”。上坡处石头上刻有“好汉坡”三个大字。

十二月上旬，陈曾寿携家人自庐山回到上海。

十二月十四日（1930 年 1 月 13 日），曾寿的前辈好友、著名学者、文学家马其昶①在桐城老家去世。

十二月间，庭院中梅花已开，漫步在梅花中，自然想到好友何振岱，遂作《寄何梅生》一诗以寄托思念之情（见《苍虬阁诗外集》，《苍虬阁诗集》第 396—397 页）。

同月里，曾寿居家无事，乃自制行书水墨纸本立轴一幅。其轴文云：“狼狈沉绵二十秋，忽惊傅翮落岩幽。温燖积雪千峰底，刻画穷山二鸟囚。黑夜熊啼通謦咳，晴天木甲散铤矛。此身何得同沟断，化石当前恨即休。　己巳十二月，陈曾寿。”钤印：“苍虬。”

案：后来有人将陈曾寿的行书立轴和好友刘廷琛的草书立轴、喻长霖的篆书立轴以及曹广桢的楷书立轴组合在一起，形成了今天所见到的水墨纸本《四体书法》四屏（132.5×35.5 cm×4）。（详见西泠印社拍卖有限公司“2016 年秋季拍卖会拍卖会”——“中外名人手迹”专场拍卖品，编号：0213）

是年，曾寿的四弟曾榖②一家迁入江苏的宝应县。

是年，曾寿的同年好友陈毅③在北京去世，得知噩耗，曾寿十分悲痛，乃作《挽陈宜仲同年》（三首）以悼之（见《苍虬阁诗》卷六，《苍虬阁诗

---

① 马其昶(1855—1930)，字通伯，晚号抱润翁，室名抱润轩。安徽桐城人。先后从方东树、戴均衡、方宗诚、吴汝纶、张裕钊等名师学。累试不举，遂绝意仕进，而热心教育事业。曾主讲庐江潜川书院。光绪三十年(1904 年)，力襄吴汝纶办学，出任桐城中学堂堂长。宣统二年(1910 年)，应学部召，赴京编《礼记节本》，成，以学部主事用，旋补总务司主事。入民国，先后任县议会议长、安徽高等学校校长、北京法政学校教务主任、参政院参政等职。民国五年(1916 年)起，聘为清史馆总纂，主修儒林、文苑及光宣大臣传。通经史，知识淹博，工诗文，著述丰富。著有《周易费氏学》八卷、《毛诗学》三十卷、《礼记节本》六卷、《大学中庸孝经合谊》三卷、《桐城耆旧传》十一卷附《烈女》一卷、《左忠毅公年谱定本》二卷、《老子故》二卷、《庄子故》八卷、《屈赋微》二卷、《金刚经次诂》一卷、《抱润轩文集》二十二卷、《抱润轩文集续集》若干卷、《存养诗钞》若干卷、《桐城古文集略》十二卷等。

② 陈曾榖(1886—?)，字诒先，陈曾寿四弟，陈邦织之父，曾任上海光华大学教授，赵朴初之岳父。精通英文，译有《清宫二年记》《丁格尔步行中国游记》等。

③ 陈毅(1871—1929)，字诒重，一字宜仲，号郇庐；藏书楼名“阙慎室”。湖南湘乡人。光绪二十八年(1902 年)举人，三十年(1904 年)进士。历官京师编译局主纂、京师大学堂提调、资政院参议等职。入民国，不与袁世凯合作，而参与张勋复辟。后参与编修《皇清文献通考》。工诗文，富藏书。著有《墨子正义》《郇庐诗文集》《阙慎室藏书目录》等。

集》第 179—180 页）。

是年，曾寿尚写有《高楼》《拟孟郊》等诗作（见《苍虬阁诗》卷六，《苍虬阁诗集》第 180 页）。

是年，曾寿的前辈、好友金蓉镜①在上海寓所去世。

是年，好友曹经沅在北京居留时，曾从南横街迁移至城东之隆福寺侧，并以东、翁为韵，作有迁居诗《留别南园》《移居城东》。其后，“海内外诗人酬和者数百家，复得著名画家张大千、溥心畬、黄孝纾等绘成《移居图卷》五六帧，题咏殆遍”（王仲镛编校《借槐庐诗集》附录一《〈移居〉诗及〈移居图卷〉酬和题咏选录》）。其中，陈曾寿应邀作有《奉和纕蘅移居诗》一诗（见《苍虬阁诗外集》，《苍虬阁诗集》第 404 页）。

## 民国十九年庚午(1930 年)　五十三岁

正月初三日（2 月 1 日），共产党人邓小平、李明瑞、俞作豫等领导由中国共产党掌握的一部分国民党军队，在广西的龙州举行武装起义，成立了红八军和左江苏维埃政府。

正月十四日（2 月 12 日），鲁迅、柔石、郁达夫、田汉、夏衍、冯雪峰等人在上海发起成立了中国自由运动大同盟，简称“自由大同盟”。

正月间，曾寿在家曾应友人之请，作有《题〈海日楼图〉》《题陆文节父子手札卷子》等诗作（见《苍虬阁诗》卷六，《苍虬阁诗集》第 195—196 页）。

其间，曾寿在家闲居无事，漫步庭院，曾填有《木兰花慢·黯金猊冷后》一词抒发其感慨（见《旧月簃词》，《苍虬阁诗集》第 379 页）。

一日夜间，独坐窗下，望着跳动的烛花，偶有所感，乃仿“山谷体”填《画堂春·仿山谷体咏烛》一词以纪之（见《旧月簃词》，《苍虬阁诗集》第 381 页）。

二月初三日（3 月 2 日），中国共产党在上海领导创建了文学组织——

---

①　金蓉镜(1855—1929)，又名殿丞、伯子，字学范，号殿臣，又作甸丞，晚号香严居士。禾城(今浙江省嘉兴市)人。光绪十五年(1889 年)进士。历官湖南郴州、靖州直隶州知州、永州府知县、工部主事、军机处行走、湖南永顺知府等职。宣统元年(1909 年)，辞职归乡，以诗文、书画自娱。辛亥革命后客居上海周氏“晨风庐”，日以丹黄为事。晚年创建高士祠，以祭祀宋元以来乡贤。藏书甚富，诗文皆渊雅。擅书画，尤善画山水，简略荒率。著有《潜庐诗集》四卷、《滮湖遗老集》四卷等。

中国左翼作家联盟，简称“左联”。

二月十九日（3 月 28 日），阎锡山前往五台县建安村迎接冯玉祥到太原，商议共同反蒋事宜。

二月下旬，应好友天觉之请，陈曾寿与赵叔孺携手，为其《梅花草庵图》题跋，制作成水墨纸本《题画诗》立轴（27 × 20cm；27 × 26cm）。赵叔孺的题识云：“（诗略）天觉仁兄得苏斋书梅花草莽额，属郭君龢庭补图，装成长卷索题，率赋两绝呈教。庚午仲春下澣，叔孺赵时棡。”钤印：“赵。”“赵叔孺。”“赵时棡印。”

陈曾寿的题识云：“热士趣要津，幽人媚空谷。窈窕姑射仙，宜伴高士躅。○○天机精，托兴在林麓。苏斋证墨缘，预写梅花屋。郭子为补图，笔妙耕烟续。沿溪竹○○，压檐松谡谡。山寒閟芳踪，楼耸豁吟目。主人卧香海，得句必清馥。扰扰尘海中，自足山林福。嗟予别西泠，梦绕孤山曲。千春处士魂，呼之出○轴。昨得○○砚，画梅周背腹。意外惊喜并，聊可偿不足。何时世械轻，敝屣脱尘俗。结契霜雪姿，一笑获归宿。　庚午春二月，天觉仁兄以《梅花草庵图》属题，予新得戴文节公梅花砚，同结胜缘，喜而赋之，即祈鉴定。苍虬陈曾寿。”①钤印：“苍虬”。［详见上海泓盛拍卖有限公司“2010 秋季拍卖会”——“中国书画暨名家小品”专场拍卖品，编号：0293］

二月间，好友汤涤、吴湖帆、黄宾虹、夏敬观、叶恭绰、黄孝纾等国画家和书画爱好者在上海发起组织康桥画社，陈曾寿亦应邀参加社中活动；此后，该画社每年都举行画展，受到画界好评。

同月里，好友许之衡的《守白词乙稿》（又名《步周词》）刊行，曾寿曾应邀在其卷首题识云：“绵密之中，时饶远韵，学清真，得其沉著，无一字落近世町畦，洵为豪杰之士。拜服无量。仁先陈曾寿题。”

三月十一日（4 月 9 日），曾寿梦见自己来到一个地方，桃树数十棵，落红乱飞，遂填《踏莎行·庚午三月十一日，梦见桃树数十株，落红乱飞》一词以纪之（见《旧月簃词》，《苍虬阁诗集》第 378 页）。

三月下旬，曾寿曾应邀陪同彊村老人等师友往游苏州。

其间，师友一行曾过厢慧双修庵，受到清微道人的热情接待，清微道人还应邀为大家献艺，现场挥毫画兰；曾寿则为其题《鹧鸪天·题清微道人画兰》一词纪其事（见《旧月簃词》，《苍虬阁诗集》第 381 页）。

---

① 陈曾寿为《梅花草庵图》所题之五言诗似不见于其《苍虬阁诗集》。

三月二十四日（4 月 22 日），曾寿陪同彊村、夷叔、公渚、子玉、愓斋及二弟寥志等师友一同至怡园游览、赏梅；曾寿填有《徵招·三月廿四日，同彊村、夷叔、鲖庵、子玉、愓斋及寥志二弟，集苏州怡园》、《齐天乐·早蝉》、《前调（齐天乐）·和彊村老人》等词纪其行踪（见《旧月簃词》，《苍虬阁诗集》第 379—381 页）。

案：《徵招》一词，《采风录》词卷一题作"庚午春三月，同彊村老人、夷叔、公渚、集苏州怡园，同公渚作"。又，黄孝纾之《徵招》词序中云："庚午三月，薄游姑苏，彊村丈招同夷叔、苍虬、慎先、笠士诸公集顾氏怡园。"

在苏州期间，彊村老人将自己前一次来苏州所填之词——《六丑·吴门听风园僦舍，十年来三易主人矣。戊辰闰春偶过其地，海棠一树，摧抑可怜，凄对成咏》交陈曾寿阅观；曾寿阅后，触发词兴，亦填了《六丑·和彊村吴门听枫园海棠韵》一词和之（见《苍虬阁诗外集》，《苍虬阁诗集》第 406—407 页）。

案：此词系《苍虬阁诗外集》据《采风录》卷二辑补；而《采风录》的采录来源无从知晓。然大中印社于 1929 年出版了上海眉山夏忠道编辑的《三程词钞》。《三程词钞》是程颂万（有《鹿川词》三卷）和其父霖寿（有《湖天晓角词》二卷）、兄颂芬（有《牧庄词》三卷）词作的合集。程颂万的《鹿川词》卷三中已先载有此词。又，此词后有曾寿的自注云："时予有畹姬之悼。"而陈曾寿的夫人洪氏去世于 1934 年的七月间，曾寿曾作有《（甲戌）八月余送亡室柩至旧京，获见散原先生，年八十有二，别六年矣……雨夜不寐，感赋一首，呈散原先生并邀诸君子和》一诗纪其事（见《苍虬阁诗》卷九，《苍虬阁诗集》第 239 页）。再者，陈曾寿于 1946 年曾写过《十月八日作·是日为亡室洪夫人生日》一诗，首联就是："轻别十三年，空悲岁月迁。"这样看来，此词有可能是程颂万所作，而《采风录》的编选者误将程氏之作当成陈氏之作。《苍虬阁诗集》的校点者亦未作仔细考辨，便将其迻录于集中。

结束苏州之游，彊村老人作有寄怀之词赠曾寿，曾寿则填有《渡江云·和彊村老人寄怀》一词相赠致谢（见《旧月簃词》，《苍虬阁诗集》第 382 页）。

三月间，前辈好友马其昶葬于桐城县北乡阮庄之原，陈三立为其撰墓志，陈曾寿乃作五言长篇歌行《挽马通伯》以悼之（见《苍虬阁诗》卷七，《苍虬阁诗集》第 194 页）。

四月初五日（5 月 3 日），经过几个月的合纵连横，冯玉祥与阎锡山相会于河南郑州，揭开了联合反蒋的中原大战的序幕。

四月中旬至十月上旬（5 月至 11 月），爆发了国民党新军阀蒋介石与冯玉祥、阎锡山、李宗仁等地方军阀之间的战争，史称“中原大战”，又称“蒋冯阎战争”，或称“蒋冯阎李战争”。这场战争主要在河南、山东、安徽三省间进行，历时七个月，双方投入兵力一百多万，战线绵延数十里，死伤数十万人。“中原大战”是中国现代史上规模最大、耗时最长的军阀混战，以蒋介石获胜而结束。

四月间，为好友蒋国榜之母马太夫人的六十九岁寿诞，陈曾寿与陈三立携手，制作水墨《工楷贺寿屏》（一堂六屏，36 × 170cm × 6），为其贺寿。六屏上所书为陈三立所撰之《兰陔寿母图记》（案：此前陈曾寿曾应邀为蒋氏绘有《兰陔寿母图》）。六屏上的文字皆用工楷书写。其题识云：“庚午四月，义宁陈三立敬撰，蕲水陈曾寿敬书。”（详见上海崇源艺术品拍卖有限公司“2004 春季大型艺术品拍卖会”——“中国近现代书画”专场拍卖品，编号：627）

同月里，经陈宝琛的推荐，溥仪聘请陈曾寿继续担任其妻婉容的家庭教师；陈曾寿遂应召只身离沪北上赴津就职。临行前，曾寿曾前去与前辈好友余肇康告别，余氏有诗赠别，曾寿曾作有《奉召赴天津行在所，余倦知先生赠别次韵》一诗纪其事（见《苍虬阁诗》卷七，《苍虬阁诗集》第 195 页）。

五月初八日（6 月 4 日），曾寿的好友姚华[①]在北京寓所病逝。

在北上途中，曾寿颇想念同年好友高振霄[②]，乃作五言歌行《舟中寄高云麓同年》寄赠（见《苍虬阁诗》卷七，《苍虬阁诗集》第 196 页）。

途经青岛时，曾寿曾停舟上岸拜访好友刘廷琛，并作有《舟过青岛访潜楼四首》相赠（见《苍虬阁诗》卷七，《苍虬阁诗集》第 196—197 页）。

---

① 姚华（1876—1930），字一鄂，号重光，一号茫父、弗堂，别号莲庵、莲花庵主。贵州贵筑人。光绪二十三年（1897 年）举人。戊戌变法时赴日本法政大学留学，习法律、政治。光绪三十年（1904 年）进士，授工部虞衡司主事。后改任邮传部船政司主事兼邮政司科长。入民国，任参议院议员。1913 年起在朝阳大学、北京女子师范大学任教。晚年居北京莲花寺，以鬻书画为生。工诗词，擅书画，精篆刻，通曲律。著有《弗堂词》《庚午春词》《菉漪室曲话》《曲海一勺》《菉漪曲》《金石系》《黔语》《贵阳姚华茫父颖拓》《题画一得二等》《莲花庵书画集》等；另校订有毛晋《汲古阁刻六十种曲》等。

② 高振霄（1877—1956），字云麓，号闲雪，别号顽头陀、洞天真逸；70 岁后署学者学庵、四明一个古稀翁、耄年励学等；室名云在堂、静远斋、洗心室。浙江鄞县（今宁波市鄞州区）人。光绪三十年（1904 年）进士，授翰林院编修。入民国，寓居沪上，以教授生徒、鬻书画为生。工诗，擅书画。著有《高云麓太史梅花诗二百首墨迹》等。

抵达天津后，曾寿颇思念尚居庐山的散原老人，遂作《寄散原先生》一诗寄赠问候（见《苍虬阁诗》卷七，《苍虬阁诗集》第198页）。

五月十九日（6月15日），郑孝胥宴请陈宝琛与陈曾寿兄弟及其他友人于东兴楼。

《郑孝胥日记》记载：“约弢庵、仲业、耆寿民、陈仁先、絜先、农先、李子申、夏友兰、佟楫先至东兴楼晚饭。”（《郑孝胥日记》第四册）

五月间，曾寿在天津适应一段时间后，经过慎重考虑，便决定请假回上海接家人来天津长住。

其间，陈曾寿曾应友朋之邀加入“须社”，并参加了第六十九次社集，填有《石湖仙·题石帚（姜夔）集》①一词：

垂虹春缆，正云雪凄迷，低唱箫畔。倾倒石湖仙，赠轻盈、流传事艳。闲情微寄，可抵得、此生幽怨。魂断。想佩环、万里天远。　江鸥旧盟好在，感侵寻、羁游已倦。水剩山残，一代飘零词卷。伴影阑干，忆人庭院。梦中都换。烟柳黯，西湖付与谁管。

在此次社集中，与陈曾寿同调酬唱或和作的有李孺、章钰、周登皞、林葆恒、郭宗熙、徐沅②、陈实铭③、周学渊、胡嗣瑗、郭则沄和邵章④十一人

① 陈曾寿:《石湖仙·题石帚(姜夔)集》,见于《烟沽渔唱》卷四第六十九集,《旧月簃词》未收,《苍虬阁诗集》亦失收,故全词移录于此。

② 徐沅(1880—?),字芷生,号姜庵,别号珊村、斗南老人。室名“云到闲房”。江苏吴县人。光绪二十年(1894年)举人,二十九年(1903年)经济特科进士。历任山东聊城县知事、直隶洋务局会办、津海关监督等职。入民国,继任津海关监督兼外交部直隶交涉员。晚年寓居天津。工诗词文。著有《珊村语业》《斗南老人诗集》《云到闲房杂钞》《云在闲房笔记》《珊村笔记》《檐醉杂记》等。

③ 陈实铭,生卒年不详,字葆生,号踽公,河南商丘人。陈重之子。清末拔贡。入民国,曾任代理河北玉田知县、山东临朐县、费县知县、湖南督军张敬尧的秘书、国民革命军第六军军长石友三的少校参议。曾加入曹南诗社、衡门诗社、须社。晚年寓居天津,在南开大学任教,天津解放前在世。工诗词。著有《尘海集》等。

④ 邵章(1872—1953),字伯絅,号倬庵,自署倬庵主人。浙江杭州人。邵懿辰之孙。少时曾入诂经精舍,又曾从谭献游。光绪二十二年(1896年)始,出任杭州东城讲舍学长、又在知府林启支持下创办蚕学馆、养正书塾(后改名杭州府中学堂),并出任监督。二十九年(1903年)中举人,次年成进士,随后赴日如法政大学深造。回国后历任浙江两级师范学堂监督、湖北法政学堂监督、杭州府中学堂监督等职。入民国,历任北京法政学校校长兼临时教育会议员、平政院评事、平政院代理院长、兼清史馆提调、班禅额尔德尼的秘书长等职。解放后,被聘为中央文史馆馆员。

（词作略）。

一日，收到彊村老人病中寄赠的词作，曾寿遂填《风入松·次韵彊村老人病起之作，时将南下》一词寄赠（见《旧月簃词》，《苍虬阁诗集》第382—383页）。

六月十三日（7月8日），郑孝胥在东兴楼宴请陈宝琛和陈曾寿兄弟及其他友朋。

郑孝胥当天的日记记载："夜，宴弢庵、溥佩、揖唐、仁先、友兰、絜先、纕蘅、琴初于东兴楼，为黎元洪宅中之别院，为歌台、高爽闳丽，为酒楼之冠。"（见《郑孝胥日记》第四册）

六月间，乘陈曾寿即将离天津回上海接家人之际，"须社"同人为欢迎陈曾寿由上海赴天津担任废后婉容的家庭教师，举行了第七十二次雅集，调限《还京乐》，主题则为"喜苍虬至自海上燕集同赋"。此次雅集中，曾寿填有《还京乐》①一词：

> 旧京梦，一去、经年索寞愁慵理。尽万千心事，浪凭过雁，鸾笺虚费。谢息机鸥侣。寥翔世外荒波委。任别远难洗，贮露铜仙清泪。
> 莽风尘底。更何期、莲勺依随，剪纸魂归，中酒趣味。文章大块休休，换芳园、几番桃李。漫销凝、还检点尊前，伤心逝水。感取相怜切，酬吟应减憔悴。

在此次社集中，与陈曾寿同调酬唱或和作的有李孺、杨寿枏、郭宗熙、周学渊、胡嗣瑗、郭则沄和夏敬观、袁思亮、黄孝纾十人（词作略）。

闰六月初三日（7月28日），红三军团攻占湖南长沙（8月5日被迫退出）；红军第二军与红军第六军在湖北公安会师，成立红军第二军团，贺龙任总指挥，周逸群（后为邓中夏）任政治委员。

闰六月初七日（8月1日），中国左翼戏剧家联盟在上海成立。

闰六月二十九日（8月23日），红三军团退出长沙后，与红一军团在湖南浏阳的永和市会师，组成中国工农红军第一方面军（即中央红军），朱德任总司令，毛泽东任总政委、总前委书记，彭德怀任副总司令，朱云卿任参谋长，杨岳斌任总政治部主任。

闰六月间，好友陈方恪自序《孏香馆词草》。曾寿应邀为其作有跋文，跋文略云："慧业多生，身香不灭，使逃禅人读之，更增惆怅耳。"

---

① 陈曾寿:《还京乐》，见于《烟沽渔唱》卷四第七十二集，《旧月簃词》未收，《苍虬阁诗集》亦失收，故全词移录于此。

（叶恭绰亦有跋文及评语）

七月初三日（8 月 26 日），为祝贺好友万印楼夫妇的五十双寿，曾寿为其制作了水墨纸本《印楼仁兄大人暨德配余夫人五十双寿序》楷书横披。其寿序云：

天因材而笃物，天赋之丰啬，恒视人所载之轻重，以为差其意量之远乎？人者，其福泽之加乎人者也。人躁而我恒静，人狭而我恒宽，人疾遽而我恒舒迟，人矜饰而我退葳，处乐有以自守，处约有以自得，此意量之不侔，而寿在乎其中矣。

万子印楼，吾楚右族。幼从学于先大兄畏斋先生，相知甚早而踪迹阻隔，未得一见。顷岁避地相遇沪渎，浑浑乎初无异于众人也，落落乎亦无所加好习之。既久，淡而弥永，挹之而不穷其周于人也，用心甚微，力无不尽；而不居其迹习，于人世流品，险阻情伪，烛照无遗；而处之若忘，精明练达，粥粥若无能也，气沉而容寂，和外而介中德。配余夫人有痼疾，卧床褥者十年，曾无妾媵之娱。脚子弟循循礼数，虽游学外国，能不染时习，求之近世，未见有纯至若斯人者也。以中道之不可见，人必有此所短也，而始显其长若印楼，吾当求其庛，类不可得；吾不敢谓无所阿好，然其意量则诚过人远矣。其所载厚重若此，其天之所丰，当何如耶？

今岁七月，印楼与其夫人同跻五十，因述印楼必得其寿之理如此，其许为知言否乎？

庚午七月初三日，世愚弟陈曾寿敬祝（钤印：“陈曾寿印”“苍虬”）。①

七月初四日（8 月 27 日），曾寿的同年好友曾熙②在上海寓所病逝。

---

① 陈曾寿此寿序不见于其集中，今见于西泠印社拍卖有限公司“2018 年秋季拍卖会”——“雪堂雅集：罗振玉、王国维的学术世界”专场拍卖品，编号：0657；又见于《雪堂雅集：罗振玉、王国维的学术世界》，华东师范大学出版社 2018 年版。

② 曾熙(1861—1930)，字季子，又字嗣元，更字子缉，号俟园；晚号农髯、山海楼主人。湖南衡阳人。光绪十六年(1890 年)举人，二十九年(1903 年)进士，历官兵部主事、提学使、弼德院顾问等职。曾主讲衡阳石鼓书院、汉寿龙池书院，又创办湖南南路优级师范学堂(今衡阳师范学院)并兼任监督。宣统元年(1909 年)后，出任湖南谘议局议员、湖南谘议局副议长、湖南教育学会会长等职。辛亥革命后回乡闲居。后应李瑞清之邀，赴沪定居，以鬻书画为生。能诗，工书，善画；与黄宾虹、吴昌硕、李瑞清齐名，著名弟子有张大千等人。著有《左氏问难》《春秋大事表》《历代帝王年表》《和陶诗》等。

七月十七日（9月9日），曾寿的前辈好友余肇康①在上海寓所病逝。

七月间，曾寿应邀为好友陈巨来的《安持精舍印存》题签。

八月初四日（9月25日）下午，上海同人前往曾熙寓宅为其举行公祭。

八月初十日（10月1日），被英国人强行租借的威海卫，终于回归中国。

八月十三日（10月4日），红军第一军团攻占江西吉安。

八月二十三日（10月14日），赴郑孝胥东兴楼宴请。

郑孝胥当天的日记记载："夜，宴弢庵、仲业、仁先、絜先、琴初、友兰、向元、蔼宸、伯平于东兴酒楼。"（《郑孝胥日记》第四册）

八月间，陈曾寿告别上海诸师友，举家迁居天津。曾寿曾作有五言长篇歌行《八月十三日渡海》，对在沪诸弟及众多师长、友朋深表惜别之情（见《苍虬阁诗》卷七，《苍虬阁诗集》第199—200页）。

案：彊村老人在收到陈曾寿的赠诗后，曾填有《齐天乐·苍虬赴天津寄示渡海四十韵，倚歌赋答》寄赠。

陈曾寿全家抵达天津后，就寓居当时英国租界内的求志里。自此，陈曾寿除定期为婉容上课之外，有较多时间与天津和旧京的友朋诗酒往还及参加"须社"的社集活动。

同月里，因初至天津，要做的事情不多，曾寿曾绘制设色纸本《秋山行吟图》立轴一帧（137×33.5cm）。其题识云："山僧茶饭寻常事，过客惊人句欲携。出壁虬枝兼石大，里身龙气压天低。飞泉寒洒秋衣湿，钟落初分咫尺迷。离合神光时一见，群真端冕半身齐。　庚午八月写天目山景，陈曾寿。"钤印："苍虬。"（详见西泠拍卖有限公司"西泠印社2012年春季拍卖会"——"中国书画——近现代名家作品二"专场拍卖品，编号：1603）

案：曾寿此处之题诗，未见于其《苍虬阁诗》卷七（庚午至辛未），钱仲联所编之《近代诗钞》题作《登天目山望云海》。

九月初九日（10月30日）重阳节，陈曾寿邀陈宝琛、朱益藩、郑孝

---

① 余肇康（1854—1930），字尧衢，号敏斋，又号倦知。湖南长沙人。光绪十二年（1886年）进士。光绪十五年（1889年）襄办光绪大婚典礼后以知府分发湖北补用。曾官武昌、汉阳知府。后赋闲在籍，被聘为湖南粤汉铁路总公司坐办、总理，主持修筑长株段铁路；与湖南巡抚岑春煊及其他在籍官绅瞿鸿禨、王闿运、王先谦、谭延闿等交往密切。辛亥革命后，迁居上海，以遗老自居。有《余肇康日记》行世。

胥、胡嗣瑷、李孺、陈祖壬等师友至苍虬阁宴集，并作有《重九邀弢庵太傅、定园少保、苏堪、愔仲、子申、君任及强志集苍虬阁》一诗纪其事（见《苍虬阁诗》卷七，《苍虬阁诗集》第200页）。

九月中、下旬，周庆云、夏敬观、黄孝纾等人在上海发起成立词社——“沤社”。月凡一会，以二人主之；题各写意，调则同一。社中词人有朱祖谋、潘飞声、周庆云、程颂万、洪汝闿、林鹍翔、谢抡元、林葆恒、杨铁夫、姚景之、许崇熙、冒广生、刘肇隅、夏敬观、高毓浵、袁思亮、叶恭绰、郭则沄、梁鸿志、王蕴章、徐祯立、陈祖壬、吴湖帆、陈方恪、彭醇士、赵尊岳、黄孝纾、龙榆生、袁荣法等二十九人。前后社集二十次，填词二百八十四首。和作同人则有陈曾寿、汪兆镛、赵熙、陈洵、张茂炯、邵章、路朝銮、张尔田、胡嗣瑷、包安保、黄孝平、陈文中等人。

九月间，曾寿通过郑孝胥结识其弟子陈孝威①，并成为好友；一日陈氏过访并出示《泰宁镇去思图》请题，陈曾寿乃作《题陈向元〈泰宁镇去思图〉》一诗相赠（见《苍虬阁诗》卷七，《苍虬阁诗集》第198页）。

其间，有朋友持半糖老人所绘之《春明感旧图》请题；王鹏运是自己非常敬重的先辈词人、友朋，曾寿欣然作五言歌行《题〈春明感旧图〉》相赠（见《苍虬阁诗》卷七，《苍虬阁诗集》第201—202页）。

同月里，曾寿在入值时，清检出景文诚的遗茗，将其分给同人共享，并作有七言歌行《景文诚公入直行园，常以茶囊自随。公逝后三年，予于公所治事之案得所临晋人行楷一束，遂与愔仲分存之；又遗乌龙茶二瓶，试啜之余，感叹不已。与弢庵年丈、愔仲作诗纪其事，并为之图》以纪之（见《苍虬阁诗》卷七，《苍虬阁诗集》第198—199页）。

陈宝琛亦作有七言歌行《仁先于直庐捡得景文诚遗茗，分啜同人，有诗纪事，感痛辄和》相赠（见《沧趣楼诗集》卷九，《沧趣楼诗文集》第227页）。

十月十四日（12月3日），曾寿与友朋至“藏园”相聚，并绘有《孤松图》。其题识云：“庚午冬十月十四日夜，同子安、适厂过藏园，主人以

① 陈孝威（1893—1974），原名增荣，字向元，福建闽侯人。早年就读于福州武备学堂，1914年保定陆军学校炮科第二期毕业。曾参与辛亥革命、北伐。1926年任泰宁镇守使，中将旅长，有“六不将军”之誉。北伐成功后，在天津从事文职工作，跟随郑孝胥学诗。抗战开始，曾入白崇禧部参加浙沪作战。1937年，在香港创办《天文台报》周刊，曾发表许多战略预言。抗战胜利后，曾任宪政实施促进委员会常务委员。工诗文，亦善画。著有《太平洋鼓吹集》《怡阁诗选》《西陵八景图》《抗战军事纪略》等。

宋本《六一居士集》示观，惊为稀世之宝，因作此幅，以志胜缘。曾寿。”

十月二十七日（12月16日），蒋介石调动十一个师和三个旅共十万人，开始对中央革命根据地进行第一次“围剿”。

十月间，陈曾寿将其师梁鼎芬任鄂臬时的乞病折和他在两湖书院总监时的两封谢折装裱好，敬请弢庵师题跋；陈宝琛颇为感动，欣然作《仁先以梁文忠鄂臬乞病并在讲筵两次谢折装卷属题》一诗相赠（见《沧趣楼诗集》卷九，《沧趣楼诗文集》第229页）。

同月里，陈曾寿偶然得到一部明洪武（1368—1398）时的《姑苏杂咏》（案：明初高启的诗集）刻本，非常高兴，遂携之去藏园与好友们一起观赏，随后又为其写了一篇跋文（即《姑苏杂咏·跋》[①]）：

> 《青丘集》当时行世者，有《吹台集》《江馆集》《凤台集》《娄江集》《姑苏杂咏》等编。自景泰初徐用理荟萃各编，刊为大全集，凡一千七百七十余首，称为完备。然自大全出而单行诸编遂渺不可得。兹获睹此帙，犹是洪武原刻，笔法镌工，犹具元代规范，至可珍玩。况校之后来刻本，字句迥不相侔。题下小注，亦景泰以后本所无；秘笈孤本，虽与宋元珍椠等量齐观可也。顷来都门，访沅叔先生于藏园长春室中，出此相示。展观移晷，粗考源委，题于卷首，以志眼福。同观者杨熊祥、徐仁钊。
>
> 庚午十月，陈曾寿书

十一月上旬（12月下旬），中国工农红军第一方面军在江西南部歼灭张辉瓒的两个主力旅和一个师部，俘获前敌总指挥、第十八师师长张辉瓒，粉碎了国民党军的第一次反革命“围剿”。

十一月十九日（1931年1月7日），中共中央在上海召开六届四中全会，虽然结束了李立三的冒险主义，但王明（即陈绍禹）的左倾主义思想开始在党中央占统治地位。

十一月间，“须社”同人举行第八十七次燕集，调限《声声慢》，主题为“题清微道人《空山听雨图》”。此次雅集中，曾寿填有《声声慢·题清微道人空山听雨图》[②]一词：

---

① 陈曾寿:《姑苏杂咏·跋》,湖北省人民政府文史研究馆/湖北省博物馆编《湖北文征》(第十三卷),湖北人民出版社2000年10月版,第58页;因此跋不见于《苍虬阁诗集》中,故全文移录于此。

② 陈曾寿:《声声慢·题清微道人空山听雨图》,见于《烟沽渔唱》卷五第八十七集,《旧月簃词》未收,《苍虬阁诗集》亦失收,故全词移录于此。

雾凝香雾，云湿疏钟，摊经人倦虚堂。薄润芳笺，含毫写入微茫。应怜种蕉身世，住寒山、消受清凉。听檐瀑，似澜翻千偈，齐赞空王。

谁赚采鸾妙迹，剩一层公案，故习难忘。异代漂苓，相逢珍比琳琅。情天劫余未老，便点衣、花雨何妨。漫轻拟，梦行云、巫峡断肠。

在此次社集中，与陈曾寿同调酬唱的有李孺、杨寿枏、徐沅、胡嗣瑗、周伟五人（词作略）。

社友郭则沄在《清词玉屑》中曾云："曩'须社'词集，杨云邁京卿以是图命题，颇多佳作。余尤爱陈苍虬'情天劫余未老，便点衣、花雨何妨'之句，为能脱去前人畦畛。"①

十二月上旬，"须社"同人举行第八十八次燕集，调限《风入松》，主题为"咏寒钟"。此次雅集中，曾寿填有《风入松·咏寒钟》②一词：

萧萧落叶满秋山。古寺夕阳边。山门一片荒鸦色，送寥音、霜杵流天。杳杳渐如残梦，沉沉都化空烟。　卧楼僧老不知年。相暖一青毡。难销火宅人间世，对趺跏、慵问犍莲。出手还成一击，龙钟漫笑枯禅。

在此次社集中，与陈曾寿同调酬唱的有陈恩澍、章钰、周登皞、林葆恒、胡嗣瑗五人（词作略），而用《月华清》调酬唱的则有徐沅、许钟璐、郭则沄三人（词作略）。

十二月中、下旬，眼看一年又快过完，曾寿回顾起来感慨良多，乃作《岁暮》一诗以纪之（见《苍虬阁诗》卷七，《苍虬阁诗集》第 203 页）。

自九月与好友陈祖壬③分别后，就没有他的消息，曾寿十分挂念，乃作《寄怀君任》一诗寄赠问候（见《苍虬阁诗》卷七，《苍虬阁诗集》第 202 页）。

十二月下旬，"须社"同人举行第九十次燕集，调限《水龙吟》，主题

---

① 郭则沄：《清词玉屑》（卷八），载朱崇才编《词话丛编续编》，人民文学出版社 2010 年版，第 2748 页。

② 陈曾寿：《风入松·咏寒钟》，见于《烟沽渔唱》卷五第八十八集，《旧月簃词》未收，《苍虬阁诗集》亦失收，故全词移录于此。

③ 陈祖壬（1892—1966），字君任，号病树，晚署病树翁、逋翁、中田老民、中田逋翁等，室名"佳住楼"。江西新城（今抚州市黎川县）人。咸丰朝吏部尚书陈孚恩之孙。早年从桐城马其昶学习古文，曾任教多年；后又从陈三立学诗，为"陈门三杰"之一。与南北文学名家唱和颇多。晚年寓居上海，潜心著述。解放后，被聘为上海文史馆馆员。工诗词文，善书法。

为“冰丝庵感旧”。此次雅集中，曾寿填有《水龙吟·冰丝庵感旧》[①]一词：

凭轩花木依然，无端幻出凄凉境。拳枝寒鸟，栖廊素雪，一时入定。壁画犹悬，案书未掩，穗帷风冷。剩铜炉残篆，香篝宿火，长相伴、生前影。　浩渺沧州逸兴。佐谈锋、千岩万岭。狮峰蹋雨，龙湫溅雪，芒鞋轻俊。湖海归来，园林胜事，佳晨觞咏。甚清吟未了，转头梦觉，示维摩病。

在此次社集中，与陈曾寿同调酬唱的有陈恩澍、李孺、章钰、杨寿枏、林葆恒、徐沅、周学渊、许钟璐、郭则沄九人（词作略）。

年底，陈曾寿与家人在天津度岁。

是年，为前辈、友人袁大化的八十寿诞，溥仪特为之“赐寿”，曾寿遂作《袁行南中丞八十赐寿》一诗为其贺寿（见《苍虬阁诗》卷七，《苍虬阁诗集》第202—203页）。

是年，为弟子、好友蒋国榜之母马太夫人的七十寿诞，曾寿身在天津，不能亲往杭州为其母贺寿，只得作七言长篇歌行《蒋母马太夫人七十寿》寄赠（见《苍虬阁诗》卷七，《苍虬阁诗集》第201页）。

是年，曾寿尚写有《早起》《公渚悼亡索诗》等诗作（见《苍虬阁诗》卷七，《苍虬阁诗集》第197、203页）。

是年，应好友姚景瀛之请，曾寿曾为其所藏之水墨纸本《为范景文作书画合璧卷》题跋。其题识云：“独石孤松郁老苍，平生心折后倪黄。千秋环宝归姚李，光焰分腾万丈长。（义州李猛厂丈藏石斋松石长卷与此可称双绝）文山丝竹擅豪奢，玉汝楼居盛自夸。能担人间忠孝事，何妨无益遣生涯。　虞琴老兄属题。陈曾寿。”钤印：“苍虬。”

案：明末陆元璐所作之《为范景文作书画合璧卷》完成后，其同年好友黄道周曾为之引首：“燕起鸿归。黄道周。”钤印：“黄道周印。”“阙下完人。”清初时，何兰旌曾为其题跋（略）。后浙江余杭的书画鉴赏家姚景瀛得到此作品，遂请程颂万为其引首：“明倪文正公诗画卷。庚午孟冬朔日，长沙程颂万敬题。”钤印：“程颂万印。”“子大。”“楚望。”“十发书堂。”又曾请赵叔孺为其题签：“明倪文正书画合璧卷真迹。壬午冬月，赵叔孺敬署。”钤印：“赵时棡。”“叔孺。”随后又陆续请金蓉镜、陈三立、陈曾寿、朱祖

① 陈曾寿:《水龙吟·冰丝庵感旧》,见于《烟沽渔唱》卷五第九十集,《旧月簃词》未收,《苍虬阁诗集》亦失收,故全词移录于此。

谋、余肇康、夏敬观、陈夔龙等名流为其题跋，形成今天所见到的珍贵的水墨纸本《为范景文作书画合璧卷》手卷（26.8×100.5 cm；27.8×63 cm；25×332 cm;27.8×34.5 cm；25×55 cm）。（详见西泠印社拍卖有限公司“2010年春季拍卖会”——“中国书画-古代作品”专场拍卖品，编号：0384）

## 民国二十年辛未(1931年)　五十四岁

年初，陈曾寿陪家人在天津过新年。

正月初二日（2月18日），陈曾寿偕陈宝琛去静园拜见溥仪。

胡嗣瑗《直庐日记》记载：“陈宝琛来见，与陈曾寿同入见，行三叩礼，承谕：‘汝貌较丰腴，陈曾寿气色亦好。’”（胡嗣瑗《直庐日记》，国家图书馆出版社1994年版，第2页）

正月二十六日（3月14日），陈曾寿的前辈、同乡好友、著名诗人樊增祥①在北平的寓所去世。

正月间，曾寿曾绘制设色纸本《虹螺山馆》镜框（8×65.4 cm）。其题识云：“虹螺山馆。辛未春，绘于石如意斋。苍虬陈曾寿。”钤印：“寿。”“苍虬。”（详见香港苏富比拍卖有限公司“2015年秋季拍卖会”——“中国书画”专场拍卖品，编号：1454）

同月里，应好友培余之请，曾寿为其绘制设色纸本《山水》镜心（101×46 cm）。其题识云：“拟白石翁笔，培余仁兄雅正。辛未春正月，陈曾寿。”钤印：“苍虬。”（见琴岛荣德拍卖有限公司“2017年青岛之夏艺术品拍卖会”——“中国书画”专场拍卖品，编号：1079）

二月十四日（4月1日），郑孝胥请假赴沪，陈曾寿偕陈宝琛、胡嗣瑗等与其至河野照相馆摄影留念。

郑孝胥当天日记记载：“诣行在，进讲；请假一月赴沪。与弢庵、仲

---

① 樊增祥(1846—1931)，原名樊嘉，又名樊增；字嘉父，一字云山；号云门，亦号樊山，又号天琴；别署天琴居士、身云居士、东溪居士、鹅溪老渔、天琴道人、天琴老人、武威樊嘉等。湖北恩施人。同治六年(1867年)举人。光绪三年(1877年)进士，选庶吉士。散馆后历官陕西宜川、咸宁、富平、渭南知县、陕西按察使、陕西布政使等职。三十二年(1906年)十月被免官。三十四年(1908年)八月，开复原官，授江宁布政使兼署两江总督。辛亥革命爆发，隐居上海，以遗老自居。入民国，曾出任总统府顾问、参政院参政、清史馆总纂等职。卒于北平。工诗、词、散文、骈文，善书画。著述丰富，有《樊山集》《樊山续集》《樊山集外》等，今人辑有《樊樊山诗集》(上、中、下)。

业、琴初、仁先、友兰、楫先、大七同至河野摄影。仲业邀至天祥观剧。”（《郑孝胥日记》，第四册）

二月二十二日（4月9日），为纳兰容若的生日，“须社”成员相聚苍虬阁，举行第九十二次社集；此次社集的社课即为《凤凰台上忆吹箫·纳兰容若生日集苍虬阁》。

同日晚，曾寿应邀自天津赶至北平小住，得以与在北平的好友相聚。

二月二十三日（4月10日），曾寿与胡嗣瑗、郭则沄、周学渊等好友相约去西山大觉寺赏杏花，并作有《二月二十三日，同愔仲、啸麓出西直门至西山大觉寺看杏花，立之前二日候寺中》一诗纪其事（见《苍虬阁诗》卷七，《苍虬阁诗集》第204页）。

二月间，曾寿曾应邀与郭则沄去李氏花园赏桃花，并作有《辛未二月李氏园看桃花，同啸麓作》一诗纪其事（见《苍虬阁诗》卷七，《苍虬阁诗集》第204页）。

同月里，应京剧艺术家尚小云之请，曾寿为其制作水墨纸本《墨松书法》镜心（18×47 cm×2）。镜心的正面绘《墨松》图，其题识云：“绮霞词友雅鉴，辛未二月，陈曾寿。”钤印：“陈曾寿印。”镜心的背面，为曾寿所书行书自作《落花诗》（诗略）；其题识云：“落花诗十首之二，辛未春二月。绮霞词友吟定。苍虬陈曾寿。”钤印：“苍虬。”

案：随后，尚小云又请冯承棣为其制作设色纸本镜心（18×47 cm）。镜心上书有篆书五十二字（字略），其题识云：“绮霞主人雅正，躬旸冯承棣。”钤印：“冯承棣。”后又将这三个镜心组合在一起，形成了设色纸本《墨松书法》立轴。（详见北京翰海拍卖有限公司“2007季春第57期拍卖会”——“中国书画二”专场拍卖品，编号：0421）

在北平期间，曾寿尚写有《傅松亭》《旧京》等诗作（见《苍虬阁诗》卷七，《苍虬阁诗集》第204、205页）。

自二月中旬至四月中旬（4—5月），中国工农红军第一方面军在江西南部和福建西部粉碎了国民党军队的第二次反革命“围剿”。

三月中旬，正是春夏之交，落花纷飞，曾寿乃作《落花简自玉》一首赠好友胡嗣瑗（见《苍虬阁诗》卷七，《苍虬阁诗集》第205页）。

陈宝琛读到此诗后，遂作《次韵仁先春尽日赋落花》一首相赠（见《沧趣楼诗集》卷十，《沧趣楼诗文集》第233页）。

三月间，好友郭则沄一日来访，偶然谈起亡友李放在世时大家常常在一起夜谈的种种事情，如今邈然隔世，两人感叹不已；郭则沄遂将手中的折扇递给陈曾寿，请他绘制《词龛夜谈》图。曾寿乃欣然为好友绘《词龛夜谈》图，并填《浣溪沙·词龛夜谈，邈然隔世，追忆前踪，怆然同赋》①一词于其上：

黯淡秋窗落叶时。昏灯相对鬓成丝。剧谈月落不曾知。　未转头时真似梦，如今梦影也迷离。情天容有隔生期。

在陈曾寿的《词龛夜谈》图完成后，郭则沄连连称赞，并当即亦填了《浣溪沙·记著西窗月落时》一词；其后，好友郭宗熙、周学渊见到此图，亦有感而分别填了《浣溪沙·老树云穿又一时》、《浣溪沙·曾忆春风并辔时》。

郭则沄曾在其《清词玉屑》中说："曩集李小石朱鸟庵，小石屡劝余填词，逡巡未敢试也。迨与同人结词社，小石已归道山，念之怆然。陈苍虬为余画扇，作《词龛夜谈》图，自题《浣溪沙》云云。跋尾云：'朱鸟庵夜谈之乐，其可复得耶。'余感而和之，亦用其韵云云……同时和是词，为郭调白、周息庵。"②

案：曾寿和郭则沄、郭宗熙、周学渊所作此调，载于《烟沽渔唱》卷六之《集外词》。所谓"集外词"，就是《烟沽渔唱》的《例言》中所说的"社题而外，闲同笛唱，逸兴所寄，雅奏斯繁，离合悲愉，宛堪共证，别为二卷附焉"者。

四月十二日（5 月 28 日），汪精卫、孙科等人在广州成立以日本帝国主义为背景的国民政府，与以英、美帝国主义为背景的南京国民政府相对立。

四月十三日（5 月 29 日），陈宝琛在府宅宴请陈曾寿、胡嗣瑗、郑孝胥等友朋。胡嗣瑗当天日记记载："饮陈宝琛宅，……陈曾寿、郑孝胥、萧丙炎等同坐。"（《直庐日记》第 198 页）。

四月间，应好友丹仲之请，陈曾寿与符铁年联手，为其绘制水墨纸本《小亭嘉树图》和《临石鼓文》成扇。陈曾寿在成扇正面的左边绘有《小亭嘉树图》，而在右边题有长跋文。其题识云："紫岩隈兮青溪侧，云松烟茑兮千古色。芳蘼霍兮荫蒙笼，幽人构馆兮在其中。霍蘼蒙笼兮开樾馆，卧风萧兮坐霞旦。粤有宾兮时戾止，樵苏不爨兮清谈。永岁终朝兮常若此。　《小亭嘉树图》，仿营邱笔意，录卢鸿《草堂歌》使所栖有此，真可忘年也。辛未夏四月，丹仲仁兄大人雅正，苍虬陈曾寿。"钤印："陈曾寿。"符铁年则在成扇背面书石鼓文二十八字（字略），其题识云："丹

① 陈曾寿：《浣溪沙·词龛夜谈，邈然隔世，追忆前踪，怆然同赋》，见于《烟沽渔唱》卷六《集外词》，《旧月簃词》未收，《苍虬阁诗集》亦失收，故全词迻录于此。

② 郭则沄：《清词玉屑》（卷十二），载朱崇才编《词话丛编续编》，人民文学出版社 2010 年版，第 2873 页。

仲仁兄大雅正篆，符铸。”钤印：“符铸。”（详见上海东方国际商品拍卖有限公司“2013年迎春艺术品拍卖会”——“中国书画二”专场拍卖品，编号：214）

五月十二日（6月27日），陈曾寿等“须社”在津社员如约至杨寿枏的云在山房举行“须社”的第一百集——也是最后一次社集。

杨寿枏在《须社百集觞客小启》中记载：“是日会者客五人：闽侯陈弢庵宝琛、天门陈止存恩澍、宁海章一山梫、常熟言仲远敦源、闽侯何寿芬启椿。主十二人：遵化李子申孺、长洲章式之钰、闽侯周熙民登皞、无锡杨味云寿枏、吴县徐芷升沅、秋浦周立之学渊、贵阳胡晴初嗣瑗、天门（案：此处有误，曾寿非天门人，乃蕲水人）陈仁先曾寿、济宁许佩丞钟璐、闽侯郭啸麓则沄、宜兴李又尘书勋、黄陂周君适伟。社友他适者四人：长沙郭侗伯宗熙、闽侯林子有葆恒、保定王叔掖承垣、商丘陈葆生实铭。社友已逝者二人：宛平查峻丞尔崇、白栗斋廷夔。”①

案：根据杨氏此处所言可知，“须社”社外词侣中尚有章梫、言敦源、何启椿三人的词作未载于《烟沽渔唱》中。

此次社集中，还专门请社友绘制有《填词图》以纪之；曾寿的伯父恩澍②曾填有《百字令·须社百集，题填词图》一词纪其事（见《烟沽渔唱》卷五第一百集）。

五月十三日（6月28日），曾寿曾与陈宝琛、郑孝胥、胡嗣瑗等师友相约宴集，并作有《五月十三日同弢庵年丈、苏堪、愔仲酒集》一诗纪其事（见《苍虬阁诗》卷七，《苍虬阁诗集》第205—206页）。

五月间，长江中下游的数省皆连降大雨，发生洪灾，而以湖北的灾情最为严重。

同月里，曾寿的前辈友人李详③在兴化老家病逝。

---

① 杨寿枏：《辛庵词序》，《思冲斋骈体文钞》，云在山房类稿本。

② 陈恩澍（1857—?），字止存、子纯，号紫尊。湖北蕲水人。陈曾寿的堂伯父。入民国，一直跟随曾寿生活。与当世名流交往酬唱广泛。工诗词。

③ 李详（1859—1931），字审言，中年后又字愧生，号枚叟、辉叟。江苏兴化人。廪生。幼承家学，读经史，尤嗜《文选》，善作骈文。受知于黄体芳、王先谦两学使。曾应聘为江楚译书局分纂。又与词人况周颐分撰《陶斋藏石记释文》。后受安徽布政使沈曾植聘请，赴安庆存古学堂教授史学兼文选学。辛亥革命后，客居上海，一度为东南大学国学教授。后因不满现实，同情遗老，渐趋保守。曾主持《重修兴化县志》，又献出所藏图书设立“审言图书馆”。晚年以著述自娱。工诗文，尤擅骈文。著有《选学拾遗》《文心雕龙补注》《杜诗证选》《韩诗证选》《述学笺》《学制斋骈文》《愧生丛录》等。

自五月中旬起至八月上旬（7 月 1 日—9 月 15 日），中国工农红军第一方面军在江西南部粉碎了国民党军队的第三次反革命“围剿”。

六月初六日（7 月 20 日），胡嗣瑗陪同陈宝琛至陈曾寿家中探视其子病情。

胡嗣瑗当日日记记载：“午后，同陈宝琛至陈曾寿家，视其子病，已渐平复。”（《直庐日记》第 276—277 页）。

六月中，应好友连瑜之请，曾寿为其作水墨纸本行书扇面。其扇面文字及题识云：“九门烟树蔽春廛，小雨初晴泼火前。草色引开盘马路，箫声吹暖卖饧天。萦丝早絮轻无着，弄袖和风细可怜。鼇署词臣贪出沐，琱縻珠馅愧颁宣。霓旌远远拂楼船，满地春风锦绣延。三岛路深浮闻苑，九霞觞满奏钧天。仗归金阙浮云外，人望池台落日边。最引平生江海趣，波澜一段草如烟。昔年长不调花地，亦澶回本谓双凫。少何知，驷马来。辛未夏六月，为连瑜仁兄雅正，陈曾寿。”钤印：“陈曾寿印。”（详见富得拍卖行有限公司“2015 年第 122 期拍卖会”——“中国书画”专场拍卖品，编号：0017）

六月间，曾寿经常出入天津静园①，见宅前有一株向日葵孤秀可爱，便为其绘图，并请好友胡嗣瑗一起作五言歌行《静园直庐前有向日葵一株，孤秀可爱，既为之图，并约愔仲作诗纪之》纪其事（见《苍虬阁诗》卷七，《苍虬阁诗集》第 206 页）。

一日，好友李国松②过访，并出示其《肥遁庐图》请题；曾寿遂为之作五言歌行《题李木公肥遁庐图》相赠（见《苍虬阁诗》卷七，《苍虬阁诗集》第 206—207 页）。

同月里，应散释之请，曾寿为其绘水墨纸本“竹石树木”成扇（18×50.5cm）。其题识云：“散释仁兄雅属，辛未六月，陈曾寿。”钤印：“陈曾寿印。”（见北京文博苑国际拍卖有限公司“2015 年北京文博苑五周

---

① 静园：位于天津市和平区鞍山道 70 号（原日本租界区宫岛路），始建于 1921 年。“静园”初名“乾园”，为北洋政府驻日公使陆宗舆的宅邸。1929 年 7 月—1931 年 11 月，末代皇帝溥仪居住于此，更名“静园”，寓意“静以养吾浩然之气”。

② 李国松（1877—1951），字健父，号木公，别号盘斋、匏公；藏书楼名肥遁庐、集虚草堂、望云草堂。安徽合肥人。李鹤章之孙，李经羲之子，陈三立弟子。光绪二十三年（1897 年）举人。试礼部未中，乃纳赀为郎中。曾为庐州中学捐资数万，广购书籍，延聘名师。被举荐为合肥教育学会总理，随后出任安徽谘议局议长。入民国，寓居上海。抗战爆发后，迁居天津租界。卒于天津。工诗古文辞。家富藏书。著有《法言章义》《肥遁庐文集》等。

年庆典拍卖会”——“馨雅撷萃-明清杂项”专场拍卖品，编号：3042）

七月二十三日（9月5日），曾寿曾经的同僚升允在天津病逝，逊帝溥仪赠谥“文忠”。

七月间，全国各地大、中城市均发起了捐钱捐物以赈灾的活动。

同月里，应好友雨生先生之请，曾寿为其制作水墨纸本行书四屏（172×44 cm×4）。其屏文及题识云：“近屡奉笺，不足自宣，顷诸鼓吹，广求异妓。时诸都尉薛访车子年，始十四，能喉转引声，与笳同音，白上呈见，果如其言。即日故共观试，乃知天壤之所生，诚有自然之妙也。潜气内转，衰音外激，大不抗越，细不幽散，声悲旧笳，曲美常韵。及与黄门鼓吹温胡，迭唱迭和，喉所丛音，无不音应曲折，沉浮寻变，入节自初呈试。中间二句，胡欲傲其所，不知尚之，以一曲巧竭意匮。既已不能，而此孺子遗声抑扬，不可胜穷，优游转化，余弄未尽。暨其清激悲冷，杂以怨慕，咏北狄之遐征，奏胡马之长思，凄入肝脾，哀感顽艳。是时，日在西隅，凉风拂衽，背山临溪，流泉东逝，同坐仰欲，观者俯听，莫不注泣；殒涕悲怀，慷慨自左䮾史，妠謇妲名娼，能识以来，耳目所见，佥日诡异，未之闻也。窃维圣体兼爱好奇，是以因牋先白委曲，伏想仰阅，必含余欢。　雨生仁兄大人雅正。辛未秋七月，苍虬陈曾寿。”钤印：“陈曾寿印。”“仁先。”（详见上海长城拍卖有限公司“2005秋季艺术品拍卖会”——“中国书法二”专场拍卖品，编号：0336）

八月初七日（9月18日）夜，日本驻中国东北境内的关东军，按照预定计划，大举进攻沈阳，同时向辽宁、吉林进攻，史称“九一八事变”。由于蒋介石坚持反共内战和投降卖国政策，命令东北军“绝对不抵抗”，导致本年十二月底，东北三省全部沦陷。

也就在这时，一批日本军阀四出活动，勾结郑孝胥、罗振玉等前清旧臣，企图利用溥仪在东北组织伪政权。虽然陈宝琛和陈曾寿等人都希望能恢复大清王朝，但对日本人的干涉，都极力反对。

案：“九一八事变”的发生，是伪满洲国成立的最关键因素。据胡嗣瑗《直庐日记》的记载：当时，溥仪曾传谕诸位遗民商议应对办法，参与讨论的有陈宝琛、朱益藩、郑孝胥、胡嗣瑗、陈曾寿等人。朱氏主张对日本应秉持“主拒不主迎”的态度，胡氏认为要先看日军和苏联在东北势力的变化，然后再决定溥仪的行止。根据事后发展的结果来看，走上建立伪满洲国之路，其实与胡嗣瑗等人的选择有密切关系（参见林志宏《民国乃敌国也：政治文化转型下的清遗民》）。

八月上旬，清废帝溥仪为救灾捐赠了一栋小洋楼；“皇后”婉容亦通过陈曾寿捐赠了一串珍珠。

八月初九日（9 月 20 日），日军相继攻占沈阳、安东、营口、长春。薄仪命胡嗣瑗等与陈宝琛会商对策。

胡嗣瑗当天日记记载：“承谕可与陈宝琛等细商。”（《直庐日记》第 420 页）

八月初十日（9 月 21 日），天津《大公报》曾以《溥浩然夫人捐珍珠赈灾》为题作了专题报道：

> 昨日下午（一九三一年旧历八月初九）陈曾寿先生至本社，据谈溥浩然夫人对江淮灾民极为关切，久思加以赈济，只以手乏余资而未果。至昨为本社代收本埠赔款之最末一日，溥夫人遂慨然将其心爱的珍珠一串捐出，托陈先生送至本社变价助赈。并以鄂省灾情最重，嘱以珠价赈鄂，此珠串共有一百七十二颗，当初系以二千五百元购得。当由本社同仁偕同陈先生至金店变卖，因市价与原价较差，未便贸然处置。俟商得溥夫人同意再行办理。珠串现存本社，附图（略）即此珠串之写真（亦略）。溥浩然先生方以楼房助服，溥夫人复捐珠串为灾民续命，仁心义举——社会上云阔太太不乏富逾溥夫人者，益闻风兴起。

同日，陈宝琛、朱益藩、郑孝胥、陈曾寿、胡嗣瑗等会商以应对时局。

胡嗣瑗当天日记记载：“陈宝琛、朱益藩、郑孝胥、陈曾寿先后到处，传上昨谕，详细会商。……陈曾寿谓，俟糜烂不可收拾时或许有办法出来。大都无具体研讨。”（《直庐日记》第 420—421 页）

九月十二日（10 月 22 日），陈曾寿听说溥仪和郑孝胥曾应日军驻天津司令之请，至日本兵营密谈，遂拟就一份奏稿，准备呈上有所劝阻。

九月十三日（10 月 23 日），陈曾寿听说罗振玉已来天津，劝说溥仪接受日本人的支持、合作，前往沈阳，且溥仪心意已动；因将昨日所写奏稿仔细修改、润色一遍；晚上，曾寿又将奏稿亲手誊正。

九月十四日（10 月 24 日）早晨，陈曾寿拜见溥仪，并呈上奏稿；奏稿中为溥仪仔细分析当前国内外形势，劝说其慎重行动，切不可轻往沈阳——“此时形势犹徘徊歧路之间，万不可冒昧轻动，陷于进退维谷之地”；如果一定要去沈阳，“宜与明定约言，确有保障而后可往。大抵路、矿、商务之利，可以酌量许让。用人行政之权，必须完全自主。对外可与结攻守之同盟，内政必不容丝毫之干涉。”在陈曾寿看来，“自古未有专恃外力，而可以立国者”；“若不察真相，轻于一试，一遭挫折，反永绝将来之望，而无以立足矣”①。

曾寿的二弟曾则记载说：“及日人欲挟上至东北，兄谏阻云：‘若仰庇邻族，丧失主权，恐非列祖列宗之意。’列举数条款，必如此而后可允。”（见陈曾则《苍虬兄家传》，《苍虬阁诗集》附录一，第 437 页）

九月二十五日（11 月 4 日），听说土肥原和金梁来天津已与溥仪相见，双方商谈甚融洽；对溥仪提出的所有问题，土肥原都满口答应，溥仪已答应前往沈阳；曾寿兄弟“恐为欺诱手段”，甚感忧虑（见《局外局中人记》，《苍虬阁诗集》附录一，第 442 页）。

九月二十七日（11 月 6 日）早晨，陈曾寿拜见溥仪，并呈上奏稿一份、附片（即与日本议定约款大纲四条）一份。曾寿在奏稿中建议：应尽量避免与驻华日军军人商谈，而宜“派重臣径赴日本，与其政府及元老西园寺等商洽，直接定约后，再赴沈阳，则万全而无失矣”（见《局外局中人记》，《苍虬阁诗集》附录一，第 443 页）。

九月二十八日（11 月 7 日），全国工农兵第一次代表大会在江西瑞金召开，中华苏维埃共和国中央工农民主政府宣告成立：毛泽东任主席，项英、张国焘任副主席，朱德任革命军事委员会主席兼红军总司令。

九、十月间，全国各地学生代表纷纷到南京请愿，要求蒋介石停止内战，一致抗日。

十月初一日（11 月 10 日），昨夜河北枪声不断，陈曾寿与胡嗣瑗相约去见溥仪；因日本租界戒严，禁止行人，故被阻折回。胡嗣瑗遂与“行在”联系，请速送通行证过来。

十月初二日（11 月 11 日），通行证送来，曾寿和胡嗣瑗同至“行在”，得知溥仪在郑孝胥、郑垂父子的陪同下，已于昨天潜离天津，前往大连。行前并未告知陈宝琛、陈曾寿等人，担心他们阻拦。行前曾留下“二谕”：一命胡嗣瑗、夏瑞符随后即往，一命陈曾寿照料“行在”善后事宜，与日人接洽，稍后护送“皇后”（指婉容）前往（见《局外局中人记》，《苍虬阁诗集》附录一，第 444 页）。

二弟曾则亦记载云：“日人坂垣、土肥原等利诱威迫，郑孝胥亦主之。驾东行时，兄未与闻，有旨命兄侍皇后至旅顺，其《舟中》诗有‘坐近椒堂真似梦，恩涵沧海欲无身’之句。”（见陈曾则《苍虬兄家传》，《苍虬阁

① 此奏稿见于陈曾寿、陈曾植之《局外局中人记》，《苍虬阁诗集》附录一，第 441—442 页。

诗集》附录一，第 437 页）

十月初七日（11 月 16 日），胡嗣瑗和夏瑞符离开天津前往大连。

十月十二日（11 月 21 日），接胡嗣瑗来函：知其初八日至大连，初九日至沈阳，拟初十晚再至大连、旅顺探问，尚未见到“皇上”（指溥仪）。

十月十七日（11 月 26 日）晚，陈曾寿奉旨护送“皇后”离津，乘“长山丸”号东行，并作有《舟中》一诗纪其事（见《苍虬阁诗》卷八，《苍虬阁诗集》第 208 页）。

陈曾寿身负护送“皇后”婉容之重任，行前曾去与前辈、好友陈宝琛告别，并作有《将之大连留别弢庵年丈》一诗相赠（见《苍虬阁诗》卷八，《苍虬阁诗集》第 208 页）。

陈宝琛则在家设宴并拿出珍藏多年的好酒为陈曾寿送行，又作有《以丁巳藏酒分饷仁先，有怀愔仲》《次韵仁先将之大连留别并示愔仲》等诗相赠（见《沧趣楼诗集》卷十，《沧趣楼诗文集》第 236、237 页）。

十月十八日（11 月 27 日）夜，曾寿一行仍在船上，条件甚差；曾寿曾写有《辛未冬十月十八夜作》①一诗纪其境况：

> 冷月凄烟笼海津，绛云飞拥下天人。逍遥正则神灵接，际遇冬郎涕泪新。座近椒堂真似梦，恩涵沧海欲无身。仙凡荣菀都无择，断断惟思一个臣。

十月十九日（11 月 28 日），陈曾寿一行抵达大连，将“皇后”安顿住在王季烈②同年的住宅里，并得见王季烈、宝熙、胡嗣瑗、夏瑞符等人。

十月二十日（11 月 29 日），胡嗣瑗、夏瑞符来谈，方知“皇上”并不在大连，也未去沈阳，而是在旅顺；而且此次“皇上”的东行，并非日本军方的意愿，完全是罗振玉为排挤他人、控制“皇上”的个人活动。曾寿曾

---

① 此诗见于陈曾寿、陈曾植之《局外局中人记》，《苍虬阁诗集》附录一，第 446 页；因不见于《苍虬阁诗》及《苍虬阁诗续集》中，故全诗移录于此。

② 王季烈（1873—1952），字晋余，号君九，又号螾庐。江苏长洲人。早年曾至上海江南制造局任职，与傅兰雅合译《通物电光》等书，并编著有《物理学》教科书。后又任职汉阳制造局，颇受张之洞器重。光绪二十八年（1902 年）举人，三十年（1904 年）成进士，授官刑部主事，官至学部郎中兼京师译学馆监督。入民国，弃官居天津，读曲遣愁。其间，曾创办乐利农垦公司、华昌火柴公司、“扶轮”中小学等。1927 年迁居大连。伪满洲国成立，赴长春任宫内府顾问。1933 年辞职，居大连、苏州等地，研究昆曲。新中国成立后，曾任中央文史研究馆馆员。博研诗文，精通曲律。著有《螾庐未定稿》《螾庐未定稿续编》等，与刘富成合编有《集成曲谱》等。

作有《假翮》一诗抒其愤（见《苍虬阁诗》卷八，《苍虬阁诗集》第 208—209 页）。

十月二十一日（11 月 30 日），溥仪召吴长明护送婉容赴旅顺；曾寿遂在宅中等候消息，再作打算；安顿下来后，记起临行前好友刘廷琛的叮嘱，乃作《雪夜寄潜楼》一诗寄赠（见《苍虬阁诗》卷八，《苍虬阁诗集》第 209 页）。

十月二十五日（12 月 4 日），陈宝琛之子陈懋复（字几士）自大连回到天津，将曾寿的信函（其函实为所记日记）交给三弟曾植，使家人得知其情况。

十月二十七日（12 月 6 日），曾寿托自大连返回天津的夏瑞符带给三弟曾植一函：

> 昨由几士带去日记二纸，想先收到。幼兰请假返津，可面述一切。上密谕：胡、陈二人为罗、郑等隔绝，朕心极不高兴。惟此时望忍耐不露声色，到临行时必断然密召从行。若此时与争执，恐其向日人造作种种阴谋，不可不防也。上于罗及郑垂已极恨之。于大郑尚未有辞。兄与愔仲只得暂住此间，静以待之而已（见《局外局中人记》，《苍虬阁诗集》附录一，第 446 页）。

十月间，应晴晖夫人之请，陈曾寿和胡嗣瑗曾合作为其制作水墨纸本、楷书《西湖一角》成扇。曾寿在成扇的正面绘《西湖一角》图，并题识云："写西湖一角。辛未十月，晴晖夫人雅鉴。陈曾寿。"钤印："寿（朱）。"胡嗣瑗则在成扇的背面楷书诗一首，其题识云："龙槛沉沉水殿清……聊用支机石赠君。　书似晴晖夫人指正。胡嗣瑗用退笔。"钤印："（已辨认不清）。"（详见敬华（上海）拍卖股份有限公司"2017 春季艺术品拍卖会"——"善缘-扇画"专场拍卖品，编号：0818）

十一月初二日（12 月 10 日），溥仪派随侍齐济忠至大连，交给胡嗣瑗和陈曾寿一份手书密谕：

> 胡嗣瑗、陈曾寿：久未见卿等，殊为殷念。朕于四五日内移居肃邸，再拟召见卿等。尚有多言须面谈者，愿少安勿虑。一切事机，朕自能权其重轻，度其利害，而有适宜之办法也。卿二人可各作大和服一袭，以备应用。陈师傅处，望先秘代达。予均安，勿远念。望自珍摄，以安予心。嗣后予有未用"所其无逸"宝者，则书此签（另有画圈的签押）以证（见《局外局中人记》，《苍虬阁诗集》附录一，第 447 页）。

齐济忠离开时，陈曾寿交给他两份奏稿、胡嗣瑗亦交其一份奏稿，请他回到旅顺后代呈给“皇上”（见《局外局中人记》，《苍虬阁诗集》附录一，第447—449页）。

十一月初六日（12月14日），国民党第二十六路军17000余人，由共产党人、参谋长赵博生和七十三旅旅长董振堂组织领导，在江西宁都举行起义，宣告脱离国民党军队，参加红军。

十一月初九日（12月17日），全国各地学生代表在南京举行联合大示威，要求抗日，遭到国民党的镇压，史称“珍珠桥惨案”。

十一月十四日（12月22日），在国民党召开的四届一中全会上，蒋介石迫于全国人民抗日的呼声和广东国民政府汪精卫、孙科等的压力，不得不辞去国民政府主席及行政院院长职务。广州国民政府取消。

十一月十八日（12月26日），蒋介石主持修订了《国民政府组织法》，规定：国府主席和五院院长“均由国民党中央执行委员会选任”；国府主席“不负实际政治责任”；五院院长“各自对国民党中央执行委员会负责”；如此一改，使实际大权仍然落入国民党中央执委会主席蒋介石手中。

十一月二十日（12月28日），根据修订后的《国民政府组织法》，林森被“选举”为国民政府主席，孙科为行政院长。

十一月二十二日（12月30日），曾寿的前辈、好友朱祖谋①在上海寓所去世。

朱氏与陈曾寿的交谊极深，两人词集中唱和之作颇多；朱氏对曾寿的词作赞赏有加，曾将其《旧月簃词》收入《沧海遗音集》中，生前望曾寿南归甚切。得知好友去世消息，曾寿乃填《浣溪沙·阅彊村词，忆及望予南归，悬榻以待者经岁，中间数寄词相问，凄然有作》一词以寄托其哀思（见《旧月簃词》，《苍虬阁诗集》第388页）。

案：朱氏逝世前，“会‘九一八’变起，东北沦于倭寇，郑孝胥图挟爱新觉罗·溥仪由天津潜往辽沈。先生怒焉忧之，曾属陈曾寿力加劝阻”（见

① 朱祖谋(1857—1931)，原名孝臧，字藿生，一字古微，一作古薇，号沤尹，又号彊村。浙江归安(今湖州市)人。光绪八年(1882年)举人，次年中二甲一名进士，曾官翰林院编修、国史馆协修、会典馆总纂、侍讲学士、内阁学士，累官至礼部右侍郎兼吏部侍郎。光绪三十年(1904年)出为广东学政，因与总督不合，遂称疾辞归，寓苏州，任教于江苏法政学堂。宣统间授弼德院顾问大臣，不赴。辛亥革命后，寓居上海，以遗老终。祖谋早岁工诗，后专门学词。尤精于校勘，曾校刊唐、宋、金、元人词百六十余家为《彊村丛书》，精审卓特，学者奉为宝典。著有《彊村语业》三卷、《彊村词剩》二卷等；又辑有《湖州词徵》30卷、《国朝湖州词录》六卷，皆收入《彊村遗书》。

龙榆生《彊村晚岁词稿跋》)。又据龙榆生《陈海绡先生之词学》中云:“彊村先生晚岁居沪,于并世词流中最为推挹者,阙惟述叔、仁先两先生。而述叔居岭南,仁先居天津,不获时时会合,故寄怀之作,亦以二氏独多。”

十一月间,陈曾寿和胡嗣瑗在大连等候消息,闲居无聊,有时亦相互唱和,曾寿相继写有《和愔仲雪诗》《诵愔仲雪诗漫成》等诗作(见《苍虬阁诗》卷八,《苍虬阁诗集》第209页)。

十二月初八日(1932年1月15日),胡嗣瑗和陈曾寿见闲居无事,已购买了回天津的船票;溥仪派日人远山和谢介石来大连相见,并述“皇上”口谕:对曾寿、愔仲二卿非常想念;现已定在初八日迁居肃邸,不日内安顿好就可召见。胡、陈二人即将上船,便各递交一奏折请转呈“皇上”,并表示:先暂回天津,若“皇上”有事,闻召即赴。

十二月十一日(1932年1月18日),溥仪派随侍携带密谕来到天津:谕陈师傅、胡嗣瑗、陈曾寿仍维持“驻津办事处”,一切便宜行事;陈、胡安心,甚妥勿虑,定期即召来,勿萌退志。密谕中尚有“梦寐之间,思见卿等”及“相见匪遥”等语。

陈宝琛见密谕后,已决定赴旅顺请安;陈曾寿遂草就一奏稿,拟交弢庵老带去代呈。奏稿中表示:“伏读皇上手谕,令臣等勿萌退志,有梦寐思见之语。圣恩垂念至此,不禁感极欲泣。瞻望行在,无日不思尽其微忱。”奏稿中强调:“建国之道,内治莫先于纪纲,纪纲不立,则无政治之可言。外交莫重于主权,主权不明,则无交涉之可办。纪纲之义甚大,最要者魁柄必操自上,不容臣下有把持之萌。主权之包甚广,最要者政令必出自我,不容邻邦成胁制之局。魁柄不失,而后可以正其是非,施其赏罚,不至以朝廷之尊,而反敷衍调停于群下。政令无挠,而后可以敦其睦谊,存其体制,不致有国家之名,而实跼蹐附属于强邻。……是知汲汲求进者,未必即达其愿,且恐适以为祸;从容退处者,未必即误其谋,且或适促其成。”又认为:“故三省建立新国之举,已有欲罢不能之势。苟建新国,除请我皇上复位外,岂有他途?”最后向溥仪提出建议:“为今之计,宜先设法脱目前之覆绊,复在津之自由。然后相机善为应付,使彼见我无汲汲之意,乃不致启其轻侮之端。庶进可免挟制之危,退可有回旋之地。祸福荣辱,判于此时。愿皇上坚持定见,当机立决。”(见《局外局中人记》,《苍虬阁诗集》附录一,第450—451页)

十二月十二日(1932年1月19日),溥仪电召陈曾寿前往旅顺,曾寿因事未赴。

十二月十四日（1932年1月21日），在帝国主义列强的撮合下，蒋介石与汪精卫经过杭州密谈后，又回到南京，与汪共同掌握大权。

十二月十七日（1932年1月24日），陈宝琛自天津启程赴旅顺，陈曾寿托其带一奏稿代呈，说明自己未动身赴电召之故，并请皇上召请胡嗣瑗赴“行在”。

十二月二十一日（1932年1月28日），日本侵略军进攻上海，蔡廷锴等领导的国民党十九路军，在上海人民爱国精神的影响下，对日军进行了英勇抵抗，史称“一·二八事变”。

十二月二十三日（1932年1月30日），国民党南京政府迁都河南洛阳。

十二月二十五日（1932年2月1日），陈曾寿奉旨，在女婿君适的陪同下自天津乘坐“长山丸”号启程赴大连，并作有《舟过葛沽阻冰不进》一诗纪其行（见《苍虬阁诗》卷八，《苍虬阁诗集》第210页）。

十二月二十六日（1932年2月2日）下午，陈曾寿一行抵达大连，在南方旅社暂时休息，等待消息，并作有《重至大连寄愔仲》一诗纪其行（见《苍虬阁诗》卷八，《苍虬阁诗集》第210页）。

十二月二十七日（1932年2月3日），陈曾寿一行乘坐汽车抵达旅顺，拜见溥仪后，给三弟曾植写有一札寄去：

> 强志弟阅：今日到旅顺见上，说话甚多。总统一节，苏庵极力主张，且兴高采烈，以为指日上任矣。经坂垣到旅见面劝驾两次，上严词拒绝。坂心犹未死，大约尚有第三次。好在上意坚决，当不至落其圈套，而苏庵又扫兴矣。彊村得特谥“文直”，赏《陀罗经》被。上为寿租一小屋，拟廿九日搬去，与邸稍远耳。（见《局外局中人记》，《苍虬阁诗集》附录一，第452页）

十二月二十八日（1932年2月4日），陈宝琛谒见溥仪后自旅顺返回天津。

除夕那天（1932年2月5日），陈曾寿和周君适搬进溥仪为他们租赁的小屋居住；初到天冷，久难入睡，曾寿相继作有《除夕同君适至旅顺行在所灯下检上海友人所赠诗词感赋》《小楼》《朝鸟》等诗和填有《天香·壬申（应为“辛未”之误）除夕，同君适自大连赴旅顺，车行百里，已昏黑矣。先是，上为僦一小楼，遍寻始至其处。门扃无人，彷徨久立，寒风砭骨，仆人觅屋主取钥来，乃启而入。乞水邻家，热炉煮茗，稍回暖气。相对兀坐，天风海涛中，隐隐闻箫鼓爆竹声，万感无端，因赋此阕》《鹧鸪天·横海青峰占小楼》等词纪其事（见《苍虬阁诗》卷八《旧月簃词》，《苍虬阁诗集》第 211—212、383—384 页）。

案：好友郭则沄在读到陈曾寿除夕所填之词后，曾填有《天香·和苍虬连邸岁除书感》《鹧鸪天·和苍虬旅感》相和。

是年，好友、书画家李孺[①]在遵化老家去世，曾寿闻知消息，作有《挽李子申》一诗悼之（见《苍虬阁诗》卷七，《苍虬阁诗集》第 206 页）。

是年，曾寿的好友、学者冯开[②]在上海寓所去世。

是年，《持志年刊》第六期出版，上载有潘飞声之《芳草渡·集余伯夔斋中忆竺友、鹤亭、仁先、公渚北行，用清真韵》一词。

## 民国二十一年壬申(1932 年)　五十五岁

正月初一日（2 月 6 日），陈曾寿入肃邸拜见溥仪，恭贺元旦并感谢皇上所租小楼；溥仪赐宴，席间遇见郑孝胥父子等不少熟人。

二弟曾则曾记载说："上为僦小楼三椽，凡资用之物皆备。入谢，谕曰：'患难君臣，犹兄弟也。'兄闻之，感激泣下，曰：'此千古臣子受恩近未有也。'"（见陈曾则《苍虬兄家传》，《苍虬阁诗集》附录一，第 437 页）

正月初二日（2 月 7 日），陈曾植收到陈曾寿来函，随后回复一函：

> 大兄左右：接廿七日函，忧虑少释。彼辈此后必有种种欺诱恫吓迫胁之谋。但上意果坚决，亦无所施其技。望兄随时说破，勿为所动。须

---

① 李孺(1862—1931)，原名宝巽，字子申，号龠庵，自号苦李，别署五峰山人。河北遵化(今唐山市遵化市)人。隶汉军籍。光绪十一年(1885 年)举人。以道员候补湖北。十二年(1886 年)以正红旗蒙古都统官湖北提学使。后受张之洞派遣，赴日任留学生监督。辛亥后，易名孺，并以遗老终于沪上。与朱祖谋、梁鼎芬、胡嗣瑗、陈曾寿等人关系密切。能诗词，工书画，亦工篆刻。所画花卉松梅，笔姿豪爽；所刻印章，风靡一时。著有《龠庵词诗》等。

② 冯开(1873—1931)，原名鸿开，一作鸿墀，字阶青，又字君木，号木公、回风，别号回风亭长；室名回风堂，人称回风先生。浙江慈溪(今宁波市江北区慈城镇)人。幼孤，随母学诗文。二十补诸生。光绪二十三年(1897 年)以拔贡例得知县，自愿为儒官，授丽水县训导，又转宣平县教谕。后无意仕途，辞官回乡，以教书为业。沙孟海、王个移、陈巨来、陈布雷等皆其弟子。曾与陈镜塘、姚寿祁等皆"剡社"，往来唱和。晚年讲学上海，与吴昌硕、况周颐、朱祖谋等交往密切，常有酬唱。工诗、词、文，亦善书法。著有《回风堂诗文集》《回风堂诗余》等。

知彼即出于诚意，亦有冰山之惧；况其叵测，非好相识乎？郑、罗等鬼蜮伎俩，两边欺蒙，真象必不使兄闻之，切望精密注意。（见《局外局中人记》，《苍虬阁诗集》附录一，第452页）

正月初六日（2月11日），陈曾寿入肃邸拜见溥仪；回后见到曾植、愔仲信函，遂连夜给他们回函。

正月初七日（2月12日），溥仪召见，命曾寿代拟免贺万寿节谕，并叮嘱曾寿“凡事皆须详考当前及左右前后情形，始可处之得当”（见《局外局中人记》，《苍虬阁诗集》附录一，第457页）。

正月初八日（2月13日），陈曾寿入肃邸值班，适功永自天津回到旅顺，带来曾植、愔仲、幼兰、邦荣、邦直等人的信函和不少食物；于是，乘值班无事，遂分别给伯夔、梅泉、公渚、苏庵、曾植写了书函。

昨日下雪，今天放晴，曾寿当值无事，作有《雪霁夜入直》一诗纪其事（见《苍虬阁诗》卷八，《苍虬阁诗集》第212页）。

正月十一日（2月16日），日本帝国主义伙同汉奸成立“东北最高行政委员会”，发表宣言，妄称东北“独立”，决定建立傀儡政权“满洲国”，年号“大同”，“国旗”为红、蓝、白、黑、满地黄五色旗；“首都”长春，改称“新京”。

同日，陈曾寿入肃邸当值，溥仪属其凡“万寿节来贺者，皆可见”，不必阻拦。

正月十二日（2月17日），溥仪召见；入见时公雨（万绳栻）、蕴汀（商衍瀛）已先在；溥仪请他们商拟一稿。

同日，陈曾植收到大兄一封短札：

坂（垣）去后，尚无何动静。当随时留心，并随时进言，以绝其萌也。自玉（胡嗣瑗）不来，似太拘执。从前当生日时，疏远者尚来，况最亲近者乎。弟可以此义规之。（见《局外局中人记》，《苍虬阁诗集》附录一，第452页）

正月十三日（2月18日），为溥仪的寿诞之日，陈曾寿同周伟入贺，已到者有周善培、罗振玉、郑孝胥、郑垂、浦伟、宪真、宪章、宪铎、宝熙、恩棣、王季烈、李西、商衍瀛、毓善、润良、沈继贤、祺朴森、林尊侃、赵景祺、赵国圻、金卓、王韫石、谢喆甡等人；溥仪率众人照相后，遂赐宴大和旅馆。

正月十四日（2月19日），陈曾植见报载：东三省长官在沈阳会议建国之事，同意成立“共和国”，元首称“执政”，为终身制。即将发布宣言，有“诸族共和，期自由自治精神之达成”等语。当即给大兄写去一函：

闻奉吉黑会商建国事，已有结果，适成一非驴非马之局。不知曾来上处烦渎否？彼等承日人意旨，各项办法均已议定。上即不惜委曲，亦无参加意见之余地，谅不肯为。兄必力劝自重也。弟屡劝晴初行，而其意已定，大约非奉召不肯行矣。（见《局外局中人记》，《苍虬阁诗集》附录一，第 453 页）

正月十五日（2 月 20 日），曾寿入肃邸当值。溥仪亲书数款，又请曾寿添加数款，合成十二款条约，属交苏庵、叔言，准备与日人谈判时用。

当晚，曾寿前往拜访罗振玉，适振玉已去肃邸；曾寿亦随即去肃邸，相见谈片刻，溥仪派人来通知，请叔言、苏庵、上角明日去奉天；曾寿只得告辞出来，漫步回驻地。曾寿虽反对溥仪建立伪“满洲国”，但又感激他对自己的知遇之恩，遥望明月，心中十分忧虑，乃作有《元夕》一诗以抒其情（见《苍虬阁诗》卷八，《苍虬阁诗集》第 212 页）。

正月十六日（2 月 21 日），曾寿的好友诸宗元[①]在上海寓所病逝。

正月十七日（2 月 22 日），曾寿入肃邸当值，给曾植、邦荣、邦直、楫先（佟济煦）回函。苏庵、叔言自奉天返回旅顺，听说“此次郑氏父子充代表赴奉，系日军部邀请，上加派”；“到奉后，苏庵出席，上所命传之语，一字不提。言：‘皇上的事，由我包办，无所不可。’”郑垂更是对坂垣说：“皇上是一张白纸，由你们军部爱怎么样画均可。”（见《局外局中人记》，《苍虬阁诗集》附录一，第 460 页）

正月十八日（2 月 23 日），陈曾寿入肃邸当值。坂垣来见溥仪，相谈逾三小时：欲以“执政”名义为过渡，再由议会定宪法，议国体；其办法极支离，被溥仪拒绝。溥仪请坂垣吃完饭，至夜里十点方散，郑垂又请坂垣去饮酒。

正月十九日（2 月 24 日），公雨（万绳栻）往见坂垣，坂垣扬言：“此

---

① 诸宗元(1875—1932)，字贞长，别字贞壮、贞庄、真长，晚号大至，别署迦持、大至居士等。室名大至室、心太平室、病起楼、吾暇堂、默定书堂、秦寰楼等。早年随父游幕江西。光绪二十九年(1903 年)副贡。1905 年至上海，与邓实、黄节等人发起组织国学保存会，创办《国粹学报》，并加入同盟会、南社。后应邀入江苏巡抚瑞澂幕，又随其赴湖广总督任，经瑞澂荐举官直隶州知州兼署黄州知府。入民国，历任全国水利局秘书、山东海关监督、浙江督军府秘书兼署电报局局长、教育部秘书等职。工诗文，擅书画，富收藏。著有《大至阁诗稿》《病起楼诗》《吾暇堂类稿》《箧书别录》《中国书学浅论》《书法征》《红树室近代人物志》等。

次东省事非皇上出来不可。前在东京谒见天皇时，一力担任。若做不到，则军部全体须辞职，于皇上恐有最大之结果。”曾寿前往拜访罗振玉，并与其一同入肃邸拜见溥仪；让予、蕴汀、公雨已先在座，并得知因“坂垣强迫已甚，（溥仪）不得已允暂为‘执政’；如国体不合，仍当辞退，亦无可如何之应付耳”。后溥仪将曾寿单独留下，安慰其曰：“你也不必心里太难受。你向来忠爱，我不愿你离开身旁，切不可想去，与你忠爱之心相背了。以后且看天命。”（见《局外局中人记》，《苍虬阁诗集》附录一，第460—461页）

同日，陈曾植不见大兄回函，遂又作一函，托前往旅顺的溥修（字仲业）带去：

> 共和执政，名既不正，而三省实权，操于日本顾问之手，间接听其军人指挥，毫不能自主，岂成一国家体制？何苦甘为牺牲？想上必不允。但恐为“终身”二字所动，请力破其妄。自己无实在立足之地，而信他人许我终身。三尺童子，岂受此愚乎？（见《局外局中人记》，《苍虬阁诗集》附录一，第453页）

正月二十日（2月25日），溥仪召见陈曾寿，对其曰：“日军部要求以郑孝胥为总理。此人心粗胆大，有进无退，如何能做总理？只想自己做官，除打电报叫儿子、孙子外无他事。郑垂荒谬已极，简直非人类。其父亲大约未曾教训过，负我数年之心。”

时日人送来所拟各院、各部长官名单——表面说用人之权在“执政”，日人不干预；而实际上，溥仪想用之人，非经军部通过无效。溥仪请陈曾寿拟就《祭告关帝文》和《祭告列祖列宗文》。（详见《局外局中人记》，《苍虬阁诗集》附录一，第461—462页）

正月二十一日（2月26日），陈曾寿入肃邸当值，并作有《温语》一诗：

> 主忧臣辱分何辞，温语真成入骨悲。敢向天恩论去就，难从羿彀较安危。千穷漫作千年调，五十仍余五岁衰。海碧风清独凝伫，此生冷暖可应知。（见《局外局中人记》，《苍虬阁诗集》附录一，第462页；又见《苍虬阁诗》卷八，《苍虬阁诗集》第212页）

同日，陈曾植接到大兄曾寿一函：

> 日来公司（系伪满“共和国”的隐语）之说甚紧，居停（指溥仪）已派郑、罗赴奉拒绝一切。好在意坚。惟以后麻烦，不易对付耳。可先告螺（指陈宝琛）、愔（指胡嗣瑗）。俟郑、罗返，再将详情函告也。

（见《局外局中人记》，《苍虬阁诗集》附录一，第 453 页）

同日，陈曾寿亦给胡嗣瑗写有一函：

愔仲老兄同年左右：前日郑、罗赴奉，今日返。坂垣旋来，此为第三次主张，仍属支离。而郑极附和。幸居停见理真切，尚未为所惑。惟情势太紧，危险万分。鄙人力薄，恐难支柱。兄如以居停为重，以个人所处为轻，当必投袂而起，或可免后日之责备也。（见《局外局中人记》，《苍虬阁诗集》附录一，第 454 页）

正月二十二日（2 月 27 日），溥仪召陈曾寿入见，话语间谈及“夫已氏”（似指坂垣），溥仪甚怒；当即命陈曾寿代拟一辞呈（略）。（见《局外局中人记》，《苍虬阁诗集》附录一，第 462 页）

同日，曾寿又给三弟曾植写回一函：

新国家为一非驴非马之形式，然处于不得不允之地。现只争到宣言俟国体议出后，如为民主，则立时辞退；须地方应认，得一保障，在出台。后路茫茫，不知如何究竟也。现有召命晴初速来，缓一步再叫幼兰，弟先有以安慰之为要。史曾荐举廿人。上言随时召用。秘之。（见《局外局中人记》，《苍虬阁诗集》附录一，第 454 页）

曾寿在给三弟曾植的函札中，另附有一封给好友胡嗣瑗的函札：

愔仲仁兄同年左右：自提出大总统后，上极力拒绝。旋派罗、郑、上角（溥仪身边的日本随从）赴奉晤坂垣，面尽一切。乃郑一味敷衍，不传本意，毫无结果。昨日坂（垣）自来，改为“执政”名目，避去“共和”字样。势在必行，加以威胁。寿与郑父子不免冲突。上不得已，乃允其暂行执政。俟议会议定国体，或为君主，再加审慎，度德量力，以定去就。若民主，则立即辞退。属其将此意宣言之。渠乃允诺。惟此局面，明是骗局。但不允则危机立见。其错在离天津，此后乃必至之果。叔言此时颇持正论，而已无及，但顿首自咎而已。上属以经过情形转告，属勿过懊恼。请即转告太傅（陈宝琛）。（见《局外局中人记》，《苍虬阁诗集》附录一，第 454 页）

正月二十三日（2 月 28 日），陈曾寿与溥修[①]一同入见，溥仪命曾寿代

---

① 爱新觉罗·溥修(1896—1956)，字仲业，号默公。满洲人。清宗室。其父爱新觉罗·载濂为道光皇帝嫡孙。早年受业于周梦园、李锡彬。后受溥仪之托，代为照料天津的私产，不曾出任任何官职。擅长诗文、书画，其作品广为海内外艺术馆及收藏家珍藏。1955 年被聘为北京市文史研究馆馆员。

其拟就一份呈送日本军部的书函，表示愿意“勉竭愚昧，暂任执政一年。一年之后，如多陨越，敬避贤路。傥一年之内，宪法成立，国体决定，若与素志相合，再当审慎，度德量力，以定去就。若其未合，即当辞退”（见《局外局中人记》，《苍虬阁诗集》附录一，第 463 页）。

当天，陈曾寿作有《路歧》一诗抒发其感慨（见《苍虬阁诗》卷八，《苍虬阁诗集》第 213 页）。

同日，三弟曾植接到大兄电报，属其邀润田（曹汝霖）、衮甫（汪荣宝）前来旅顺；适胡嗣瑗离开天津去旅顺，三弟曾植托其给大兄带去一函：

接廿日手书，徒唤无奈。只有峰身而退。如万分走不脱，则断不可受何职位，只在左右暗中扶持，徐徐抽身。想兄必以弟此言为然也。（见《局外局中人记》，《苍虬阁诗集》附录一，第 455 页）

正月二十六日（3 月 2 日），好友胡嗣瑗昨日抵达旅顺，随即入见；今日来访陈曾寿，谈至夜分乃去。

正月二十七日（3 月 3 日），陈曾寿入肃邸当值，听说溥仪定在三十日启程去长春，因而时间颇紧迫。

正月二十八日（3 月 4 日），陈曾寿与溥修、胡嗣瑗一同入见，代溥仪拟就一稿；楫先（佟济煦）自天津来，溥仪赏其三百元。

同日，三弟曾植给陈曾寿、胡嗣瑗寄去一函：

君穆（罗振玉之侄）归谈，似木已成舟，不知尚有转圜望否？如至无可奈何，唯愿两兄坚持素志，壁立万仞，使天下万世知秦犹有人，非尽糊涂狂谬、不惜廉耻、苟且以图一时之利者。其维系于天壤间，故匪细也。若委曲迁就，则以前之苦心瘏口，一笔勾销，泾渭难分矣。衮（汪荣甫）函辞谢，对于非驴非马之局，致慨甚深。稍有知者，莫不闻而扼腕。无如局中之迷惘何耳。（见《局外局中人记》，《苍虬阁诗集》附录一，第 455 页）

正月二十九日（3 月 5 日），林棨（字肖旭）自天津来，与曾寿一起入见；胡嗣瑗、宝熙、王君久等人押行李先赴长春。

同日，曾寿给三弟曾植寄去一函：

前信收到后，想可略知大概。此事之坏，全在郑热中送礼。居停甚怒，尤怒其子，竟说到“非人类”。想以后不至再为所蒙。兹拟俟代表到后，先辞一回。再劝进，则发表宗旨。润（曹汝霖）务望必来，必第一席相待。（见《局外局中人记》，《苍虬阁诗集》附录一，第 455 页）

正月三十日（3 月 6 日），溥仪率领众人自旅顺乘车，前往长春；当晚

宿于汤冈子对翠阁，溥仪召见曾寿，命代其拟就《执政宣言》。（见《局外局中人记》，《苍虬阁诗集》附录一，第464页）

当天，陈曾寿作有《随驾至汤冈子对翠阁》一诗纪其行（见《苍虬阁诗》卷八，《苍虬阁诗集》第213页）。

同日，曾寿再给三弟曾植寄去一函：

> 愔仲来，得弟二函，均悉。早已申明不居名义，或尚可留，已蒙允矣。居停再三安慰，言："我跟前无人，不可离开。汝切勿悲愤，徒伤身体。"当时情形，甚为凄惨。又何忍言去耶。（见《局外局中人记》，《苍虬阁诗集》附录一，第456页）

二月初二日（3月8日），下午三点，溥仪率领众人抵达长春。到长春后得知，成立伪满洲国诸事已定，陈曾寿甚感无助，乃作有《二月二日》一诗抒其感慨（见《苍虬阁诗》卷八，《苍虬阁诗集》第214页）。

二月初三日（3月9日），下午三点，举行伪"满洲国"成立典礼，溥仪与日本正式签订《日满议定书》，并出任伪满洲国"执政"，年号"大同"，改长春为"新京"。曾寿作有《曙色》一诗纪其心情（见《苍虬阁诗》卷八，《苍虬阁诗集》第214页）。

同日，陈曾寿的前辈、好友郑孝胥被任命为"伪满洲国"国务院总理，罗振玉被任命为参议府参议。

二月初四日（3月10日），陈曾寿被任命为"执政府"秘书处秘书，并与胡嗣瑗、万绳栻、商衍瀛①、林棨②一同入见谢恩。

---

① 商衍瀛(1871—1960)，字云汀，一字云亭；号丹石，一号蕴汀。汉军正白旗人，居广东番禺。光绪二十年(1894年)举人，二十九年(1903年)进士。历官翰林院编修加侍讲衔、国史馆协修、功臣馆纂修、文渊阁校理等职。后派赴日本考察学制，归后兼任京师大学堂齐务提调。宣统元年(1909年)，调任京师大学堂教务提调兼京师高等学堂监督。入民国，居青岛，任青岛特别高等专门学堂中文总教习。曾参与张勋的复辟活动。后至天津，追随溥仪。1931年赴东北，出任伪满洲国内务处处长。抗战爆发后，退居天津，专注于社会慈善活动，曾任红十字会副会长。1956年被聘为中央文史馆馆员。以书法名于时。

② 林棨(1885—?)，字少旭，福建闽侯人。早年留学日本，毕业于早稻田大学政治经济科。归国后历任进士馆及仕进馆教习、教务提调、学部参事、京师法政专门学校教务长、宪政编查馆统计局科员等职。宣统元年(1909年)，任京师大学堂法政科监督。入民国，任教育部专门教育司司长、大理院推事、京师和江苏及湖北等处高等审判厅厅长、司法部司法讲习司评议员等职。1931年，曾代理过溥仪与淑妃文绣的离婚案。伪满洲国成立，任职政府秘书处秘书、最高法院院长等职。1939年底辞职。著有《国际公法精义》、《宪政论》(日本菊池学而著)等。

二月初五日（3月11日），陈曾寿至“执政”府当值。当天夜晚，溥仪召曾寿至其卧室密谈，并对曾寿曰：“我现在立定志向，将从前轻佻懒惰诸毛病克除净尽，终日勤劳，不敢休息。无论艰难忍耐到何地步，总想达到志愿，恢复祖宗疆土社稷，救百姓困苦，再生一皇子。此三愿若能做到，死亦瞑目。”又曰：“我们有好几天未深谈了，迟一两天，还要跟你深谈一回。有多少要紧话要说。驹井任总务厅长，是郑垂的功劳。”曾寿回答说：“这是交换条件。”（见《局外局中人记》，《苍虬阁诗集》附录一，第465页）

二月初六日（3月12日），陈曾寿至“执政”府当值，随后同胡嗣瑗一同入见。

二月初七日（3月13日），陈曾寿至“执政”府当值。曾寿颇不愿与那些“新贵”“共立于庭”，便借口有病，准备离开长春而返抵天津。

二月初八日（3月14日），陈曾寿至“执政”府当值；其间，与公雨相约乘车赴大连，行前连胡嗣瑗、周伟都未告诉。曾寿曾作有《繁冤一首》、《竖子一首》[1]表达其心迹（见《局外局中人记》，《苍虬阁诗集》附录一，第468页）：

人间何处避繁冤，独愧屈子沉湘魂。饕餮究奇难并世，去留生死总孤恩。暂荧鬼火知旋灭，无道强梁岂久存。永惜兰荃蒙雾露，海枯石烂与谁论。

戋戋颜胡厚，倀倀疾已沉。天公饶恶剧，竖子定何心。虽有馋朝策，其如后胜金。王明能受福，凄绝楚骚吟。

二月初九日（3月15日），陈曾寿与公雨抵达大连，暂住周孝怀家；曾寿曾作有《金州道中》《重至大连》等诗纪其行（见《苍虬阁诗》卷八，《苍虬阁诗集》第213、217页）。

二月初十日（3月16日），接到周伟、胡嗣瑗函札，催其速回长春。陈曾寿已决定暂不回长春，遂拟就一份奏稿寄给溥仪：

奏为请收回执政府秘书成命，恭折仰祈圣鉴事：窃臣前在旅顺行在，所屡次请求皇上他日就国之时，只愿常侍左右，不居官职。已蒙矜许。前蒙特任执政府秘书，当此创始艰难之际，皇上有所委任，虽蹈汤赴火，所不敢辞，然必期于事有益。若不能为丝毫之补救，尸位素餐，

① 此二诗不见于《苍虬阁诗》《苍虬阁诗续集》《苍虬阁诗外集》，故全诗移录于此。

徒招指摘，臣不忍为也。立国之要，惟以得人心为主。辛亥以铁路国有失人心，遂至亡国。然我列祖列宗二百余年之深仁厚泽，深入于人心，故国虽亡而不亡，人心仍归向于我皇上。若此时再失人心，是并我列祖列宗二百余年之深仁厚泽而亡之也。今枢要之地，已成太阿倒持之局，为所欲为。今之言曰："地方如有不服，则出兵征服之。"臣闻之，为心惊胆战。不待实有此事，即此一言，已足失天下之人心而有余矣。臣不忍与此辈共立于庭，求加恩开去秘书之职。臣返天津后，当不见一人，不出一语。一息尚存，终求得当以报。临奏涕泣，伏祈圣鉴。（见《局外局中人记》，《苍虬阁诗集》附录一，第 465—466 页）

二月十一日（3 月 17 日），长春有长途电话来，谓溥仪有要紧事件交办，请陈曾寿当天就回长春去。

二月十二日（3 月 18 日），陈曾寿登上"天津丸"号轮船离开大连；在轮船上，偶遇同年好友恩咏春，亦可谓奇遇也。

二月十三日（3 月 19 日），陈曾寿终于自大连回到天津家中。

二月二十五日（3 月 31 日），陈曾寿见溥仪多次召其回长春，均未动身前往，担心怪罪；适有友人林廷琛①去长春，遂拟奏稿一份，托其代为递呈：

奏为敬请皇上养晦待时，恭折仰祺圣鉴事：窃臣前在大连曾递上一折，并另具呈请加恩开去秘书之职，尚未奉到批示。臣自返津后，即病睡眠不安，万念潮涌。臣身虽远离，臣心仍在皇上左右也。今者建国虽名独立，其实事事受人牵制。我皇上以尧舜救民之心，行勾践复仇之志。忍人之所不能忍，容人所不能容，智勇深沉，不露声色。立志之坚，用心之苦，非世人所能知者。尤望我皇上遇盘错而不过于焦劳，经拂逆而不至于消沮。遵养时晦，静待时机之转。昔汉光武经伯升之变，深自引过，枕席有涕泣处，饮食言笑如平常。所谓动心忍性，增益其所不能，终以成大业也。惟是外虽示以镇静，而先事之布置，不可不迅密进行。外若无所臧否，而庶类之贤奸，不可不微为识别。昔齐威王三年不问国事，一鸣惊人，此可为法也。再者用人之道，惟在一诚，推赤心于腹中，然后能得其死力。否则虽欣动一时，终渐渝于久远，遇有重要

① 林廷琛，生卒年不详，字子献，福建闽侯人。法学家、律师。曾被聘为"清室驻天津办事处"常务律师。伪满洲国成立，于 1933—1937 年出任帝室会计审查局局长。著有《法院组织法论》等。

事机以周旋，失其真意，铸成大错，不可挽救。臣愚见所及，是否有当，伏祈圣鉴。恭请圣安。（见《局外局中人记》，《苍虬阁诗集》附录一，第466—467页）

二月中下旬，曾寿在天津，常与好友郭则沄等友朋往来唱和，相继写有《与啸麓谈鄮山阿育王寺之胜，啸麓为之神往，有诗，余更和之》《啸麓园中桐花正开，久坐其下，以诗寄怀因和》等作纪其交往（见《苍虬阁诗》卷八，《苍虬阁诗集》第216、217—218页）。

同月里，曾寿托友朋将溥仪在旅顺为他所租小楼里配置的桌椅床铺以及零星用具全部运送到天津的家中，用它们专门布置了一间房，名之曰“纪恩室”①。

弢庵师曾应邀为曾寿作《题仁先“纪恩室”》一诗纪其事（见《沧趣楼诗集》卷十，《沧趣楼诗文集》第241页）。

三月初二至初九日（4月7—14日），国民党政府在洛阳召开“国难会议”，形成“对日交涉”“全力剿共”的决议案。

三月初六日（4月11日），因天津静园有人赴长春，陈曾寿再托人转呈上一奏稿：

奏为沥陈下情并请颁发明喻以释群疑，恭折仰祺圣鉴事：窃臣前交律师林廷琛赍陈一折，谅邀圣鉴。旋接臣胡嗣瑗通告，已蒙恩准，如所请开去秘书本职。并传谕同处患难，不可远离等因钦此。既下情之曲体，复温语之宠颁，臣非木石，能勿感动？自当闻命立时就道。但臣归后患病，迄今未愈。舌苔脱液，精神委顿。医者谓心气太亏，肝经尤郁，亟须静摄。一俟气体稍复，即当遵赴行在，恭请圣安。再京津旧臣，闻皇上就任执政，疑尊号自此取消，同深悲愤。即曾任民国官吏如曹汝霖、汪荣宝等，亦以名义关系甚重为言。臣以皇上屡次坚拒，及最后不得已允许之苦心，详为解释。闻者始稍知此中真相，而终无以尽祛其疑。伏祈明喻驻京津两办事处及两陵承办事务处，大意言迫于东三省人之吁请，准临长春，暂领执政。所有各该处向办事处，一仍旧日体制，无所变更。并在长春添设一办事处，专管承转两陵及京津办事处文件事宜，不在执政府组织之内，以清界限，而免混淆。庶诸臣有所遵循，不至彷徨失措。而外间知皇上虽领执政，尊号仍存，其维系人心于无形者，尤为重大。此亟宜宣示而不可缓者也。臣愚昧之见，是否有

① 周君适：《伪满宫廷杂忆》，四川人民出版社1981年版，第4页。

当，伏祈圣鉴。（见《局外局中人记》，《苍虬阁诗集》附录一，第467—468页）

三月二十一日（4月26日），中华苏维埃临时中央政府正式发表《对日宣战通电》。

三月三十日（5月5日），国民党政府代表与日本签订卖国的《淞沪停战协定》。

三月间，曾寿在家闲居无事，曾写有《赋得莲实》《题宣和御笔鞓红牡丹》等诗作（见《苍虬阁诗》卷八，《苍虬阁诗集》第214、215—216页）。

其间，偶然检出李商隐的《玉溪诗集》翻阅，颇有感慨，乃作《书玉溪诗集后》一诗以抒其慨（见《苍虬阁诗》卷八，《苍虬阁诗集》第219页）。

一日，偶遇来天津访友的好友溥心畬，并邀请曾寿为其蓄养的一对倒挂鸟题词；曾寿遂遵属填《减字木兰花·心畬王孙蓄倒挂鸟一双属赋，一名收香》一词相赠（见《旧月簃词》，《苍虬阁诗集》第386页）。

四月初四日（5月9日），中华苏维埃临时中央政府发出反对卖国的《淞沪停战协定》的通知。

四月初五日（5月10日），曾寿在家闲居，目睹眼前境况，感慨颇多，乃作《四月五日作》（二首）[①]以抒其慨（见《局外局中人记》，《苍虬阁诗集》附录一，第468页）：

长拼忽忽送骎骎，愁见纱窗曙色侵。孤念欲穷天地憾，劳生犹炯且明心。残釭半焰容飘瞥，悴竹寒花有照临。欲变危机须果决，谁将感激易沉吟。

忍教水火答壶浆，丰镐遗恩苦未忘。取媚歌觞宁免死，全牺孤注欲何偿。早知带汁充诸葛，复见靴刀警寿皇。请剑不成空寂寂，老谋壮事两茫茫。

四月上、中旬，曾寿在家闲居无事，见庭院中的芍药开得正盛，乃作《赋正红芍药》一诗以赞颂其美，并呈弢庵师求和（见《苍虬阁诗》卷八，《苍虬阁诗集》第215页）。

陈宝琛阅后，当即作有《仁先以正红勺药索和》一诗相赠（见《沧趣楼诗集》卷十，《沧趣楼诗文集》第240页）。

---

① 此二诗不见于《苍虬阁诗》《苍虬阁诗续集》、《苍虬阁诗外集》，故全诗移录于此。

张允侨《闽县陈公宝琛年谱》说："陈仁先藏有宋徽宗画正红牡丹巨幅，近作正红芍药诗见寄索和，依韵答之。"[①]

四月下旬，曾寿见庭院中的芍药已开始凋谢，乃作《芍药谢后作》以抒其感慨（见《苍虬阁诗》卷八，《苍虬阁诗集》第 215 页）。

四月间，因闲居无事，常想起以往的生活，曾寿相继填有《浣溪沙·书卷抛残夜未残》《木兰花·趵突泉》《扬州慢·忆烟霞洞梅》《清平乐·笛声幽怨》《疏影·忆湖上旧月簃梅花》《蝶恋花·万化途中为侣伴》《木兰花·闲居寂静同僧院》《南歌子·鸡唱催将息》等词作以纪之（见《旧月簃词》，《苍虬阁诗集》第 384—385、387 页）。

同月中，应义女婉宜之请，曾寿曾为其制作水墨纸本行楷书立轴（128×29 cm）。立轴上所书为曾寿近期所作之诗二首，即《落花简自玉》、《旧京》（见《苍虬阁诗》七，《苍虬阁诗集》第 205 页）。其题识云："（诗略）近作二首，为婉宜义女书。壬申夏四月，苍虬。"钤印："陈曾寿印。""苍虬。"（详见北京翰海拍卖有限公司"2019 春季拍卖会"——"民国法书"专场拍卖品，编号：1003）

同月里，应好友丁惟汾[②]之请，曾寿与溥儒、溥伒兄弟携手，为其作《花石蝴蝶》行书七言诗成扇（18.5×51 cm×2）。

成扇的正面，为溥儒所绘之水墨纸本《石》，其题识云："溥儒写石。"钤印："心畬。"随后，溥伒亦在正面其兄所绘《石》的基础上，又绘设色纸本《菊花、蝴蝶》图，形成设色纸本《花石蝴蝶》图。溥伒的题识一云："鼎臣先生大雅之属。毅斋居士溥僩写菊花秋蝶。"钤印："易斋。"其题识二云："露香秋色浅深中，青蕊黄花自一丛。最忆南国微雨过，短篱扶杖看西风。　雪斋溥伒题。"钤印："溥伒之印。""冷淡之涯。"

成扇的背面，为曾寿所书水墨纸本行书七言诗若干首。其题识云："（诗略）壬申夏四月，录旧作，即奉鼎臣仁兄大雅正。苍虬陈曾寿。"钤

---

① 陈宝琛：《沧趣楼诗文集》，上海世纪出版股份有限公司/上海古籍出版社 2013 年 8 月版，第 919 页。

② 丁惟汾（1874—1954），字鼎臣、鼎丞，山东日照人。1903 年入保定师范学堂，次年赴日留学，1905 年加入同盟会，举为山东主盟人。回国后，任山东政法学堂校长。入民国，历任山东党部理事、众议院议员、国民党山东支部长、国民党中央执行委员、常委、青年部长、中央宣传部部长、中央政治学校教育长、中央党部秘书长兼监察院副院长等职。抗战爆发，出任国防最高会议委员。1949 年去台湾，任监察院委员和中央评议委员会委员。通音韵、文字，著有《诘雅堂丛集》六种。

印："苍虬。""陈曾寿。"

案：曾寿的"旧作"，主要指《泪拟义山》、《过洪山阅兵台下》、《咏史二首》之二、《楼望》……（见《苍虬阁诗》卷五、卷二、卷三、卷二，《苍虬阁诗集》第160、71、135、65……页）。（详见中国典籍国际拍卖有限公司"中国嘉德2015春季拍卖会"——"一角小楼画语温-常任侠藏珍"专场拍卖品，编号：0496）

五月十三日（6月16日），蒋介石自任"剿共"总司令，纠集六十三万兵力，对中央红军发动了第四次军事"围剿"。

五月十五日（6月18日），曾寿见溥仪不断催召，遂由天津再赴长春。到后就住在交通银行后楼，不常去执政府，遇有事，溥仪则召其入府。曾寿曾作有《来长春寓葵园中，同住为苕雪、夬庵及农先、识先、灼先弟、君适表侄、儿子邦直》一诗纪其行踪（见《苍虬阁诗》卷八，《苍虬阁诗集》第217页）。

五月中、下旬，曾寿在长春尚能见到芍药，颇感新奇，乃填《玉漏迟·五月见芍药》一词以纪之（见《旧月簃词》，《苍虬阁诗集》第387页）。

是年夏，曾寿的经济特科同年、著名慈善家魏家骅①在南京府宅去世。

六月初二日（7月5日），陈曾寿的前朝同僚、好友刘廷琛②在青岛府宅去世；曾寿得知消息，甚是伤感，乃作《挽刘潜庐议政》（二首）以悼之（见《苍虬阁诗》卷八，《苍虬阁诗集》第218页）。

六月二十二日（7月25日），曾植接五弟农先一函，告知：郑孝胥以总理兼长文教部，欲聘其为编辑，并欲先寄川资来；曾植当即回函五弟，请其代辞。

---

① 魏家骅（1863—1932），字梅荪，亦作梅孙，又字梅村，晚号贞士，别署刚长居士。江苏江宁人。光绪十七年（1891年）举人，二十四年（1898年）进士。曾官云贵总督督署总文案、翰林院编修。二十九年（1903年），保荐参考经济特科，取为二等，奉旨保举知府。后曾赴山东、江苏、云南等地任职。辛亥革命后回南京，创办魏广兴缎业。晚年创办地方公会，致力于慈善事业。曾出任世界红十字会南京分会会长、南京市商会会长等职。工诗文，善书法。著有《刚长居士自述》，有参与编纂《蒿庵奏稿》《教务纪略》《白下琐言》《泾舟老人年谱》等。

② 刘廷琛（1868—1932），字幼云，号潜庐，晚号潜庐老人。室名"潜楼"。江西德化人。光绪十九年（1893年）举人，次年连捷成进士。历官翰林院编修、陕西学政、国史馆协修、功臣馆纂修、会试同考官、陕西提学使、学部右参议、京师大学堂总监督（校长）、学部副大臣等职。入民国，以遗老移居青岛。"张勋复辟"时，授内阁议政大臣。复辟失败，仍隐居青岛，以书画自娱。工诗文，擅书法。著有《潜楼文稿》等。

六月二十三日（7月26日）晚，曾寿给三弟曾植去一函：

去郑事，兄与献皆痛切言之，主人并无异辞。言到时即当更动。未知是敷衍之言否？现有蔡法平者，与香椎、真畸、荒木诸人均有交情，来此间一次，代表香椎等来问主人，有何以为不便之处，可告知之。乃托蔡君详言一切。现得东京回信，言进行甚顺利。究系实情与否，尚待考查耳（六月廿三夕）。（见《局外局中人记》，《苍虬阁诗集》附录一，第469页）

六月二十五日（7月28日）晚，曾寿给三弟曾植又去一函：

今日入见。所欲言者，已尽言之。稍有人处，只能尽力到此地步，以后不能再添蛇足矣。好在言时虽甚切直，而甚契上意。其详此时尚未便言之（廿五夕）。（见《局外局中人记》，《苍虬阁诗集》附录一，第469页）

七月初四日（8月5日），三弟曾植孙子涵已和林子献奉派赴日，故自长春回到天津作赴日准备。

七月初七日（8月8日），三弟曾植接大兄函札，寄来刘廷琛的赐谥"文节"的御批及其所作挽诗。

随信函一起寄来的尚有五弟的一函，其中谓："兄未能来，意昨大兄面托许君转达。今日苏庵又托许君来言，极盼速来。现留礼教司虚席以待。促弟即写信……"曾植看后，当即回函，嘱其婉辞。（见《局外局中人记》，《苍虬阁诗集》附录一，第470页）

七月初九日（8月10日），三弟曾植与林子献相见，得知子涵已决定不去日本，林氏将独自前往。

七月十七日（8月18日），郑孝胥擅自代表伪满洲国与日本签订有关伪满洲国的铁路、港湾、水路、航空管理等方面的协议，并将已于七月初六日（8月7日）所签之协议呈交溥仪过目。溥仪见协议中已将伪满洲国所有水陆空交通的权利全部送出，非常恼怒，打算撤掉郑孝胥总理的职务，而以臧式毅[①]继之。

---

① 臧式毅（1885—1956），字奉九，原籍山东高密，出生于辽宁沈阳。早年留学日本，入日本陆军士官学校学习。回国后追随王烈臣，曾任西北边防军参谋长。后受张作霖、张学良赏识，出任东三省保安总司令部中将参谋长、辽宁省政府主席。"九一八事变"后，投降日本，出任伪奉天省长。伪满洲国成立，被任命为民政总长兼奉天省长。溥仪称帝后，任伪参议府议长、兴亚国民运动大会总司令。1945年为苏军俘虏，后引渡回国，死于抚顺战犯管理所。

七月二十日（8月21日），溥仪授意胡嗣瑗和许宝衡做臧式毅的工作，臧力辞不就。

七月二十二日（8月23日），曾寿因在长春无实际职务，又见执政府一片混乱，遂入府面见溥仪请假。溥仪只得暂准其假，但强调：请回津办完事后，立即返回，以后需要其办理的事情还颇多。

七月二十四日（8月25日），陈曾寿入府拜见“皇后”婉容，与其辞行。

同年好友胡嗣瑗听说陈曾寿已请假要回天津去，特地前来为其送行；曾寿则拿出前辈好友陈宝琛寄赠的丁巳年所酿之酒，与其对饮；由饮丁巳酒，而更加想念弢庵老人；曾寿乃作五言歌行《弢庵年丈以丁巳酒寄饷，与愔仲对饮，感怀赋寄排律十四韵》寄赠（见《苍虬阁诗外集》，《苍虬阁诗集》第407页）。

七月二十七日（8月28日），陈曾寿自长春启程回天津。

七月二十八日（8月29日），陈曾寿抵达天津，回到家中。

八月间，曾寿至北平小住，日与好友立之、君任、勉甫等人相聚，乃为之图并作《辛未十二月至旅顺行在所，上为僦小楼三椽……乃至盥漱之具罔弗备，皆上亲过目。次日入谢……今岁壬申秋八月，立之、君任、勉甫聚晤室中，每至夜分，因为之图，并纪以诗》（二首）纪其事（见《苍虬阁诗》卷八，《苍虬阁诗集》第223页）。

其间，朋友送曾寿一本新版的《广雅堂诗集》（1930年北平影印本），曾寿重新翻阅之余，感慨良多，乃作《书广雅诗集后》（二首）以抒其慨（见《苍虬阁诗》卷八，《苍虬阁诗集》第224页）。

在北平与友朋相聚期间，曾寿同好友们一起还游览了西山大觉寺、妙峰山娘娘殿等名胜，并相继写有《大觉寺迟立之不至》（二首）、《过颐和园宿香山旅馆》、《妙峰山娘娘殿进香》、《立之山居养疴寄赠》（二首）等诗作（见《苍虬阁诗》卷八，《苍虬阁诗集》第220—222页）。

好友周学渊前来相聚后，曾寿与他相互酬和，更是有说不完的话，并作有《次韵立之夜话》《残菊次韵立之》《次韵立之》等诗纪其相聚之情（见《苍虬阁诗》卷八，《苍虬阁诗集》第225—226页）。

九月初九日（10月8日），按事前的约定，曾寿至香山与好友及三弟、四弟作登高之会，并作有《九日同季馥、巩庵、勉甫、桐君及强志、贻先弟约立之至香山作登高之会》一诗纪其事（见《苍虬阁诗》卷八，《苍虬阁诗集》第221—222页）。

回到居所后，曾寿颇思念好友黄孝纾，遂作《寄公渚》一诗寄赠（见《苍虬阁诗外集》，《苍虬阁诗集》第 397 页）。

九月上旬，中共苏区中央局在江西宁都召开全体会议，王明的“左”倾盲动主义控制了会议主动权，派周恩来到前线指挥作战，剥夺了毛泽东对红军的领导和指挥权；会议还决定：红军第四方面军退出鄂豫皖根据地，转移至四川北部，留下地方武装组成红军第二十五军，徐海东任军长。

九月二十一日（10 月 20 日），是老师陈三立的八十寿诞，很多好友皆前往庐山为散原老人祝寿；陈曾寿不在南方，不能亲往贺寿，只好写了《寿散原先生八十生日》（四首）寄赠（见《苍虬阁诗》卷八，《苍虬阁诗集》第 222—223 页）。

十月十八日（11 月 15 日），由陈赣一主编的《青鹤》半月刊在上海创刊；此后，陈曾寿有不少词作就刊载其上。

同日，《青鹤》第一卷第一期出版，上载有陈曾寿的《寄公渚》一诗和袁思亮的《齐天乐·庚午初冬映庵、公渚续举词社，有怀散原庐山，苍虬津门》一词。

十月间，国民党政府由洛阳迁返南京。

十一月初四日（12 月 1 日），《青鹤》第一卷第二期出版，上载有陈曾寿的《散原先生八十初度》四首和叶恭绰的《渡江云·公渚用苍虬韵寄我青岛，依韵奉答》一词。

十一月十九日（12 月 16 日），《青鹤》第一卷第三期出版，上载有陈曾寿的《渡江云·和彊村老人寄怀》一词。

十一月二十七日（12 月 24 日），在溥仪的一再催促下，曾寿由天津来到长春，出任专为他设立的“内廷局”（后改称“近侍处”）局长一职（此职与府中各处无涉），专门负责祭祀、陵庙、医官、女官、私产及有关内廷各项事务的管理。来长春途中，曾寿曾写有《辽阳道中见红梅，以重价购得之》一诗纪其行（见《苍虬阁诗》卷八，《苍虬阁诗集》第 226 页）。

其二弟曾则曾在《苍虬兄家传》中记载云：“至长春，日人强上任执政，兄疏曰：‘此贬号也，不宜允。’及执政府成立，命为秘书，疏辞，即返津。传谕曰：‘同处患难之时，何可远引乎？’屡召回长春，命侍后读经。及上正大位，组宫内府，命为近侍处长，管陵园事务。谕曰：‘此朕私人之事，与满洲国政府无关也。’”（见陈曾则《苍虬兄家传》，《苍虬阁诗集》附录一，第 438 页）

十二月初三日（12 月 29 日），宋庆龄、蔡元培、杨铨、鲁迅等人在上海组织发起成立中国民权保障同盟，宋为主席，蔡为副主席，杨为秘书长；并发表宣言：要求释放政治犯，废止非法拘禁、酷刑和杀害革命人士。

十二月初八日（1933 年 1 月 3 日），日本侵略军攻占山海关。

十二月二十二日（1933 年 1 月 17 日），中华苏维埃临时中央政府和工农红军革命军事委员会发表宣言，声明愿意在停止进攻苏区、保证民众权利和武装民众等三项条件下，与全国军队停战议和，共同抗日。

十二月二十四日（1933 年 1 月 19 日），由于王明“左”倾错误的结果，中共临时中央机关不得不离开上海，迁往江西中央根据地，上海则成立中共上海中央局。

除夕日（1933 年 1 月 25 日），闻周边爆竹声声，感慨良多，乃作《壬申除夕》一诗以抒其慨（见《苍虬阁诗》卷八，《苍虬阁诗集》第 225 页）。

是年，曾寿尚写有《梦断》《夜起》《孤明》《九逝》《惯听》《荆公》等诗作（见《苍虬阁诗》卷八，《苍虬阁诗集》第 218、219、220、224 页）。

是年，曾寿的好友伍铨萃①在广州寓所去世。

是年，曾寿的好友程颂万②在上海寓所去世。

案：程颂万曾作有《巫山一段云·仁先示海藏所书函髻记，为作〈行云图〉》《题耐庵菊石赠陈仁先》赠陈曾寿。

---

① 伍铨萃(1863—1932)，字选青，一字荣建，号叔葆、葆庵，室名万松山房。广东新会人。出生富商家庭，少时就读于广雅书院。光绪十八年(1892 年)进士，选庶吉士。曾官翰林院编修、广西乡试副考官等职。官至湖北郧阳府知府。辛亥革命后南归，从事医学教育。1924 年创办广东光汉中医专门学校，并出任首任校长。工书法，精通医学。著有《万松山房存札》等。

② 程颂万(1865—1932)，字子大，一字鹿川，号十发、鹿川田父，别署十发居士、十发老人；室名十发庵、楚望阁、美人长寿庵等。湖南宁乡人。程千帆叔祖父。少聪慧有文才，然屡应科举不第，遂对科举制度无好感，而热心时局新学，为张之洞、张百熙所倚重。曾充湖广总督督署文案。1897 年创办私立湖北中西通艺学堂，同年创设攻木局，引进新工艺，培养漆木良工。1899 年以盐提举衔湖北补用通判加二级由湖北自强学堂总稽查升任为学堂提调，兼管湖北洋务局学堂。1902 年自强学堂改为方言学堂，仍任提调。此后曾任湖北高等工艺学堂监督兼管湖北工艺局，创办广艺兴公司、造纸厂等。晚年寓居上海。工诗词，擅书法。著有《十发丛书九种》、《十发庵集字楹帖》、《十发庵楹联集存》、《楚望阁诗集》(十六卷)、《石巢诗集》(十二卷)、《十发庵类稿》、《定巢词》、《美人长寿庵词》等。时人编有《十发居士全集》七十卷。

是年，曾寿的前辈、亡友顾印愚的《成都顾先生诗集》刊行。陈宝琛题签，前有陈三立、程颂万序文，书末附有陈曾寿、王闿运、梁鼎芬、易顺鼎、陈衍、陈方恪等二十人的题辞。陈曾寿的题诗为《穆庵以所持先生遗诗见示，敬其风仪，为题一绝》："传世遗文胜托孤，抱残字字抵琼琚。南丰一瓣香难灭，泪彻天泉有顾庐。"《穆庵属题所持先生楹帖，并以遗笺见赠，次韵梁文忠师感赋》："饮仙兼草圣，孰与抗颜行。米舫贯虹月，虞书尊庙廊。先生真詄宕，弟子嬗芬芳。珍重分遗墨，高情何日忘。"

案：曾寿此处所题二诗，均不见于其《苍虬阁诗》《苍虬阁诗续集》《苍虬阁诗外集》之中。

## 民国二十二年癸酉(1933 年)　五十六岁

年初，曾寿仍在长春就"内廷局"局长一职，时与好友徐思允、傅岳棻相聚唱和，曾寿曾作有《苕雪、治芗作诸葛武侯诗，余有感于当时人才缺乏，亦拟一首》一诗纪其交往（见《苍虬阁诗》卷八，《苍虬阁诗集》第233 页）。

一日，好友徐思允将其新作之明妃诗见示，曾寿阅后颇有感触，亦作《明妃》（并序）一诗相赠（见《苍虬阁诗》卷八，《苍虬阁诗集》第 235 页）。

新年期间，曾寿犯了几天的眼病，幸好几天就好了，没有太大的影响，乃作《病目初愈》一诗以纪之（见《苍虬阁诗》卷八，《苍虬阁诗集》第232 页）。

曾寿由自己的病目，颇思念身体有病的好友周学渊，乃作《寄立之》一诗寄赠（见《苍虬阁诗》卷八，《苍虬阁诗集》第 226—227 页）。

想到好友周学渊，自然也想到好友袁思亮、陈祖壬，曾寿乃作《寄伯夔、君任》一诗寄赠（见《苍虬阁诗》卷八，《苍虬阁诗集》第 233 页）。

正月十五日（2 月 9 日），曾寿入府拜见溥仪，并请假暂归天津接家眷，溥仪准假。曾寿离开长春前，曾为溥仪拟就一份任职一年《宣言稿》。曾寿回到天津后，曾接到长春来函告知，执政府秘书处不同意其所拟之《宣言稿》，未用。（见《局外局中人记》，《苍虬阁诗集》附录一，第 473 页）

正月二十一日（2 月 15 日），陈曾寿自长春抵达天津家中。

正月二十二日（2 月 15 日），《青鹤》第一卷第七期出版，上载有陈曾寿《风入松·次韵彊村老人病起之作，时将南下》一词。

正月二十五日（2月19日），蒋介石为加强其独裁统治，在南京发起了新生活运动，鼓吹“发扬四维八德”。

正月间，曾寿在家中与友人闲话中得知前辈、好友王乃澂对自己近来所为之诗有所评论，曾寿有所感，乃作《王病山先生见予近诗，微惜其枯，实中予痼，因成此作》一诗寄赠（见《苍虬阁诗》卷八，《苍虬阁诗集》第227页）。

二月初九日（3月4日），由于国民党对日不抵抗，大量官兵南逃，日本侵略军迅速占领热河省会承德。

二月中旬，陈曾寿在与友朋往来酬酢之间，偶然得到一方前辈画家戴熙原有、刻着一株梅花的砚台，乃镌铭纪其事，并由此砚台又想起一系列前人的事情，颇有感慨，乃作《戴文节公遗砚，刻梅花一树，萦绕四周；左侧镌“鹿床居士制”五字，微有损文，予以廉价得之，铭其背曰：“质损而神完，犹取义而仁全；世皆弃而苍虬所专。”昔文节以书有破体，不为宣宗所喜；又为穆相彰阿画山水便面，未设色，穆以为轻；已遭谗斥退，后居杭州，殉粤匪之难。予有感于公之遗事，为作此诗》一诗以纪之（见《苍虬阁诗》卷八，《苍虬阁诗集》第235—236页）。

其间，收到好友陈祖壬的风雨见怀诗，乃作《次韵君任风雨见怀》一诗寄赠（见《苍虬阁诗》卷八，《苍虬阁诗集》第236页）。

二月二十二日（3月17日），曾寿同好友勉甫一起乘坐“天津丸”号自天津前往长春；几天后，曾寿的家眷亦乘轮赴长春；从此，曾寿遂很少有时间来京津看望亲朋好友了。

二月二十六日（3月21日），红一方面军坚持毛泽东的战略战术，在周恩来、朱德的指挥下，粉碎了蒋介石对中央根据地发动的第四次军事“围剿”。

三月间，应是南方的繁花似锦季节，而北方才刚刚露出春色，故曾寿作《春色》一诗抒其感慨（见《苍虬阁诗》卷八，《苍虬阁诗集》第234页）。

同月里，吴宗宪所编之《庐山志》完成（本年刊行），陈三立为其点定，并为其撰序。

案：《庐山志》凡十二卷，其中收录有陈曾寿在庐山所作之《次韵散原翁雪霁过访》《同君颖至黄龙寺》《来山中不暇往游诸胜，闷坐奉简散原翁》《欲寻白鹿洞遗址未果》《为散原翁作幽栖图，散翁有诗次韵》等五首诗。

同月里，由上海暨南大学中文系主任龙榆生主编的《词学季刊》在上海创刊。

四月二十二日（5月16日），《青鹤》第一卷第十三期出版，上载有陈曾寿《和立之》一诗；又载有无名氏的《时人诗与女性美》一文，其中有“陈仁先如去国宫人，黄舵入道”的评语。

四月间，曾寿因事曾去过一趟大连，在雨夜里颇思念好友周学渊，乃作《大连山中，雨夜寄立之》一诗纪其行（见《苍虬阁诗》卷八，《苍虬阁诗集》第228页）。

由好友周学渊，又想到好友陈祖壬，曾寿遂作《寄君任》一诗寄赠（见《苍虬阁诗》卷八，《苍虬阁诗集》第228页）。

一人在外，闲散无事，思及自己既学诗，又学画，而二者均无所成，乃作《予诗学山谷，画师子久，两事皆不成，戏成此作》一诗以抒发其感慨（见《苍虬阁诗》卷八，《苍虬阁诗集》第234页）。

五月初，尚见一株海棠妍媚绝世，颇感新奇，曾寿乃邀好友傅岳棻①一同前往观赏，并作《春尽后又二十日，见海棠一株妍媚绝世，约治芗同赋》一诗以纪其事（见《苍虬阁诗》卷八，《苍虬阁诗集》第234页）。

五月初三日（5月26日），察绥抗日同盟军在张家口成立，冯玉祥任总司令，方振武任前敌总司令，吉鸿昌任前敌总指挥，并通电全国，主张联合抗日，收复失地。

五月初八日（5月31日），国民党政府同日本签订卖国的《塘沽协定》，承认日本占领东北三省和热河的“合法”性，并将察北、冀北送给日本侵略者。

五月中旬，中华工农民主政府发表宣言，反对卖国的《塘沽协定》。

五月二十六日（6月18日），中国民权保障同盟秘书长杨铨（即杨杏佛）在上海被蒋介石特务刺杀。

五月间，曾寿在任事之余，亦常在友弟的陪同下去松花江边漫步、赏景，曾作有《同勉甫、子玉、觉先吉林松花江边晚眺》一诗纪其事（见《苍

① 傅岳棻（1878—1951），字治芗，号娟净。湖北江夏（今武汉市武昌区）人。优级师范毕业。光绪举人，曾任山西抚署文案。光绪三十至三十一年（1904—1905年），出任山西大学堂教务长及代理总监督。后调任京师学部总务司司长、普通司司长，国务院铨叙局佥事、参事。辛亥革命后，出任靳云鹏内阁教育部次长，代理部务。晚年，致力于教育工作，曾任北平大学、河北大学、北京师范大学、北京大学教授。1947年，任《湖北文征》总纂。著有《西洋史教科书》、《遗芳室诗文集》十六卷（现存北京图书馆）等。

虬阁诗》卷八，《苍虬阁诗集》第228页）。

同月里，由朱祖谋、夏荪桐编选的“须社”社友的酬唱词作《烟沽渔唱》刊印面世，收有陈曾寿词作15首。

案：“须社”“社作凡百集，每二十集厘为一卷，卷凡五。社题而外，间同笛唱，逸兴所寄，雅奏斯繁，离合悲愉，宛堪共证，别为二卷附焉”（《例言》），共收入社员作品一千零一十八首，社外词侣五十一首（含佚名作品一首），总计一千零六十九首（据林立《群体身份与记忆的建构：清遗民词社须社的酬唱》的统计数据）。卷首有袁思亮、杨寿枏、徐沅、许钟璐、郭则沄等本年夏所作之序。

闰五月初九日（7月1日），《青鹤》第一卷第十六期出版，上载有陈曾寿的《次韵立之夜话》二首。

闰五月间，陈曾寿的朋友汪荣宝①在北京寓所病逝。

六月中下旬，由于蒋介石对察绥抗日同盟军不断施加压力，冯玉祥被迫离军赴泰山隐居读书。

六月二十五日（8月16日），《青鹤》第一卷第十九期出版，上载有陈曾寿的《病老见予近作，微惜其枯，因成此作》一诗。

七月中下旬，在蒋介石和日军的夹击下，察绥抗日同盟军失败。

八月初六日（9月25日），蒋介石调集一百万军队、二百架飞机，对中共中央根据地进行第五次军事“围剿”。

八月上旬，三弟曾矩自天津有书来，曾寿乃作《寄答强志》一诗寄赠（见《苍虬阁诗》卷八，《苍虬阁诗集》第230页）。

八月中下旬，三弟曾矩曾自天津赴长春与长兄相聚十日，兄弟俩自然想到在上海的诸兄弟，曾寿遂作《强志自天津来聚晤十日，赋此并寄寥志、贻

---

① 汪荣宝(1878—1933)，字衮父，号太玄，江苏吴县人。少聪慧，15岁即入邑庠。光绪二十三年(1897年)拔贡，次年朝考，以七品小京官入兵部任职。二十六年(1900年)，入南洋公学，后赴日留学，在东京加入国民义勇军。回国后仍至兵部任职。三十二年(1906年)，改任巡警部主事，又改任民政部参事，并兼任京师译学馆教习。三十四年(1908年)，任民政部右参议，兼宪政编查馆正科员。宣统二年(1910年)，任资政院议员；次年奉派为协纂宪法大臣。入民国，历官参议院议员、众议院议员、法制主任等职。1914年出任驻比利时公使。1919年出任驻瑞士公使。1922年出任驻日公使。1931年回国，出任北平政府外交委员会委员长。“九一八事变”爆发，坚决主张抵抗。卒于北平。工诗，精通法律。著有《清史讲义》《法言义证》《法言疏证》《思玄堂诗集》《歌戈鱼虞模古读考》《汪荣宝日记》等。

先、询先上海》一诗寄赠沪上兄弟（见《苍虬阁诗》卷八，《苍虬阁诗集》第 231 页）。

仲秋，《沤社词钞》二十集刊行。其中载有曾寿及与曾寿有关的词作计十三首：第一集朱祖谋《齐天乐·苍虬赴天津寄示渡海四十韵，怆然赋答》、郭则沄《齐天乐·述怀次和仁先同年兼呈彊村词丈》、袁思亮《齐天乐·庚午初冬映庵公渚续举词社，有怀散原师庐山，苍虬津门》；第二集林葆恒《芳草渡·用清真韵寄怀冰社诸君子》、潘飞声《芳草渡·伯夔斋中夜集，忆竺老、鹤亭、仁先、公渚北行，用清真韵》；第八集朱祖谋《渡江云·望苍虬不至，倚此致声》、夏敬观《渡江云·寄怀散原丈并简苍虬翁》、叶恭绰《渡江云·公渚用苍虬韵寄我青岛，依韵奉答》；第九集黄孝纾《风入松·苍虬书来，慨增久别之感，赋此代柬》；第十四集袁思亮《洞仙歌·得苍虬津门书，感赋却寄》；第十九集陈祖壬《石州慢·携客所饷趵突泉，与苍虬、立之小楼会饮，两君有词纪事，余亦继作》、郭则沄《石州慢·苍虬阁试趵突泉，和病树韵》；其"附录和作"载有陈曾寿《齐天乐·和彊村老人》一词。

九月初八日（10 月 26 日），中共中央军委决定在中央根据地组建红军第七军团，寻淮洲任军团长，肖劲光任政委。

九月初九日（10 月 27 日），陈曾寿与好友胡嗣瑗相聚唱和，颇思念在天津和上海的诸兄弟，乃作《九日和愔仲兼寄寥志、强志、贻先、询先》一诗寄赠（见《苍虬阁诗》卷八，《苍虬阁诗集》第 231 页）。

同日，时任国民政府行政院秘书的曹经沅邀陈衍、冒广生、邵元冲、吴梅、黄濬、梁鸿志、夏敬观、李宣龚、李宣倜、彭醇士、柳诒徵、汪国垣、卢前等六十多位名流至南京城西的清凉山扫叶楼雅集，为散原老人抵宁接风洗尘，极一时之盛；当天所作之诗，被辑成《癸酉九日扫叶楼登高诗集》，并请散原老人题写了集名和题署《山楼秋禊图》及《癸酉九日扫叶楼胜集图》。

曾寿听说此事后，更加思念恩师散原老人，遂作《寄怀散原先生》一诗寄赠（见《苍虬阁诗》卷八，《苍虬阁诗集》第 236 页）。

九月初十日（10 月 28 日），中共中央军委决定在中央根据地组建红军第九军团，罗炳辉任军团长，蔡树藩任政委。

九月十四日（11 月 1 日），《青鹤》第一卷第二十四期出版，上载有陈曾寿《读〈广雅诗集〉》。

九月下旬，陈三立老人自南京来到北平，寓居西城西四牌楼姚家胡同三号，由衡恪遗孀黄国巽率诸孙随侍。曾寿每年都要与挚友袁思亮相约前来看望老师。

袁思亮在《苍虬阁诗集·序》中云：“癸酉后，义宁师移居故都，余岁必一再往省，行前辄以书要君来会。”（见《苍虬阁诗集》附录二，第488页）

十月初三日（11月20日），李济深、蒋光鼐、蔡廷锴等人在福建成立中华共和国人民革命政府，将十九路军扩充为五个军，宣布反蒋抗日。

十月初九日（11月26日），福建人民革命政府与中共临时中央政府工农红军签订抗日停战协议。

十月十四日（12月1日），《青鹤》第二卷第二期出版，上载有陈曾寿《强志来大连聚晤十日，赋此并寄寥志、贻先、询先》。

十月间，陈宝琛曾应邀为曾寿的《唐人诗意画册》题跋，作《题仁先〈唐人诗意画册〉》一诗相赠（见《沧趣楼诗集》卷十，《沧趣楼诗文集》第251页）。

同月里，曾寿的好友杨增荦①在天津寓所去世。

十一月初七日（12月23日），溥修自长春归天津，前往拜访陈曾植，并告知：东三省改帝制已成定议，不能恢复大清，仍称“满洲国”。

十一月十三日（12月29日），伪满洲国宣布：自1934年3月1日起，实行帝制。

十一月十四日（12月30日），陈曾寿给三弟曾植寄来一函，略谓：“此间之事已决定，阳春三月揭晓。一切都在筹备中”。最后希望三弟能拟写一篇《谥法议》（见《局外局中人记》，《苍虬阁诗集》附录一，第474页）。

十一月十六日（1934年1月1日），陈曾寿给三弟曾植寄去一函：

> 昨发一函，书拟文字，已收到否？谥法极要紧，可作一篇，发明必须有谥之理。乙老（沈曾植）、贻重（陈毅，复辟时侍郎）、应补谥，亦

---

① 杨增荦（1860—1933），一名公荦，又名增若，派名封炎、封灿；字昀谷，一作云谷，又字延真、瀹南；别号延真子、滋阳山人。江西新建人。光绪二十三年（1897年）举人，次年成进士。历官刑部主事、热河理刑司员、四川候补知府、广东署理法院参事等职。入民国，历任国史馆协修、司法部秘书、交通部推事等职。晚年客居京津。工诗，著有《杨昀谷先生遗诗》等。

可拟一折。望即为之。此外有所见，可随时写来。（见《局外局中人记》，《苍虬阁诗集》附录一，第 475 页）

十一月二十二日（1934 年 1 月 7 日），是前辈、好友朱祖谋去世两周年的忌日，曾寿想起前辈在词学上对自己的指导、提携，心存感激，乃作《补作朱文直公挽诗》（三首）以悼之（见《苍虬阁诗》卷八，《苍虬阁诗集》第 229 页）。

十二月初一至初四日（1934 年 1 月 15—18 日），中共六届五中全会在江西瑞金召开。会议通过了《政治决议案》等文件，改选了中央机构，博古正式出任总书记。这次会议使王明的“左”倾错误发展到顶点。

十二月初六日（1934 年 1 月 20 日），陈曾寿给三弟曾植寄去一函：

前接信并拟文一篇，甚好。俟有可说话之机，则上也。此时尚有许多极大题目未解决。闻之徒然呕气，兄亦不过问也。（见《局外局中人记》，《苍虬阁诗集》附录一，第 475 页）

十二月初七至十八日（1934 年 1 月 21 日—2 月 1 日），中华苏维埃第二次全国代表大会在江西瑞金召开。在大会上，毛泽东作了《我们的经济政策》《关心群众生活，注意工作方法》的报告。大会选举了新的领导机构。张闻天任人民委员会主席，毛泽东继续出任苏维埃政府中央执行委员会主席。

十二月十八日（1934 年 2 月 1 日），陈宝琛自长春回到天津，陈曾植前往看望、拜访；归家后，给大兄写去一函：

前日寄梅枝町转交一函，想达鉴。弢老归，谈悉种种，令人气闷。矮人举动，总带几分鬼蜮性质，终非好相与也。病老（王乃澂）易名可慰。不知培老（沈曾植）、贻重（陈毅）事核实可提？请便中示知。闻瑞珏将出外，已定否？兄将来想仍在近旁，能处一超然清闲地位最好。（见《局外局中人记》，《苍虬阁诗集》附录一，第 475 页）

同日，《青鹤》第二卷第六期出版，上载有曾寿《苍虬阁庐山诗钞》八首（郭则沄曾作有《题仁先庐山诗册》）和《寄怀复园》一诗。

十二月二十三日（1934 年 2 月 6 日），陈曾寿给三弟寄去一函：

现此间极忌讳地雷之卦，不知何故。上又决不肯犯一字。此外呕气之事，不一而足。兄已上一奏，请以后置诸闲散。但未得报耳。（见《局外局中人记》，《苍虬阁诗集》附录一，第 475—476 页）

十二月下旬起，蒋介石为配合其军事“围剿”，加强了对国统区进步文化的“围剿”，不少进步文化工作者惨遭杀害，不少进步文艺书刊被查禁。

年底，曾寿偶然得到一部光绪年间刻印的《历科状元策》，甚是高兴，乃作《书〈历科状元策〉后》纪其事（见《苍虬阁诗》卷八，《苍虬阁诗集》第229—230页）。

除夕（1934年2月13日）那天，适有友人自荆州来长春，久别重逢，遂邀其共饮，并作《密之来自荆州，除夕共饮感赋》一诗以抒其慨（见《苍虬阁诗》卷八，《苍虬阁诗集》第232页）。

是年，曾寿的前辈、好友王乃徵①在上海寓所去世。

是年，曾寿的同僚、好友万绳栻②在长春寓所去世。

是年，曾寿尚写有《学道》《偶作》《独夜》《至味》《摇落》等诗作（见《苍虬阁诗》卷八，《苍虬阁诗集》第227、229、230、231—232页）。

是年，曾寿的好友、词人、富商周庆云③在上海府邸去世。

是年，王揖唐的《今传是楼诗话》被《大公报》社铅印行世，其中有6则文字论述陈曾寿的诗歌创作（见《苍虬阁诗集》附录三，第521—524页）。

是年，朱祖谋所辑之《沧海遗音集》十三卷十二种刊行，曾寿署签。

案：其中，除陈曾寿的《旧月簃词》一卷外，另收入沈曾植《曼陀罗寱词》一卷（曾寿署签）、裴维安《香草亭词》一卷、李岳瑞《郢云词》一卷、

① 王乃徵(1861—1933)，字聘三，一字平珊，号病山。四川中江人。光绪十六年(1890年)进士，选庶吉士，散馆授翰林院编修，不久转御史，出知江西抚州府，有政绩，擢升京兆尹。后历任湖北、河南、贵州布政使。入民国，以遗老隐居沪上，鬻文悬壶自给。曾参与张勋复辟活动。通医，工诗。著有《嵩洛吟草》《天目纪游草》等。

② 万绳栻(1879—1933)，字公雨，号蹊园，别署溪道人。江西南昌人。入民国，历任江北镇守署军事处处长、江苏督军署军法课课长、淮阳观察使、长江巡阅使署参谋长等职。张勋复辟，授内阁阁丞。1924年与溥仪一同移居天津。1931年赴东北，参与伪满洲国的建立，任执政府秘书处秘书。1933年卒于长春。工诗文，善诗画。著有《捋扯集》《直庐日记》等。

③ 周庆云(1864—1933)，字景星，号湘龄，别号梦坡，浙江吴兴南浔人。光绪七年(1881年)秀才，后以副贡授永康教谕、例授直隶知州，均未赴任，乃弃学从商。早年经营蚕丝业，后转盐业，家巨富，曾任苏、浙、沪属盐公堂总经理。三十一年(1905年)，投资兴建苏杭铁路，坚决反对向外商借款，出卖路权。1913年在杭州开办天章丝织厂，抗衡外货。1921年被推选为两浙盐业协会会长。1925年在上海浦东成立五和精盐公司，抵制日盐进口。又投资兴办有长兴煤矿和铁矿等。平生精书画、喜金石，善诗词、富收藏。著述丰富，有《琴史补·琴史续》《梦坡诗文》《南浔志》《莫干山志》《历代两浙词人小传》《西溪秋雪庵志》《节本泰西新史揽要》《梦坡室获古丛编》《梦坡室藏砚拓本》《浔溪词征》《浔溪文征》《浔溪诗征》《浔雅》等；另编撰有《中国盐法通志》一百卷。

曾习经《蛰庵词》一卷、夏孙桐《悔龛词》一卷、曹元忠《凌波词》一卷、张尔田《遁庵乐府》一卷、王国维《观堂长短句》一卷、冯开《回风堂词》一卷、陈洵《海绡词》二卷及《海绡说词》一卷。曾寿的《旧月簃词》由夏孙桐署签，卷首有陈曾任序。

## 民国二十三年甲戌(1934年)　五十七岁

正月上旬，在日伪军的扶植下，溥仪改国号为“满洲帝国”，为傀儡皇帝，改年号为“康德”（“康德”是康熙和清德宗光绪的缩称，意在纪念，并寄托了祇承清朝基业之愿）；同时与日本帝国主义签订《日满议定书》，使得日本侵略者在政治、军事、经济、文化各个领域全面控制了伪满洲国。

正月十六日（3月1日），溥仪正式登基，称“康德皇帝”；同时兼任伪“满洲帝国”陆海空军大元帅、伪“满洲帝国”协和会名誉总裁。陈曾寿则被任命为溥仪的“近侍处长”（“近侍处”遂由“内廷局”改名而来），职务与以前无大区别，唯将原所管之“房产”一项拨归内务处管辖。

同日，《青鹤》第二卷第八期出版，上载有陈曾寿《苍虬阁庐山诗钞》十一首。

三月初四日（4月17日），日本外务省情报部长天羽英二发表独占中国的狂妄声明，史称“天羽声明”。

三月初七日（4月20日），中国共产党提出《中国人民对日作战基本纲领》。这个纲领以“中华民族武装自卫委员会筹备会”名义，经宋庆龄、何香凝等一千七百人签名，于五月发表。不到三个月时间，军政商学农工各界签名者达三十万人。

同月里，中共领导人毛泽东针对“天羽声明”发表谈话，严正声明中华工农民主政府坚决抗日。

是年春，曾寿的好友潘飞声①在上海寓所去世。

四月十八日（5月30日），袁思亮自上海赴北平，并约陈曾寿亦来北

① 潘飞声(1858—1934)，字兰史，号剑士，别署说剑词人、独立山人、水晶庵道士；室名翦松阁。广东番禺人。少时师从叶衍兰。光绪十三年(1887年)，受聘入柏林大学讲授汉语言文学。归国后，举经济特科，不应。旅居香港十年，主《华报》《实报》笔政。三十三年(1907年)，移居上海，日与沪上前朝遗老、社会名流往来唱和。曾加入南社。晚年以卖文鬻书为生。工诗，擅书画，富收藏。著有《西海纪行卷》《天外归槎录》《说剑堂诗集》《说剑堂词集》《在山泉诗话》《两窗杂录》《饮琼浆室骈文钞》《翦淞阁随笔》等近20种。

平，一起去西城西四牌楼姚家胡同三号看望居于方恪寓所的老师陈三立。

陈诗作有《甲戌浴佛后十日袁伯夔兄游燕寄怀陈散原先生》一诗纪其事（见《凤台山馆诗钞》）。

陈曾寿《小极音哑感赋四首》之三云："……绸缪袁与陈，每岁约一集。聚处常匆匆，别后苦相忆。晚节得久要，堂堂可以毕。"（见《苍虬阁诗》卷九，《苍虬阁诗集》第 261 页）

陈曾寿在《伯夔挽诗三首》之一中亦云："……悱悱散原翁，硕果此尊宿。温燖吾与子，期约岁相续。北南会旧京，欢笑洗惨黩……"（见《苍虬阁诗》卷九，《苍虬阁诗集》第 292—293 页）

四月间，应好友重光之请，曾寿为其绘制设色纸本《仿罗牧山水》立轴（130 × 32 cm）。其题识云："仿罗饭牛笔意，重光仁兄雅属。甲戌夏日，陈曾寿。"钤印："陈曾寿印。"（详见上海泓盛拍卖有限公司"2007 春季拍卖会"——"中国书画"专场拍卖品，编号：0200）

同月中，应好友重光之请，陈曾寿与沈尹默携手，为其绘制水墨纸本《书画》成扇（50 × 19 cm × 2）。成扇的正面为陈曾寿所绘之《仿罗牧山水》图，其题识云："仿罗饭牛笔，以为重光仁兄雅属，甲戌夏日，陈曾寿。"钤印："仁先。"成扇的背面则为沈尹默的书法（略）。（详见天津西洋美术馆拍卖有限公司"2007 春季拍卖会"——"中国书画"专场拍卖品，编号：0006）

同月里，应好友公藩先生之请，陈曾寿与许宝衡携手，合作设色纸本《松石茅屋》书法成扇（20 × 54 cm × 2）。成扇的正面为陈曾寿所绘之《松石茅屋》图，其题识云："仿倪、黄笔意。公藩仁兄雅正。甲戌夏日，陈曾寿。"钤印："苍虬。"成扇的背面为许宝衡所书行书书法（文字略），其题识云："公藩仁兄雅正，许宝蘅。"钤印："季湘。"（详见浙江经典拍卖有限公司"2015 秋季艺术品拍卖会"——"中国书法"专场拍卖品，编号：0160）

五月初九日（6 月 29 日），六弟询先自长春返抵天津，给三兄曾植带回一份大兄于去年十二月呈交的奏稿：

> 窃臣才庸学浅，辱荷皇上至深至厚之恩，常恐无以为报。一年以来，窥见圣虑深远，盘根错节，万非臣下所能及。故未尝轻于进言，非敢缄默而自沮也。皇上存恢复故宇、出民水火之大志，常坚忍以待时。昔之俯就执政之名，今之上尊号而不辞，皆坚忍以求其志也。今之应争者在赏罚黜陟之大权，不在外面之礼文节目。如时犹未至，宁暂俟之。

果能实权在己，则虽如赵武灵王之胡服，未为不可。盖开创之时，当以非常处之。拘文牵义，非所以应天下之变也。若不争之于本原，而争之于礼节，徒取纷扰耳。现臣之愚见所欲进一言于皇上者：愿勿以圣智高乎一世，而渐萌轻肆慢忽之心；勿以前圣典籍皆已了解，而不深求其所以然。盖天生烝民而立之君，作之师，其任至重。况我皇上所处之艰屯，为古人所未有。异日之担负何穷，将以拨乱反正，挽救一世陷溺之人心，不可不深植其本也。昔舜大智也，而好问察迩言。孔子至圣也，而学不厌，诲不倦。盖圣不在智慧高出一世，而在取人为善；不在学问高出一世，而在发愤忘食。方今人才消乏，作育之功，全在皇上。必圣学宥密，先成乎己而后能陶冶众万以成物。此臣区区之愚，愿皇上以泰山而取尘，以沧海而取勺者也。再臣身弱才短，深惧陨越，将来改易官制，谨求置诸闲散之秩，以免过失。愚昧之见，未知当否？伏祈圣鉴。（见《局外局中人记》，《苍虬阁诗集》附录一，第476页）

五月二十五日（7月6日），中共中央派寻淮洲、粟裕率领红军第七军团北上抗日，经福建、浙江、安徽转入赣东北同方志敏领导的红军第十军会合，组成中国工农红军北上抗日先遣队。

五月间，应前辈好友砚裔之请，曾寿与众好友一起为其作设色纸本《书画合璧》。曾寿所绘乃《戒坛卧龙松》一幅。其题识云：“戒坛卧龙松。康德元年五月写，奉砚老大人雅正。陈曾寿。”钤印：“陈曾寿印。”

案：先后应邀为砚裔老人作书画的尚有陈懋侗、思棣、恒润、陈曾寿、郭宗熙、丁元秉、罗振玉、胡嗣瑗、陈伯潜、商衍瀛、溥伒、宝熙、温肃、质祁、陈宝琛等名流，遂形成了珍贵的《书画合璧册》（十五开，24×35.5cm×15）。（详见北京翰海拍卖有限公司“2012春季拍卖会”——“近现代书画一”专场拍卖品，编号：0112。）

是年夏，曾寿的朋友高德馨①在吴县老家去世。

六月二十七日（8月7日），根据中央的命令，湘赣区的红八军与湘鄂赣区的红十六军组成红六军团，在任弼时、肖克、王震等人的率领下，作为中央红军主力西征的先遣队，突围西征，拉开了中央红军二万五千里长征的序幕。

---

①　高德馨（？—1934），字远香，号鲜隐，别号溪遁叟、转溪退士，江苏吴县人。光绪七年（1881年）诸生，后成附贡生。曾官浙江候补知县。工诗词。著有《鲜隐词钞》、《远香诗词遗稿》（稿本，藏苏州图书馆）等

六月间，日本裕仁天皇的弟弟、秩父宫雍仁亲王殿下访问伪满洲国，陈曾寿同众伪满洲国名流作纸本《致入江贯一诗词册》相赠。曾寿所赠之诗及题识云：“（诗略）录旧作梅花诗。入江次长雅正。苍虬陈曾寿。”钤印：“陈曾寿印。”

案：曾寿所“录旧作梅花诗”即其《辽阳道中见红梅，以重价购得之》（见《苍虬阁诗》卷八，《苍虬阁诗集》第226页）。此次为日本秩父宫雍仁亲王殿下书赠诗词的尚有郑孝胥、罗振玉、商衍瀛、许宝蘅、宝熙、沈瑞麟、郭宗熙、傅岳棻、胡嗣瑗、袁金铠、增韫、许汝棻、陈曾寿、徐思允等十四人，遂形成了今日所见之纸本《致入江贯一诗词册》册页（共二十四页，带函套，33×24 cm×24）。许宝衡次年曾应邀为其题签：“深心托豪素。乙亥（1935年）花朝，许宝蘅题。”钤印：“夬庐（朱）。”（详见西泠印社拍卖有限公司“2018年秋季拍卖会”——“雪堂雅集：罗振玉、王国维的学术世界”专场拍卖品，编号：2685）

七月间，陈曾寿的夫人洪氏病逝长春，曾寿曾写有《少壮》、《冷暖》等诗纪其事（见《苍虬阁诗》卷九，《苍虬阁诗集》第238页）。

洪夫人去世后，曾寿颇感孤独；他本来睡眠就不好，现在情况更加糟糕；曾寿曾作有《余喜夜坐，每窗纸见微白始就枕，盖廿年以来矣，感赋一首》一诗纪其事（见《苍虬阁诗》卷九，《苍虬阁诗集》第247页）。

洪夫人去世后，曾寿颇感孤寂，曾写有《秋日杂兴（二首）》（见《苍虬阁诗》卷九，《苍虬阁诗集》第238—239页）表达其心境；于是，遂请假扶柩南归。

八月十三日（9月21日），根据中共中央军委的决定，新编的红二十一、二十二师合并组建成红军第八军团，周昆任军团长，黄甦任政治委员。

八月中旬，曾寿前往拜访好友傅岳棻，与之辞行，并作有《与治芗夜话》一诗相赠（见《苍虬阁诗》卷九，《苍虬阁诗集》第243页）。

八月二十一日（9月29日），陈曾寿扶其妻洪夫人灵柩抵达天津；在与三弟曾植闲谈过程中，透露出“皇上”有“废后”之意，兄弟俩皆甚忧虑（见陈曾寿、陈曾植《局外局中人记》，《苍虬阁诗集》附录一，第477页）。

案：溥仪之所以要废除“皇后”，表面上看，是听信了其妹、醇亲王载沣次女的捕风捉影的诬陷和胡嗣瑗所进之谗言，而实际上是因为他与婉容自1922年12月1日结婚至今，尚未生有“皇子”。

八月二十二日（9月30日），陈曾寿与三弟曾植一起抵达北平，寓住六弟曾畴处。六弟曾畴原受胡嗣瑗之邀，也在伪满洲国执政府秘书处任科长；去年帝制议起，将改执政府为宫内省；溥仪委派陈曾寿与宝熙（执政府内务处长，摄府中令）、胡嗣瑗（秘书处长）、许宝衡（大礼官秘书）、佟继煦（警卫处长）、商衍瀛（审计处长）等人会议官制事宜；胡氏一直想取代宝熙之位，故此次会议官制，有意不通知宝熙和陈曾寿参与；宝熙和陈曾寿知道此事后，找胡氏理论，胡氏无言以对；自此，宝熙和陈曾寿与胡嗣瑗之间矛盾加深；胡嗣瑗事后追查泄密之由，便将陈曾畴除名，曾畴遂早其兄而归旧京（其事详见陈曾寿、陈曾植《局外局中人记》，《苍虬阁诗集》附录一，第477—479页）。

八月二十六日（10月4日），二弟曾则自上海抵达北平与大兄及诸弟相聚，曾寿曾作有《七律・雨中夜起，时寥志二弟自上海来，强志三弟、询先七弟自天津来，同住农先六弟寓中》一诗纪其事（见《苍虬阁诗》卷九，《苍虬阁诗集》第239页）。

在兄弟相聚期间，曾寿明确表示："两年以来，目睹种种情状，心愈灰冷，徒违本志，于上亦无所益，久萌退意。以嫂病羁绊，不能决。今决意俟机辞归，不能久郁郁处其间矣。"（见陈曾寿、陈曾植《局外局中人记》，《苍虬阁诗集》附录一，第479页）

八月下旬，陈曾寿与来自上海的袁思亮和来自天津的周学渊相约一起去看望老师陈三立，相聚数日。曾寿曾作有《七律・八月，余送亡室柩至旧京，获见散原先生，年八十有二，别六年所矣。君任北游已倦，将南归，闻余来，止不行；伯夔自上海扶病来会，立之亦自津来。文酒过从无虚日，数年来不易得之会合也。雨夜不寐，感赋一首，呈散原先生并邀诸君子和》一首纪其事（见《苍虬阁诗》卷九，《苍虬阁诗集》第239页）。

其间，曾寿曾与好友溥心畬①相聚，并应邀相继作有《题心畬宋墨拓

---

① 溥心畬(1896—1963)，原名爱新觉罗・溥儒，初字仲衡，改字心畬，号松巢，别号羲皇上人、西山逸士、流浪王孙等。室名省心斋、寒玉堂。满洲皇室。恭亲王奕䜣之孙，贝勒载滢次子。少聪慧，琴棋书画皆通，被誉为"皇清神童"。辛亥革命爆发，隐居西山。1914年入柏林大学习生物，后获双博士学位。回国后居恭王府萃锦园。1924年与溥雪斋、溥毅斋、关松房等成立国画团体——"松风画会"。1928年应聘赴日本京都帝国大学执教。返国后任教于北平国立艺专。1932年溥仪就任伪满洲国皇帝，曾著文斥责。大陆解放后，逃往台湾，任教于台湾师范大学。工诗文，擅书画，富收藏。与张大千有"南张北溥"之誉，与吴湖帆并称"南吴北溥"。代表作有《雪中访友图》《松山茅屋图》《层峦积翠图》等。著有《华林云叶》《慈训纂证》《寒玉堂论画》《四书经义集证》《毛诗经义集证》《尔雅释言经证》等。

本》、《题心畬婴儿捕蝶图》、《题心畬秋园杂卉册子》（四首）等诗相赠（见《苍虬阁诗》卷九，《苍虬阁诗集》第 240、243—244 页）。

溥心畬的弟子、著名书法家启功曾在《溥心畬先生南渡前的艺术生涯》一文中说："再一种受教的场合，是先生（溥心畬）常约几位要好的朋友小酌，餐馆多是什刹海北岸的会贤堂。最常约请的是陈仁先、章一山、沈羹梅诸老先生，我是敬陪末座的小学生，也不敢随便发言。但席间饭后，听诸老娓娓而谈，特别是沈羹梅先生，那种安详周密的雅谈，辛亥前和辛亥后的掌故，不但有益于见闻知识，即细听那一段段的掌故，有头有尾，有分析有评论，就是一篇篇的好文章。"①

一日，好友袁思亮过访，并以所藏之《惜抱典试鲁湘日记册》请题，曾寿乃作七言长篇歌行《伯夔以所藏〈惜抱典试鲁湘日记册〉属题》相赠（见《苍虬阁诗》卷九，《苍虬阁诗集》第 245—246 页）。

又一日，好友李国松来访，并将其师马其昶所藏之《惜抱文稿卷子》出示请题，曾寿乃为之作七言长篇歌行《木公以惜抱文稿卷子属题，为其师马通伯故物》相赠（见《苍虬阁诗》卷九，《苍虬阁诗集》第 244—245 页）。

八月下旬至九月上旬，由于王明"左"倾冒险主义的错误领导，红军的第五次反"围剿"失败。中共中央不得不命项英、陈毅、邓子恢、张鼎臣等率领三万人留在根据地打游击，掩护红军主力突围。

九月初九日（10 月 16 日），红军主力第一、三、五、八、九军团和教导师以及后方机关人员共约八万人，从福建的长汀、宁化，江西瑞金、雩都出发，开始了战略性大转移——长征。

同日里，曾寿颇思念同乡好友谢凤孙，不知其近况如何，乃作《寄怀复园》一诗寄赠问讯（见《苍虬阁诗外集》，《苍虬阁诗集》第 397 页）。

也是在这一天，《青鹤》第二卷第二十三期出版，上载有"任先"《青岛感怀》、黄孝纾《任先逭暑青岛次韵奉赠一律》。

九月初十日（10 月 17 日），应好友伏庐先生之请，陈曾寿与陈三立携手，为其绘制水墨纸本《苍松·行书》成扇（18.5×50 cm×2）。成扇的正面为陈曾寿所绘之《苍松》图，其题识云："（诗略）《西山戒坛卧龙松

---

① 转引自周劲思：《溥心畬的朋友圈——从恭王府博物馆一件溥心畬佳作谈起》，《收藏家》2019 年第 4 期。

歌》，伏庐老兄同年雅属。甲戌九月重阳后一日，陈曾寿。”钤印：“陈。”成扇的背面为陈三立所书其旧作《孤山观荷》。其题识云：“（诗略）《孤山观荷》旧作，录奉伏庐仁兄世先生订正，陈三立”。钤印：“陈三立”。（详见上好崇源艺术品拍卖有限公司“2013 年秋季艺术品拍卖会”——“中国书画”专场拍卖品，编号：0746）

九月中旬，红六军团到达贵州东北部与红二军团会合，组建成红军第二方面军，贺龙任总指挥，任弼时任政治委员，开辟了湘鄂川黔根据地。

九月中下旬，在溥仪的一再催促下，陈曾寿不得不自北平又回到长春。

十月初四日（11 月 10 日），陈曾寿给三弟曾植寄去一函：

> 上示意辞去讲书之事。直云：“他日椒（指溥仪之妻）必废，到不幸之时，于傅有碍，不如预先脱卸，此为保全之意，出于万不得已。”云云。兄遂上折辞去。不料椒以不能再见，痛哭连日，夕忽发狂疾，惨酷已极。此皆兄之罪过也。（见陈曾寿、陈曾植《局外局中人记》，《苍虬阁诗集》附录一，第 480 页）

十月初八日（11 月 14 日），蒋介石命戴笠派特务王克全等六人暗杀了主办《申报》的史量才。

十月初十日（11 月 16 日），陈曾寿托杨君给三弟曾植带去一函：

> 强志弟览：前由邮寄一函，不知沉浮否？兹因便更复言之。上示意辞进讲事，兄遂具折辞去。是日，椒传见被阻，痛哭连日，夜遂得狂疾，不识人矣。不可一日更留。然此时又不能径情直行，恐陷于负气之所为。现将移椒于旅顺，托名养病，实断绝也。拟隐忍至万寿后再行，不知中间更有波澜否？

曾植在收到并阅完此函后，当即给大兄写去一函：

> 大兄左右：杨君所带之函，顷始收到。椒事太惨。兄意请勿稍露，表面处以淡然，对人更不提椒一字。李邺侯为建宁事伤心已极，初无片语，隐忍久之，一旦飘然，是可法也。宗旨虽决，而回翔迟速之间，须当其可，未能拘定。兄谓何如？（见陈曾寿、陈曾植《局外局中人记》，《苍虬阁诗集》附录一，第 480 页）

十月十九日（11 月 25 日），陈曾寿给三弟曾植寄去一函：

> 椒事自友方不平，声明拥护，已缓和下去。大约仍须赴旅一行。友方招待布置，极隆重也。（见陈曾寿、陈曾植《局外局中人记》，《苍虬

阁诗集》附录一，第480页）

十月二十日（11月26日），因彤伯侄自长春返天津，曾寿遂托其给三弟带去一函：

来书字字皆合我意，所见略同。届时必当其可而后行也。

在与彤伯侄交谈的过程中，曾植得知："送后赴旅一层，亦将延缓。因友方致言，如后不愿赴旅，可勿行也。又言，后父荣源[①]久不许入宫，近忽召见，温语慰藉，并赏物品云。"（见陈曾寿、陈曾植《局外局中人记》，《苍虬阁诗集》附录一，第481页）

十月间，应好友镜湖先生之请，曾寿为其制作水墨纸本镜心（13×35cm）。其诗及题识云："最忆西风长板桥，笛传禅阁雨潇潇。如今画里尤知处，一抹寒烟似六朝。山映帘栊水映窗，浣纱人住苎萝江。年年寒食梨花雨，门掩东风燕子双。　　甲戌冬十月写似，镜湖世兄雅正。苍虬陈曾寿。"钤印："苍虬。"

陈曾寿所作之另一幅水墨纸本镜心（13×35cm），镜面绘有《石树》图一幅，其题识云："镜湖世兄雅属，陈曾寿。"钤印："陈曾寿印"。

案：应镜湖先生之请，先后有沈瑞麟、郑孝胥、罗振玉、恭亲王、张栩、陈曾寿、许宝衡、岳燕璞、徐思允、谢廷麒、王光圻等名流为其制作水墨纸本、设色纸本书画镜心，遂形成了今天所见到的珍贵的设色纸本《书画》册页（13×35 cm×14）。详见保利（厦门）国际拍卖有限公司"保利厦门2015春季拍卖会"——"融古开今—名家书画"专场拍卖品，编号：0285。

十一月初四至初八日（12月10—14日），国民党四届五中全会在南京举行，会议主要讨论围剿正在长征途中的红军问题；并发表宣言，声称"攘外必先安内"。

十一月上旬，由程子华、徐海东等率领的红军第二十五军三千多人，开辟了鄂豫陕革命根据地。

---

① 荣源即郭布罗·荣源(1884—1951)，达斡尔族，满洲正白旗人。清末宣统皇后郭布罗·婉容之父。一品荫生，京师大学堂毕业，曾官兵部行走、光绪皇帝陵工监修等职。入民国，在紫禁城小朝廷曾任蒙古副都统、宫廷内务大臣的要职。后随溥仪到东北，在满洲国宫内供职，封承恩公。

十一月十二日（12 月 18 日），红军长征到达贵州黎平，中共中央政治局召开会议，肯定了毛泽东提出的向贵州进军的决策。

十一月二十三日（12 月 29 日），曾寿的同年好友、同僚郭宗熙[①]病逝于长春任上。

十二月初二日（1935 年 1 月 6 日），红军攻占贵州遵义。

同日，由于叛徒的告密，方志敏在赣东北的怀玉山地区被捕。

十二月十一至十三日（1935 年 1 月 15—17 日），中共中央在遵义召开了政治局扩大会议。会议批判了第五次反“围剿”和长征以来中央在军事领导上的错误，通过了《中共中央关于反对敌人五次“围剿”的总结决议》，还推选毛泽东为政治局常委，取消博古、李德的最高军事指挥权，决定由毛泽东和周恩来负责军事指挥。遵义会议结束了王明“左”倾冒险主义在中共中央的统治，确立了以毛泽东为代表的新中央的正确领导。此次会议在极其危险的时刻挽救了中国共产党和工农红军，成为中国共产党历史上的一个转折点。

十二月十二日（1935 年 1 月 15 日），《词学季刊》第二卷第二号出版，其“词坛消息”中载有《“须社”唱酬之结集》。

十二月二十日（1935 年 1 月 24 日），警卫处的张伯辉自长春来到天津，与曾植相聚；曾植从张氏处得知：溥仪本拟送“皇后”去旅顺，而“皇后”不肯去。但日人在旅顺已安排好一切，“皇后”只得独往，住十日后仍返回长春。（见陈曾寿、陈曾植《局外局中人记》，《苍虬阁诗集》附录一，第 481 页）

十二月二十日至民国二十四年二月十八日（1935 年 1 月 24—3 月 22 日），红军四渡赤水，再克遵义，歼敌二十多个团，取得长征以来的第一个大胜利。

---

① 郭宗熙（1978—1934），字侗伯，一字桐伯，号臣庵，别号三焦山人，室名“绠古楼”。湖南长沙人。光绪十九年（1893 年）举人，二十九年（1903 年）进士。曾留学日本法政大学。归国后历任翰林院编修、长沙府中学堂监督、奉天森林学堂监督、署理珲春副都统、吉林东南路兵备道、西北路兵备道、滨江关监督等职。入民国，历任吉林提学使、吉林教育司长、吉长道尹、吉林巡按使、吉林省长等职。1919 年退居天津。后又曾出任中东铁路督办、国立京师图书馆馆长。伪满洲国成立，出任“满洲帝国”第一任尚书府大臣。卒于任。仪态雍雅，工诗词，善书法，富藏书。编撰有《绠古楼行箧书目》三册。

十二月二十四日（1935年1月28日），曾植收到大兄寄来的信函（内容略）及《邯郸道》（五言歌行）和《李邺侯（李泌）》（七言歌行）两首诗（见《苍虬阁诗》卷九，《苍虬阁诗集》第242页）。

十二月二十八日（1935年2月1日），蒋介石发表谈话，公开吹捧日本外相广田演说，声称："制裁一时冲动及反日行为，以示信谊。"

除夕（1935年2月3日）之日，曾寿作有《甲戌除夕》一诗抒其感慨（见《苍虬阁诗》卷九，《苍虬阁诗集》第243页）。

是年，是好友周善培①的六十华诞，曾寿乃作《周孝怀六十初度》一诗寄赠（见《苍虬阁诗》卷九，《苍虬阁诗集》第241页）。

是年，曾寿尚写有《本性》《雨歇》《和史文甫寄怀》等诗作（见《苍虬阁诗》卷八，《苍虬阁诗集》第233、236、237页）。

是年，曾寿的好友吴士鉴②在杭州老家寓所病逝。

## 民国二十四年乙亥(1935年)　五十八岁

正月十一日（2月14日），蒋介石对新闻记者表示："中日有提携之必要。"

正月十二日（2月15日），中国共产党领导的东北各抗日游击队联合起来，发表《抗日联军统一建制宣言》，并扩编成为抗日联军第一至第七军，杨靖宇、王德泰、赵尚志、李延禄、周保中、夏云杰、李学福分别任军长。

---

① 周善培(1875—1958)，字致祥，号孝怀。原籍浙江诸暨，随父游宦川中，遂定居。光绪二十年(1894年)乡试副榜。湖南学政徐仁铸慕其才，邀至湖南，与陈三立、梁启超、谭嗣同等交往密切，一起参与新政。1899年奉四川总督奎俊之命，赴日考察学务。1901年送20名学生赴日本留学，并聘回日本教习在成都开设私立务本学校。后曾被聘为警务学堂教习。1906年纳资为"候补道"。此后历任四川警察总局总办、四川巡警道道台、劝业道道台、署理四川按察使等职。入民国，以遗老自居，隐居沪上数十年。新中国建立后，曾任民生公司董事长、华东军政委员会委员等职。卒于上海。

② 吴士鉴(1868—1933)，字䌹斋，号公督，一号含嘉，别署式溪居士。室名"九钟精舍""含嘉室"。浙江钱塘(今杭州市)人。吴庆坻子。光绪十八年(1892年)进士，授翰林院编修。历任武英殿协修、国史馆协修、会典馆协修、纂修。光绪二十三年(1897年)，奉命在南书房行走。次年，充会试同考官。二十五年(1899年)，任武英殿总纂。不久，简放江西学政。三十四年(1908年)，补翰林院授读。宣统二年(1910年)，充资政院议员。民国三年(1914年)，任《清史稿》总纂。晚年辞官归里，专心著述。工诗文。著有《补晋书经籍志》《含嘉室诗文集》《清宫词》《九钟精舍金石跋尾》《商周彝器例》等。

二月初一日（3 月 5 日），曾寿的前辈、好友陈宝琛[1]在北平寓所去世。

闻知消息，曾寿甚为悲痛，曾作有《挽陈弢庵年丈》（三首）以悼之（见《苍虬阁诗》卷九，《苍虬阁诗集》第 241 页）。

案：此诗（三首）为福建图书馆藏陈懋复所辑之《陈弢庵哀挽录》手抄本，题作《特谥文忠弢庵年伯大人灵鉴》（三首），尾署“愚侄陈曾寿敬挽”。手抄本第三首中的“宸园”，《苍虬阁诗》卷九中作“行园”。

二月二十八日（4 月 1 日），《正风》（半月刊）第七期出刊，徐彬彬在其连载的《凌霄汉阁笔记》中，有一段文字专门评论陈曾寿的诗作（见《苍虬阁诗集》附录三，第 542—543 页）。

二月二十九日（4 月 2 日），为答谢日本天皇御弟秩父宫雍仁的来访，由关东军安排，溥仪自长春启程去日本访问。

三月初四日（4 月 6 日），溥仪从长春坐火车至大连，随后从大连乘坐日本军舰至日本横滨，再由横滨乘火车抵达东京。抵达东京时，溥仪受到日本天皇的亲自迎接。

三月二十五日（4 月 27 日），溥仪结束日本的访问，回到长春。

三月下旬，已是暮春，却仍寒气逼人，曾寿乃作《春尽》一诗抒其感慨（见《苍虬阁诗》卷九，《苍虬阁诗集》第 244 页）。

四月初一至初七日（5 月 3—9 日），红军巧渡金沙江，跳出了数十万敌军的围追堵截，取得了战略转移中具有决定意义的胜利。

四月初二日（5 月 4 日），上海《新生周刊》载《闲话皇帝》一文，涉及日本天皇，日本驻沪总领事以此为借口，威胁南京政府“妨害邦交”。南京政府立即查封《新生周刊》，判处主编杜重远一年零四个月的徒刑，并不准上诉，引起各界人士向国民党当局抗议，史称“新生事件”。

四月初八日（5 月 10 日），三弟曾植最近未收到大兄信函，听人说大兄

---

① 陈宝琛(1848—1935)，一名宝森，字伯潜，一字伯泉，号韬庵，亦作弢庵，又号桔隐、听水老人。室名“沧趣楼”。福建闽县(今福州市)人。同治七年(1868 年)进士，授翰林院编修，累官至内阁学士兼礼部侍郎。为官以直言敢谏闻名，与张之洞、张佩纶、宝廷等号称“清流党”。中法战事起，与张佩纶疏论和战利害。光绪十七年(1891 年)，被黜回乡。宣统元年(1909 年)重新起用，命掌礼学馆，寻补内阁学士、充资政院硕学通儒议员、实录馆副总裁。三年(1911 年)，简放山西巡抚，未就；更命以侍郎衔候补，兼任弼德院顾问大臣、正红旗汉军副都统等。晚年曾赴伪满洲国任职，后南归。工诗善画，是同光体诗派中“闽赣派”的主要代表。著有《沧趣楼文存》《沧趣楼诗集》等。

有辞职之意，乃去函询问大兄近来情况（见陈曾寿、陈曾植《局外局中人记》，《苍虬阁诗集》附录一，第481页）。

四月十二日（5月14日），陈曾寿给三弟曾植写去一函：

兄之行止，系去岁所定，不关现在之相待何如。专以现在相待之情而言，则殊与从前无丝毫之异，说不到去字也。曾有一次赐宴，丁卯（指许宝衡）故意不开兄名。经居停亲笔加入，且申斥承事者之疏忽。见面时亦多慰藉之言，但不免稍有敷衍耳（此亦是向来脾气）。所最可虑者，经此次友邦十分之捧（按，指赴日招待极隆重而言），恐启骄汰之心，性气更较前加长，待左右更苛耳。惟上辞折后，若再强留，或逢怒，均不可知（若相待之意甚好，即不免逢怒，否则淡然置之矣）。总以达其素志，不落痕迹为主。（见陈曾寿、陈曾植《局外局中人记》，《苍虬阁诗集》附录一，第482页）

四月十三日（5月15日），红军在四川西南石棉县的安顺场强渡大渡河。

四月十九日（5月21日），陈曾寿给三弟曾植写去一函：

昨上辞折，今晨召见，坚留。首言陵庙之重，非他人任。次言随从患难多年，不可中道离去。又言现在身旁无一相信人，万不可去。属以后再勿上折，无论如何总不使你去云云。辞意可谓恳至。寿几经审慎而后动，未便中止。再以婉言相渎耳。且感情好时，正是去的时候；待不好，则言去已迟矣。弟意以为然否？（见陈曾寿、陈曾植《局外局中人记》，《苍虬阁诗集》附录一，第482页）

四月二十四日（5月26日），三弟曾植收到大兄寄来一函：

今日又上第二折，上语意更为坚决，言不但此时不放走，以后永远不能走开。相从患难多年之人，若走开，天下其谓我何云云。看此情形，只得暂搁，俟有机会再说。人生竟不能自由以行其志，惟虱于此间，脾味实不能耐，如何如何？

三弟曾植阅大兄此函后，深感大兄内心之苦痛，遂立即给大兄回去一函：

接函知再辞仍不允，留意恳至，自不可太恝然，请暂时忍耐，遂初之愿，俟诸异日耳。（见陈曾寿、陈曾植《局外局中人记》，《苍虬阁诗集》附录一，第482—483页）

四月二十七日（5月29日），红军夺取四川西部大渡河上的泸定桥，向川康边境进军。

五月初一日（6 月 1 日），郑孝胥在天津招陈曾植等人宴集，席间“谈及辛未年上在旅顺时，坂垣劝进，坚持不允。郑垂至哭泣跪请，仍不许。彼上楼种种劝说，始勉强应允云云。似自炫其功者。又盛赞此次改革之善，真不知是何心肝矣！从前尚有人疑此局初起时上实歆许，对弢老、大兄所言，均非诚者。闻苏堪今日一番话，不啻得一反证耳”。

同日，三弟曾植又收到大兄寄来的一封信函：

> 前日寄辞折二稿，已收到否？此时既不能言去，思及心疾，截（结）发之惨，时时不能安耳。此后以何法脱身，无伤感情，而又不着痕迹，有何妙策，代我思之。（以上见陈曾寿、陈曾植《局外局中人记》，《苍虬阁诗集》附录一，第 483 页）

五月初二日（6 月 2 日），奉蒋介石之命，宋希濂在福建长汀中山公园将无产阶级革命家瞿秋白杀害。

五月初九日（6 月 9 日），国民党军委会华北分会代理委员长何应钦同日本天津驻屯军司令官梅津美治郎举行谈判，并秉承蒋介石、汪精卫意旨，全盘接受日方要求，达成卖国协定，史称“何梅协定”。

五月十六日（6 月 16 日），红一方面军翻过大雪山的夹金山，在四川西部的懋功与李先念率领的红四方面军先头部队会师。

五月二十七日（6 月 27 日），国民党政府命察哈尔省民政厅长秦德纯与日本代表土肥原在北平举行谈判，达成卖国协定，史称“秦土协定”。

五月间，应好友纶章先生之请，陈曾寿与徐月君携手，合作设色纸本《山水书法》成扇（49×19cm×2）。成扇的正面为徐月君所绘之《山观听泉》图，其题识云：“山观听泉。　乙亥仲夏，以应纶章先生雅正，徐月君写。”钤印：“月君。”成扇的背面为陈曾寿所书行书书法（文字已难辨认，略），其题识云：“纶章仁兄雅教，陈曾寿。”钤印：“陈氏。”“寿。”（详见杭州翰承文化艺术有限公司“2007 夏季艺术精品拍卖会”——“中国书画”专场拍卖品，编号：0307）

夏季里，有时自己或邀朋友至松花江边散步；曾寿曾作有《夏日即事》《松花江岸闲步，同治芗》等诗纪其事（见《苍虬阁诗》卷九，《苍虬阁诗集》第 246—247 页）。

六月初一日（7 月 1 日），《青鹤》第三卷第十六期出版，上载有黄孝纾所作之《喜晤苍虬》一诗。

六月十六日（7 月 16 日），《词学季刊》第二卷第四号出版，上刊有吴昌硕 1925 年所绘之《彊村校词图》，今题作《吴昌石画彊村校词图》。

六月间，郑孝胥不慎惹恼了日本人，被免职，由张景惠[①]继任“国务总理大臣”。

七月初三日（8月1日），中国共产党发表停止内战、一致抗日的《八一宣言》，即《为抗日救国告全体同胞书》，号召建立抗日民族统一战线。

七月初八日（8月6日），曾寿前往沈阳的东郊和北郊，拜谒了福陵、昭陵（又称“北陵”），并作有《乙亥七月八日恭谒福陵、昭陵敬赋》一诗纪其事（见《苍虬阁诗》卷九，《苍虬阁诗集》第247页）。

七月间，曾寿尚写有《晓色》《夜为啮虫所扰》《新发屯夕望》《秋园》等诗作（见《苍虬阁诗》卷九，《苍虬阁诗集》第248、249页）。

同月里，应如璧女士之请，曾寿和众好友为其绘设色纸本《山水人物》画。曾寿所绘为一幅水墨纸本《苍松》图。其题识云：“苍虬。”钤印：“陈曾寿印。”

案：同时应邀为如璧女士绘画的尚有张大千、陈少梅、张善孖、彭旸等名流，遂形成了今天所能见到的珍贵的设色纸本《山水人物》册页（八开，9.5×15.5 cm×8）。详见广州华艺国际拍卖有限公司“2005广州夏季拍卖会”——“中国书画”专场拍卖品，编号：0610。

八月初四日（9月1日），《青鹤》第三卷第二十期出版，上载有默园所作之《将归旧京，过苍虬寓斋，话至夜半，用夜起翁夏至韵留别苍虬》一诗。

八月十五日（9月12日），中共中央在俄界召开政治局会议，作出《关于张国焘同志错误的决定》。

八月二十一日（9月18日），红二十五军到达陕甘革命根据地，与红二十六、二十七军会师，合并为红十五军团，徐海东任军团长，刘志丹任副军团长，程子华任政治委员。

八月间，好友徐思允在长春“皇宫”内见到菊花，颇有些感旧，遂为诗见示；曾寿见后，亦跟随其作《苕雪于内苑见菊花，感旧有诗，予亦继作》

---

① 张景惠(1872—1959)，字叙五，辽宁台安人。出身贫苦，少时随父卖豆腐；成年后好交朋友，出入赌场；后乘机成立八角台镇自卫团，自任团长，为本镇商家富户看家护院。后与张作霖结识，并一见如故，从此跟张打天下。1920年出任察哈尔都统兼陆军16师师长。1926年以后出任北洋政府陆军总长、实业总长。“九一八事变”后，公开投敌，先后出任为满洲国参议府议长兼东省特别行政区长官、军政部总长、国务总理大臣等职。1945年被苏军逮捕，1959年死于战犯管理所。

一诗纪其事（见《苍虬阁诗》卷九，《苍虬阁诗集》第252页）。

九月初八日（10月5日），张国焘在绰木碉宣布另立中央，自称中央主席，公开分裂中共中央和红军。朱德、刘伯承等人坚持全党团结，与张国焘的分裂主义错误作坚决斗争。

同日，曾寿的好友、学者孙德谦①在上海爱文义路寓所去世。

九月中旬，曾寿曾请假赴北平小住，与诸好友及兄弟相聚。

一日，曾寿与袁思亮、沈兆奎、周学渊等友朋应好友溥心畬之邀，前往恭王府萃锦园相聚。酒宴之后，好友溥心畬将其前不久以其弟溥僡②所梦而绘制成的一幅画——《荒城临水图》拿出，请大家观赏，随后邀大家题跋。陈曾寿的题跋云："平沙细路入漫漫，极目山寒水更寒。大历诗心摩诘画，凄迷犹似梦中看。　灵运池塘诗意新，令穰小幅气合春。如何只写萧寥镜，愁绝江山富贵人。乙亥九月，陈曾寿。"钤印："苍虬（朱文）。"

案：此画于1989年入藏恭王府花园（"恭王府博物馆"前身）。当日为此画题跋的尚有袁思亮和沈兆奎（题跋略），次年为此画题跋的有傅岳棻。直到1960年秋，陈祖壬还应溥僡之邀，为此画题跋，形成了珍贵的绢本敷色山水《荒城临水图》手卷（32×86 cm）。陈曾寿题跋中的两首七绝，今不见其《苍虬阁诗》、《苍虬阁诗续集》和《苍虬阁外集》中，应是其集外遗诗。详见周劲思《溥心畬的朋友圈——从恭王府博物馆藏一件溥心畬佳作谈起》一文（见《收藏家》2019年第4期）。

九月二十一日（10月18日），为老师陈三立的八十三岁寿诞，陈曾寿和溥心畬、袁思亮、周学渊、陈祖壬等好友相约至北平为陈三立祝寿；适曾寿诸弟亦自天津和上海来，相聚数日。曾寿曾作有《旧京访散原老人立之自山中来会》、《乙亥秋九月，至旧京视散原先生，日与心畬、叔明、立之、伯夔、君任、夔梅过从；寥志、强志、贻先、询先诸弟自津、沪来旧

① 孙德谦(1869—1935)，字受之，一字寿芝，又字益庵，号龙鼎山人，晚号隘堪居士。室名"四益宧"。江苏吴县人。诸生。幼即学词章、诸经而兼小学，通声韵训诂，又治子史，年未三十，声名已著；前辈郑文焯、朱祖谋、吴昌硕等皆与交游；又与张采田意气相投，时称"两雄"。曾任江苏通志局纂修。宣统三年(1911年)离苏赴沪定居。历任东吴大学、大夏大学、交通大学、国立政治大学教授。著有《枫园艺友录》、《太史公书义法》《汉书艺文志举例》《刘向校雠学纂微》《六朝丽指》《稷山段氏二妙年谱》《诸子要略》《诸子通考》等。

② 爱新觉罗·溥僡(1906—1963)，字叔明，号易庐，室名"蕉雪堂"。皇室宗亲。溥儒胞弟。家学深厚，精通周易、音韵、金石考证诸学，于诗词曲赋无一不精；又擅书法，书法大师启功即师承溥僡。著述多散佚，保存下来的有《蕉雪堂诗集》《周易古谊》等。

京，旧藏五十余年陈酒，由杭至京，连日聚饮，赋诗属和》（四首）等诗纪其事（见《苍虬阁诗》卷九，《苍虬阁诗集》第250、251页）。

友朋欢聚期间，袁思亮和陈祖壬曾分别为陈曾寿的诗集题跋，曾寿则作有《伯夔、君任题予诗卷和韵》相谢（见《苍虬阁诗》卷九，《苍虬阁诗集》第250页）。

九月二十二日（10月19日），中共中央和红军陕甘支队抵达陕北保安县的吴起镇，与十五军团合会。至此，中央红军（红一方面军）经过一年的时间，穿越十一省，行程二万五千里，击溃数十万国民党军队的围追堵截，胜利到达陕北。

九月二十五日（10月22日），散原老人携隆恪并邀袁思亮、陈祖壬、周学渊等饮于市楼；饭后往登陶然亭，遇赵春年、汪曾武、杨寿枏等人亦至，乃分韵赋诗；陈隆恪曾作有《秋日侍大人邀同息庵、若木、伯夔、君任饮集市楼，过登陶然亭，逢汪仲虎、赵剑秋两君偕同游数辈，分韵得名字》一诗纪其事（见《同照阁诗集》卷七）。

此日之游，陈曾寿因病未能前往，然亦应邀作有《散原先生游陶然亭，遇某某，拈韵作诗；余病未往，强属予作》一诗纪其事（见《苍虬阁诗》卷九，《苍虬阁诗集》第252页）。

九月间，在与曾则等兄弟相聚期间，曾寿以旧藏五十余年之陈酒与众兄弟共饮，并作有水墨纸本行书七言联立轴（131.6×31.5 cm× 2）赠曾则以纪之。其联及题识云："能发性灵方近酒，与谈忠孝即开尊。　旧藏五十余年陈酒，待寥志弟来旧京共饮，为书此联识之。乙亥九月，苍虬居士。"钤印："陈曾寿。"

案：此立轴上有梁劲予的收藏印："梁劲予所藏金石图籍印（两钤）。"梁劲予乃陈曾则的高足弟子，随师文武兼习，颇为其师赏识，此立轴即其师所转赠。详见香港苏富比拍卖有限公司"2019年春季拍卖会"——"中国书画"专场拍卖品，编号：1356。

同月中，应好友李国松之请，曾寿为其绘设色纸本《松》成扇（17.8×41.3cm）。其题识云："木公老兄雅属。乙亥九月。陈曾寿。"钤印："陈曾寿。"

案：本年的十月，李国松又请好友陈少梅（1909—1953）在此成扇的背面为其绘设色纸本《梧桐夜月》图（17.8×41.3 cm）。其题识云："明月斜，秋风冷。今夜故人来不来，教人立尽梧桐影。吕岩词。　木公先生指正。乙亥十月。陈少梅。"钤印："陈。""少梅。"详见香港苏富比拍卖有限公司

“2013 年春季拍卖会”——“中国书画”专场拍卖品，编号：1106。

同月里，曾寿友人高德馨的词集《鲟隐词钞》刊行，其中收有《满江红·西湖法相寺前古樟，高宗南巡时曾被御题，宣统三年十二月廿五日逊位诏书下，樟前一夕枯死，蕲水陈仁先（曾寿）建亭记之》一词。

十月初八日（11 月 3 日），蒋、宋、孔、陈四大家族为了独占金融，宣布实行“法币”政策。

十月上旬，曾寿在离开北平返回长春之前，曾前往拜访好友郭则沄，与其告别，并作有《留别蛰云》一诗相赠（见《苍虬阁诗》卷九，《苍虬阁诗集》第 252 页）。

当曾寿回到长春后，还忘不了在北平与师友们相聚的快乐时光，一日夜里竟然梦见自己和同乡好友傅岳棻一同移居于幽深红叶满阶下的西山的精舍，梦醒后乃作《梦与娟净居士同移居于西山之麓精舍，幽深红叶满阶下。醒记以诗，并邀娟净同作》（二首）纪其事（见《苍虬阁诗》卷九，《苍虬阁诗集》第 253 页）。

十月十七至二十七日（11 月 12—22 日），国民党在南京召开第五次全国代表大会。

十月十八日（11 月 13 日），中共中央发表《为日本帝国主义并吞华北及蒋介石出卖中国宣言》。

十月二十六至二十七日（11 月 21—22 日），红军取得陕西鄜县直罗镇战役的胜利，成为中共中央将全国革命大本营放在西北的奠基礼。

十月三十日（11 月 25 日），日本唆使汉奸进行“华北五省自治运动”，成立“冀东防共自治政府”，史称“冀东事变”。

十一月初三日（11 月 28 日），中华苏维埃共和国临时中央政府和中国工农红军革命军事委员会发表《抗日救国宣言》。

十一月十二日（12 月 7 日），国民党政府决定设立冀察政务委员会。

十一月十四日（12 月 9 日），在中国共产党的领导下，北平大、中学校学生六千余人，举行抗日爱国示威游行，喊出了“反对华北自治运动”“打倒日本帝国主义”“停止内战一致对外”等口号，掀起了全国抗日救国的新高潮，史称“一二·九运动”。

十一月十七日（12 月 12 日），上海文化界马相伯等二百七十五人发表《上海文化界救国运动宣言》，指斥国民党政府对学生爱国运动的压制。

十一月二十一日（12 月 16 日），北平爆发更大规模的学生爱国运动，并得到全国各地爱国力量的支持。

十一月二十三日（12 月 18 日），在蒋介石的授意下，宋哲元等人成立冀察政务委员会，以适应日本关于“华北政权特殊化”的要求。

十一月三十日（12 月 25 日），中共中央在陕北瓦窑堡召开政治局会议，通过了《关于目前政治形势与党的任务决议》，确定了抗日民族统一战线的策略方针。

十二月十四日（1936 年 1 月 8 日），郑孝胥招友朋和以前的同僚作东坡生日；曾寿听说此事，乃戏赠《闻苏堪作东坡生日，戏赠一诗》以抒其感慨（见《苍虬阁诗》卷九，《苍虬阁诗集》第 254 页）。

转眼又到了年底，曾寿乃作《岁晚》一诗抒发其感慨（见《苍虬阁诗》卷九，《苍虬阁诗集》第 249 页）。

十二月二十二日（1936 年 1 月 16 日），《青鹤》第四卷第五期出版，上载有袁思亮《次病树韵，题苍虬诗卷》一诗。

案：陈曾寿曾作有《伯夔、君任题予诗卷和韵》一诗（见《苍虬阁诗集》第 250 页）。

十二月二十七日（1936 年 1 月 21 日），日本外务大臣广田宏毅发表“对华三原则”，即“取缔排日”“中、日、满经济合作”“共同防共”。

十二月二十九日（1936 年 1 月 23 日），乃传统的除夕日，曾寿作有《乙亥除夕》一诗抒其感慨（见《苍虬阁诗》卷九，《苍虬阁诗集》第 254 页）。

曾寿在家无事，想起自己牙口不好，入冬后每餐全靠雉助食，已经三年了，不禁感慨万千，乃作五言歌行《此间雉多而值贱，入冬即以侑食。予齿脱，他肴多不能决，每食只此一味或一菸而已，忽忽三载，未尝生厌，计所食不下数百矣。感赋一首》纪其事（见《苍虬阁诗》卷九，《苍虬阁诗集》第 254—255 页）。

是年，为好友徐思允的六十寿诞，曾寿乃作《苕雪六十初度》（二首）为之贺寿（见《苍虬阁诗》卷九，《苍虬阁诗集》第 240 页）。

是年，曾寿的前辈、友人袁大化①在天津寓所去世。

---

① 袁大化（1851—1935），字兴南，安徽涡阳人。廪生出身。光绪十七年（1891 年），投笔从戎，赴吉林巡抚吴大澂处效力；后至漠河勘察金矿，并提出开采方法，受到李鸿章的重用。历官漠河总办、山东徐州道、山东按察使、河南布政使、山东巡抚等职。宣统二年（1910 年）调任新疆巡抚。任新疆巡抚期间，曾兼任新疆通志局总裁，倡导、督修《新疆图志》。入民国，被袁世凯任为新疆都督；坚辞不就，率部入关。“张勋复辟”时，被任为内阁议政大臣。晚年寓居天津。伪“满洲国”成立，曾派人迎请其去长春，坚拒。

是年，曾寿尚写有《淹留》《偃蹇》《违世》《读史二首》等诗作（见《苍虬阁诗》卷九，《苍虬阁诗集》第 246、248、250、253 页）。

是年，著名词家叶恭绰历 20 年选编之《广箧中词》[①]刊刻面世。该编卷三选入陈曾寿词作十首，又有总评云："仁先四十为词，门庑甚大，写情寓感，骨采骞腾，并世殆罕俦匹，所谓文外独绝也。"该书选词人四百余家，选词达十首及以上者，亦仅十余家。

## 民国二十五年丙子(1936 年)　五十九岁

正月初二日（1 月 25 日），毛泽东、周恩来、彭德怀等红军领导人发表《致东北军全体将士书》，表示愿意与东北军联合抗日。

正月七日（1 月 30 日），曾寿所编辑之《旧月簃词选》完成，共选录唐五代宋金元词人 84 位，词作 300 首，并为其撰写了自序[②]：

花间春盏，俄照绿阴；虫畔秋床，骤闻凉雨。荡羁魂于别馆，回幽绪于闲悰。缥缈千生，温凉一念。于斯时也，欲拈韵语，苦诗律之拘严；欲叙长言，奈柔情之断续。求其追摄神光，低回本事，微传掩抑之声，曲赴坠抗之节，其惟词乎。

余素工愁恨，雅好倚声。开卷获心，曼吟自遣。而古今选本，微涉异同。酸碱之品，嗜好攸殊。丹素之分，是非在我。一也。区派别者，多门户之见；钤位置者，严升降之殊。兹则悦异暖姝，迹混爱薄。二也。义取别裁者，必审钤式之篇；志发幽潜者，每劳罔象之索。兹则染指不嫌乎异味，适口惟餍乎常羞。三也。网罗期乎备盛，燕雀贵乎均平；则江海只尝其一勺，涓滴或重乎千流。兹则或录多篇，或从盖阙；无事兼收，从吾所好。四也。具兹四异，趣向自殊。盖饷世必谨乎义例，而适己但挹其芳香也。虽然，此不必证之于人，斯有异同之别。即念之于己，亦有先后之歧也。窈窕之哀，易钟于绮岁；代谢之感，每积于中年。情以境迁，境以时易。故有始欣而终厌，初昧而晚觉。要眇之韵，洗耳始闻；深湛之思，镂心斯见。故有昔遁而今获，历久而弥新。昔者贾生谴谪，拟左徒湘泽之文；杜老栖迟，爱开府江关之句。惟身世之相符，即波澜之莫二。是以诵青兕之词，痛先还于塞雁；披碧山之

① 叶恭绰《广箧中词》，1935 年叶氏家刻本。

② 陈曾寿：《旧月簃词选》，新京（长春）满洲图书株式会社，康德五年（1938 年）版；自序后又发表于《同声月刊》第二卷第六号；因此序不见收入《苍虬阁诗集》中，故全文移录。

集，助呜咽于哀蝉。湘云楚水，目极伤心；蜀鸟吴花，泪零别绪。渔唱三更，惊此身之尚在；婵娟千里，问归去以何年。如我意所欲言，宛精魂之犹识。凡在此伦，尤为独赏。必欲尽人而悦，含意皆伸。譬诸歌薤露于初筵，奏离鸾于燕尔。谓我何求，掩耳疾走。固其宜也。若夫奏歌辞庙，责其挥泪宫娥；扶醉寻钿，怪其忘怀国耻。虽儒生之庄论，非艺苑之达言。夫世无孱主，安有废兴；人尽有心，何贵国士。绎彼哀思，采其馨逸。借酒杯以交块垒，援琴引以遣幽忧。不亦可乎。又若乐章谐婉，强半枕席之言；片玉宗工，阑入猥亵之语。后人震于其名，阴触所好。遂谓其字字珠玑，篇篇琼玖。择焉不精，斯为大祸。夫角枕锦衾，诗人独旦；捐佩投襟，骚客孤怀。曾不背于国风，何遽沦于桑濮。苟或描摹为工，鄙俚为雅；虽托闲情，亦属下乘。至其空江烟浪，寄怨梅花；残月晓风，销魂柳岸。斯绝世之风神，固雅裁所不废也。他若南山献颂，取媚平章；省吏炫才，失身弥远。谅其迹者，考岁月之后先；匿其瑕者，谓姓名之疑误。强为湔涤，翻近支离。夫秋壑淫威，曾何辞于误国；扬雄有二，究何解于美新。南园作记，惟应致惜于放翁；东阁来窥，固可原情于商隐。虽同静女之归荑，终误佳人之作贼。律以下流，宜从未减。人不废言，况兹小道。

综兹数端，自标微尚。取称褊衷，无关宏旨。未得驱除，学钝禅之遮眼；聊寻温熨，同彼美之晤言。一韩远略，不无惆怅之辞；小范先忧，都化相思之泪。芳菲菲其袭予，风缥缥而如诉。日月不居，将忍而与之终古也。丙子人日，苍虬陈曾寿识。

正月初九日（2月1日），《青鹤》第四卷第六期出版，上载有袁思亮《饮酒和苍虬四首》，其夹注云："光宣间，余与君同官京曹，数过从饮酒。"

新年期间闲居无事，容易回忆起以前的人和事，曾寿写有《怀人四首》《忆阿育王寺方丈山茶》等诗作（见《苍虬阁诗》卷九，《苍虬阁诗集》第255、256页）。

朋友赠送给曾寿一套亡师梁鼎芬先生的《节庵先生遗诗》，曾寿捧读先生遗诗，感慨万千，乃作《书梁文忠公遗诗后》（二首）以抒其慨（见《苍虬阁诗》卷九，《苍虬阁诗集》第256页）。

正月二十五日（2月17日），中华苏维埃共和国临时中央政府和中国工农红军革命军事委员会，组织中国人民抗日先锋军，并发布《东征宣言》。

正月二十八日（2月20日），红军东渡黄河进入山西抗日前线，而蒋介石和阎锡山却调集大军进行阻拦。

同日，国民党政府颁布《维持治安紧急治罪法》，明文规定军警枪杀抗日群众和镇压抗日团体为“合法”权力。

二月间，抗日先锋军在汾河河谷地区击败阎锡山的拦截部队，攻占永和、孝义、汾阳等地，进驻同蒲路，准备开向冀察直接对日作战。蒋介石急调三十万大军协助阎锡山围攻抗日先锋军，并令张学良、杨虎城向陕北红军后方进攻。

同月里，前辈好友郑孝胥因已被免去职务，颇闲适，时常找老友闲聊、饮宴唱和，曾寿作有《和苏堪夜饮三首》《与苏堪、苕雪、治芗夜饮，各成三首》等诗纪其交往（见《苍虬阁诗》卷九，《苍虬阁诗集》第257—258页）。

一日，同乡好友傅岳棻见人和韵诗，激发兴致，当即成七言古诗一首，并过访见示；曾寿阅后亦颇有诗兴，遂相继次其韵写了七言长篇歌行《治芗见人和韵诗，偶成七古一首，即次其韵》《再次前韵和治芗》《三叠和治芗》等诗相赠（见《苍虬阁诗外集》，《苍虬阁诗集》第408—410页）。

三月十三日（4月4日），中共中央西北局、中央政府西北办事处作出指示，要求尚未分配土地的地区，今后应执行不没收富农的财产和非封建性剥削部分的土地，以及富农有与贫下中农分得同等土地之权利的新策略。

三月十八日（4月9日），中共中央应张学良之请求，派周恩来与张在延安会谈。

闰三月十五日（5月5日），红军革命军事委员会发表停战议和、一致抗日的通电，回师黄河西岸。

闰三月十六日（5月6日），冀察政务委员会与日本秘密订立《华北防共协定》。

闰三月十九日（5月9日），日本政府为解决国内危机，缓解日益激化的阶级矛盾，正式制定二十年内《向满洲移住农业移民百万户（五百万人）的计划》。

四月初八日（5月28日），天津工人、学生举行反对日本增兵华北的大示威。

四月十一日（5月31日），全国各界救国会在上海成立。

四月十二日（6月1日），两广军阀陈济棠联合李宗仁、白崇禧在广州宣布独立，发动了反蒋抗日的“六一事变”（又称“两广事变”）；成立了以日本人为后台的“抗日救国军”，陈、李分任正、副总司令，率军进驻湖南，与南京国民政府采取对立态度。

四月中下旬，伪满洲国国务院根据日本内阁炮制的《满洲国指导方针要纲》，决定其下辖的各部皆设立由日本人担任的次长，以加强对满洲国的指导、控制。

四月间，曾寿因为嗓子失音，遂请假赴北平治疗，曾作有《小极音哑，感赋四首》纪其事（见《苍虬阁诗》卷九，《苍虬阁诗集》第260—261页）。

在北平治疗期间，曾寿曾作有《旧京见黄芍药》一诗纪其行踪（见《苍虬阁诗》卷九，《苍虬阁诗集》第260页）。

其间，已来天津小住的好友陈祖壬得知老友来旧京治病，特地前来看望，并有诗相赠；曾寿颇感好友盛意，遂作《次君任韵》一诗相赠（见《苍虬阁诗》卷九，《苍虬阁诗集》第259—260页）。

在与陈祖壬相聚期间，一日，好友拿出前不久朋友陈少梅专门为他所绘之设色纸本《佳住楼词意图》立轴（133.3×32.7cm）请题；陈曾寿细细观赏，只见陈少梅的题识云：“丙子闰三月，写病树先生即事词意。少梅陈云彰，时同客沽上。”祖壬自己则填有《卖花声》一阕，其题识云：“佳住楼即事，病树翁。”另外还有多人的题识（略）。曾寿稍作思考，遂提笔题识云：“传恨空中语漫诃，高楼偏受夕阳多。十分幽怨隔簾波。　一代芳华消歇尽，堂堂吾友付谁何。料无险忌到梨涡。　浣溪沙　苍虬。”（见《旧月簃词》，题为《前调（浣溪沙）·为病树题〈佳住楼词意图〉》，《苍虬阁诗集》第388页）

案：陈少梅的设色纸本《佳住楼词意图》完成后，先后有向迪琮、李宣龚、周学渊、林葆恒、夏承焘、袁忠亮、陈曾寿、陈方恪等十数位社会、文学名流为其题跋。详见香港苏富比拍卖有限公司“2015年春季拍卖会”——“庸礼居珍藏·中国书画”专场拍卖品，编号：2712。

一日，梦至好友陈汉第府中，只见其庭院中花木郁然；又有精致小书房一间，其中有自己所画翠竹一幅，题跋甚多；墙壁上则挂有其尊人陈豪先生所绘之山水小幅，甚是精妙；看着看着，突然醒来。于是作七言歌行《一夕，梦至陈仲恕园中，花木郁然。有小精室，为予画竹一幅，题语甚多；壁间悬其尊人蓝洲先生山水小幅，尤精妙。醒，记以诗》纪其事（见《苍虬阁诗》卷九，《苍虬阁诗集》第259页）。

又一日，好友爱新觉罗·载涛①前来看望曾寿，并以其新绘之马见示；曾寿见其所绘之马已达炉火纯青之境，赞叹不已，遂作七言歌行《题涛贝勒画马》相赠（见《苍虬阁诗外集》，《苍虬阁诗集》第410页）。

五月上中旬，红军二、六军团与红军第四方面军在西康的甘孜会师。经过贺龙、任弼时、关向应和朱德、刘伯承等人同张国焘右倾分裂主义的坚决斗争，以及徐向前指挥的四方面军广大指战员要求北上与中央红军会师，迫使张国焘取消伪中央，同意和二方面军一起继续北上。

五月十三日（7月1日），《青鹤》第四卷第十六期出版，上载有陈曾寿《和柳下》一诗。

五月下旬，好友周学渊有诗书寄来，属赋白孔雀，曾寿相继写有《立之属赋白孔雀》、《酷暑寄立之山中》（二首）等诗作寄赠（见《苍虬阁诗》卷九，《苍虬阁诗集》第258—259、260页）。

五月间，曾寿回想自己离开杭州北上，至今已六年了；回忆湖居的日子，令人难忘，乃作《别西湖六年矣，忆幽居之趣，率成四首》以纪其事（见《苍虬阁诗》卷九，《苍虬阁诗集》第263页）。

六月间，陈曾寿应前辈好友陈宝琛之子陈懋复②之邀，为其父的词集作序（即《听水斋词·序》③）成：

岁庚午，曾寿赴天津行在所，与年丈陈文忠公朝夕相见于直庐者历

① 爱新觉罗·载涛(1887—1970)，字叔源，号野云（一作夜云）。满洲正黄旗人。清末宗室。宣宗爱新觉罗·旻宁之孙，醇贤亲王爱新觉罗·奕譞第七子，德宗爱新觉罗·载湉异母弟，宣统帝爱新觉罗·溥仪的叔叔。过继为钟郡王奕诒嗣子。曾留学法国索米骑兵学校，专修骑兵作战科目。光绪二十八年(1902年)，以辅国公承袭贝勒。此后以郡王衔历任总司稽查、禁卫军训练大臣、驻英专使大臣、蒙古镶黄旗都统等职。入民国，与载洵等组织宗社党。张勋复辟，任为禁卫军司令。1918年，徐世昌任为将军。1927年出任民国政府翊卫使。1929年为生计所迫，将贝勒府卖给辅仁大学。1931年被国民政府聘为国难会议会员。日军侵华期间，拒绝至伪满洲国任职。新中国成立，历任总后勤部民政局顾问，国家民委委员，北京市民委副主任，民革中央委员，第一至第三届全国人大代表，第二、第三届全国政协委员等职。一生爱马，亦善绘马；京剧票友，京剧表演艺术家李万春早年曾随其学戏三年。

② 陈懋复(1892—1951)，字泽来，号几士。福建闽县螺洲人。陈宝琛次子（长子早夭）。早年一直生活在福州，看管父亲丰富的藏书和字画。民国年间，曾出任过民政部的主事、厦门市立图书馆馆长等职。

③ 陈曾寿《听水斋词序》，陈宝琛著，刘永翔、许全胜校点：《沧趣楼诗文集》附录一，上海世纪出版股份有限公司/上海古籍出版社2013年8月版，第765—766页。

三年之久。公尝以诗稿四册示观，属为去取，且谓勿以耄而弃我。既不获让，则窃以己意择藏若干卷，公欣然谓：“即以此为定本矣。”

继又出其词稿一册，曰：“吾少时喜为词，久辍不作，今沽上有须社词集，触夙好，又稍稍为之，顾性不相近，恒重质，少谐婉之致，子亦试为定之。”须社者，天津流人文士所设立，月再三集，集则拈题限调，寄彊村侍御沪上，平第甲乙。公初未尝入社，时借以遣兴而已。

公身世所遭既为古人所未有，膺师保之重，遘非常之变，道广不绝俗，涵纳众流，处之各如其分。长图大念，密运于心，而深隐其迹。虽有沉哀极涕，见于诗若词者，多在回曲隐现之间。至晚岁而律愈细，思愈密，无几微颓率之态，斯亦古人所未有之境也。

公薨逾年，公子几士既刊公诗，并以词附，而俾曾寿缀言于后，辄述公虚怀盛德与其生平孤谊独至之处，俟后之读者有以论其世而知其人焉。丙子六月，年愚侄陈曾寿序。

同月里，曾寿听说前辈好友王乃澂的后人已护送其灵柩回籍安葬，乃作《王病山先生遗榇归蜀感赋二首》以抒其慨（见《苍虬阁诗》卷九，《苍虬阁诗集》第 264 页）。

七月初九日（8 月 25 日），中共中央根据形势的变化，决定放弃“反蒋”口号，采取逼蒋抗日的政策，并发表《致中国国民党书》，申明中国共产党关于建立抗日民族统一战线和准备重新建立国共合作的政策。

七月十六日（9 月 1 日），中共中央书记处发出《中央关于逼蒋抗日问题的指示》。

同日，《青鹤》第四卷第二十期出版，上载有袁思亮之《苍虬偶病瘖，赋诗四首见寄，次和》。

案：陈曾寿原题为《小极音哑，感赋四首》，收在《苍虬阁诗》卷九（见《苍虬阁诗集》第 260—261 页）。

七月间，同年好友杨熊祥有诗寄赠，曾寿乃作《子安同年用予寄散原老人诗韵寄赠奉和》《次韵祗庵同年》等诗相赠（见《苍虬阁诗》卷九，《苍虬阁诗集》第 266 页）。

八月初二日（9 月 17 日），中共中央政治局通过《中央关于抗日救亡运动的新形势与民主共和国决议》。

八月初七日（9 月 22 日），毛泽东代表中国红军、张学良代表东北军分别签署《抗日救国协定》。

八月间，树叶飘零，天气渐冷，曾寿作有《落叶二首用前咏落叶韵》抒其感慨（见《苍虬阁诗》卷九，《苍虬阁诗集》第 264 页）。

九月初五日（10 月 19 日），杰出的文学家鲁迅在上海病逝，全国各大城市纷纷举行悼念活动。

八月下旬至九月上旬，红军第二、四方面军在甘肃会宁与红一方面军会师。三大主力红军的胜利会师，结束了历时两年的全国红军的伟大长征。

九月间，曾寿因事去了一趟沈阳，并与其相别三十三年的族兄叔容偶遇，相聚、留饭、相谈，感慨甚多，乃作《族兄叔容相别三十三年，兹复见于沈阳，几不相识矣。留饭海拉尔蘑菇及自制藕丸，风味绝佳。谈及家乡零落之状，不胜感叹，率成一首》纪其事（见《苍虬阁诗》卷九，《苍虬阁诗集》第 262 页）。

同月里，好友剑云偶然得到一把成扇：此成扇上有张石园所绘设色纸本山水图（51×18cm），其上尚有张石园的题识云："模夏禹玉岷江壮观长卷一曲。辛卯秋日，石园居士。"钤印："张石园。""克龢。"于是，剑云遂请好友陈曾寿在此成扇的背面题跋。曾寿沉思片刻，遂提笔将祖父的一首诗书录在成扇上。其题跋云："叶叶风帆剪水来，船窗四面雨余开……民国二十五年九月，写大父诗。剑云先生属书，焦庵陈曾寿。"钤印："寿。"（详见浙江一通拍卖有限公司"2004 年秋季书画拍卖会"——"中国书画二"专场拍卖品，编号：0220）

十月初二日至十一月初六日（11 月 15—12 月 19 日），在蒋介石的推动、支持下，绥远省主席兼第 35 军军长傅作义和骑兵军长赵承绶在绥远抗击日伪的侵略，经红格尔图战斗、百灵庙战斗和锡拉木楞庙战斗，尤其是百灵庙战斗（又称"百灵庙战役""百灵庙大捷"），大获全胜，受到全国人民的称赞与声援。

十月初十日（11 月 23 日），国民党在上海逮捕了全国各界救国会领袖沈钧儒、邹韬奋、李公朴、章乃器、王造时、沙千里、史良等七人，史称"七君子事件"。

十月二十一日（12 月 4 日），蒋介石再次飞抵西安，逼迫张学良、杨虎城进攻陕北红军。

十月二十四日（12 月 7 日），中华苏维埃共和国临时中央政府命令扩大中央革命军事委员会，组成中央军事主席团。毛泽东任主席，周恩来、张国焘任副主席；朱德任红军总司令，张国焘任总政委。

同日，张学良至华清池向蒋介石“哭谏”，请求“停止内战，一致抗日”，遭到蒋的拒绝。

十月二十九日（12月12日），张学良、杨虎城武装扣留蒋介石，囚禁陈诚等十余人；宣布取消西北剿匪总部，成立抗日联军西北临时军事委员会，张、杨任正、副委员长并通电全国，提出八项主张。这便是著名的“西安事变”。

十一月初三日（12月16日），南京政府下令讨伐张、扬，并任命何应钦为总司令。

同日，中共中央应张、杨电邀，派代表周恩来、秦邦宪（博古）、叶剑英等抵达西安，做各方的工作，提出：只要蒋介石答应抗日，就释放他；并在初二日（15日）、初六日（19日）通电南京国民政府促其接受张、扬主张，和平解决。

十一月初九日（12月22日），宋美龄、宋子文和蒋介石的顾问、澳大利亚人端纳（曾任张学良的顾问），飞抵西安谈判。

十一月十一日（12月24日），经中共代表周恩来等人的努力和全国人民的斗争，蒋介石被迫接受停战议和、联共抗日、释放政治犯等条件。

十一月十二日（12月25日），蒋介石获释，由张学良护送回南京，“西安事变”至此和平解决，从而为建立第二次国共合作的抗日民族统一战线奠定了基础，成为国内形势的转折点。蒋介石飞抵南京后，便立即将张学良拘禁起来。

十一月十九日（1937年1月1日），中共中央领导机关从陕北保安迁至延安。

十二月十九日（1937年1月31日），好友郑孝胥闲居无事，乃邀友朋集其府第，作苏东坡生日纪念会；陈曾寿作有《苏堪作东坡生日会饮》《东坡生日酒间，苏堪诵〈寒食雨〉及〈苍梧道中寄子由〉诗，声情激壮，为作此诗》等诗纪其事（见《苍虬阁诗》卷九，《苍虬阁诗集》第265—266页）。

十二月二十九日（1937年2月10日），中共中央在《致国民党三中全会电》中，提出五项要求和四项保证，以实现两党重新合作。

除夕日（1937年2月10日），好友胡嗣瑗有诗相赠，曾寿乃作《次韵愔仲除夕》一诗相谢（见《苍虬阁诗》卷九，《苍虬阁诗集》第266页）。

十二月间，应先辈吴大澂之子之请，陈曾寿为其所藏其父于光绪年间所作设色纸本《书法山水合璧卷》题跋。其跋文及题识云：“美肖其神明，而一种雄杰之气照曜眉宇，尤足以想见公之为人焉。吾皇上御书冠绝百王，臣下之观感，递兴者前后相望，公尤其杰然者欤。公之子刑部君出此相示，岂独其家之世宝，必将与天章云汉并昭垂于千古无疑也。因展卷钦欢而书其后。　丙子嘉平，苍虬陈曾寿题。”钤印：“寿肖。”“苍虬。”

吴大澂的《书法（案：即所临钟鼎文，文略）山水合璧卷》完成后，曾邀倪文蔚、王士珍、陈绍宽等名流为其题跋（跋文皆略）。其后，章钰又曾应邀为其引首：“愙斋尚书临钟鼎文。　宣统纪元三月初吉，长州章钰记于冶城古澄心堂。”钤印：“蒋山佣。”“长洲章钰。”邹寿祺亦曾应邀为其题签：“吴县吴大澂手摹吉金文字。　杭州邹寿祺署端。”钤印：“寿祺。”于是，便形成了今天所见到的珍贵的设色纸本《书法山水合璧卷》手卷（引首：31 × 67cm，书法：33 × 257cm，画：30 × 34 cm，跋文：39 × 30cm）。（详见东京株式会社中央拍卖有限公司“2018 春季拍卖会”——“长物——中国艺术品夜场”专场拍卖品，编号：0124）

是年，曾寿的二弟曾则在上海湖社展览会上重新见到遗失多年的《南湖寿母图》手卷，遂将其购回。

是年，好友斯儆吾[①]去世，曾寿乃作《斯儆吾挽诗》（二首）以悼之（见《苍虬阁诗》卷九，《苍虬阁诗集》第 261—262 页）。

是年，曾寿尚写有《纪梦》《题翰林集》《和柳下》等诗作（见《苍虬阁诗》卷九、《苍虬阁诗外集》，《苍虬阁诗集》第 257、258、398 页）。

是年，曾寿的好友卢洪昶[②]在杭州去世（案：其子成章等曾辑有《卢鸿

---

① 斯魁士(1883—1936),学名明,字儆吾,亦作警吾,号谦庵,浙江诸暨人。1903 年,与其二兄豪士入浙江武备学堂学习。1906 年加入光复会,1911 年投身辛亥革命,以功授陆军上校衔。后赴日留学,毕业于长崎医学专门学校。归国入北京国立医学专门学校任教。与康有为关系密切。1921 年入北京陆军大学深造。后历任国民革命军第二十六军参议、浙江陆军第三师军需处长、参谋、浙江警务总司令部都督府部长、浙江督府咨议官、浙江督军公署副官等职。后见军阀混战,遂弃武从医。晚年致力于家乡教育。

② 卢洪昶(？—1936),原名昶,字鸿沧,浙江鄞县人。原姓戎,9 岁为卢氏养子,遂改姓。14 岁进杭州纺织厂,后赴上海,供职轮船公司,升轮船副理。中日战争爆发,轮船征用,往来渤海、辽东间,累以奇计脱险,颇著声望。受盛宣怀之邀,参与厂矿的经营管理,有政绩,提举船政,开始与达官显贵交往。宁波、绍兴旧有“堕民”之籍,甚受歧视;卢氏上下奔走,终得朝廷下旨,使两地“堕民”脱籍;又四处筹资创办多所学校,让脱籍“堕民”子弟就学。后曾任汉口商务总会首届总理、汉口交通银行经理。晚年退隐杭州,卒于乡。

沧先生纪念册》，1937 年刊行)。

## 民国二十六年丁丑(1937 年) 六十岁

正月初一日（2 月 11 日），好友胡嗣瑗有诗呈示，曾寿乃作《次韵愔仲元旦试笔》一诗回赠（见《苍虬阁诗》卷十，《苍虬阁诗集》第 267 页）。

正月初五日（2 月 15 日），在国民党五届三中全会上，宋庆龄、何香凝、冯玉祥等十三人，提出恢复孙中山“联俄、联共、扶助农工”的三大政策。

正月初五至十二日（2 月 15—22 日），国民党五届三中全会在南京召开；会议基本确定了停止内战，实行国共合作的原则，标志着国共合作的抗日民族统一战线已初步形成。

年初，陈曾寿的挚友、亲朋们议定：集资为其刻印《苍虬阁诗》，以之为曾寿的六十寿诞贺寿；但因中日战起，四处烽烟，加之友朋或凋敝，或避乱，或奔走四方，难于相见相商，故使刻印诗集之事搁浅。

正月二十八日（3 月 10 日），伪满洲国文教部发布在学校教育中彻底普及日语的训令，强制学生学习日语；并将日语定为伪满洲国的“国语”，进一步加强奴化教育。

正月间，曾寿曾作有《咏瓶花》一诗抒发其感慨（见《苍虬阁诗》卷十，《苍虬阁诗集》第 267 页）。

同月里，伪满洲国皇帝溥仪在将皇后婉容打入冷宫后，为对外公务之方便，又在北平甄选了一位中学生——谭玉龄，接到长春与之成婚，成为他的第三任妻子，被封为祥贵人；当时，溥仪三十二岁，谭玉龄十七岁。

二月二十二日（4 月 3 日），国民党高等检察院对沈钧儒等救国会的七位领袖提起公诉，以“危害民国”之罪，诬陷他们。

二月二十九日（4 月 10 日），上海四千八百余人上书请愿，要求恢复七君子的自由。

三月初六日（4 月 16 日），《青鹤》第五卷第十一期出版，上载有葱奇所作之《饮苍虬阁，呈诸老》二首。

三月初十日（4 月 20 日），曾寿的前辈、好友朱益藩[①]在北平寓所去世。

三月上旬，陈曾寿奉溥仪之命，前往天津接其三弟曾矩来长春，担任祥贵人的家庭教师。

其间，曾寿曾乘机前往北平看望老师陈三立，适袁思亮、周学渊、陈祖壬等好友亦自津、沪来旧京看望老师，遂与众好友及寅恪陪老师至京郊的极乐寺观赏杏花，并留有照片作纪念。

陈小从在《惜取刹那净土缘》中记载："此照摄于 1937 年春季，袁伯夔由上海来北平，履践他一年一叩师门的诺言，并邀同陈祖壬及二三知交，陪侍祖父前往京郊极乐寺观赏杏花。六叔（案：指陈寅恪）及六哥封猷，也随往照应祖父。这次春游，很可能是祖父一生中的最后一次走出家门。因为从时间上来推算，距离'七七事变'仅隔一个季度，平津沦陷后，祖父即因忧愤国事而辞世。"（见《图说义宁陈氏》）

曾寿又曾应溥心畬之邀，与众好友至萃锦园观赏海棠，并作有《恭王旧邸萃锦园海棠最盛，心畬王孙数约看花，至今岁始得践。适值欹枝春寒，花迟，小萼而已》纪其事（见《苍虬阁诗》卷十，《苍虬阁诗集》第 267—268 页）。

曾寿还曾作有《丁丑三月至旧京，与立之、伯夔、君任、羹梅及心畬、叔明两王孙聚晤，常至夜分始散。心畬园中花正开，以诗纪之》（五首）纪其行踪（见《苍虬阁诗》卷十，《苍虬阁诗集》第 268 页）。

三月十六日（4 月 26 日），宋庆龄、何香凝等人发起营救救国会领袖的"入狱运动"，并致书国民党中央和苏州高等法院，谓："有罪同受处罚，无罪同复自由。"

三月中旬，曾寿本来想同师友们多聚一些时日，不料长春有电话催归，只得作《旧京视散原老人，旋因事促返长春，感赋》一诗与师友道别（见

---

① 朱益藩(1861—1937)，字艾卿，号定园，江西萍乡莲花人。出生官宦之家，受过良好教育。光绪十六年(1890 年)进士，选庶吉士。历官翰林院编修、詹事府詹事、湖北乡试副考官、翰林院侍读、侍读学士、南书房行走兼充经筵进讲大臣、湖南乡试正考官、日讲起居注官、浙江乡试正考官、陕西学政、山东提学使、京师大学堂总监督、宗人府府丞等职。宣统元年(1909 年)，命为廷试游学生阅卷大臣；二年(1910 年)，授左副都御史。辛亥革命后回籍。1916 年清宫小朝廷授为上书房师傅，地位仅次陈宝琛，参与溥仪机要。"九一八事变"后，主拒，不主迎。溥仪出关，拒不随行。晚年为生活所迫，曾在琉璃厂挂单鬻字。卒于京，溥仪闻信，甚悲痛，追赠太保，谥"文诚"。其书法颇享时誉，亦善医。

《苍虬阁诗》卷十，《苍虬阁诗集》第268页）。

临别之际，好友溥儒甚是依依不舍，曾作有《何满子·丁丑暮春送苍虬出关》《送苍虬侍郎出关》相赠。

于是，三弟曾矩此次亦随同长兄曾寿一起来到长春，正式出任祥贵人的家庭教师。

三月二十四日（5月4日），好友郑孝胥偕女婿叶葱奇[1]过访，询问陈三立的近况。

郑孝胥在当天的日记记载："（民国二十六年三月）廿四日，与葱奇同过仁先，询伯严近状，尚能食、能行，宿疾七十日不作，屡欲游山，家人止之。"（见《郑孝胥日记》第五册）

四月二十八日（6月6日），好友郑孝胥携女婿叶葱奇约曾寿等友朋往游净月潭[2]，曾寿作有《苏堪约游净月潭》纪其事（见《苍虬阁诗》卷十，《苍虬阁诗集》第269页）。

郑孝胥在当天的日记中记载："（民国二十六年四月）廿八日，与仁先、巩庵、浦孙、觉人、曼多、葱奇同游镜月湖，舟中风雨飞浪，溅衣尽湿；仁先携外孙女及次子英三。"（见《郑孝胥日记》第五册）

同月里，曾寿的同年好友、著名学者章钰[3]在北平寓所病逝。

五月十一日（6月19日），伪满洲国皇宫近卫兵十余人在大同公园与日本、朝鲜人因事发生打架斗殴。日人以此苛责于警卫处长佟继煦，欲免其职，溥仪不同意；日人又想将佟继煦调任为近侍处处长，溥仪仍不同意，并

---

① 叶葱奇(1904—?)，原名叶元，后改名叶戎，在改名叶虔，字葱奇。安徽桐城人。叶玉麟之子。叶玉麟与李国松、孙宣受业于同县大儒马其昶，并称"马门三杰"。葱奇颇能传其父业，为古典文学专家。积数十年之力，著《李贺诗集》(疏注)、《李商隐诗集疏注》等书，为世所重。

② 净月潭：因形似弯月状而得名，位于吉林省长春市东南部长春净月经济开发区，距市中心人民广场仅18公里，与台湾日月潭互为姊妹潭。亚洲最大的人工森林与山、水相依的生态景象构成了净月潭四季变幻的风情画卷。

③ 章钰(1865—1937)，字式之，又字梦坚、坚梦，号茗簃，又号坚孟，别署蛰存、负翁、晦翁，晚号霜根老人。书斋名"四当斋"。江苏长洲(今苏州市)人。17岁入苏州府学，后肄业于"学古堂"。光绪十五年(1889年)举人，二十九年(1903年)进士，初官刑部主事，不久入两江总督端方幕，后随端方入京，累官吏部、外务部主事兼京师图书馆纂修。入民国，退居天津，以教书、校书、著述为业。相继主讲存社、崇化学会十数年。临逝前迁居北平。工诗词，善书法，精考订、富藏书。著有《四当斋集》《钱遵王读书敏求记校正》《胡刻通鉴正文校字记》等。

谓："陵庙事重，佟继煦办不了！"日人便说："可另设陵庙事务总裁一职，请陈曾寿任之，仍管理陵庙事。"溥仪见如此，乃表同意。

案：数年以来，日人屡欲处分福陵、昭陵的树木，外托整理之名，内行伐卖之实，而累为近侍处长陈曾寿所阻。此次事件的发生，实为日本人在暗中策划，目的就是要想方设法排挤掉陈曾寿。（详见陈曾寿、陈曾植《局外局中人记》，《苍虬阁诗集》附录一，第483—484页）

五月十三日（6月21日），曾寿目睹日本侵略者控制伪满洲国种种事情，乃作《丁丑五月十三日》以抒其愤（见《苍虬阁诗》卷十，《苍虬阁诗集》第270页）。

五月中旬，曾寿见夏至已过，庭院中的白芍药及杂花才开，颇有感触，乃作《府中白芍药及杂花始开，已过夏至矣》一诗以纪之（见《苍虬阁诗》卷十，《苍虬阁诗集》第269页）。

其间，曾寿偶翻宋代杨万里的《诚斋集》，有所感，乃作《书〈诚斋集〉》一诗以纪之（见《苍虬阁诗》卷十，《苍虬阁诗集》第269页）。

一日，好友徐思允将所作之咏白芍药的诗见示，曾寿乃作《次韵苕雪白芍药诗》一诗相赠（见《苍虬阁诗》卷十，《苍虬阁诗集》第270页）。

五月二十日（6月28日），因反对日本人插手沈阳的福陵、昭陵的管理事务，陈曾寿愤而辞去近侍处处长一职（见《局外局中人记》）。

其二弟曾则记载云："日人有组'陵园事务委员会'之议，欲以奉天福陵、昭陵辟为公园，设茶座，任人游览。兄以陵寝禁地，宜严肃。二陵松柏古木，葱郁绵延十余里，日人阴有采伐之意，故疏持异议。上亦知之，抑其事不发。久之，知不可制止，遂辞职。"（见陈曾则《苍虬兄家传》，《苍虬阁诗集》附录一，第438页）

五月二十一日（6月29日），陈曾寿前往拜见溥仪，欲提出不担任陵庙事务总裁之职；经溥仪一番说服，最后终于同意担任。曾寿在其当天的日记中记载：

> 见上，言："你在近侍处五年，诸事熟悉，实在是得力。此非当面夸奖。彼等早欲去之，均为我挡过。此次因护兵之事，借端又提前议。我亦不便太与彼等抵牾。小小改换局面，只得听之。彼等欲寻你的短处，实在无话可说，只好说吃烟。此亦不过借题。臧式毅何曾不吃烟？可见毫不相干。继煦才具不够，陵庙事大，他管不了。仍要你来担任，万不可辞。你平常非有公事不请见，以后可以随时见面。我左右人太少，献可替否，甚有望于汝也。并可讲书，或述祖宗掌故，或讲佛理。

时局变动不可知，将来未必无发展之日。彼时参密勿，甚赖于汝，要常在我之左右。”对：“皇上聪明天纵，所见万非臣下能及，如何能讲?”上言：“你是知行可合为一。我虽偶有所见，而不能实行。不必谦虚也。”对：“臣终身伺候皇上，是万无言去之理，惟不在做官与不做官。不做官也是一样，为臣下者容易自处。独为其难，唯皇上耳。”上言：“这不算什么，我们来这一回，是为甚么的？觉得对不住赤子，不能救济。无论如何忧劳困苦，终觉得不能尽其职分耳。”对：“陵庙之事，万不敢辞。唯必须专属于皇上，不牵涉满洲国政治，乃敢担任。否则牵制窒碍，虽欲尽心，而不可得耳。”(见陈曾寿、陈曾植《局外局中人记》，《苍虬阁诗集》附录一，第 484 页)。

五月二十四日（7 月 2 日），陈曾寿上奏稿一份，因最近精神、身体均不太好，略露请假入山静养之意；这从近日曾寿所作之《平生》《幽居》等诗（见《苍虬阁诗》卷十，《苍虬阁诗集》第 271 页）亦可见出。

五月二十九日（7 月 7 日）晚十时，日本侵略军借口一名士兵失踪，要求进宛平城搜查，遭到当地中国驻军拒绝；日军即炮轰宛平城和卢沟桥，当地中国驻军第二十九军吉星文团在中国共产党领导的抗日救亡运动的影响下，奋起抗战，史称“七七事变”。

五月间，为能够将陈曾寿留在身边，溥仪乃正式设立陵庙事务总裁一职，命陈曾寿担任。

同月里，陈曾寿的好友林开謩①在北平寓所病逝。

六月初一日（7 月 8 日），中共中央和中国工农红军发表通电，指出华北危机，号召全民族团结抗战。

六月初七日（7 月 14 日），曾寿在家闲居无事，遂顺手拿出江湜《伏敔堂诗》来读，并记下自己读后的印象：“其诗毫无雕饰，几无其匹。”

六月初八日（7 月 15 日），中共中央将《中国共产党为公布国共合作宣言》交给国民党。

---

① 林开謩(1863—1937)，又名开馥，字益苏，号贻书、诒书，又号簃疏、放庵，晚号放庵老人。福建长乐人。状元王仁堪妹婿，陈宝琛的内弟。光绪二十一年(1895 年)进士，授翰林院编修。历任甘肃乡试副主考、河南学政、武英殿纂修、功臣馆协修、国史馆协修、编书处详校纂修、撰文处行走、政务处帮办考察、政治馆行走、江西提学使、徐州兵备道等职。辛亥革命爆发，地方推为民政长，推辞不就。晚年寓居北京，与陈宝琛结邻，为“旧京九老”之一，北洋政要累邀出仕，不许。以遗老终。工诗词，精书法，擅围棋。

同日，国共双方代表在庐山开会，蒋介石允许公布、承认陕甘宁边区。

六月初九至十三日（7月16—20日），国民党举行第一期庐山谈话会。何应钦等宣扬亡国、投降论调；亲日派头目张群为蒋提出“和必乱，战必败，败而后和，和而后安”的十四字“国策”。

六月初九日（7月16日），《青鹤》第五卷第十七期出版，上载有溥儒所填《诉衷情·寄苍虬》一词。

六月初十日（7月17日），中共代表周恩来、博古、林伯渠与国民党代表蒋介石、邵力子、张冲在庐山举行“关于两党合作抗日问题”的谈判。

六月十六日（7月23日），中国共产党发表《为日本帝国主义进攻华北第二次宣言》，提出实行抗日战争的八项具体办法。

六月二十一至二十三日（7月28—30日），北平、天津相继陷落。

六月二十三日（7月30日），《青鹤》半月刊出至第五卷第十八期停刊。

六月二十四日（7月31日），蒋介石发表《告抗战全体将士书》，指出：“和平既然绝望，只有抗战到底”。

同日，国民党当局开始释放政治犯。

六月二十五日（8月1日），沈钧儒等七名救国会领袖被保释出狱。

七月初八日（8月13日），日本侵略军进攻上海，上海军民奋起迎战，史称“八一三事变”；从此，全国进入抗日战争。

同日，因日寇的炮击，《词学季刊》被毁版而停刊，共出11期。

七月初九日（8月14日），国民党政府宣布了软弱的自卫声明，中日战争全面爆发。

七月十七日（8月22日），中共中央在陕北洛川召开政治局扩大会议。会议通过了《抗日救国十大纲领》和《关于目前形势和党的任务的决定》，规定了党在抗战时期的基本任务和政策。

七月二十日（8月25日），中共中央军委发布中国工农红军正式改编为国民革命军第八路军（9月底改称第十八集团军）的命令。朱德任总指挥，彭德怀任副总指挥，叶剑英任参谋长；下辖三个师：一一五师，师长林彪，副师长聂荣臻，政治委员（初称政训主任）罗荣桓；一二〇师，师长贺龙，副师长肖克，政治委员关向应；一二九师，师长刘伯承，副师长徐向前，政治委员张浩（1938年1月由邓小平接任）。

七月二十一日（8月26日），曾寿的友人黄濬①在南京以叛国罪被公开枪决。

七月间，曾寿的前辈好友、著名诗人、诗评家陈衍②在福建侯官老家去世。

八月初二日（9月6日），陕甘宁边区工农政府正式更名为陕甘宁边区政府，辖二十三县，首府延安，林伯渠任边区政府主席。

八月初十日（9月14日），曾寿的老师、著名文学家陈三立③在北平姚家胡同寓庐去世，享年八十五岁。

八月十一日（9月15日），为陈曾寿的六十寿诞，溥仪“特恩赐寿，颁锡‘忠孝家传’匾额，人以为荣”。（见陈曾则《苍虬兄家传》，《苍虬阁诗集》附录一，第438页）

为贺好友之寿，叶恭绰曾填有《清平乐·元龙风度》词、汪东填有《清

---

① 黄濬（1891—1937），字秋岳，号哲维，室名“花随人圣庵”。福建闽侯（今广州市）人。幼为京师译学馆学生，17岁毕业，在京任七品小官。民国初留学日本。回国后，梁启超任财政总长时聘为秘书。民国十三年（1924年），任国务院参议。后来被汪精卫看重，招为南京行政院秘书。抗日战争爆发前夕，因向日本出卖情报，被抓获，于1937年8月26日以汉奸罪被处决。工诗文辞。著有《尊古斋古鉥集林》初、二集、《衡斋藏印》《衡斋金石识小录》《尊古斋造像集拓》《壶舟笔记》《花随人圣庵摭忆》及《补编》等。

② 陈衍（1856—1937），小名尹昌，字叔伊，号石遗，又号匹园、石遗老人。福建侯官（今福州市）人。光绪八年（1882年）中举后，遂至各地任教，居张之洞幕尤久。曾任官报局总编纂、学部主事等职。二十四年（1898年）春入京，在维新变法思潮影响下，著《戊戌变法榷议》十条，主张变法图强。辛亥革命后，以遗老自居，曾创立诗社，鼓吹同光体，相互唱和赞颂、粉饰清廷统治。后受聘为京师大学堂讲习、厦门大学、无锡国学专修学校教授。通经史，工诗文，尤长于诗，与陈三立、郑孝胥齐名，是同光体闽派的代表诗人。著述丰富，除《石遗室诗话》32卷外，有《石遗室文集》12卷、《石遗室诗集》7卷、《朱丝词》2卷；又辑有《近代诗钞》24册、《辽诗纪事》《金诗纪事》《元诗纪事》《宋诗精华录》《全闽诗录》等。另纂有《闽侯县志》一百零六卷。

③ 陈三立（1852—1937），字伯严，亦作百年、百严，号散原，自号散原老人。室名“散原精舍”。江西义宁（今修水）人。陈宝箴之子，陈衡恪、陈寅恪之父。光绪十二年（1886年）进士，官吏部主事。不久辞官，随侍其父。二十一年至二十四年（1895—1898年），协助其父、湖南巡抚陈宝箴创行新政，推行新学。戊戌政变后，与其父一起被革职，回江西，居西山。三十年（1904年），参与创办江西铁路公司，先后任经理、名誉经理等。辛亥革命后，避居上海、南京等地。1933年迁居北平。卢沟桥事变爆发，绝食而亡。工诗文。著有《散原精舍诗》二卷、《散原精舍诗续集》三卷、《散原精舍文集》十七卷等。2003年上海古籍出版社出版有《散原精舍诗文集》。

平乐·梅花如雪》词相赠[①]。

八月十八日（9 月 22 日），国民党公布了六月初八日（7 月 15 日）中共中央交付的《中国共产党为公布国共合作宣言》。

八月十九日（9 月 23 日），蒋介石被迫对国共再度合作发表声明，承认中国共产党的合法地位，接受共同抗日的主张。

八月二十一日（9 月 25 日），八路军一一五师在晋北的平型关，歼灭日本侵略军坂垣师团三千余人。

八月二十二日（9 月 26 日），郑孝胥过访陈曾寿，共悼陈三立之丧。

郑孝胥在当日日记中记载：“（民国二十六年八月）廿二日，访仁先，共悼陈伯严，四子唯一子侍疾，即清华教员（案：指陈寅恪），其第五子赴广东，七子在沪，其一未知在何处。”（见《郑孝胥日记》第五册）

在闲谈中，郑孝胥多次提到前辈诗人江湜；郑氏走后，曾寿再次翻检出江湜诗集细读，并作有《书江弢叔诗后》一诗表达其看法（见《苍虬阁诗》卷十，《苍虬阁诗集》第 270 页）。

八月间，曾寿庭院中的各种秋花一起开放，尤其是那种叫“夜来香”的花，一到夜晚，香气扑鼻，实在是塞外的一种奇观，遂作《园中遍植秋芳，有花俗名“夜来香”者尤多，入夜万花齐放，幽香袭人，亦塞外之一奇也。戏作一诗纪之》（见《苍虬阁诗》卷十，《苍虬阁诗集》第 271 页）。

同月里，曾寿的挚友陈祖壬应邦荣之请，作《〈苍虬阁诗集〉序》一文（见《苍虬阁诗集》附录二，第 489—490 页）。

九月初五日（10 月 8 日），郑孝胥过访陈曾寿、陈曾矩兄弟和傅岳棻，观曾寿所撰挽陈三立二联，同时邀约曾寿等友朋重九登高。

郑孝胥在当日日记中记载：“（民国二十六年九月）初五日，访仁先，晤挈先、傅治芗，约重九登高。观仁先挽伯严二联。”（见《郑孝胥日记》第五册）

案：今陈集及所收附录资料中均不见有此二挽联。

同日，曾寿曾去看望亦在伪满洲国任职的八弟识先，见其所购之一盆白菊甚好，乃作《识先买白菊一盆甚佳》一诗以纪之（见《苍虬阁诗》卷十，《苍虬阁诗集》第 273 页）。

九月初九日（10 月 12 日），国共两党达成协议，将南方八省十三个地

① 这两首词皆登载于《青鹤》第四卷第十六期（1936 年 7 月 1 日）上。

区的红军游击队统一整编为国民革命军陆军新编第四军（简称“新四军”）。叶挺任军长，项英任副军长兼政治委员，张云逸为参谋长。

同日，郑孝胥、陈曾寿、傅治芗等友朋相约外出登高，并照相合影；傅氏告知诸友：寅恪在陈三立殁后，不开吊亦不服丧。

郑孝胥日记中记载：“（民国二十六年九月）初十日。昨闻傅治芗言，散原之子在清华为教习者，于散原卒时，不开吊亦不服丧，有周君来信，欲仁先等素善散原者作书劝之。”（见《郑孝胥日记》第五册）

潘益民、潘蕤在《陈方恪年谱》中记载：“民国二十六年丁丑。日军控制下的北平，市面萧条，人心惶惶，姚家巷的陈宅未公开开吊，亦未服丧，但闻讯赶来的哀悼者仍络绎不绝。”（见《陈方恪年谱》）

此日外出登高，曾寿自然想到远在上海的诸弟，回家后乃作《九日寄诸弟上海》以表达其思念之情（见《苍虬阁诗》卷十，《苍虬阁诗集》第272—273页）。

当天登高归家后，好友胡嗣瑗有词作见示，曾寿亦次其韵填《鹧鸪天·丁丑九日，次愔仲韵》一词相赠（见《旧月簃词》，《苍虬阁诗集》第388页）。

九月十五日（10月18日），八路军一二〇师伏击日本侵略军运输汽车五百辆，攻占雁门关。

九月十六日（10月19日），八路军一二九师的一个营，冒雨奇袭阳明堡日军机场，炸毁敌机二十四架。

九月二十六日（10月29日），日伪内蒙古自治政府成立。

九月二十七日（10月30日），郑孝胥过访陈曾寿，送重九登高合影并观曾寿和袁思亮所作之挽其师陈三立诗。

郑孝胥当天的日记记载：“（民国二十六年九月）廿七日，过仁先，以重九摄影遗之；观伯严挽诗三首及袁伯揆挽伯严诗五律六首。”（见《郑孝胥日记》第五册）

恩师陈三立去世，曾寿十分悲痛，遂作五言歌行《散原先生挽诗》（三首）以寄托其哀思（见《苍虬阁诗》卷十，《苍虬阁诗集》第272页）。

十月初五日（11月7日），在晋东北的五台山地区，成立了以聂荣臻为首的晋察冀军区司令部，建立起第一个敌后抗日根据地。

十月十八日（11月20日），国民政府通告中外，即日迁都重庆。

十月三十日（12月2日），日本侵略者通过德国驻华大使陶德曼，向国民政府提出“议和”条件。

十月下旬，陈曾寿因事请假二十天回了一趟天津；其间，遇好友姜庵，请去歌厅听歌；因听歌而想到在上海的七弟询先，遂作《同姜庵听歌并寄询先七弟上海》寄赠（见《苍虬阁诗》卷十，《苍虬阁诗集》第273—274页）。

十一月十一日（12月13日），国民政府弃守南京，在此之前，中共代表团随国民政府各院、部迁往武汉；日军攻占南京后，三十余万居民惨遭日寇杀害。

十一月十五日（12月17日），陈曾寿面见溥仪，请辞管理奉天陵庙承办处事宜差使，溥仪不允。据其三弟曾植在日记中记载："先是，大兄请假赴天津二旬。近侍处有与承办处总办爵善不协者，散布谰言以中伤之。熙洽遽闻于上，撤爵善回近侍处，调总务科长（爵善本以陵庙科长兼承办处总办），而以总务科长恩棣调陵庙科代之。及大兄归，胪陈事实，以辩其诬。上悟，而命令已下矣。恩棣躁妄，欲多所纷更，并暗与日人勾结，事多就商于宫内府日籍官吏某某。日人欲干涉陵庙事务久矣。既有引之者，遂乘机生心。有改设'保管陵庙委员会'之议，以日人参入。大兄既屡言于上，并请辞职至再三，均奉温旨慰留。至是，'委员会'之议愈急。上初不允。既而关东军为之言，势难中止。上不得已，将允之。大兄乃上四次辞职之奏。"（见《局外局中人记》，《苍虬阁诗集》附录一，第485页）

十一月十八日（12月20日），经陈曾寿多次面辞，溥仪终于答应其辞去陵庙事务总裁一职；陈曾寿拟将家眷送回天津，以减轻负担，溥仪亦不准；不久，溥仪乃以教授宫内府亲贵子弟文学的名义，将曾寿留在长春（见《局外局中人记》，《苍虬阁诗集》附录一，第485页）。

十一月二十一日（12月23日），曾寿的同年好友袁嘉谷①在云南昆明病逝。

---

① 袁嘉谷(1872—1937)，字树五，号树圃，晚年自号屏山居士；斋名"卧雪堂"。云南石屏人。早年肄业于昆明经正书院。光绪二十九年(1903年)，进士，选庶吉士。同年参加经济特科考试，取一等第一名，免三年学习，授翰林院编修。次年，赴日考察学务、政务。回国后官国史馆协修兼管学部编译图书局教科书事务。宣统元年(1909年)初，官京城图书编译局局长；不久擢升浙江提学使，后又兼署浙江布政使。入民国，曾任北京政府国务院顾问、国会议员、云南盐运使、云南省图书馆副馆长、云南省通志馆编纂等职。1922年东陆大学(今云南大学前身)创办，被聘为教授，直至去世。工诗文，善书法，尤工诗论。著有《卧雪堂文集》二十二卷、《卧雪堂诗集》十二卷、《卧雪堂诗续集》二卷、《东游日记》四卷、《卧雪诗话》八卷等；今人编有《袁嘉谷文集》(一、二、三)。

案：同年好友袁嘉谷晚年著有《卧雪诗话》（八卷），在其卷三、卷四中，各有一段评点陈曾寿的诗作（见《苍虬阁诗集》附录三，第519—520页）。

十一月二十三日（12月25日），新四军军部在汉口组建。

十一月间，好友郑孝胥因事赴北平已有一段时间，不知情况如何，曾寿乃作《寄海藏旧京》一诗寄赠闻讯（见《苍虬阁诗》卷十，《苍虬阁诗集》第273页）。

十二月初五日（1938年1月6日），新四军军部自汉口转移至江西南昌，准备对江南地区各个游击队进行集结整编。下辖四个支队和一个特务营。陈毅、张鼎臣、张云逸、高敬亭分别出任第一、二、三、四支队司令。

十二月初八日（1938年1月9日），是传统的腊八节，曾寿作有《腊八日煮粥感赋》（二首）抒其感慨（见《苍虬阁诗》卷十，《苍虬阁诗集》第274页）。

十二月初九日（1938年1月10日），晋察冀边区在冀西阜平召开军政民大会，选举产生了晋察冀边区临时行政委员会，这是敌后的第一个抗日民主政权。

十二月初十日（1938年1月11日），《新华日报》在汉口创刊。

除夕日（1938年1月30日），放眼四望，遍地烽烟，忧虑满怀，曾寿乃作《丁丑除夕》《闻爆竹声不断感赋》等诗以抒其慨（见《苍虬阁诗》卷十，《苍虬阁诗集》第274、275页）。

是年，是好友傅岳棻的六十华诞，曾寿曾作《治芗同年六十生日》为其贺寿（见《苍虬阁诗》卷九，《苍虬阁诗集》第263—264页）。

是年，曾寿曾仿绘有《秋风归牧图》。其题识云："'凌云笔扫千人阵，貌出骅骝自神骏。教駣旧法首周官，诈马名王腰汉印。武皇威德镇天山，天马西来进玉关。苜蓿香中秋万里，龙媒毕竟住天闲。' 丁丑仿南园先生《秋风归牧图》，苍虬陈曾寿。"

案：《秋风归牧图》是钱沣（1740—1795，字东注，号南园）于乾隆五十一年（1786年）所绘。曾寿仿绘《秋风归牧图》上所题之诗，乃石韫玉（1756—1837）所写，并于乾隆六十年（1795年）题于钱氏《秋风归牧图》之上。

## 民国二十七年戊寅（1938年）　六十一岁

正月上旬，德国政府公开宣布承认伪满洲国。

正月间，曾寿在迎来送往的应酬之余，尚写有《即事》（二首）、《无端》等诗（见《苍虬阁诗》卷十，《苍虬阁诗集》第 275 页）。

二月二十四日（3 月 25 日），日本侵略军三路围攻徐州，台儿庄国民党守军在李宗仁等人的指挥下，与日军展开血战。

二月二十八日（3 月 29 日），国民党临时全国代表大会在武汉召开，推蒋介石为国民党总裁，汪精卫为副总裁，并决议成立三民主义青年团。

三月初一日（4 月 1 日），在冀中的东北军吕正操部向敌后挺进，摧毁深泽、安国、任邱、河间、献县、安新、高阳等地日伪组织，成立了冀中政治主任公署（后改行署）。

三月十一日（4 月 11 日），日本海军攻占福建厦门。

三月十八日（4 月 18 日），鉴于张国焘已公开背叛共产党，投靠国民党，中共中央作出关于开除张国焘党籍的决定。

三月二十八日（4 月 28 日），曾寿的前辈、好友、著名诗人、文学家郑孝胥[①]在长春柳条路寓所去世；好友身体一向康健，如今突然去世，曾寿颇感惊讶，遂写有五言歌行《苏堪挽诗》（二首）以悼之（见《苍虬阁诗》卷十，《苍虬阁诗集》第 276—277 页）。

其间，三弟曾植自天津来长春参加好友郑孝胥的悼念活动，曾寿遂留三弟在长春暂住一段时间。

一日，曾寿梦见自己与好友周今觉同往祭奠苏堪，醒后作诗纪之，并作《梦与梅泉同哭苏堪，醒记以诗，即寄梅泉》一诗寄赠（见《苍虬阁诗》卷

① 郑孝胥(1860—1938)，字苏堪，亦作苏庵、苏龛、苏戡，又字太夷，号海藏。福建闽侯人。光绪八年(1882 年)中第一名举人。光绪十一年(1885 年)入李鸿章幕，由内阁中书改官同知。十七年(1891 年)，东渡日本，任清政府驻日使馆书记。次年，调任日筑领事，后升任神户、大阪总领事。二十年(1894 年)，甲午战争爆发，回国出任张之洞自强军监司。此后，历任总理各国事务衙门章京、京汉铁路南段总办兼汉口铁路学堂总监、广西边防大臣、安徽、广东按察使、湖南布政使等职。宣统三年(1911 年)，入盛宣怀幕府，积极主张铁路国有化政策。辛亥革命后，以遗老寓居上海，热衷复辟。民国十二年(1923 年)，投奔废帝溥仪，深得其赏识。“九・一八”事变后，唆使溥仪至东北成立伪满洲国，任“国务总理”兼“文教部”总长等职，充当日本帝国主义的傀儡，成为汉奸。二十四年(1935 年)失宠、下台，卒于长春。工诗文，善书法，尤其是诗作和书法享有盛誉。著有《海藏楼诗》《郑孝胥日记》等。

十，《苍虬阁诗集》第 280 页）。

三月间，曾寿奉命赴沈阳视察福陵、昭陵界址，并作有《三月奉命视察福陵、昭陵界址，山行有作》一诗纪其事（见《苍虬阁诗》卷十，《苍虬阁诗集》第 277 页）。

其间，下过一场雨，天气逐渐变暖，人的心情也逐渐好起来，曾寿曾作有《春雨》《雨中偶作》等诗纪其事（见《苍虬阁诗》卷十，《苍虬阁诗集》第 276、277 页）。

四月初六日（5 月 5 日），春尽夏将至，曾寿往游西公园，感慨良多，乃作《春尽日，游西公园》一诗抒其慨（见《苍虬阁诗》卷十，《苍虬阁诗集》第 277 页）。

四月二十日（5 月 19 日），国民党军弃守江苏徐州。

夏，陈曾寿请假至北平长椿寺，祭拜恩师陈三立的殡所，并作有《长椿寺拜散原先生殡所》一诗以表达其哀悼之情（见《苍虬阁诗》卷十，《苍虬阁诗集》第 278 页）。

据潘益民、潘蕤云："民国二十六年丁丑……因日寇封锁了华北占领区的铁路、公路，平民百姓无法通过，海上交通也被控制，散原老人遗体无法南运归葬，暂厝在北平长椿寺，馆外用沙袋堆围"（见《陈方恪年谱》）。

陈曾寿在赴北平之前，曾去与好友徐思允辞行，好友有诗赠行；曾寿甚感好友情谊，乃作《将赴旧京，苕雪以诗赠行，次韵》一诗相赠（见《苍虬阁诗》卷十，《苍虬阁诗集》第 278 页）。

由于悲伤过度，曾寿在北平病倒了，并作有《病起寄强志长春》一诗纪其事（见《苍虬阁诗》卷十，《苍虬阁诗集》第 274 页）。

四月二十七日至五月初六日（5 月 26—6 月 3 日），毛泽东在延安抗日战争研究会上作"论持久战"的演讲。

五月上旬，曾寿身体已愈，漫步庭院中，渐觉神清气爽，乃作《小圃》一诗以纪之（见《苍虬阁诗》卷十，《苍虬阁诗集》第 280 页）。

五月十三日（6 月 10 日），国民党军弃守河南开封、安徽安庆等城市。

同日，好友胡嗣瑗相邀聚饮，曾寿作有《五月十三日愔仲约酒集》一诗抒其感慨（见《苍虬阁诗》卷十，《苍虬阁诗集》第 279 页）。

五月十四日（6 月 11 日），国民党军在郑州东北的花园口，炸决黄河河堤，水淹数十县。

五月间，收到同乡好友、同年杨熊祥①寄自上海的诗作，曾寿乃作《子安同年见予旧京吊散原先生诗，越夕梦与散原及予饮西湖上，散原欢悦，予忧悴，作诗寄示，因和》一诗寄赠（见《苍虬阁诗》卷十，《苍虬阁诗集》第 279 页）。

此事过后不久，同年、同乡好友杨熊祥又自上海寄来一幅便面和三首赠诗，曾寿乃作《子安同年自上海寄便面、赠诗三首，和寄》一诗寄赠（见《苍虬阁诗》卷十，《苍虬阁诗集》第 279 页）。

同月里，曾寿的前朝的同僚、朋友李经迈②在上海去世。

同月里，《曼殊雅颂》由新京满洲图书株式会社刊行，其中收入陈曾寿十首诗。

案：《曼殊雅颂》为“东方国民文库”第四编；书前有陈曾矩本年一月所撰之《〈曼殊雅颂〉序》（尾署“康德五年”）。

六月初九日（7 月 6 日），国民政府召开国民参政会，汪精卫、张伯苓为正、副议长；并聘请毛泽东、林祖涵、吴玉章、董必武、陈绍禹、秦邦宪、邓颖超等七人为国民参政会参政员。

六月间，听说好友傅岳棻最近丧一妾，曾寿乃作《闻娟净丧妾寄问》一诗表示安慰（见《苍虬阁诗》卷十，《苍虬阁诗集》第 278 页）。

七月初九日（8 月 4 日），冀鲁豫五十余县军、政、民代表，在河北南宫成立冀南行政主任公署。

七月间，庭院中的牵牛花开得正盛，曾寿朝夕往观，颇感心情愉悦，乃作《牵牛花》（五首）纪之（见《苍虬阁诗》卷十，《苍虬阁诗集》第 281 页）。

---

① 杨熊祥（1880—1951），谱名思恭，字子安，亦作禔庵，号伯鬻。湖北江夏（今武汉市武昌区）人。光绪二十九年（1903 年）进士。次年，出任山西大学堂监督。光绪三十一年（1905 年）调任江西南康知府。1917 年出任北京政府内务部民治司司长。1922 年署理农商部次长。1926 年任国务院参议。1928 年辞职，寓居上海。工诗，善书。

② 李经迈（1876—1938），字季高，一作季皋，号又苏，别号澄园。安徽合肥人。李鸿章第三子。精熟英语。早年曾创办安徽公学。1905 年以恩赏三品京堂任出使奥地利大臣。1907 年因母病辞归，出任苏、豫、浙等地按察使。1910 年以首席随员身份跟随载涛访问日本、欧美。1911 年回国后任民政部右侍郎。入民国，隐居青岛。1917 年参与张勋复辟，授职外务部左侍郎。复辟失败，退隐上海。晚年经商，获巨富。

八月初一日（9 月 24 日），五万日军分成二十五路围攻晋察冀抗日根据地，至十月底，晋察冀部队彻底粉碎了敌军的围攻。

八月二十八日（10 月 21 日），国民党军弃守广州。

九月初三日（10 月 25 日），国民党军又弃守武汉三镇。

九月初九日（10 月 31 日），乃传统的重阳节，想起去年今日好友苏堪邀往登高，好友徐思允曾作诗纪其事；如今好友已不在人世，不禁感叹唏嘘，遂作五言歌行《苕雪作感旧诗，有"欲近霜风吹帽节，可能无感白衣来"之句，盖去岁九日余在病中，苏堪强邀作登高之会也。因次其韵》（二首）以纪之（见《苍虬阁诗》卷十，《苍虬阁诗集》第 280 页）。

九月二十二日（11 月 13 日），国民党军弃守岳阳，并纵火烧长沙，造成"长沙大火案"。

九月间，好友李宣龚曾赠送给郑孝胥上海寓所园中的一株桧树，因郑孝胥赴长春、寓所变卖，桧树又为李氏所得；如今郑氏仙游，桧树亦枯，李氏遂作《还栝图》，并遍征题咏纪其事；曾寿乃作五言歌行《苏堪上海所居园中有栝四株，李拔可所赠也。既来长春，故居斥卖，栝还旧主。今苏堪逝世，栝亦枯矣。拔可乃作〈还栝图〉，征题》二首寄赠（见《苍虬阁诗》卷十，《苍虬阁诗集》第 281—282 页）。

同月里，曾寿选编的《旧月簃词选》，作为"东方国民文库"第九编，由新京满洲图书株式会社刊行；该编共选录唐、五代、宋、金、元代的八十四位词人的三百首词作。

十月上旬，八路军驻重庆办事处挂牌成立。

十月二十七日（12 月 18 日），国民党副总裁汪精卫公开叛国投日。

十月间，陈曾寿与王福厂携手，合作水墨纸本《松下罗汉》书法成扇（18×50cm×2）。成扇正面为曾寿所绘之《松下罗汉》图，其题识云："戊寅冬十月，陈曾寿敬绘。"钤印："得成于忍。"成扇的背面为王福厂所书之五言歌行（略）。其题识云："戊寅嘉平之月，福厂王禔。"钤印："王禔。""福厂五十后书。"（详见北京荣宝拍卖有限公司"2016 秋季文物艺术品拍卖会"——"中国书画·近现代一"专场拍卖品，编号：0008）

十一月初一日（12 月 22 日），日本近卫文麿政府再次发表声明，对蒋介石进行诱胁，史称《近卫声明》。

十一月初八日（12 月 29 日），汪精卫在越南河内发表投敌叛国的通电——“艳电”，吹捧日本近卫内阁的声明是“符合和平精神的”。

十一月二十七日（1939 年 1 月 17 日），陕甘宁边区首届参政会在延安开幕。

十一月间，陈曾寿曾因事请假自长春回天津小住。

其间，好友林葆恒[①]一日前来拜访，再一次邀请他为自己绘制《讱庵填词图》，并将此前好友们为自己绘制的《讱庵填词图》及友朋们的先后题赠出示给他看。曾寿仔细观赏了友朋们绘制的《讱庵填词图》及众多的题赠，又感其盛情，经过认真构思，也为好友绘制了一幅《讱庵填词图》，并题识云：“子有老兄属绘填词图，经年未作。偶忆白石‘虚阁笼寒，小廉通月，暮色偏怜高处’之句，真乃词中妙境。因取真意为图，聊以应命，即祈正之。戊寅十一月陈曾寿。”

案：从 1932 年起，至 1938 年底，林葆恒相继请祁昆（1932 年冬）、贺翘华（1934 年）、汤涤（1935 年春）、溥伒（1936 年夏）、许昭（1936 年）和陈曾寿（1938 年冬）等好友为其绘制了六幅《讱庵填词图》，并相继邀请了陈宝琛、陈三立、陈衍、夏荪桐、潘飞声、章钰、周庆云、俞陛云、周登皞、杨寿枏、徐沅、夏敬观、冒广生、李宣龚、周学渊、胡嗣瑗、袁思亮、叶恭绰、林志钧、郭则沄、梁鸿志、黄濬、李宣倜、曹经沅、陈祖壬、许钟璐、黄孝纾、赵尊岳、龙榆生等近 70 位名流为之题跋。其中，祁昆、汤涤、溥伒、许昭所绘之四幅《讱庵填词图》及其题跋，已由林葆恒于 1937 年整理出版为《讱庵填词图》一书。贺翘华的一幅《讱庵填词图》，如今则不知去向。陈曾寿的一幅《讱庵填词图》，则由林葆恒收入自己编定的词集《瀼溪渔唱》的卷首（详见姚达兑《清遗民的文化记忆和身份认同——林葆恒和

① 林葆恒(1872—1950)，字子有，号讱庵。福建闽侯人。林则徐侄孙。光绪十九年(1893 年)举人。曾任驻小吕宋(今菲律宾)副领事、驻泗水(苏腊巴亚)领事。三十二年(1906 年)，与郑孝胥等加入预备立宪公会，参与预备立宪活动。宣统三年(1911 年)，以直隶候补道出任直隶提学使。入民国，创办烟台通益精盐公司，又曾出任天津中国实业银行兼事、中孚银行董事等职。晚年迁居上海。工诗词，毕生致力于诗词创作和词的整理、研究。先后主持、加入的词社有须社、沤社、声社、午社、瓶社、咫社等。著有《讱庵词》《讱庵诗稿》《落花诗》等，另整理编辑有《闽词征》六卷、《词综补遗》一百卷。

六幅〈订庵填词图〉》[①] 一文)。

同月中，二弟曾则为其兄曾寿作《〈苍虬阁诗集〉序》(见《苍虬阁诗集》附录二，第490—491页)。

同月里，三弟曾矩在长春寓所作《〈苍虬阁诗集〉跋》(见《苍虬阁诗集》附录二，第497—498页)。

十二月初一日(1939年1月20日)，蒋介石兼任国民参政会议长。

十二月初二至十一日(1939年1月20—30日)，国民党五届五中全会举行。会议形成了“溶共、防共、限共、反共”的反动政策，通过了蒋介石提出的《限制异党活动办法》。

十二月十二日(1939年1月31日)夜，曾寿梦见自己随母亲周太夫人坐着轿子回到杭州去寻找西湖的旧居；寻至一处颇似，低回久之；醒后凄然，起坐面对新购盛开的红梅，遂填《摸鱼儿·戊寅冬十二月十二日夜，梦随太夫人肩舆寻西湖上旧居。蹊径迷离，至一处似旧居，又觉稍异。启门而入，明窗素槅，低回久之。醒后凄然。时新购红梅一盆，浓香深色，出关数年以来所未有也。起坐相对，因成此阕》一词以纪之(见《旧月簃词》，《苍虬阁诗集》第389页)。

十二月十四日(1939年2月2日)，为挚友袁思亮的六十寿诞，曾寿作有五言长篇歌行《伯夔六十寿诗》为其贺寿(见《苍虬阁诗》卷十，《苍虬阁诗集》第282页)。

十二月十九日(1939年2月7日)，陕甘宁边区政府机关报《新中华报》，改为中国共产党中央委员会机关报。

同日，陈曾寿邀傅岳棻、徐思允、王嵩儒等好友宴集，以纪念苏东坡的生日，并作有五言歌行《东坡生日，约治芗、苕雪、嵩儒、鲤门、曼多酒集，鲤门诗先成，以公在儋耳，时岁为戊寅，今历十五甲子矣。持较身世，婉而多讽，余亦继作》纪其事(见《苍虬阁诗》卷十，《苍虬阁诗集》第283页)。

十二月二十二日(1939年2月10日)，日本侵略军在海南岛登陆，冯白驹领导组织了琼崖游击纵队，抗击日军。

十二月下旬，庭院中的梅花开得正盛，曾寿漫步其下，颇感生机盎然，乃作《红梅二绝》以纪之(见《苍虬阁诗》卷十，《苍虬阁诗集》第283—

---

① 姚达兑：《清遗民的文化记忆和身份认同——林葆恒和六幅〈订庵填词图〉》，《民族艺术》2016年第6期，第139—147页。

284 页）。

其间，好友王嵩儒[①]即将辞官归养，前来告别并索诗，曾寿乃作《嵩儒辞官，索诗为别》一诗相赠（见《苍虬阁诗》卷十，《苍虬阁诗集》第 283 页）。

十二月间，蒋介石为了加强个人独裁统治，建立了国防最高委员会，并自任委员长。这是一个凌驾于国民党中央、国民政府、五院和军事委员会之上，融党政军大权于一体的决策与执行相统一的机构。

同月中，曾寿将平日所填之词汇集起来，名《旧月簃词》[②]，并作有《旧月簃词·自序》一篇（见《苍虬阁诗集》附录二，第 496 页）。

同月里，好友袁思亮应曾寿之子邦荣之请，为曾寿的诗集作《〈苍虬阁诗集〉序》成（见《苍虬阁诗集》附录二，第 487—489 页）。

十二月三十日（1939 年 2 月 18 日），乃传统的除夕日，灯下独饮，思绪万千，遂作《除夕》一诗以抒其慨（见《苍虬阁诗》卷十，《苍虬阁诗集》第 284 页）。

## 民国二十八年己卯（1939 年）　六十二岁

正月初五日（2 月 23 日），周恩来代表中共中央抵达皖南云岭新四军军部，传达中央关于新四军向北、向敌后发展的方针。

正月上中旬，八路军一一五师挺进山东，开辟山东敌后根据地。

正月十三日（3 月 3 日），为同乡好友、同年杨熊祥的六十寿诞，曾寿乃作五言长篇歌行《子安同年六十寿》为之贺寿（见《苍虬阁诗》卷十，《苍虬阁诗集》第 284 页）。

正月间，收到七弟询先寄自上海的来信，谓其获得邵芝岩紫毫长颖中楷毛笔三枝，随后寄来；曾寿平生最喜用此毛笔，闻信极为兴奋，乃作七言长篇歌行《十年以来，日习寸楷未尝间断，所用笔以邵芝岩紫毫长颖中楷为佳。自兵事起，笔坊被毁，无可觅购。询先七弟来书，云觅得三枝，喜极，长句报之》纪其事并寄赠致谢（见《苍虬阁诗》卷十，《苍虬阁诗集》

---

① 王嵩儒（1862—?），原名双寿，字松如，铁岭人，隶汉军正红旗。1924 年前，曾官至湖北财政厅厅长、北洋政府内务部次长、农商部次长等职。此后，曾官湖北督军署秘书长、西岸榷运局长等职。伪满洲国成立，曾应邀赴长春任职。晚年辞归。著有《三国志兵事钩元》四卷、《掌固零拾》四卷等。

② 陈曾寿：《旧月簃词》，新京（长春）满洲图书株式会社，康德五年（1938 年）版。

第 285 页）。

二月十二日（4 月 1 日），是传统的花朝节，好友胡嗣瑗有词见示；曾寿遂次其韵填《六么令·花朝，次愔仲韵》一词纪其事（见《旧月簃词》，《苍虬阁诗集》第 389—390 页）。

二月上中旬，贺龙率一二〇师在冀中歼灭日军二十七师团一部约二千人，日寇竟然施放毒气弹。

二月下旬，曾寿在家偶翻《剑南集》，颇悲陆游之"壮志不遂，笃老穷困"；然平生遇合亦有不可及者，乃作《读剑南集，悲其壮志不遂，笃老穷困；然平生遇合亦有不可及者。为作二诗》以抒其慨（见《苍虬阁诗》卷十，《苍虬阁诗集》第 286 页）。

其间翻阅杜集，心有所触，乃作《书杜集后》一诗以抒其慨（见《苍虬阁诗》卷十，《苍虬阁诗集》第 294—295 页）。

二月间，适前辈好友郑孝胥去世一年；一日，好友徐思允将其手抄的郑孝胥的诗数卷见示请题，曾寿颇为感动，乃作《苕雪手抄苏堪诗数卷属题》（二首）相赠（见《苍虬阁诗》卷十，《苍虬阁诗集》第 287 页）。

又一日，曾寿突然梦见已去世二十余年的前辈好友刘朴生，醒后甚感凄然，乃作《梦见刘朴生丈，谓到庚年有事。朴丈逝世已二十余年，久不入梦，醒后凄然有作》一诗以抒其感慨（见《苍虬阁诗》卷十，《苍虬阁诗集》第 291 页）。

南方已是花红叶绿之时，北国才刚见嫩柳，曾寿甚是感慨，乃填《踏莎行·新绿》一词以纪之（见《旧月簃词》，《苍虬阁诗集》第 390 页）。

三月上中旬，曾寿因事请假去了一趟北平，曾应朋友之邀，在时隔 29 年后又前往游览了崇效寺，观赏了《红杏青松图》，并作有《将往旧京感作》、《崇效寺看牡丹并观红杏青松图卷，自辛亥后越二十九年复来此寺，不胜凄感》（二首）等诗纪其行（见《苍虬阁诗》卷十，《苍虬阁诗集》第 293、294 页）。

案：好友许宝蘅在辛亥以前曾作有《清平乐·崇效寺与仁先看牡丹》一词。

临行前，好友徐思允曾前来为曾寿送行，并有诗志别；曾寿感老友厚意，遂作《请假往旧京，苕雪赠别次韵》一诗相赠（见《苍虬阁诗》卷十，《苍虬阁诗集》第 287 页）。

三月十六日（5 月 5 日），新四军江北指挥部成立，张云逸任指挥，徐海东任副指挥。

三月下旬，朋友送牡丹一盆，使其避寒不见日光，其后所开之花极似芙蓉，曾寿乃作《有人赠牡丹一盆，以避寒不见日光，开后极似芙蓉，为作一绝》纪其事（见《苍虬阁诗》卷十，《苍虬阁诗集》第 286 页）。

其间，好友胡嗣瑗招饮，且有诗，曾寿乃作《愔仲招饮，有诗，次韵》相赠（见《苍虬阁诗》卷十，《苍虬阁诗集》第 286 页）。

三月里，应好友陈祖壬之请，曾寿为其作水墨纸本《行书七言联》镜片（95.5 × 18.5cm × 2）：“未惜命酬倾国色，应怜才尽送春诗。”其题识云：“君任老兄属，写崇效寺看牡丹诗句，己卯春三月，陈曾寿。”钤印：“陈曾寿。”“苍虬。”“御赐即事多欣。”（详见北京东方大观国际拍卖有限公司“2016 年五周年春季拍卖会”——“中国古代书画二”专场拍卖品，编号：1006）

四月二十四日（6 月 11 日），国民党张荫梧部袭击冀中深县八路军后方机关，杀害干部战士四百余人，造成“深县惨案”。

四月二十五日（6 月 12 日），国民党第二十七集团军根据蒋介石的密令，包围新四军湖南平江通讯处，杀害涂正坤等六人，制造了“平江惨案”。

五月初八日（6 月 16 日），七弟曾言之子邦澄（1919—1939）夭亡，年仅二十一岁；曾寿闻讯，非常悲伤，乃作五言长篇歌行《哭澄侄》以悼之（见《苍虬阁诗》卷十，《苍虬阁诗集》第 287—288 页）。

五月二十一日（7 月 7 日），中共中央发表《为抗战两周年纪念对时局宣言》，反对妥协和分裂，坚持团结抗战。

六月二十四日（8 月 9 日），汪精卫在广州通过广播发表劝降演讲。

七月十八日（9 月 1 日），在日本帝国主义的导演下，伪蒙疆联合自治政府在张家口成立。

七月间，庭院中的牵牛花盛开，曾寿朝夕赏观，并相继作有《牵牛花》（十二首）、《牵牛花中雪青一种幽冶绝世，日开一花；闲居无俚，若相慰籍者，为赋一诗》、《小立》等诗作纪之（见《苍虬阁诗》卷十，《苍虬阁诗集》第 288—289、290、295 页）。

八月十三日（9 月 25 日），日军开始对晋察冀解放区进行秋季扫荡；经六天五夜激战，八路军一二〇师歼敌二千余人。

八月中下旬至九月上旬，日本侵略军三路进攻湖南长沙。

八月下旬至九月上旬，寒节已至，庭院中还有牵牛花在开放，曾寿相继作有《夜起看牵牛花，寒气凛然不可久立，慨然有作》（二首）、《寒节已至，牵牛花犹有开者》等诗纪其事（见《苍虬阁诗》卷十，《苍虬阁诗集》第 291、292 页）。

九月初九日（10 月 21 日），曾寿约好友胡嗣瑗聚饮，并作有《九日约愔仲说饼》一诗纪其事（见《苍虬阁诗》卷十，《苍虬阁诗集》第 295 页）。

九月二十一日（11 月 2 日），曾寿的同年好友温肃①在顺德老家病逝；曾寿闻知消息，甚是悲痛，乃作《毅夫同年挽诗》（二首）以悼之（见《苍虬阁诗》卷十，《苍虬阁诗集》第 295—296 页）。

九月二十六日（11 月 7 日），新四军江南指挥部成立，陈毅任指挥，粟裕任副指挥。

九月下旬，日军对晋察冀解放区发动冬季大扫荡；晋察冀军民粉碎两万日军的十三路围攻，歼敌四千余人，并击毙日军第二混成旅团长官阿部规秀中将。

十月初二日（11 月 12 日），伟大的国际主义战士、加拿大共产党员、著名医生诺尔曼·白求恩在河北完县黄石村病逝。

十一月上中旬，国民党军非法侵占陕甘宁边区淳化等五县，掀起第一次反共高潮。

十一月十五日（12 月 25 日），朱德总司令、彭德怀副总司令通电全国，反对枪口对内进攻解放区。

十一月二十日（12 月 30 日），日本侵略者与汪精卫秘密签订《日支新关系调整纲要》，即《日汪密约》，这是一个彻头彻尾的卖国条约。

十二月初七日（1940 年 1 月 15 日），毛泽东在延安出版的《中国文化》创刊号上发表《新民主主义论》一文。

十二月初十日（1940 年 1 月 18 日），挚友袁思亮②在上海寓所病逝；曾寿得知噩耗，甚为悲痛，乃作五言歌行《伯夔挽诗三首》以悼之（见《苍

① 温肃(1879—1939),原名联玮,字毅夫,号檗庵,晚年自号清臣。广东顺德人。光绪二十八年(1902 年)举人,次年成进士,选庶吉士。散馆授翰林院编修,后转国史馆、实录馆协修。宣统二年(1910 年),授湖北道监察御史,不避权贵,敢于直言。民国成立后,游说各地效忠清室。1917 年张勋复辟,任为都察院副都御史。复辟失败后归里。1922 年赴京追随溥仪,"奉旨"在南书房行走。1929 年至香港大学执教。晚年因病归里。卒后谥"文节"。工诗文,擅书画。著有《贞观政要讲义》《温文节公集》等。

② 袁思亮(1880—1940),字伯夔,一作伯葵,号蘉庵、莽安,别署袁伯子。湖南湘潭石塘山(今株洲市天元区群丰镇石塘村)人。袁树勋之子。光绪二十九年(1903 年)举人,曾官农工商部郎中。入民国,曾出任工商部秘书、国务院秘书、印铸局局长、汉冶萍矿业股东会董事等职。袁世凯复辟,辞官隐居上海,以著述、购书为乐。工诗词文,富藏书。著有《蘉庵文集》《蘉庵词集》《蘉庵诗集》等。

虬阁诗》卷十，《苍虬阁诗集》第 292—293 页）。

十二月十五日（1940 年 1 月 23 日），在日本陆军代表的参加和监督下，汪精卫、王克敏、梁鸿志三个汉奸头目在青岛会谈，决定合并现有的伪政权，成立伪中央政府。

除夕日（1940 年 2 月 7 日），好友胡嗣瑗有诗送呈，曾寿乃作《次韵愔仲同年除夕》一诗相谢（见《苍虬阁诗》卷十，《苍虬阁诗集》第 296 页）。

同日，陈曾寿回忆起近五十年前自己所为诗句，再看眼下境况，感慨良多，乃作《十四岁除夕有句云："诗成两岁乘除里，春在万家欢喜中。"先师关季华先生极为叹赏，以为他日立朝事业所在也。今老矣，一无所成，感赋一绝》以纪之（见《苍虬阁诗》卷十，《苍虬阁诗集》第 296 页）。

是年，曾寿尚写有《荒鸦》《焚香》《闭门》《堪叹》《咏怀二首》等诗作（见《苍虬阁诗》卷十，《苍虬阁诗集》第 285、288、290、292 页）。

是年，曾寿的友人、著名书法家赵元礼①在天津府宅去世。

## 民国二十九年庚辰(1940 年)　六十三岁

正月初一日（2 月 8 日），好友胡嗣瑗有诗恭贺新年，曾寿乃作《次韵愔仲元旦》一诗回赠相谢（见《苍虬阁诗》卷十，《苍虬阁诗集》第 296 页）。

新年期间，在家无事，曾寿颇想念身在旧京的周学渊和身在上海的杨熊祥，乃作《寄怀立之》《寄怀子安同年》等诗寄赠问候（见《苍虬阁诗》卷十，《苍虬阁诗集》第 297 页）。

又极怀念年前去世的好友袁思亮，由袁思亮又想到正在上海的好友陈祖壬和周觉今，遂作《思念伯夔不已，因寄怀君任、梅泉各一首》（二首）寄赠问候（见《苍虬阁诗》卷十，《苍虬阁诗集》第 297 页）。

有时漫步庭院中，见梅花犹开，乃作《梅》一首以抒其慨（见《苍虬阁诗》卷十，《苍虬阁诗集》第 299 页）。

---

① 赵元礼(1868—1939)，字体仁，亦字幼梅，号藏斋，直隶天津人。幼即从严师学书法。1900 年任天津育婴堂负责人。1902 年任工艺学堂庶务长。不久赴日考察实业，并遍游江南，考察各地纱厂。1909 年出任滦州矿地公司经理。入民国，历任国会参议员、直隶省银行监理、天津造胰公司经理、中国红十字会天津第一任会长、"济良所"董事、"崇化学会"董事等职。晚年，与严修、林墨青等组织城南诗社。工诗文，尤擅书法，有"津门四大书家"之誉。著有《藏斋集》《藏斋诗话》等。

正月上中旬，八路军不得已反击阎锡山部和胡宗南部的进攻，全歼国民党顽军朱怀冰等部三个师，将国民党的第一次反共高潮彻底粉碎。

正月二十八日（3 月 6 日），中共中央发出关于《抗日根据地的政权问题》的指示，强调了抗日根据地的政权实行“三三制”的原则。

在长春，曾寿虽无实职，溥仪却不让其离开自己的身边，只是每天应应景，教授“宗室子弟”的文学，颇为无聊；曾寿曾作有《每日入宫内府，教宗室子弟感赋》一诗抒其感慨（见《苍虬阁诗》卷十，《苍虬阁诗集》第 299—300 页）。

二月初四日（3 月 12 日），汪精卫发表“和平建国宣言”，提出要和重庆政府“共谋和平方案”。

二月十八日（3 月 26 日），应好友鉴如之请，曾寿为其制作水墨纸本七言对联立轴（148×40cm×2）：“奉爵史修东观日，吹笙歌庆北堂春。”其题识云：“鉴如仁兄大人属书，曾寿同年六十三，时庚辰。”钤印：“曾寿。”“石翁。”“以金石鸣。”（详见北京东方艺都拍卖有限公司（北京盘古）“2011 年秋季艺术品拍卖会”——“百年辛亥——辛亥名家墨迹暨名家书法”专场拍卖品，编号：0401）

二月二十二日（3 月 30 日），伪南京政府成立，汉奸头目汪精卫自任代理主席（主席之位预留给蒋介石），称“国府还都”，招降重庆国民党。

二月间，曾寿目睹眼前混乱局势，忧心忡忡，乃作《书愤》（二首）以表达其心境（见《苍虬阁诗》卷十，《苍虬阁诗集》第 298—299 页）。

其间，同年好友胡嗣瑗因病辞官，将返归北平；曾寿前往相聚并填有《鹧鸪天·燕子嗔簾不上钩》《前调（鹧鸪天）·偏爱沉吟白石词》《虞美人·濛濛扑面真无赖》等词作为其赠行（见《旧月簃词》，《苍虬阁诗集》第 390、391 页）。

三月二十五日（5 月 2 日），国民政府公布所谓东北四省省政府的“改组”令，以在关内之官行使关外之“职权”。

三月间，陈曾寿曾请假至旧京小住，就住在同乡好友傅岳棻的府邸，曾寿作有《庚辰三月至旧京，下榻治芗斋中，窗前藤花一架极盛》一诗纪其事（见《苍虬阁诗》卷十，《苍虬阁诗集》第 300 页）。

其间，好友周觉今寄示近作，曾寿悲其诗之“孤愤”，乃作《梅泉寄近诗来，有“闭门只合死前休”之句，悲其孤愤，寄怀二首》寄赠（见《苍虬阁诗》卷十，《苍虬阁诗集》第 299 页）。

四月初八日（5 月 14 日），曾寿的同僚、朋友、学者罗振玉①在旅顺寓所去世。

四月间，曾寿因事再次出关，并作有《四月出关道中感赋》一诗纪其事（见《苍虬阁诗》卷十，《苍虬阁诗集》第 300 页）。

五月上中旬（6 月），溥仪应邀第二次访问日本，日本天皇强迫其带回日本的“天照大神”供奉。

六月十二日（7 月 16 日），国民党提出了“中央提示案”，企图取消陕甘宁边区和缩编八路军、新四军。

六月底，日本近卫内阁提出在日本支配下的“大东亚共荣圈”的侵略口号。

七月十七日至十一月初七日（8 月 20 日—12 月 5 日），华北五省八路军 115 个团，共计 40 万兵力，同时全线向 20 万日军出击，即“百团大战”，毁坏敌人据点 2993 个，毙、伤、俘日伪军 44000 余人。

七月间，曾寿见去年庭院中的那种“雪青”又开放了，颇为高兴，乃作《去岁牵牛花雪青一种今秋复发》（四首）以纪之（见《苍虬阁诗》卷十，《苍虬阁诗集》第 300—301 页）。

同月里，曾寿的前辈好友汪诒书②在长沙东乡寓所病逝。

---

① 罗振玉(1866—1940)，字叔蕴、叔言，号雪堂，别署贞松老人。浙江上虞人。15 岁中秀才。后曾两应乡试而不举。1890—1895 年在家乡教私塾。1896 年至上海创办农学社，次年创刊《农学报》。1898 年创办东文学社。1900 年应张之洞之聘，任湖北农局总理兼农务学堂监督。此后曾任南洋公学虹口分校校长、江苏师范学堂监督。1909 年补参事官，兼京师大学堂农科监督。辛亥革命后，逃往日本，图谋复辟清朝。1924 年应溥仪召，入值南书房。同年溥仪被冯玉祥驱逐出宫，他助溥仪逃入日本使馆；后又助溥仪逃到东北，勾结日本帝国主义，建立伪满洲国，出任“监察院”院长等职，沦为汉奸。1937 年退休。生平搜集、整理、撰述甲骨、铜器、简牍、明器、佚节等考古资料图书 50 余种；另编有《明吴门四君子书法》《贞松堂历代名人书法》《高昌壁画精华》《墨林星凤》等。

② 汪诒书(1862—1940)，字颂年，号闲止，晚号顿叟，别署闲止老人。湖南善化人。光绪十四年(1888 年)举人，十八年(1892 年)进士，先后任翰林院编修、国史馆协修。二十四年(1898 年)受命回籍襄理新政。二十七年(1901 年)授政务处帮办。次年擢升广西学政。三十年(1904 年)转任江西提学使，并赴日考察学制。回国后充任宪政编查馆提调、山西提学使兼署山西布政使。入民国，曾出任长沙关监督兼外交部特派湖南交涉员、南京国民政府行政院高等顾问。后辞官寓居上海。抗战爆发，避居长沙东乡。工诗，擅书法。著有《风雨庐稿》《闲止老人遗稿》等。

八月初十日（9月11日），为散原师去世三周年的忌日，溥仪、陈曾寿、夏敬观、叶恭绰、李宣龚、冒广生等有悼念诗词和祭文；梁鸿志、李宣倜、袁思亮、陈祖壬、王蕴章、蔡守、张次溪等人则前往北平长椿寺祭奠。

八月十一日（9月12日），是曾寿的寿诞之日；回想十几年前的今日，自己大病初愈，好友孙多巘邀游鄮山阿育王寺，晚坐寺前，一时万念具忘；时隔十数年，世变甚大，更加怀念好友，乃作《丁卯之岁，予病甚，陟甫约游鄮山阿育王寺。一日晚坐山门外，万念具忘，恍然若有以无得为得也。别经廿载，世变不可言，感念不已，因寄怀陟甫一首》一诗寄赠，以抒发其怀念之情（见《苍虬阁诗》卷十，《苍虬阁诗集》第298页）。

案：陈曾寿此诗后曾载于《同声月刊》第一卷第二号，诗题改作《寄怀孙陟甫》。

八月二十五日（9月26日），美国再次贷给蒋介石政府二千五百万美元，即“中美钨砂借款”。

八月中下旬，历经数年，陈曾寿的《苍虬阁诗（集）》（十卷），终于由北平文楷斋刊印行世，后附有好友、亲家李国松中秋日所作之《〈苍虬阁诗集〉跋》（见《苍虬阁诗集》附录二，第498页）。

曾寿收到新刊印的《苍虬阁诗（集）》（十卷），并得知好友周今觉为刊印此集，曾出重资相助，乃作《梅泉重赀助刊拙集感赋》一诗寄赠相谢（见《苍虬阁诗》卷十，《苍虬阁诗集》第302页）。

八月间，闲居无事，曾寿乃自绘设色纸本《人马图》成扇（18×52cm）。其题识云：“庚辰秋八月，临龙眠画马，苍虬陈曾寿。”钤印：“苍虬。”“陈曾寿印。”（详见蓝天国际拍卖有限公司“2005秋季艺术品拍卖会”——“中国书画二”专场拍卖品，编号：0476）

九月初四日（10月4日），国民党江苏省主席韩德勤调遣数万大军，向苏北新四军进攻，陈毅支队被迫自卫，发起“黄桥之战”。

九月初九日（10月9日），好友周今觉在上海邀友朋宴集登高，念及亡友伯夔，并有诗寄示，曾寿乃作《梅泉九日登高，觞客怀伯夔，赋诗寄示，有“四海弥天少一人”之句，次韵》一诗寄赠（见《苍虬阁诗》卷十，《苍虬阁诗集》第301页）。

好友随诗寄来的还有其新近刊印的诗集——《今觉庵诗存》；曾寿收到诗集后，遂写了《书梅泉〈今觉庵诗集〉后二首》寄赠（见《苍虬阁诗》卷十，《苍虬阁诗集》第302页）。

九月十九日（10月19日），蒋介石指使何应钦、白崇禧以国民政府军委会正、副参谋总长名义，致电八路军朱德总司令、彭德怀副总司令，强令黄河以南的八路军、新四军于一个月内开赴黄河以北。这是国民党第二次反共高潮的开始。

十月初十日（11 月 9 日），朱、彭、叶（挺）、项（英）复电何、白，驳斥其荒谬命令和对中国共产党及其领导的军队的诬蔑；同时表示，为了顾全抗战大局，可以将皖南新四军撤至长江以北。

十月二十三日（11 月 22 日）夜，曾寿梦见老师梁鼎芬来到长春，住在一座小园中；曾寿往谒，相见而泣，竟至哭醒，乃作《十月廿三日夜梦节庵师来长春，寓一小园中，往谒语次，涕泗横集呜咽而醒，纪之以诗》一诗以纪之（见《苍虬阁诗》卷十，《苍虬阁诗集》第 303 页）。

十月间，曾寿收到好友周今觉寄来的书函，甚是高兴，乃作《得梅泉书感赋》一诗寄赠（见《苍虬阁诗》卷十，《苍虬阁诗集》第 303 页）。

十一月初二日（11 月 30 日），日本政府宣布承认汪精卫伪政权，并同汪精卫签订《日汪基本关系条约》《附属议定书》《日、满、华共同宣言》。

十一月初十日（12 月 8 日），何、白再次致电朱、彭、叶、项，进一步制造反共舆论。

十一月二十二日（12 月 20 日），由龙榆生主编的《同声月刊》，在汪精卫的资助下，在南京创刊；第一卷创刊号出版，上载有陈曾寿的十五首诗和《浣溪沙·花径冥冥取次行》《鹧鸪天·九日次愔仲韵》二首词。

案：本年初，汪精卫伪国民政府任命龙榆生为立法院立法委员；同年八月，龙榆生又兼任汪精卫府宅的家庭教师。

十二月初二日（12 月 30 日），为顾全抗战大局，新四军某部遵令北移；而国民党宣传机关却大肆报道该军北移消息，以示日军，配合夹击；同时，蒋介石向顾祝同、上官云相下达围歼的密令。

十二月初七日（1941 年 1 月 4 日），新四军军部及所属部队 9000 多人，奉命北移。

十二月初九日（1941 年 1 月 6 日），当奉命北移的新四军行至皖南泾县的茂林地区，突遭国民党军七个师八万余人的包围袭击；新四军被迫还击，激战七昼夜，弹尽粮绝，军长叶挺被俘，副军长项英及副参谋长周子昆、政治部主任袁国平皆遇难；所属部队除约二千人突围外，大部殉难，这就是震惊中外的“皖南事变”。

十二月二十日（1941 年 1 月 17 日），蒋介石反诬新四军“叛变”，取消其番号，并下令国民党军大举进攻江北新四军，掀起了第二次反共高潮。

十二月二十一日（1941 年 1 月 18 日），中共中央就“皖南事变”发表谈话，对蒋介石的反动暴行进行了针锋相对的斗争。

十二月二十三日（1941 年 1 月 20 日），中共中央革命军事委员会发布重建新四军军部的命令：任命陈毅为代理军长，张云逸为副军长，刘少奇为政治委员，赖传珠为参谋长，邓子恢为政治部主任，下辖五个师和三个军区、五个游击纵队。

同日，《同声月刊》第一卷第二号出版，上载有陈曾寿四首诗和《摸鱼儿·最难忘、一湖寒碧》《木兰花·闲居寂静同僧院》二首词；另，其中的“诗坛近讯”谓陈曾寿之《苍虬阁诗》即将对外出售。

十二月二十五日（1941 年 1 月 22 日），中共中央军委发言人发表谈话，揭露国民党破坏抗战，实行反共的罪恶阴谋，提出取消 17 日反动命令、惩办祸首等十二条解决办法；以周恩来为首的中共南方局，在重庆也展开了猛烈的反击，揭发和抗议蒋介石的暴行；宋庆龄等人亦致电重庆政府，斥责蒋介石的暴行。

十二月二十六日（1941 年 1 月 23 日），陈毅、张云逸、刘少奇等人通电就职。

是年，曾寿尚写有《次韵鲤门》《依依》《悲凉》《闭口》等诗作（见《苍虬阁诗》卷十，《苍虬阁诗集》第 301、304、305 页）。

是年，曾寿的同乡、同年好友王葆清①在旧京寓所去世。

案：王葆清曾作有《和左笏老太清观访菊兼柬周孝甄侍御、陈仁先同年》《赠苍虬（己未）》《苍虬次子邦直年十三能作巨幅山水，以画索诗，即题二首》《和苍虬赠节儿诗二首》等诗赠陈曾寿（均见其《观休室诗》）。

是年，曾寿的好友周登皞②在上海寓所去世。

---

① 王葆清（1874—1940），又名彭，字觉三，亦作爵三，号肯叟，湖北江夏人。王开节之父。光绪二十三年（1897 年）解元，二十九年（1903 年）进士。曾任黑龙江海伦知府、嫩江知府。入民国，历任平议院书记官、内务部参事、雁门道员、众议院议员兼盐志编纂处总纂、高等文官典试官、安徽军民两署秘书长等职。工诗。著有《观休室诗》。

② 周登皞（？—1940），字熙民，号补庐。福建侯官人。光绪十四年（1988 年）举人。后经大挑历官直隶宁河、武清、霸县、大城、东安等县知县。因考绩优异，迁赵州直隶州知州，入都察院任广西道监察御史。辛亥革命爆发，举家避居宁河县芦台镇。入民国，迁居北京，曾任袁世凯政府肃政使、绥远道尹、代理绥远都统。后辞官居天津、上海等地。曾加入城南诗社、须社。工诗、词、文。著有《补庐词》《游黄山作》（一卷）、《宁河县乡土志》（含历史、地理、格致三编）等。

是年，曾寿的好友陈懋鼎[①]在北京寓所去世。

是年，陈寥士开始在《国艺》杂志上连载其《单云阁诗话》（共载 177 则），其中有 3 则评论陈曾寿的诗歌创作（见《苍虬阁诗集》附录三，第 525—526 页）。

## 民国三十年辛巳(1941 年)　六十四岁

正月初三日（1 月 29 日），新四军新的军部在苏北盐城成立，并开始整编部队，将全军扩编为七个师和一个独立旅。

新年期间，曾寿居家无事，翻阅杜集，偶有所思，乃作《书杜集后》一诗以纪之（见《苍虬阁诗续集》卷上，《苍虬阁诗集》第 306 页）。

一日，友人元初前来辞别，曾寿乃作《赠别元初》一诗相赠（见《苍虬阁诗续集》卷上，《苍虬阁诗集》第 306 页）。

正月二十五日（2 月 20 日），《同声月刊》第一卷第三号出版，上载有陈曾寿五首诗。

正月间，日、美妥协，牺牲中国，使反共反苏局面的东方慕尼黑的新阴谋在日、美间加紧酝酿。

二月二十三日（3 月 20 日），《同声月刊》第一卷第四号出版，上载有清凉山民的《花阴偶笔》，论及陈曾寿的咏菊词《木兰花慢·冷墙阴一角》《八声甘州·慰归来岁晏肯华予》："偶检苍虬先生《旧月簃词》（《沧海遗音集》本），咏菊之词多至五阕，倘所谓芳洁之怀，神与俱化者欤！特录二阕如下，期与同好共赏之。"（见《苍虬阁诗集》附录三，第 543 页）

案：辛酉（1921 年）本《旧月簃词》之《木兰花慢》词后附录陈恩澍和作（"抱孤芳小隐"），同附沈曾植词与商务本《曼陀罗寱词》"寄仁先湖上"相校有异文。

二月（3 月）间，中共中央驻重庆代表周恩来等向国民党提出的解决时局问题的十二条意见，遭到国民党政府的拒绝；因此，中共中央拒绝出席第

---

① 陈懋鼎(1870—1940)，字征宇，福建闽侯人。陈宝琛侄儿。光绪十六年(1890 年)，与其父宝璠、其叔宝璐同科中进士。后历官外务部左参议、弼德院参议、俄文学堂监督、驻英公使馆二等参赞、驻西班牙公使馆一等参赞、资政院议员等职。入民国，历任外交部参事兼秘书长、金陵关税监督兼江宁交涉员、济南道尹兼外交部山东特派交涉员、参政院参政、国务院秘书、厦门交涉员、外交部顾问、参议院议员等职。著有《修三居士易稿》《槐楼诗钞》等；译有《岛雄记》(即《基度山伯爵》)。

二届国民参政会。

三月二十四日（4月20日），《同声月刊》第一卷第五号出版，其中的“词林近讯”谓《苍虬阁诗》已刊行，开始对外发售。

三月间，国民党军弃守浙江绍兴、宁波、温州及福建福州等地。

同月里，曾寿闲居无事，曾绘有《溪桥树影》图。其题识云：“辛巳春三月，仿麓台笔意。苍虬陈曾寿。”

四月十七日（5月12日），日本侵略军进攻中条山，国民党军二十万溃逃，两万人投降，十万人被俘；八路军为解救中条山危局，对正大、同蒲、平汉、白晋、平绥、平古各线展开攻击战，毙伤日、伪军万余人。

四月二十一日（5月16日），《解放日报》在陕西延安创刊。

五月十一日（6月5日），重庆的防空大隧道因工程简陋，管理失职，防空时洞口堵塞、倒塌，死亡数万人。

五月二十八日（6月22日），德国法西斯开始进攻苏联。

五月二十九日（6月23日），中共中央发表《关于反法西斯的国际统一战线》的指示。

六月初七日（7月1日），德、意法西斯承认汪精卫伪政府。

六月十三日（7月7日），冈村宁次继多田骏出任日本侵略华北方面军总司令，集中十三万以上的兵力，分十三路围攻晋察冀抗日根据地，以报复八路军组织的“百团大战”。至10月，冈村自认失败，被八路军歼灭八千余人；在此次的大扫荡中，出现了八路军“狼牙山五壮士”的英雄事迹。

闰六月二十八日（8月20日），《同声月刊》第一卷第九号出版，上载有陈曾寿诗一首；又载有署名觉谛山人的《清词坛点将录》，其中将陈曾寿点为“天伤星行者武松”。同期上尚载有杨君武（号蓼庵）的词三首（案：郭则沄曾作有《徵招·为蓼庵题苍虬所作夜坐图》一词）。

案：《清词坛点将录》文后有龙榆生辛巳（1941年）初秋跋，略谓：“《清词坛点将录》，为予数年前校刻《彊村遗书》时，友人闻在宥先生录以见寄者。据在宥言，此为彊村先生晚年游戏之作，又以董平自居，故原稿不署真名，但题觉谛山人云云。”

闰六月间，好友周竺君①去世，曾寿曾作有《挽周竺君》一诗以悼之（见《苍虬阁诗外集》，《苍虬阁诗集》第398页）。

① 周竺君（？—1941），生平事迹不详。周培善之弟，与梁启超友善。民国初年，曾出任过镇江海关兼扬州龙头关监督。

七月二十九日（9 月 20 日），《同声月刊》第一卷第十号出版，上载有陈曾寿四首诗，其中一首题名《挽周竺君》。

七月间，寿曾应好友陈祖壬之邀，曾请假赴天津与其相会，随后一起至北平长椿寺祭拜散原先生灵柩，并写有《请急之析津，君任自沪来会，将更往旧京视散原先生殡所》一诗纪其事（见《苍虬阁诗续集》卷上，《苍虬阁诗集》第 307 页）。

其间，曾寿曾梦得“与鹤共青天”之句，醒后乃作《梦中得“与鹤共青天”之句，因足成之》一诗纪其事（见《苍虬阁诗续集》卷上，《苍虬阁诗集》第 307 页）。

八月十四日（10 月 4 日），日本侵略军攻占河南郑州。

八月二十日（10 月 10 日），中国民主政团联盟（后改名为“中国民主同盟”）在香港正式成立，并在其机关报《光明报》上发表《中国民主政团同盟成立宣言》和《中国民主政团同盟对时局主张纲领》（简称“十大纲领”）。

八月间，曾寿曾绘有设色纸本《牧马图》成扇（48 × 18cm）。其题识云：“右一匹，元祐二年十二月廿三日，于左天驷监棟中，秦马好头赤，九岁四尺六寸。庚辰秋八月，临龙眠画马，苍虬陈曾寿。”钤印：“苍虬。”“陈曾寿印。”

案：此成扇的背面有好友金梁所书行书书法（文字略）。（详见浙江保利国际拍卖有限公司“2008 春季艺术品拍卖会”——“中国书画一”专场拍卖品，编号：0507）

九月初一日（10 月 20 日），《同声月刊》第一卷第十一号出版，上载有陈曾寿《鹧鸪天·横海青峰占小楼》《浣溪沙·书卷抛残夜未残》《木兰花·趵突泉》《扬州慢·忆烟霞洞梅》四首词。

九月十三日（11 月 1 日），夏承焘①在其当天日记中对曾寿词有较高评

---

① 夏承焘（1900—1986），字瞿禅，晚年改字瞿髯，别号谢邻、梦栩生，室名“月轮楼”“天风阁”“玉邻堂”“朝阳楼”。浙江温州人。1918 年毕业于温州师范。1919 年后历任梧埏、永嘉小学教师，西北大学讲师，宁波第四中学、严州第九中学教师，三江大学副教授，太莫文学院、无锡国学专修学校教师，浙江大学、浙江师范学院、杭州大学教授，中国社科院文研所特约研究员。毕生致力于词学研究和教学，是现代词学的开拓者和奠基人。著有《唐宋词录最》《唐宋词人年谱》《怎样读唐宋词》《姜白石词编年笺校》《唐宋词选》《读词常识》《龙川词笺校》《辛弃疾》《词源注》《瞿髯论词绝句》《月轮山词论集》《白石歌曲旁谱辨》《唐宋词论丛》，另有《瞿髯词》《瞿髯诗》《瞿髯词集》等。

价："夕读静安、陈仁先诸家词，以哲理入词最妙，静安偶有之，造辞似不如仁先。"①

九月间，陈曾寿与好友宝熙携手，合作设色纸本《溪山清远》行书成扇（19×48cm×2）。成扇的正面为曾寿所绘之《溪山清远》图，其题识云："寓苍健于简远，寄浓厚于古淡。石田、麓台晚年乃有此境，辛巳九月，陈曾寿。"钤印："苍虬。"成扇的背面为宝熙所书行书《带经堂诗话》一节，其诗话（略）及题识云："《带经堂诗话》，宝熙。"钤印："臣宝熙。"（详见北京亨申世纪拍卖有限公司"2013年迎春艺术品拍卖会"——"中国书画一"专场拍卖品，编号：0027）

同月里，长女邦巽因病不治在长春去世，曾寿甚是悲痛，并作有五言歌行《哭巽女二首》以悼之（见《苍虬阁诗续集》卷上，《苍虬阁诗集》第307—308页）。

十月初二日（11月20日），《同声月刊》第一卷第十二号出版，上载有陈曾寿《清平乐·笛声幽怨》《疏影·忆湖上旧月簃梅花》《蝶恋花·万化途中为侣伴》《减字木兰花·心畬王孙蓄倒挂鸟一只属赋一名收香》四首词。又，其中之"词林近讯"述及《沧海遗音集补编》的校刻事宜："往岁朱彊村先生校刊《彊村丛书》既竟，因取并世友好沈子培、裴韵珊、李孟符、曾刚甫、夏闰枝、曹君直、张孟劬、王静安、陈述叔、冯君木、陈仁先等十一家词，合刻为《沧海遗音集》。今朱先生下世十年，集中作者，亦惟闰枝、孟劬、述叔、仁先四先生健在。龙君榆生既取《遁庵乐府》未刊稿刻成单本，复拟续刊三家十年来近作，合为《沧海遗音集补编》，以竟朱先生未了之业。顷闻闰枝先生之《悔龛词续》及仁先先生之《旧月簃词》，均经寄到，正在校刻中云。"

十月初三日（11月21日），陕甘宁边区政府参议会开幕。

十月十九日（12月7日），日本侵略军偷袭美国夏威夷州的珍珠港。

十月二十日（12月8日），日本侵略者对英、美国宣战，太平洋战争爆发。

十月二十一日（12月9日），国民政府正式对日本宣战。

十一月初一日（12月18日），日本侵略军在香港登陆，广东人民抗日游击队东江纵队配合英军进行香港保卫战。

---

① 夏承焘《天风阁学词日记》，《夏承焘集》（第六册），浙江古籍出版社/浙江教育出版社1997年版，第334页。

十一月初九日（12 月 26 日），曾寿的好友易孺①在上海寓所去世；闻知消息，曾寿曾作有《挽季馥》一诗以悼之（见《苍虬阁诗续集》卷下，《苍虬阁诗集》第 331 页）。

十一月十五日（1942 年 1 月 1 日），苏、美、英、中等 26 国在华盛顿签订《联合国宣言》。

十一月二十九日（1942 年 1 月 15 日），《同声月刊》第二卷第一号出版，上载有陈曾寿《南歌子 · 鸡唱催将息》《玉漏迟 · 五月见芍药》《六么令 · 花朝次愔仲韵》《踏莎行 · 新绿》四首词。

十二月二十二日（1942 年 2 月 7 日），曾寿的前辈好友夏孙桐②在北京寓所去世。

案：夏孙桐曾填有《高阳台 · 题塔影经缘图卷，雷峰塔毁，出吴越小字刻经。陈仁先得残本，补完画图装卷，自题〈八声甘州〉有云“漫等闲、擎天梦了，任长空、鸦阵占茫茫。从今后、凭谁管领，万古斜阳？”语甚悲壮，卷为邵伯絅所得，征题，感而有作》一词。

十二月间，曾寿回想自己一年来毫无诗兴，所作甚少；某夜偶读东坡海外诗，若有兴会，乃作《年来了无诗兴，不成一字；夜读东坡海外诗，若有所会，率成四首》纪其事（见《苍虬阁诗续集》卷上，《苍虬阁诗集》第 309 页）。

一日，突然接到旧友张鸣岐寄自天津、用欧公聚星堂雪诗韵写来的赠诗，乃作七言歌行《张坚白用欧公聚星堂雪诗韵寄赠，即和》一首回赠（见《苍虬阁诗续集》卷上，《苍虬阁诗集》第 308—309 页）。

除夕（1942 年 2 月 14 日）日，曾寿作有《辛巳除夕》（二首）抒发其

① 易孺（1874—1941），原名廷熹，字馥；后更名熹，字季复；又更字孺，号大厂，亦号丰斋；别号魏斋、韦斋、孺斋、待公、孺公、大庵韦斋、花邻词客、大厂居士等。广东鹤山人。早年肄业于广雅书院，师从陈澧。中年游学日本，习师范。历任北京高等师范学教、上海音乐院、暨南大学教授。才艺广博，通诗文词曲、书画篆刻、声韵训诂等，其篆刻造诣尤精深。曾与肖友梅合作新体乐歌，盛行于民国初年。著有《大厂词稿》《韦斋曲谱》《大厂画集》《双清池馆诗词集》《大厂集宋词联帖》《守愚斋题画诗词残存录》《大厂印谱》等。

② 夏孙桐（1857—1942），字闰枝，一字悔生，号龙高，晚号闰庵；室名“观所尚斋”。江苏江阴人。光绪八年（1882 年）举人，十八年（1892 年）进士。历官翰林院编修、浙江湖州、宁波、杭州知府等职。民国初入清史馆，任纂修，负责编纂嘉道咸同四朝臣列传及循吏、艺术两汇传，凡 100 卷。又曾协助徐世昌编辑《晚晴簃诗汇》及《清儒学案》。通史学，善书法，工诗文、词。著有《观所尚斋文存》《观所尚斋诗存》及《悔龛词》二卷。

感慨（见《苍虬阁诗续集》卷上，《苍虬阁诗集》第310页）。

是年，为好友陈祖壬的五十寿诞，曾寿作有《君任五十初度》一首寄赠，为其贺寿（见《苍虬阁诗续集》卷上，《苍虬阁诗集》第308页）。

是年，为曾寿二弟曾则的六十寿诞，曾寿绘《御诗楼图》为之贺寿，三弟曾矩则为之作《〈御诗楼图〉记》。

是年，曾寿的前辈好友、广东富商甘作蕃①在上海府宅去世。

是年，曾寿的好友、诗论家狄葆贤②在上海寓所去世。

是年，《公议》第四卷第二期出版，上载有陈曾寿《南歌子·鸡唱催将息》《六么令·花朝》二词。

## 民国三十一年壬午(1942年)　六十五岁

正月初一日（2月15日），《同声月刊》第二卷第二号出版，上载有陈曾寿《鹧鸪天·燕子嗔簾不上钩》《前调（鹧鸪天）·偏爱沉吟白石词》二首词。

新年期间，七弟询先担心大兄因忧伤致病，数次来书问候，曾寿作有五言歌行《询先七弟虑予以忧致病，数来书问，诗以答之》相赠（见《苍虬阁诗续集》卷上，《苍虬阁诗集》第314页）。

其间，好友梁鸿志有和曾寿以前所写之张园海棠诗寄来，曾寿乃作《众异寄和予曩岁张园海棠诗，次韵答之》一诗回赠（见《苍虬阁诗续集》卷上，《苍虬阁诗集》第311页）。

好友周今觉亦有诗寄赠，且化用唐昭宗谓韩偓“朕左右无人”之语，偶

---

① 甘作蕃(1854—1941)，字屏宗，亦字兆蕃，号翰臣，晚号非园主人。广东香山(今中山市)人。旅沪富商，上海怡和洋行总办、公和祥码头买办，上海名宅“愚园”主人。古玩、金石、书画收藏极富。又喜欢结交社会、文学、书画、戏剧界名流，与康有为、陈三立、吴昌硕、朱祖谋、章一山、杨守敬、陈曾寿、罗瘿公、程砚秋等人交往密切，且为人豪爽。后又在虹口舟山路修建“非园”，陈三立曾作诗赞之。

② 狄葆贤(1873—1941)，字楚青、楚卿，号平子，别署高平子、平等阁主人、六根清净人等。江苏溧阳人。早年曾考中举人。后留学日本，为康有为弟子。1900年参与改良派在上海组织的中国国会运动，并赞助唐才常发动自立军的勤王运动，失败后逃往日本，与保皇党人往来，曾在《清议报》《新民丛报》上发表诗词。1904年，受康有为之命至上海创办《时报》，锐意革新报纸业务，在新闻界有着广泛影响。此外，还创办有正书局，出版《小说时报》《妇女时报》和《佛学丛报》等。工诗文，善书画，精鉴别，富收藏。著有《平等阁诗话》《平等阁笔记》《清代画室补录》等。

有感触，乃作《梅泉诗来，引用唐昭宗谓韩偓“朕左右无人”之语，偶有所感，遂成一绝》寄赠（见《苍虬阁诗续集》卷上，《苍虬阁诗集》第 311 页）。

正月十五日（3 月 1 日），值伪满洲国“建国”十周年之际，溥仪颁布《建国十周年诏书》。

正月二十九日（3 月 15 日），《同声月刊》第二卷第三号出版，上载有陈曾寿《木兰花慢·曩岁湖居元夕花下作》一词。

正月间，应愚勤先生之请，曾寿为其绘制水墨纸本《寒岩古木》立轴（65×32.5cm）。其题识云：“寒岩古木，仿元人笔意。愚勤仁兄雅教。壬午春日，陈曾寿。”钤印：“苍虬。”（详见上海驰翰拍卖有限公司“2019 年夏季拍卖会”——“寻求追真——中国古代书画”专场拍卖品，编号：57）

二月间，曾寿睡眠不好，时常做梦，相继写有《客枕》《梦中见一诗》《梦觉》等诗作纪其事（见《苍虬阁诗续集》卷上，《苍虬阁诗集》第 310、314 页）。

三月初八日（4 月 22 日），阎锡山在山西吉县安平村与日军代表、汪伪代表进行投降谈判，史称“安平会议”。

三月十七日（5 月 1 日），冈村宁次亲自指挥三个师团、两个旅团的五万余名日军，对冀中抗日根据地进行全面扫荡（即“五一”大扫荡），实行“三光政策”。冀中军民经过两个月的苦战，歼灭日军坂本旅团长以下八千余人，日本侵略军的全面扫荡失败。

三月二十日（5 月 4 日），汪精卫率团抵达长春，对伪满洲国进行访问。

三月中旬，春已尽，始见茅草的新芽，曾寿乃作《春尽始见新荑》一诗抒其感慨（见《苍虬阁诗续集》卷上，《苍虬阁诗集》第 313—314 页）。

三月间，曾寿的精神状态较前时好了许多，时常外出散心，并写有《零雨》、《感怀》（十首）等诗作（见《苍虬阁诗续集》卷上，《苍虬阁诗集》第 311、312—313 页）。

四月初一日（5 月 15 日），《同声月刊》第二卷第五号出版，上载有陈曾寿《感怀》十首。

四月上中旬，八路军反击日本侵略军对晋东南地区的扫荡，歼灭敌军五千余人，八路军副参谋长左权在此次战役中牺牲。

四月二十五日（6 月 8 日），伪满洲国国务院总理张景惠率团抵达南京，对汪伪政府进行回访。

四月间，曾寿在郊外漫步，看到成群的鹤从南方飞来，乃咏《鹤》一首以抒其慨（见《苍虬阁诗续集》卷上，《苍虬阁诗集》第315页）。

五月初二日（6月15日），《同声月刊》第二卷第六号出版，上载龙榆生《陈海绡先生之词学》一文云："孟劬数与予书，论及近代词家得失，有涉及翁者。如云：比阅近代词集颇多，自当以樵风为正宗，彊村为大家也。述叔、映庵、各有偏胜，无伤词体。阳阿才人之笔，苍虬诗人之思，降而为词，似欠本色。余子纷纷，一出一入，仆之造诣，抑又下焉。又云：尊论苍虬词，诚然。苍虬颇能用思，不尚浮藻，然是诗意，非曲意，此境亦前人所未到者。述叔、映庵、皆从词入，取径自别。但一则运典能曲，一则下笔能辣耳。"

五月二十日（7月3日），曾寿的好友、著名佛教居士关炯之①在上海寓所病逝。

五月二十四日（7月7日），中共中央发表《为抗战五周年纪念宣言》。

六月间，天久旱，且奇热，忽下一场雨，曾寿甚高兴，乃作《近畿久旱奇热，昨夕快雨，喜赋》一诗纪其事（见《苍虬阁诗续集》卷上，《苍虬阁诗集》第315—316页）。

案：1942年，中国北方的八省市遭遇夏季和秋季大旱灾，而以河南省最为严重。

六月下旬至七月上、中旬（8月），根据地军民粉碎了日本侵略军对冀东地区的进攻，击毙日军浦田少将及日军千余人。

七月初三日（8月14日），溥仪的祥贵人谭玉龄在长春"皇宫"里病逝。

七月二十二日（9月2日），祥贵人谭玉龄病逝后，溥仪非常悲痛，乃追封其为"明贤皇贵妃"，并为其举行了隆重的安放仪式，将灵柩厝于长春

① 关炯之(1879—1942)，原名炯，字炯之，又字别樵，以字行，湖北汉阳人。幼随父学，后肄业于博文书院。二十余岁即考中举人。1903年授同知，任上海道洋务翻译。1904年出任上海公共租界会审公廨谳员。1907年授通州知州。1911年辛亥革命后，陈其美督沪，再任其为会审公廨正审官，继续办理公共租界司法事务。任此职达二十余年，曾审理过"宋教仁案""五卅惨案"等，颇著声望。1933年创办上海佛教慈幼院，任院长。抗战爆发，出任上海慈善团体联合救济会常务理事。上海沦陷后，拒绝出任伪职。

盘若寺①。

七月下旬，应友朋之邀，曾寿曾请假至北平小住；好友王揖唐曾前来拜访，并出示《传是楼著书图》请题。曾寿乃作五言歌行《题什公〈传是楼著书图〉》相赠（见《苍虬阁诗续集》卷上，《苍虬阁诗集》第317页）。

其间，好友协平过访并有诗称赞老友的隶书，曾寿乃作《协平兄以诗赞予隶书，次韵答之》一诗相赠致谢（见《苍虬阁诗续集》卷上，《苍虬阁诗集》第315页）。

曾寿听说近日求书者皆以进士所作为贵，乃作《闻今日求人书者，以进士为贵，戏作一绝》纪其事（见《苍虬阁诗续集》卷上，《苍虬阁诗集》第316页）。

七月间，应好友郑瑞阶之邀，曾寿与众好友为其所绘之水墨洒金笺《怒涛惊起老龙蟠》成扇（20×54.5cm×2）题跋。其题跋云："晋阳珮玮，西门带弦；君山彊素，能双其勋。　瑞阶兄属，陈曾寿。"钤印："苍虬。"

案：此画完成后，多位好友曾应邀为其题跋。成扇的正面有华铎、王伯龙、赵平之、陆辛农、项骧的题跋、钤印（皆略）；成扇的背面有金梁、徐世章、陈曾寿、沈曾迈、华铎等题跋、钤印（皆略）。（详见北京诚轩拍卖有限公司"北京诚轩2018年春季拍卖会"——"中国书画二"专场拍卖品，编号：330）

八月初一日（9月10日），陈曾寿与张大千携手，完成设色纸本《日晚花房》书法成扇（18×48cm×2）。成扇的正面，为张大千所绘之《日晚花房》图，其题识云："过尔林居僻，云霞一径通。形躯百年内，心赏几人同。日晚花房暝，秋深燕垒空。物华闲翫久，不觉夕阳红。　蜀人张大千。"钤印："张爰。""三千大千。"成扇的背面，为陈曾寿用行楷所书杜甫五言律诗若干首（略）。其题识云："壬午秋八月朔，陈曾寿。"钤印："仁先。"（详见北京保利国际拍卖有限公司"5周年秋季拍卖会"——"中国近现代书画日场二"专场拍卖会，编号：2504）

八月三十日（10月9日），苏联红军取得斯大林格勒战役的胜利，此次

① 谭玉龄的遗体于1945年10月火化，骨灰盒运回北平，存放于溥修住所南官房的小东房。溥仪特赦后，遂将谭玉龄的骨灰盒接到自己家里。溥仪再婚后，便将谭氏的骨灰盒存放在侄儿毓岩家中。1994年，毓岩乔迁新居，乃将谭氏骨灰盒交给长春的皇宫——今伪满洲国皇宫博物院收藏。2006年9月2日，根据溥仪生前的愿望，其族人将谭氏骨灰盒从皇宫博物院领回，与溥仪合葬于河北易县的华龙皇家陵园。

战役的胜利成为第二次世界大战的转折点。

九月初九日（10月18日），陈曾寿与几位好友外出登高，并作有《九日同季馥、勉甫、北海登高》一诗抒其感慨（见《苍虬阁诗续集》卷上，《苍虬阁诗集》第317页）。

因与好友一起登高，情不自禁地想起了好友陈祖壬，不知其近况如何，曾寿乃作《寄君任》寄赠闻讯（见《苍虬阁诗续集》卷上，《苍虬阁诗集》第317页）。

此次请假来北平，就住在好友季馥的家中，临别之际，曾寿作有《赠季馥》一诗相赠（见《苍虬阁诗续集》卷上，《苍虬阁诗集》第318页）。

九月间，应好友竹泉之请，曾寿为其绘制设色纸本《松树》扇面（51×18cm）。其题识云："竹泉四兄方家属，仿胥山樵叟笔。壬午九月，陈曾寿。"钤印："苍虬。"（见浙江隆安拍卖有限公司"2015秋季艺术品拍卖会"——"中国书画一"专场拍卖品，编号：353）

同月里，应好友竹泉之请，曾寿又为其绘制水墨纸本《溪山亭子》成扇（19.5×50cm）。其题识云："竹泉四兄方家属，仿大痴。壬午九月，陈曾寿。"钤印："苍虬。"

案：第二年，竹泉又请好友齐耀琳（1863—?）在此成扇的背面用行书书写《洛神赋》（略）。齐氏的题识云："癸未夏日，临赵洛神赋。竹泉先生正之。八十二叟齐耀琳。"钤印："齐耀琳印。""乙未翰林。"（详见上海朵云轩拍卖有限公司"2011春季艺术品拍卖会"——"精品成扇"专场拍卖品，编号：0703）

九月下旬至十月上中旬（11月），根据地军民粉碎了日本侵略军对山东解放区、苏北解放区的扫荡。

十月间，曾寿因病请假，并将全家迁至北平的景山下；在长春待了十年，现在终于又回到了旧京，不胜今昔之感，乃作七言长篇歌行《自来官京朝者，皆居宣武门外，屋宇湫隘，依然寒士家风，所谓"南城士大夫"也。国变后，王侯第宅皆易新主，速化者率居东西内城。然盛衰不常，倏焉灭迹。予因病请急来京，僦居景山下，盖有不胜今昔之感者，爰成长句一首》以抒其慨（见《苍虬阁诗续集》卷上，《苍虬阁诗集》第318—319页）。

曾寿的次子邦直①亦填有《高阳台·荒驿啼鸡》一词纪其事②；并在其

① 陈邦直，生卒年不详，字英三，祖籍湖北浠水。陈曾寿次子。曾随陈曾寿至长春伪满洲国任职。工诗词。著有《罗振玉传》，又与叶参合著有《郑孝胥传》等。

② 陈邦直：《高阳台·荒驿啼鸡》，载《同声月刊》第三卷第一号。

序中云："壬午岁，暮夜过榆关，车笛鸡声，乍惊客梦，追抚游踪，泪痕盈袖；风灯零乱，冰雪沾衣，羁愁集于一身矣。赋寄故都诸子。"

同月里，陈曾寿为朱祖谋的"初编稿本"（据王兆鹏《〈宋词三百首〉版本源流考》）《宋词三百首》作题记："此彊村先生手抄所选《宋词三百首》以赠予者。同时予亦有选本，先生校对十有六七，此外尚有校选各家词集十余种，胥以赠予。壬午十月，苍虬记。"

案：此本今藏浙江图书馆。此本扉页另有原浙江图书馆馆长张宗祥1954年所写之题记："此为苍虬同年题记，距今十有三年矣。古微先生及苍虬早已下世，为馆中购得此书，欣慰无似。甲午正月，海宁张宗祥，时年七十有三。"

十月下旬至十一月上中旬（12月），以陕甘宁边区带头，全国各解放区展开大生产运动。

十一月下旬至十二月上中旬（1943年1月），陕甘宁边区政府号召机关、部队自己动手，生产自给，以克服敌人封锁、围攻的困难。

十二月间，曾寿闲居之余，还写有《虚空》《寥落》《杂诗》等诗作（见《苍虬阁诗续集》卷上，《苍虬阁诗集》第316、319页）。

除夕（1943年2月4日）之日，回想一年来之事，感慨良多，乃作《除夕》一诗以抒其慨（见《苍虬阁诗续集》卷上，《苍虬阁诗集》第319页）。

是年，曾寿尚写有《天心》《尤物》《一字可》等诗作（见《苍虬阁诗续集》卷上，《苍虬阁诗集》第310、315、316页）。

是年，曾寿的同僚、好友爱新觉罗·宝熙①在长春去世。

## 民国三十二年癸未(1943年)　六十六岁

正月初一日（2月5日），曾寿自辛亥革命后迁离京城至今重居北平，已达三十余年，抚今追昔，百感交集，乃作《癸未元旦》以抒其慨（见《苍虬阁诗续集》卷上，《苍虬阁诗集》第320页）。

---

① 爱新觉罗·宝熙(1871—1942)，字瑞臣，号沉庵，室名"独醒庵"。河北宛平（今北京市宛平区）人。隶属满洲正蓝旗，清朝王室。太祖努尔哈赤第十五子、豫通亲王多铎九世孙，礼部尚书奎润之子。光绪十八年(1892年)进士。历官翰林院编修、侍读、国子监祭酒、内阁学士兼礼部侍郎、修订法律大臣、总理禁烟事务大臣、度支部右侍郎等职。入民国，曾任北洋政府总统府顾问。伪满洲国成立，曾出任内务处长等职。能诗，工书画，精鉴赏，富收藏。著有《工余谈艺》等。

正月初七日（2 月 11 日）的晚上，家人皆有事外出，仅曾寿一人在家，乃作《人日之夜，家人皆外出，独坐成咏》（二首）抒其感慨（见《苍虬阁诗续集》卷上，《苍虬阁诗集》第 320 页）。

新年期间，好友周今觉自上海有诗寄赠，其中有“尚余一息在，远望百书来”之句，曾寿乃作《梅泉寄怀，有“尚余一息在，远望百书来”句，却答一首》回赠（见《苍虬阁诗续集》卷上，《苍虬阁诗集》第 320 页）。

正月间，日、伪军两万余人围攻苏北解放区，被解放区军民击败。

二月初八日（3 月 13 日），日本首相东条英机抵达南京，对汪伪政权进行“访问”。

二月初十日（3 月 15 日），《同声月刊》第三卷第一号出版，上载有曾寿次子邦直《高阳台·壬午岁暮，夜过榆关，车笛鸡声乍惊，客梦追抚，游踪酒痕盈袖，风灯零乱，冰雪沾衣，羁愁集于一身矣。赋寄故都诸子》一词。

案：陈邦炎在其《忆天津松寿里的一夕谈话》中云：邦直还填过另外一首《高阳台》，其中有“十年惯作南归梦，算从今、梦也无家”二句，“后来，我在香港《大公报》的《艺林》副刊撰写谈诗艺、词艺的文章中，至少有两次引用了这两句词”（载其《临浦楼论诗词存稿》）。邦直这首仅存断句的作品，或许就是陈邦武《高阳台·湖庐易主和英三兄》所和之原唱。

二月二十七日（4 月 1 日），日本首相东条英机抵达新京，访问伪满洲国。

四月十一日（5 月 14 日），国民党中央监察委员、河北省主席、冀察战区副司令长官兼第二十四集团军总司令庞炳勋与国民党新编第五军军长孙殿英联名通电叛国降日，庞就任伪晋冀鲁豫剿共总司令兼和平救国军第二十四集团军总司令。

四月二十九日（6 月 1 日），新京康德新闻社正式发行《康德新闻》（原来的《大同报》并入）。

四月间，曾寿的三弟曾矩（1884—1943）病逝于长春，膝下有子邦钧、邦炎。

案：关于陈曾矩的生卒年月，据陈曾则癸未八月所撰之《强志斋记》自注云：“今年十月十五日强志六十初度，余正月无事，为作此《记》寄之……孰意其于四月病故竟不能待耶。”又，《强志斋记》中云：“弟（指曾矩）应诏命至长春，授贵妃读六年。贵妃薨，弟辞归，上不允，留授宗室子弟。余省兄（指曾寿）长春，亦蒙召见，留待月余。”

另，陈曾矩亦能诗词。其《随笔十五则》曾云："余幼未学诗，除应小考时曾作试帖数首，向未作过。丁卯，大兄在沪患病，余居杭亦患感冒，急欲省视，带病至沪，遂卧不能兴，多日始愈。病中，枕上得诗两句，后于归杭车中足成之。邮寄大兄，颇谓为佳而和之，嗣以意未尽，又寄赠一首。余复依韵赓和。冬，归里扫墓，作诗三首。事毕返杭，薄暮，在巴河口候船，情景凄绝，作词一阕。时外姑新逝，在长江轮中作挽诗一首。皆浅俚不足示人也。"

再，陈曾矩有《局外局中人记》，辑其与大兄曾寿自辛未八月初九至丁丑十一月十八日（1931 年 9 月 20 日至 1937 年 12 月 20 日）间的日记、函札、诗文等，其中有多首诗未收入《苍虬阁诗》中。

五月初四日（6 月 6 日），美式武器武装的国民党河防大军奉命调至陕甘宁边区周围，第 8 战区(司令朱绍良)副司令长官兼第 34 集团军总司令胡宗南至洛川召开军事会议，准备闪击延安，掀起第三次反共高潮。

五月十八日（6 月 20 日），曾寿二弟曾则之子邦武在上海病逝。

五月二十六日（6 月 28 日）晚上，风雨不断，曾寿久不能入睡，乃作《五月二十六日夜雨》以抒其慨（见《苍虬阁诗续集》卷上，《苍虬阁诗集》第 321 页）。

六月初三日（7 月 4 日），八路军总司令朱德致电蒋介石，呼吁团结，避免内战。

六月初六至初八日（7 月 7—9 日），国民党军连续炮击解放区。

六月二十六日（7 月 27 日）傍晚，曾寿偶寐，梦见自己至陈毅家告知强志死讯，两人相对而泣，以致哭醒；醒后复寐，则梦见诒重外出，而强志在，兄弟俩相向而哭；醒后遂作《六月廿六夕，梦至诒重家告以强志死矣。诒重哭，余亦哭，醒后旋复入梦，则诒重他出，唯强志在，与余相向哭，岂两人地下果相聚耶》一诗纪其事（见《苍虬阁诗续集》卷上，《苍虬阁诗集》第 321 页）。

七月十八日（8 月 18 日），太行山区八路军全面出击，庞炳勋、孙殿英的伪军主力全军覆没。

八月初四日（9 月 3 日），意大利宣布无条件投降。

八月初七至十四日（9 月 6—13 日），国民党五届十中全会在重庆举行，蒋介石继林森（8 月 1 日病逝）任国民政府主席。

八月十九至二十八日（9 月 18—27 日），国民政府在重庆召开三届二次国民参政会。

八月间，好友徐思允有诗自长春寄来问候，曾寿乃作《次韵苕雪寄怀》一诗回赠致谢（见《苍虬阁诗续集》卷上，《苍虬阁诗集》第 321 页）。

九月初七日（10 月 5 日），毛泽东为延安《解放日报》撰写了题为《评国民党十一中全会和三届二次国民参政会》的社论，全面揭露蒋介石搞投降、打内战，实行独裁的反动政策。

九月间，中共中央公布十大政策：一、对敌斗争，二、精兵简政，三、统一领导，四、拥军爱民，五、发展生产，六、整顿三风，七、审查干部，八、时事教育，九、三三制，十、减租减息。

同月里，曾寿曾奉召前往长春觐见溥仪，并作有《九月入觐敬述》一诗纪其行（见《苍虬阁诗续集》卷上，《苍虬阁诗集》第 321—322 页）。

十月初八至初九日（11 月 5—6 日），日本首相东条英机为缓和东南亚各国人民的反日运动，加强对各傀儡政权和仆从国的控制，以应付盟军的反攻，纠集汪精卫（伪南京政府主席）、张景惠（伪满洲帝国国务院总理）、旺·怀他耶功亲王（泰国总理代表）、劳霍尔（菲律宾第二共和国总统）、巴莫（缅甸总理）、钱德拉·鲍斯（自由印度临时政府首脑）等政权和保护国首脑，在东京举行大东亚会议，会后发表《大东亚宣言》。

十月十八日（11 月 15 日），《同声月刊》第三卷第九号出版，上载有陈曾寿之《梅泉重资助刊拙集感赋》一诗。

十月二十六至二十九日（11 月 23—26 日），重庆国民政府主席蒋介石飞抵埃及首都开罗，与美国总统罗斯福、英国首相邱吉尔举行开罗会议，讨论对日作战问题。

十月间，陈曾寿和张元济携手，合作设色纸本《天目云海·书法》成扇（18×50cm×2）。成扇的正面为曾寿所绘之《天目云海》图，其诗及题识云：“（诗略）写天目山云海，并录旧作（案：此旧作指《登天目山望云海》，见《苍虬阁诗》卷三，《苍虬阁诗集》第 136 页）。癸未冬十月，陈曾寿。”钤印：“苍虬。”“苍虬阁。”“四季。”成扇的背面为张元济所书之行书书法（略）。详见浙江骏成拍卖有限公司“2011 年夏季艺术品拍卖会”——“雅品清玩：中国扇画小品”专场拍卖品，编号：0604。

十一月初五日（12 月 1 日），《开罗宣言》发表。

十一月初六日（12 月 2 日），东江游击纵队发表宣言，接受中国共产党领导，正式成立广东人民抗日游击队东江纵队，曾生任司令。

十二月二十日（1944 年 1 月 15 日），日本人反战同盟扩大执行委员会在冈野进的指导下，于延安开幕。

十二月间，次子邦直曾奉曾寿之命前往杭州，打理南湖寓舍；邦直曾填有《一萼红·癸未岁暮，重返湖庐，故家乔木，一扫无迹，触目惊心，不知人间何世矣》（过秦淮）、《木兰花慢·北归车过嘉兴，解鞍小驻，薄饮东园，凭栏试望，乌篷猬集，暮烟四合，不胜羁愁萦人也》（过嘉兴古镇）二词[①]纪其事。

十二月二十九日（1944 年 1 月 24 日），乃传统的除夕，曾寿作有《除夕》一诗抒其感慨（见《苍虬阁诗续集》卷上，《苍虬阁诗集》第 322 页）。

是年，曾寿的同僚、友人佟济煦[②]在长春寓所去世。

是年，黄濬的《花随人圣庵摭忆》由家人刊印面世，其中有四则文字评论曾寿的诗歌创作（见《苍虬阁诗集》附录三，第 529—531 页）。

## 民国三十三年甲申(1944 年)　六十七岁

正月初一日（1 月 25 日），早晨无事，见满院梅花，感触良多，乃作《甲申元旦》一诗以纪之（见《苍虬阁诗续集》卷上，《苍虬阁诗集》第 322 页）。

新年期间，二弟寥志自上海寄书问候，曾寿乃作《寥志书来，答之以诗》一诗寄赠（见《苍虬阁诗续集》卷上，《苍虬阁诗集》第 322 页）。

好友陈祖壬最近甚憔悴，鬓发皆白，加之溥仪催其退还沪上居所，准备北迁；曾寿闻知此消息，当即作《闻病树近甚憔悴，鬓发皆白；沪寓为居停所逼，行将北迁，寄此奉问》《艰屯》等诗寄赠问候（见《苍虬阁诗续集》卷上，《苍虬阁诗集》第 323 页）。

正月二十三日（2 月 16 日），日本人反战同盟扩大执行委员会闭幕，会议决定成立日本人民解放同盟。

二月初十日（3 月 4 日），新四军夜袭苏北车桥镇大据点，歼灭日、伪

---

① 陈邦直此二词，载《同声月刊》第三卷第九号。

② 佟济煦(1884—1943)，字楫先。驻福州满洲镶黄旗人。诸生。曾就读于福州福建全省高等学堂，接受过西式教育，酷爱摄影和书画艺术。毕业后曾任教厦门官立中学堂。1909 年赴京，任教于北京贵胄法政学堂，教授英文和数学。民国初，曾在北京南苑航空学校任教。不久辞职，在京城创办“延光室(从事拍摄及影印清宫内府藏本历代名人书画的出版社)”，生意颇兴隆。1924 年入小朝廷内务府任职，同年随溥仪迁居天津。后又随溥仪赴长春，出任伪满洲国内务府警务处处长。1934 年任宫内府警卫处长兼护军总队长。1937 年任宫内府近侍处长。1942 年退休，次年卒于长春。

军1300余人，俘虏日军山本一三炮兵中尉以下300余人。

三月间，八路军解放方山、沁水、博野、林县等县城，而国民党军在七天内便丢弃巩县等十一座县城。

三月下旬至四月间，日军集结五六万兵力发动河南战役，国民党汤恩伯、胡宗南等四十万精锐部队不战而溃，郑州、洛阳等38座城市相继沦陷。

四月间，陈曾寿闲居无事，乃自制设色纸本《赤壁怀古、楷书赤壁赋》成扇（18×50cm×2）。成扇的正面为曾寿所绘之《赤壁后游图》，并书苏轼的《念奴娇·赤壁怀古》（词略）于左上方；其题识云："《念奴娇·赤壁怀古》，甲申四月写赤壁后游图，并录东坡词，苍虬。"钤印："寿。"成扇的背面为曾寿楷书之苏轼《赤壁赋》（赋略）；其题识云："东坡后游《赤壁赋》，甲申夏四月，陈曾寿。"钤印："寿。"（详见北京亨申世纪拍卖有限公司"2012年秋季书画艺术品拍卖会"——"集萃聚英——中国近现代书画二"专场拍卖品，编号：0250）

四月中下旬至闰四月上旬，八路军解放任邱、内黄、高阳、肃宁、颍上、清丰、邱县、安新等县城，一度攻入保定、石家庄；而国民党军战场上，河南战役后，日军集结12万兵力对湖南发动进攻，国民党将领陈诚、薛岳等却按兵不动。

闰四月初六日（5月27日），日军主力在岳阳以南突破国民党军的第一道封锁线。

闰四月初九日（5月30日），日军主力渡过汨罗江继续南侵。

闰四月十九日（6月9日），新四军一部袭击南京日军新修建的飞机场。

闰四月二十七日（6月17日），日本侵略军发起对湖南长沙的总攻。

闰四月二十九日（6月19日），日本侵略军占领湖南长沙。

五月十七日（7月7日），八路军、新四军总部公布：抗战第七周年的一年中，毙、伤、俘日、伪军二十九万人。

五月二十五日（7月15日），《学海月刊》在南京创刊。该刊以李宣倜为社长，钱仲联为主编；"凡经史、诸子、文字、音韵、舆地、历算、金石、书画、谱录之学，有考订阐明者，不偏门户，不囿中外，片辞只义，悉所收罗。"（李宣倜《学海月刊发刊辞》）每期的附录，均刊登时人创作的旧体诗文词；主要作者有苍虬、疚斋、释戡、众异、梅泉、病树、无恙、洞省、吹万、幼珊、葱奇、彦通、幼达、卷庵、畸庵等，与《同声月刊》基本上大体相同。在当时的南京，同一性质的其他刊物尚有《民意月刊》《国艺月刊》《中国诗刊》等（详见尹奇岭《民国南京旧体诗人雅集与结社研究》）。

五月间，闲居无事，曾寿曾自绘水墨纸本《苍虬劲松》镜心（100 × 33.5 cm）。其题识云："石斋画松自是一派，其奇气劲节，非画史所能望也。甲申夏五，写石斋意。苍虬陈曾寿。"钤印："旧精魂。""苍虬。"（详见北京荣宝拍卖有限公司"2016 秋季文物艺术品拍卖会"——"中国书画·近现代一"专场拍卖品，编号：0023）

同月里，曾寿闲居无事，曾绘制有水墨纸本《松树》立轴（83 × 30cm）。其题识云："见箨石双松外白而内黑，立意甚新，因仿为之。甲申夏五月，陈曾寿。"钤印："苍虬阁。""苍虬。"（详见北京琴岛荣德国际拍卖有限公司"2013 年秋季拍卖会"——"中国书画二·古代、近现代书画"专场拍卖品，编号：0384）

六月初三日（7 月 22 日），驻华美军总司令部派遣第一批美军观察组赴延安。

六月二十日（8 月 8 日），蒋介石的嫡系军长方先觉弃守衡阳，投降日军。

七月初十日（8 月 28 日），曾寿颇思念好友溥心畬，且因自己即将出关，遂写了一封书札寄去与之告别。

案：关于陈曾寿的此封书札，后面溥心畬在回函中提及，只是我们今天已见不到此书札，不知其所写具体内容。而据溥心畬回函可推知一点，就是伪满洲国又来函催曾寿回长春，曾寿不好回绝，准备赴长春；并写信将此事告知好友，与之辞行；溥心畬接信后立即致函予以劝阻，后陈曾寿亦听从好友劝告，确未再赴长春。

七月二十七日（9 月 14 日），（日）中岛真雄创办的《盛京时报》停刊。

七月二十八日（9 月 15 日），中共代表林伯渠在第三届第三次国民参政会上报告国共谈判经过，提出国民政府及统帅部应该改组，结束国民党一党专政，成立民主联合政府的主张。

八月初八日（9 月 24 日），重庆各界、各党派、各阶层代表董必武、张澜、冯玉祥、覃振、邵力子、孔庚、黄炎培、张伯钧、沈钧儒等五百余人集会，要求改组国民政府，成立联合政府；全国舆论及美国民主人士也提出了同一要求。

八月十五日（10 月 1 日），宋庆龄、郭沫若、张澜等七十二人发起，重庆数千人参加追悼邹韬奋（邹于 7 月 24 日在沪病逝）大会，力争民主自由，呼吁向法西斯进军。

八月二十四日（10 月 10 日），周恩来在延安发表演说，要求立即召开国事会议，改组国民政府及统帅部，成立联合政府，并公布解放区的人口、军队和政权组织。

同日，“中国民主政团同盟”改为“中国民主同盟”，并发表《对抗战最后阶段的政治主张》，要求“立即结束一党专政，建立各党派联合政权，实行民主政治”。

八月下旬至九月上旬，日军六万余人“扫荡”冀东解放区，被解放区军民粉碎。

九月初九日（10 月 25 日），曾寿邀约亦回北平暂居的好友徐思允小酌，并作有《重九之会自苏堪逝后风流歇绝矣。兹来适值九日，乃约苕雪小饮，以诗纪之》一诗抒发其感慨（见《苍虬阁诗续集》卷上，《苍虬阁诗集》第 323 页）。

好友相聚分外高兴，徐思允谓曾寿病愈后气色越来越好，肯定可以长寿，很希望将来能作邻居，时相往来；曾寿听后颇为兴奋，乃作《苕雪谓予病后气色转腴，不至遽死，颇冀他日邻近过从之乐》一诗相赠（见《苍虬阁诗续集》卷上，《苍虬阁诗集》第 324 页）。

一日，好友徐思允过访，并以其所作之赏菊纪恩诗见示；曾寿乃作《次韵苕雪赏菊纪恩之作》一诗相赠（见《苍虬阁诗续集》卷上，《苍虬阁诗集》第 324 页）。

又一日，收到好友周今觉寄赠之诗，其中的首句乃用李商隐“远别长于死”之句，有所感，曾寿遂作《梅泉寄诗，起句用义山“远别长于死”之句，继作一首》一诗寄赠（见《苍虬阁诗外集》卷上，《苍虬阁诗集》第 398 页）。

九月中旬，国民党军在弃守衡阳后，又弃守桂林、柳州、宜山、南宁、独山等许多城市，数以千万的湘、桂、黔难民颠沛流离，无家可归，惨不忍睹——这就是震惊中外的湘桂大撤退。敌后八路军则解放山东的莒县、莘县、河北的元氏等县城。

九月二十五日（11 月 10 日），大汉奸汪精卫在日本名古屋病逝，陈公博代理伪南京政府主席。

九月三十日（11月15日），《同声月刊》第四卷第二号出版，上载有陈曾寿诗一首。

九月间，好友溥心畬听说陈曾寿最近将有东北之行，颇为其担心，遂立即给他寄来一函（即《与陈苍虬御史书》），为他分析形势和利弊得失，劝阻其出关：

前闻有辽东之行，后以不合而去。甚善。《易》曰："知进退存亡而不失其正者，其惟圣人乎？"又曰："凶吉悔吝生乎动者也。"动不以时，且曰不可，况当存亡之际，行止之间哉。今满洲国家，日本所立也。名不正矣，言不顺矣。而又剪刈我公室，羁策我人民，申其符命，颁其重器。彼方畚累此之业，逞武人之志，并吞大国，万里趋利，西连德义，为天下敌，料其败衄将不旋踵。我助其虐，同其祸天下，谁能与之？诸公忘其累卵，安于积薪，郑无待晋之谋，蜀绝通吴之使，坐视其败，不待无虞，儒窃惑焉。且夫三省之利，日本与俄共之。日本不能有，则俄取之，犹外府也。将于此时观衅而起，因其弊而乘其利，若劫乘舆，挟其臣民，北狩之祸，比见于今日矣。而于此时致身其间，将与其难，非智士也；不与其难，非忠臣也。杀身则伤仁，保身则害义，足下将何居焉？《易》曰："介于石不终日。"今满洲危亡，见其几矣，足下之坚贞，介于石矣。去之不待终日，则犹可及也。得七月十日书，知又有辽东之行，近揆事势，远引易道，敢尽言于足下，亦惟少垂察焉①。

十月二十六日（12月11日），汪伪政府和平军军长方先觉（蒋军叛日将领），突然飞抵重庆与蒋介石密谈。

十一月十六日（12月30日），重庆国民政府则以各界名义欢宴汉奸方先觉，并赏他现金一千万元。

十二月十一日（1945年1月24日），中共代表周恩来再次飞抵重庆与国民党谈判，毫无结果。

十二月二十三日（1945年2月5日），新四军在宁、沪、杭三角地带成立苏浙军区，粟裕任司令员。

十二月三十日（1945年2月12日），乃传统的除夕，曾寿独自小酌，观赏着室外盛开的梅花，颇多感慨，遂作《除夕》一诗以抒其慨（见《苍虬

① 此函见于杨新、许爱仙主编之《溥心畬书画集》卷上，紫禁城出版社1997年版，第130—131页；又见于溥心畬《寒玉堂文集》（其手抄本今存台北中国文化大学华冈博物馆）。

阁诗续集》卷上，《苍虬阁诗集》第 325 页）。

十二月间，曾寿闲居之余，尚写有《龙钟》《苦寒》等诗作（见《苍虬阁诗续集》卷上，《苍虬阁诗集》第 324、325 页）。

是年，曾寿二弟曾则的《御诗楼续稿》铅印本面世，其后附有其子邦武的《碧漪馆词》。

是年，曾寿的好友王瀣[①]在南京居所病逝。

## 民国三十四年乙酉（1945 年）　六十八岁

正月初二日（2 月 14 日），坐在微明的窗前，望着轻飘的雪花，曾寿思绪万千，乃作《乙酉正月二日即事》一诗纪其事（见《苍虬阁诗续集》卷上，《苍虬阁诗集》第 326 页）。

正月十七日（3 月 1 日），蒋介石在宪政实施协进会上发表演讲，以召开国民大会来对抗全国一致提出成立联合政府的要求。

春间，经过一个冬天的压迫，心情舒畅多了，曾寿作有《春日杂述》（五首）记其心情（见《苍虬阁诗续集》卷上，《苍虬阁诗集》第 326—327 页）。

好友徐思允已奉旨回长春几个月了，不知近况如何，曾寿乃作《寄苕雪》一诗前往问讯（见《苍虬阁诗续集》卷上，《苍虬阁诗集》第 325 页）。

三月十二至五月初二日（4 月 23 日—6 月 11 日），中国共产党第七次全国代表大会在延安举行。毛泽东作了《论联合政府》的报告，刘少奇作了《关于修改党的章程》的报告，朱德作了《论解放区战场》的报告，周恩来作了《论统一战线》的演讲。大会提出的政治路线是："放手发动群众，壮大人民力量，在我党领导下，打败日本侵略者，解放全国人民，建立一个新民主主义的中国。"大会通过的党章规定以毛泽东思想为党的一切工作的指针。

三月十四日（4 月 25 日），由苏、美、英、中四国邀请召开的联合国大会在美国旧金山开幕，中共中央委员董必武代表中国解放区参加会议。

三月二十四至四月初十日（5 月 5—21 日），国民党第六次全国代表大

---

① 王瀣（1871—1944），字伯沆，一字伯谦，号冬饮，别署檗生、无想居士。祖籍江苏溧水，寄居南京。少聪慧好学。早年曾至上海某书局编书，又接受李瑞清之聘为两江师范学堂教习。曾为陈三立家庭教师。辛亥革命后，曾就职于江南图书馆，后相继执教于南京高等师范学堂、东南大学、中央大学。抗战期间因病留居南京，拒绝担任汪伪政府职务，后贫病而卒。工诗文，善书法，富藏书。著有《冬饮遗集》《王冬饮先生遗集》等。

会在重庆召开，决定了国民党坚持独裁、准备内战的方针。

三月二十七日（5月8日），德国宣布无条件投降，欧洲战争结束。

四月二十六日（6月6日），国民党军政部长陈诚在外国记者招待会上扬言，将以美援武器进行内战。

四月间，曾寿曾自绘山水并楷书成扇。其题识云："曾见石谷小帧，笔势雄浑，直接巨然，所谓真实力量，非涂掠所能几也。乙酉四月，陈曾寿。"

五月二十三至二十六日（7月2—5日），国民参政会参政员褚辅成、黄炎培、傅斯年、左舜生、冷遹、张伯钧等六人赴延安商谈国事。

五月间，曾寿曾作有设色纸本《相马图》成扇（20×55cm）。其题识云："龙眠画满川花乃千古奇迹，山谷老人记之详矣。内府所藏《五马图》有此，其后松雪亦曾橅之，曹霸丹青既不可见，犹幸此图得仰其神姿，于千载以后不可谓非至幸也。　　乙酉夏五月，陈曾寿。"钤印："苍虬。""词皇阁主。""爱其神骏。"

案：后此扇为梁子衡先生所藏，并于1957年又请庞国钧先生在背面书诗文（略），其题识云："子衡先生法正。丁酉仲秋，莪阖庞国钧。"钤印："庞国钧印。""蘅裳。"于是，遂成今天所见之书画合璧——设色纸本《相马图》书法成扇。（详见北京荣宝拍卖有限公司"2016秋季文物艺术品拍卖会"——"中国书画·近现代一"专场拍卖品，编号：0020）

同月里，曾寿闲居无事，曾自制水墨纸本《楷书》诗屏轴（119×27cm）。其诗（略）及题识云："东坡次韵子由送千之侄诗，乙酉仲夏陈曾寿。"钤印："陈曾寿印。""苍虬阁。"（详见浙江保利国际拍卖有限公司"四季拍卖会二"——"中国书画"专场拍卖品，编号：0254）

六月十三日（7月21日），国民党军胡宗南部突然向陕甘宁边区淳化县发动进攻。

六月十八日（7月26日），中、美、英三国发表《中美英三国促令日本投降之波茨坦公告》（简称《波茨坦公告》，或《波茨坦宣言》），要求日本侵略军立即无条件投降。

六月二十九日（8月6日），美国在日本广岛投下第一颗原子弹。

六月间，曾寿的好友汪国垣撰《光宣诗坛点将录》，其中将陈曾寿点为"天英星小李广花荣"，并有诗文评论陈曾寿的诗歌创作（见《苍虬阁诗集》附录三，第526—527页）。

七月初一日（8月8日），美国在日本长崎投下第二颗原子弹。

同日，苏联对日本宣战，出兵中国东北，并加入《波茨坦公告》。

七月初二日（8 月 9 日），中共中央毛泽东主席发表《对日寇的最后一战》的声明。

七月初三日（8 月 10 日），日本政府宣布要求投降。

七月初七日（8 月 14 日），日本政府照会美、英、苏、中四国政府，宣布接受《波茨坦公告》。

七月初八日（8 月 15 日），日本天皇裕仁以广播《停战诏书》的形式，正式宣布接受无条件投降。

七月初十日（8 月 17 日），溥仪在逃往日本途经吉林通化大栗子沟时，不得不无奈地宣读了《“满洲国皇帝”退位诏书》，宣布伪满洲国政府即时解散，它也标志着伪满洲国的灭亡。

几天后，溥仪被苏联军队俘获，押解北去。闻知消息，陈曾寿既为日寇的覆灭、抗战的胜利而高兴，又为溥仪的被俘远去而忧虑。

七月十九日（8 月 26 日），中共中央接受蒋介石的邀请，决定派毛泽东、周恩来、王若飞等人赴重庆与国民党谈判。

七月二十一日（8 月 28 日），毛泽东率中共代表团飞抵重庆。

七月二十六日（9 月 2 日），日本签字投降，仪式在停泊于东京湾内的美国军舰“密苏里”号上举行。

七月间，由龙榆生主编的《同声月刊》出至第四卷第 39 期停刊。

八月初一日（9 月 6 日），为前辈好友、前朝同僚张勋的忌日；转眼前辈好友已去世二十余年，突然入梦；曾寿颇为感叹，乃作《梦张忠武》一诗纪之（见《苍虬阁诗续集》卷上，《苍虬阁诗集》第 328 页）。

八月初四日（9 月 9 日），日军在南京举行中国战区的投降仪式，冈村宁次代表日军签降书，抗日战争至此结束。

八月初十日（9 月 15 日），曾寿的友人、前朝同僚、汉奸张鸣岐[①]在天

---

① 张鸣岐(1875—1945)，字坚白，一字健白，号韩斋，山东无棣县车镇乡段家村人。幼聪慧好学。光绪二十年(1894 年)举人。二十四年(1898 年)入旧友、广东布政使岑春煊幕府，深得其信任。二十九年(1903 年)，岑春煊调任两广总督，张氏为总文案兼管两广学务处、练兵处。次年，经广西巡抚李经羲举荐，任广西太平思顺道。三十一年(1905 年)，擢升广西布政使。三十三年(1907 年)，迁广西巡抚。宣统二年(1910 年)，署理两广总督兼广州将军。曾镇压“广州起义”。武昌起义爆发，逃往香港，后转日本。袁世凯执政，出任广西民政长、巡按使。袁氏去世，隐居上海。南京国民政府成立，迁居天津。抗日战争爆发，投靠日本人，成为汉奸。日本投降后卒于天津。

津寓所病逝。

八月十二日（9 月 17 日），蒋介石在国共谈判中，密令下发《剿匪手册》，准备发动内战。

八月中、下旬，好友何振岱的夫人素知陈曾寿喜爱菊花，特地赠送他几盆贵重秋菊；曾寿乃作《何坚庐夫人赠菊》（二首）相赠致谢（见《苍虬阁诗续集》卷上，《苍虬阁诗集》第 327 页）。

其间，天气渐凉，树叶飘落，曾寿乃作有《已幸》一诗抒其感慨（见《苍虬阁诗续集》卷上，《苍虬阁诗集》第 327 页）。

八月二十五日（9 月 30 日），侵华美军在天津塘沽登陆。

九月初五日（10 月 10 日），侵华美军又在青岛登陆，美国海军航空队三个大队进驻青岛、北平。

同日，经过国共两党代表四十三天的谈判，签订《政府与中共代表会谈纪要》（即《双十协定》）。

九月初六日（10 月 11 日），中共中央主席毛泽东返抵延安，周恩来、王若飞等人仍留重庆继续谈判。

九月间，应好友竹泉先生之请，曾寿为其作水墨纸本《虬龙》扇片（18 × 51 cm）。其题识云："竹泉四兄方家属，仿胥山樵叟笔，壬午九月，陈曾寿。"钤印："仁先。"（详见苏州东方艺术品拍卖有限公司"2015 春季艺术品拍卖会"——"中国书画"专场拍卖品，编号：0437）

十月初四日（11 月 8 日），龙榆生因曾在汪伪政府任职，被国民党政府逮捕囚禁于南京老虎桥监狱；第二年 3 月 8 日，又被转移到苏州狮子口监狱看守所。

案：由于此突如其来的变化，使其原计划校刻《沧海遗音续集》，即将朱祖谋所辑《沧海遗音集》十一位作者中仍在世的几位，如陈曾寿、张尔田、夏孙桐、陈洵等人的新作词集加以校辑出版；现仅完成张尔田的《遁庵乐府》，而陈曾寿的《旧月簃词》、夏孙桐的《悔庵词续》、陈洵的《海绡词》卷三等均未来得及刊行。

十月初七日（11 月 11 日），美国军舰运送蒋军在河北的秦皇岛登陆。

十月十五日（11 月 19 日），重庆文化界、工商界代表举行反内战大会，成立重庆各界人民反内战联合会。

十月二十七日（12 月 1 日），国民政府派出大批军警、特务冲进昆明西南联合大学，镇压要求和平、反内战、反美国干涉中国内政的师生，制造了"一二·一"惨案。

十一月初五日（12 月 9 日），延安各界集会声援昆明学生的斗争，周恩来、吴玉章发表演说，揭露国民党反动派的罪行。

十一月十二日（12 月 16 日），由周恩来、董必武、王若飞、叶剑英、吴玉章、陆定一、邓颖超组成的中共代表团自延安飞抵重庆，准备出席政治协商会议。

十一月十六日（12 月 20 日），美国总统特使马歇尔以“调停”中国内战名义来到中国。

十一月二十四日（12 月 28 日），中共中央发出“建立巩固的东北根据地”的指示。

十二月初八日（1946 年 1 月 10 日），经过中共代表的提议和斗争，由张群（后改名张治中）、周恩来、马歇尔组成的三人军事委员会，就停战问题达成协议。

同日，政治协商会议在重庆开幕。会议通过了《和平建国纲领》等议案，国共双方颁布于 13 日午夜生效的停战令。

十二月三十日（1946 年 2 月 1 日），乃传统的除夕，曾寿回想近十年自己的经历，十分悔恨，乃作《除夕感愤》（四首）以抒其愤（见《苍虬阁诗续集》卷上，《苍虬阁诗集》第 328 页）。

是年，经过近十年的努力，曾寿的二弟曾则不仅相继请袁思亮、杨熊祥、陈祖壬、周今觉等名流为《南湖寿母图》手卷题跋题识，还将沈曾植、陈曾矩及自作诗文录于其上。

## 民国三十五年丙戌(1946 年)　六十九岁

正月初九日（2 月 10 日），国民党反动派指挥其特务在重庆较场口捣毁庆祝政协会议成功大会会场，打伤郭沫若、李公朴等人，制造了“较场口事件”。

正月二十一日（2 月 22 日），国民党反动派在重庆策划反苏反共游行，并捣毁中共主办的《新华日报》和民盟机关报《民主报》。

正月二十八日（3 月 1 日），在国民党举行的六届二中全会上，推翻了政协决议中的各项民主原则，并通过了多项反共的决议。

二月初六日（3 月 9 日），国民党反动派指使其特务在黑龙江哈尔滨将前东北抗日联军领袖李兆麟刺杀。

三月初七日（4 月 8 日），中共代表王若飞、秦邦宪因国民党推翻政协决议而从重庆乘机飞回延安，叶挺、邓发等同行，飞至山西兴县黑茶山失事遇难。

三月十五日（4 月 16 日），进攻四平街外围的国民党军八十七师被歼灭。

三月十七日（4 月 18 日），东北人民解放军解放吉林长春。

四月初三日（5 月 3 日），苏联军队从我国东北撤退完毕。

四月初五日（5 月 5 日），国民政府决定还都南京。

四月二十至二十八日（5 月 20—28 日），美国飞机、军舰运送国民党军占领四平街、长春、永吉等地。

四月二十九日（5 月 29 日），国民党封闭中共主办的《解放报》等报刊通讯社共七十七家。

五月二十一日（6 月 20 日），清王朝的最后一位“皇后”——郭罗布·婉容①在吉林延吉监狱病逝。曾寿得知消息后，甚是愤懑，以致上火背生痈疽。

其二弟曾则曾记载云：“……后因病请假，至旧都休养。未久事变，上蒙尘，后病薨，因益愤懑，疡发背，幸治得痊。”（见陈曾则《苍虬兄家传》，《苍虬阁诗集》附录一，第 438 页）。

五月二十三日（6 月 22 日），毛泽东发表反对美国《军事援华法案》的声明。

五月二十四日（6 月 23 日），上海十万群众举行反内战、反美国干涉中国内政示威，并选出马叙伦等十八人为代表赴南京请愿；代表当晚抵达南京下关时，被国民党特务殴伤，史称“下关惨案”。

五月二十七日（6 月 24 日），在美帝国主义的支持下，国民党撕毁政协决议，开始进攻中原解放区，发动了全面内战。

六月十三、十七日（7 月 11、15 日），国民党指使其特务，先后暗杀昆明民主同盟负责人李公朴和闻一多教授。

六月二十一日（7 月 19 日）夜，坐在窗前，望着天上的星月，曾寿思绪飞跃，乃作《廿一日夜作》一诗以纪之（见《苍虬阁诗续集》卷下，《苍虬

---

① 郭罗布·婉容(1906—1946)，字慕鸿，号植莲；别称荣月华、伊丽莎白、瑞莎。满洲正白旗(达斡尔族)人。清朝逊帝溥仪的妻子，清朝与中国的末代皇后，后为伪满洲国皇后。“婉容”二字及她的字“慕鸿”来自《洛神赋》：“翩若惊鸿，婉若游龙。”1922 年，因其容貌端庄秀美、清新脱俗，且琴棋书画无所不通，被选入宫，成为清朝历史上的最后一位皇后。1924 年“北京政变”后，随溥仪离开紫禁城居于天津。1931 年 11 月下旬离津赴东北。1934 年 3 月 1 日被册封为伪满洲帝国皇后。后遭溥仪厌弃，染上吸食鸦片之瘾，并与溥仪的侍卫通奸，生下一女。溥仪知道后极怒，处死婉容之女，并将婉容打入冷宫。婉容思念孩子过度，患上精神病。1945 年 8 月被俘，次年 6 月在吉林延吉的监狱病逝，私谥“孝恪愍皇后”。

阁诗集》第 329 页）。

六月二十四日（7 月 22 日），宋庆龄等发表谈话，提出要求停战，成立联合政府的主张。

六月间，好友陈祖壬、二弟寥志均有咏牵牛花诗寄示，曾寿乃作《和君任牵牛花诗兼示寥志，因寥志来诗有“不减塞外花”之句也》一诗寄赠（见《苍虬阁诗续集》卷下，《苍虬阁诗集》第 329—330 页）。

其间，好友周今觉有书来索要近诗，曾寿乃作《梅泉书索近诗，为赋一律》寄赠（见《苍虬阁诗续集》卷下，《苍虬阁诗集》第 330 页）。

七月十四日（8 月 10 日），马歇尔和美国驻华大使司徒雷登发表联合声明，宣告“调处”（即调停中国内战问题）失败。

七月十四至二十七日（8 月 10—23 日），人民解放军分别在陇海路、同蒲路和苏中等部分地区反击进犯的国民党军队；特别是刘伯承、邓小平领导的晋冀鲁豫部队和陈毅、粟裕领导的山东、华北部队连续告捷，打击了国民党军进攻的气势。

九月十七日（10 月 11 日），国民党军攻占张家口，成为国民党全面进攻的最高潮。

九月二十四日（10 月 18 日），蒋介石在南京召开秘密军事会议，宣称“五个月之内打垮中共军”。

十月初八日（11 月 1 日），乃夫人洪氏的忌日，转眼夫人已去世十几年了，曾寿遂作《十月八日作》一诗抒其感慨（见《苍虬阁诗续集》卷下，《苍虬阁诗集》第 330 页）。

十月十一日（11 月 4 日），国民政府与美国签订《中美友好通商航海条约》，在此前后，还与美国签订了一系列丧权辱国的条约。

十月十六日（11 月 9 日），曾寿的好友、前朝同僚、大汉奸梁鸿志①在

① 梁鸿志(1882—1946)，福建长乐人。幼读经史，为人狂傲，以东坡自许。光绪三十一年(1905 年)入京师大学堂，毕业后任山东登莱高胶道尹公署科长、奉天优级师范学堂教员。中华民国建立，任职国务院。袁世凯死后投靠段祺瑞，先后任法制局参事、京畿卫戍司令部秘书处长、肃政使、安福国会参议院秘书长。民国九年(1920 年)段祺瑞下台，避居天津、大连、上海、杭州等地。抗日战争爆发，在上海组织维新政府，出任伪行政院长、卖国投敌。次年，又出任伪“中华民国维持政府”行政院长。后又出任汉奸组织“大民会”总裁、伪“中华民国国民政府”监察院院长、立法院院长等。抗战胜利后被捕。三十五年(1946)，以叛国罪判处死刑。工诗。著有《爰居阁诗集》。

上海被判处死刑。

十月间，曾寿目睹当前局势，感慨良多，乃作《感近事作》一诗以纪之（见《苍虬阁诗续集》卷下，《苍虬阁诗集》第330页）。

十月二十二日（11月15日），蒋介石下令召开违反政协决议的所谓“国民大会”，并通过所谓“宪法”。

十一月初七日（11月30日），国民党在上海屠杀请愿的摊贩，激起全市性的反蒋群众斗争。

十一月间，天气十分寒冷，曾寿遂拿出“皇上”十几年前所赐之狐裘穿上御寒，自然想起故主之恩，乃作《壬申冬北狩，旋顺命寿护宸轩继往，拜狐裘三袭之赐。昨岁乘舆蒙尘，坤维惨闼。今冬严寒，仍衣赐裘，感赋》一诗以纪之（见《苍虬阁诗续集》卷下，《苍虬阁诗集》第331页）。

十二月初二日（12月24日），北平发生美军强奸北大女生沈崇的暴行案，引发全国学生抗议美军暴行、要求美军退出中国的爱国运动。

十二月初六日（12月28日），中共中央发表声明，指出国民党召开的所谓“国民大会”及其通过的所谓“宪法”均属非法、无效；中国民主同盟、三民主义同志联合会等民主党派和上海工人协会等人民团体，亦纷纷声明不承认由国民党炮制的所谓“宪法”。

十二月十七日（1947年1月8日），曾寿的好友、著名文学家、学者郭则沄[①]在天津寓所病逝。

不久，郭则沄的灵柩安葬于旧京香山的云巢坟园，曾寿应邀为刘承幹撰写的《郭则沄墓志》书丹。

十二月初十至二十九日（1947年1月1—20日），人民解放军在鲁西南和鲁南地区歼灭国民党军六万八千余人。

---

① 郭则沄(1882—1947)，字蛰云、蛰园、养云、养洪，号啸麓、雪坪、桂岩，别号孑厂(音庵)、龙顾山人等。福建侯官人。郭曾炘之子。光绪二十八年(1902年)举人，次年成进士，选庶吉士。散馆授翰林院编修。三十三年(1907年)赴日留学。回国后入东三省总督徐世昌幕。宣统元年(1909年)，改任浙江金华知府，兼署浙江提学使，创机织学堂、贫民习艺所，后擢升温处道。入民国，历任北洋政府总统府秘书、秘书长、铨叙局长、经济调查局副总裁、侨务局总裁等职。1922年退职后，寓居北京、天津，曾结钵社、律社、冰社、须社等，广交文友。北平沦陷后，拒任一切伪职。著述丰富，有《十朝诗乘》二十卷、《清词玉屑》十二卷、《龙顾山房集》(含《骈体文钞》七卷、《诗集》十二卷、《续集》八卷、《词》七卷)、《红楼真梦》(小说，又名《石头补记》)等行世。

十二月三十日（1947年1月21日），为传统的除夕，天气阴沉，大雪纷飞，曾寿作有《除夕》一诗抒写其心情（见《苍虬阁诗续集》卷下，《苍虬阁诗集》第332页）。

同月里，应好友锡九之请，曾寿为其作水墨纸本行楷条屏（126×31cm）。其条屏内容及题识云："（诗略）锡九仁兄雅属。丙戌嘉平，陈曾寿录近作。"钤印："寿印。""苍虬。"（详见中国嘉德国际拍卖有限公司"嘉德四季第53期迎春拍卖会"——"中国近现代书画三"专场拍卖品，编号：1457）

案：此条屏见于中国嘉德国际拍卖有限公司"嘉德四季第53期迎春拍卖会"——"中国近现代书画三"专场拍卖品之"甲子（1924年）、丙戌（1946年）作水墨纸本《楷书章草》四条屏"（126×31cm×4），它是集梁启超、王国维、陈曾寿、罗复堪四人之条屏而成。陈曾寿题识中所说的"录近作"，指的是其七律《寄和梅生》，见《苍虬阁诗续集》卷下，《苍虬阁诗集》第331页。

同月里，应好友庆麟之请，陈曾寿与罗复堪、俞绍宋、启功携手，为其制作水墨纸本《行书书法》四屏（129×32cm×4）。曾寿的诗及题识云："（诗略）庆麟仁兄雅属。丙戌嘉平，陈曾寿录旧作。"钤印："苍虬阁。"

案：曾寿的"录旧作"指的是其《寄和梅生》一诗（见《苍虬阁诗续集》卷下，《苍虬阁诗集》第331页）；罗复堪、俞绍宋和启功的诗及题识略（详见北京匡时国际拍卖有限公司"2007春季艺术品拍卖会"——"文字的力量—中国书法篆刻"专场拍卖品，编号：0291）。

是年，曾寿尚写有《梦回》《寄和梅生》等作（见《苍虬阁诗续集》卷下，《苍虬阁诗集》第329、331页）。

是年，曾寿的好友曹经沅①在南京寓所病逝。

---

① 曹经沅（1891—1946），原字宝融，后改字纕蘅，四川绵竹人。12岁补邑廪生。后赴成都，毕业于四川法政专门学校。宣统元年（1909年）拔贡，入京朝考，分发礼部，任主事。入民国，复就读于中华大学，获法学学士学位。后历任民国政府内务部科长、秘书，安徽省政务厅厅长、内务部参事，安徽省府秘书长和国民政府行政院秘书，贵州省府委员兼民政厅长，内政部禁毒委员会委员，立法院常务委员，行政院参政等职。晚年主持国民大会代表联谊会，并主编《国大周刊》。工诗词，擅书法。著有《借槐庐诗集》等。

是年，曾寿的同年好友恩华[①]在长春寓所去世。

## 民国三十六年丁亥(1947年) 七十岁

正月初六日（1月27日），曾寿自北平赴沪，在其二弟曾则处小住数月。

陈曾则《苍虬阁诗续集·序》中云："丁亥八月十一日，兄七十寿诞，拟北上称觞，而兄于正月初六日，乘机御风而降，喜可知也。"（见《苍虬阁诗集》附录二，第491页）

兄弟多年未见，突然相聚，分外高兴，二弟有诗赠兄长；曾寿亦作《次韵寥志》一诗相赠（见《苍虬阁诗续集》卷下，《苍虬阁诗集》第332页）。

其二弟曾则就曾云：当时"飞机屡失事，兄思与余及诒、询弟相会，不顾危险，乘机南下，相见之乐，匪言能喻"（见陈曾则《苍虬兄家传》，《苍虬阁诗集》附录一，第438页）。

正月初八日（1月29日），美国政府宣布：退出中国军事调处执行部。

正月十一日（2月1日），中共中央发表声明：国民党政府在1946年1月10日以后单独与外国签订的卖国条约、借款、协定和谅解，一概无效。

新年期间，陈祖壬、周今觉、李泶[②]、吴庠[③]、杨熊祥等好友得知曾寿

① 恩华(1867—1946)，巴鲁特氏，字咏春，又字韵村，号緘庵、适斋。江苏京口驻防蒙古镶红旗人。日本法政大学毕业。光绪二十八年(1902年)中举人，次年成进士。历官吏部主事、学部员外郎、八旗学务处协理、变通旗制处提调、学部总务司司长、资政院议员、弼德院参议等职。入民国，历任法制局秘书、政治会议委员、司法部司法公报处处长、政事堂主计局参事、众议院议员、乌里雅苏台都护副使、蒙藏院副总裁、司法部次长、华北大学校长等职。后至伪满洲国任职。工书法，精八旗版本目录。著有《八旗艺文编目》《唐努乌梁海图说略》等。

② 李泶(1884—1953)，原名萃兰，字佩秋，号小山，斋名"红缥馆"。湖南衡阳人。《乐清县志》编纂者李登云之子。民国年间，历任浙江南田、分水、象山等县知事。任职期间，实心任事，颇有实绩：曾主持编纂《象山县志》；又倡建分阳诗人祠堂，并编辑《分阳丛书》。晚年寓居上海，生计艰难。精于词学考据，兼通目录版本之学。著有《书林清话校补》等。

③ 吴庠(1878—1961)，原名清庠，字眉孙，号寒竽，别署双红豆斋主。江苏丹徒(今镇江市)人。毕业于上海南洋公学。宣统元年(1909年)优贡生。曾参加南社、午社、南园赓社、丽泽吟社。民初至北京，出任梁士诒的秘书；后长期任职上海交通银行，1940年以病退养。晚年寓居沪西张家花园，与龙榆生、冒广生等人往来酬和。1953年任上海文史馆馆员。工诗词，富收藏。著有《寒芋阁词》《四声说》《清空质实说》《遗山乐府编年小笺》等。

来沪，纷纷前来相见，并有诗相赠，曾寿亦相继作有《和病树》《和梅泉》《和李佩秋》《和吴眉孙》《赠子安》等诗纪其事（见《苍虬阁诗续集》卷下，《苍虬阁诗集》第332、333、334页）。

好友李宣龚招饮话旧，有诗相赠，曾寿亦作有《和拔可招饮话旧之作》一诗纪其事（见《苍虬阁诗续集》卷下，《苍虬阁诗集》第333页）。

其二弟曾则曾记载说："友朋招宴投诗，相与唱和无虚日。余性疏懒，寡交游，门可罗雀。及兄来海上，知交及慕名而访者踵相接，往往留饭围坐十余人，盖晚年益喜宾客，不以为厌。"（见陈曾则《苍虬兄家传》，《苍虬阁诗集》附录一，第438页）

正月三十至二月初三日（2月20—23日），人民解放军在山东莱芜歼灭进犯的国民党军六万余人，活捉副司令长官李仙洲和军长韩浚，收复城市十三座。

二月初一日（2月21日），中共驻北平军事调处执行部人员被迫全部撤返延安。

二月初八日（2月28日），国民党封闭新华日报馆，拘禁报馆工作人员，《新华日报》被迫停刊。

自1946年7月至今年2月，人民解放军已歼灭国民党军71万人，迫使国民党军不得不停止向解放区的全面进攻，而改为向陕北、山东解放区的重点进攻。

二月十六日（3月8日），中共中央发出关于开展蒋管区农村游击战争的指示，以开展敌后游击战、建立根据地配合正面战场的作战。

二月二十一日（3月13日），胡宗南指挥十五个旅的兵力大举向陕甘宁边区进攻。

二月二十七日（3月19日），国民党军攻占延安。毛泽东、周恩来等人仍留在陕甘宁边区指挥牵制和歼灭进犯敌军；刘少奇、朱德等人则组成中央工作委员会，前往河北省平山县西柏坡村进行党中央委托的工作。

二月间，曾寿一日前往拜访好友李宣龚，坐其园中品茶赏花，见海棠已经凋残，偶有所感，遂填《高阳台·丁亥二月，墨巢园中看花茗坐，海棠已将残矣，感赋一阕》词以纪之（见《旧月簃词》，《苍虬阁诗集》第391页）。

其间，好友李洣曾过访，并出示其父李登云先生之《万峰草堂图》请题；曾寿欣然作《题佩秋尊人〈万峰草堂图〉卷》一诗相赠（见《苍虬阁诗续集》卷下，《苍虬阁诗集》第336—337页）。

一日，好友陈仲陶①过访，并出示其诗卷请题；曾寿粗略翻阅一遍，遂作《陈仲陶求题诗卷》一诗相赠（见《苍虬阁诗续集》卷下，《苍虬阁诗集》第 337 页）。

闰二月初一至三月十一日（3 月 23 日—5 月 1 日），内蒙古人民代表大会在兴安盟乌兰浩特市举行。全国第一个少数民族自治政府——内蒙古人民自治政府宣告成立。

闰二月十四日（4 月 5 日），乃清明节，曾寿和好友陈祖壬按照好友袁思亮生前意愿，将其墓迁葬；陈祖壬有诗纪其事，曾寿亦作有《同病树展伯夔墓，病树有诗，余亦继作》一诗纪其事（见《苍虬阁诗续集》卷下，《苍虬阁诗集》第 336 页）。

闰二月中旬，国民党军集结二十五万五千兵力，开始对山东解放区发动重点进攻。

三月初三日（4 月 23 日），曾寿原本邀好友陈祖壬同至李宣龚家园中赏牡丹，遇雨不果，好友有诗来求和；曾寿遂和作《三月三日约病树同诣墨巢看牡丹，阻雨不果，病树有诗索和》一诗回赠并纪其事（见《苍虬阁诗续集》卷下，《苍虬阁诗集》第 334 页）。

次日，好友陈祖壬过访，并赠送湖南茶叶；曾寿亡妻洪夫人之外家乃湖南长沙人，喜嗜湖南茶，故曾寿亦喜饮湖南茶；曾寿已数十年未尝此味，甚是感慨，乃作《病树赠湖南茶，亡室洪外家为长沙周氏，故嗜此茶，余亦习焉。今数十年不尝此味矣，感赋一首》以纪其事（见《苍虬阁诗续集》卷下，《苍虬阁诗集》第 335 页）。

同乡好友、同年杨熊祥亦时常过来看望曾寿，并有诗相赠；曾寿乃作《和子安》一诗纪其交往（见《苍虬阁诗续集》卷下，《苍虬阁诗集》第 336 页）。

三月初五日（4 月 25 日），侄女邦勤（晓薇）前来看望伯父，并恳请伯父为其纸本水墨、水彩、水粉、彩笔、钢笔《书画纪念册》题跋。曾寿接

---

① 陈仲陶（1895—1953），原名闳慧，字仲陶，号剑庐，以字行。浙江永嘉（今温州市鹿城区）人。少承家学，嗜诗，与夏承焘等并称“永嘉七子”。早年毕业于浙江高等学堂，师从名士陈去病、张宗祥。毕业后回籍创办吉士小学，兼任校长。后应聘为瓯海关秘书，常与冒广生等唱和。五四运动爆发，与郑振铎创办《救国讲演周刊》，宣传新文化、新思想。后长期在江西赣州、四川重庆、上海等地银行供职。抗战胜利后，重回上海任职并定居。1950 年任上海市文献委员会编纂。工诗词。著有《剑庐诗钞》《将车集》等，另编有《瓯社词钞》两集。

过《书画纪念册》仔细翻阅一遍，乃遵嘱在其首页上题跋道：“扫地焚香清福已具，其有福者佐以读书，其无福者便生妄想。　丁亥春三月上巳后二日。苍虬”。

案：从1938年邦勤（晓薇）女士的23岁生日起，至1947年，曾有颜文樑、朱士杰、黄觉寺等书画家与陈曾言、陈邦武、陈邦藩、陈邦尧等自家长辈和兄弟为其绘制书画（有的还是多次），遂形成了今日所见到的珍贵的纸本水墨、水彩、水粉、彩笔、钢笔《书画纪念册》（二十四页，6.6×10.3cm×24）。（详见北京城轩拍卖有限公司“2010年秋季拍卖会”——“中国油画雕塑”专场拍卖品，编号：0732）

三月初六日（4月26日），人民解放军攻克山东泰安，全歼守军七十二师，共二万四千余人。

三月初九日（4月29日），中共中央根据形势的发展变化，决定成立城市工作部，周恩来任部长，李维汉任副部长。

三月十六日至二十六日（5月6—16日），人民解放军在鲁中蒙阴的孟良崮，全歼国民党整编第七十四师的三个旅及其他部队共三万二千人，击毙七十四师师长张灵甫。

三月二十三日（5月13日），人民解放军在东北战场开始夏季攻势。

三月间，二弟寥志寓所楼下小室窗前空地上有双桐一桂，偶为之图，而笆篱间的蔷薇未顾及；忽一日盛开，好友陈祖壬作长句，并引东坡欠李琪诗故事相谑，曾寿乃作七言歌行《余来沪居寥志楼下小室窗前隙地有双桐一桂，偶为写图，篱落间有蔷薇未之及也。越日忽盛开，病树作长句，引东坡欠李琪诗故事相谑，因次韵和之》纪其事（见《苍虬阁诗续集》卷下，《苍虬阁诗集》第335页）。

其二弟曾则在《苍虬阁诗续集·序》中记载说：“为兄设榻于楼下小室，院中有梧桐二，桂树一，兄绘《双桐一桂轩图》。陈君病树笑谓余曰：‘此图应属于君，可写唱和诗于其上，以志此会。’”（见《苍虬阁诗集》附录二，第492页）

其间，好友陈祖壬常来看望曾寿，并赠送苦瓜、豆豉，风味甚美，曾寿乃作《病树馈苦瓜、豆豉，风味甚美，口占一绝》相赠致谢（见《苍虬阁诗续集》卷下，《苍虬阁诗集》第336页）。

曾寿亦曾前去看望过好友陈祖壬，只是祖壬原来租住的是溥仪的房屋，后因溥仪催逼其搬出，临时租赁住在一间小房里；曾寿曾作有《蜗室》一诗抒发其感叹（见《苍虬阁诗续集》卷下，《苍虬阁诗集》第337页）。

陈曾寿在其《和病树》一诗的“贫到锥无复何事，一机应向仰山论”诗句后曾自注云：“病树为居停（案：指溥仪）所逐，寄居斗室，顾公雄为作《居无庐图》，故有末句。”（见《苍虬阁诗续集》卷下，《苍虬阁诗集》第 332 页）

同月里，曾寿因闲居无事，曾绘制有设色纸本《八骏图》立轴（116.5×50 cm）。其题识云：“《穆天子传》曰：‘天子之八骏，赤骥盗骊，白义踰轮，山子渠黄华骝绿耳。’《述异记》曰：‘东海岛龙川，穆天子养八骏处也。 岛中有草，名龙刍，马食之，一日千里。’古语云：‘一日龙刍，化为龙驹。’《夏侯地志》曰：‘周穆王巡狩，诸侯共尊徐偃王。 穆王闻之，令造父亲騕褭之马，日行千里，自还讨之。’　　丁亥春三月，陈曾寿。”钤印：“苍虬。”（详见西泠印社拍卖有限公司“2005 秋季大型艺术品拍卖会”——“近现代名家作品一”专场拍卖品，编号：0973）

四月初一日（5 月 20 日），京、沪、苏、杭地区学生六千余人赴南京举行挽救教育危机联合大游行，天津学生也在同日游行，均遭国民党军警、特务的殴打，造成“五二〇”血案。

四月初六日（5 月 25 日），国民政府查封上海《文汇报》、《联合晚报》、《新民报》等进步报纸。

四月十一日（5 月 30 日），新华社发表毛泽东撰写的评论——《蒋介石政府已处在全民的包围中》。

四月二十七日（6 月 15 日），人民解放军反攻吉林的四平街，歼灭国民党军一万六千人。

五月初一日（6 月 19 日），国民党统治区的中国学生联合会在上海成立。

五月十二日（6 月 30 日），刘伯承、邓小平率领晋冀鲁豫野战军主力，在鲁西南强渡黄河，向大别山挺进，开辟了鄂豫、皖西解放区，揭开了战略进攻的序幕。

五月十六日（7 月 4 日），蒋介石举行“国务会议”，随即下达“戡乱”总动员令。

五月间，应好友䜣万先生之请，曾寿为其制作水墨纸本行书自作诗立轴（121×33cm）。 其诗及题识云：“遗芳重见廿年迟，凄冷心情只自知。未惜命酬倾应怜，才尽送春诗池经。 〇碧仍弦管，殿入披香丝。 一世酣嬉成溺笑，有谁痴绝望佳期。　　䜣万世讲雅正。 丁亥五月陈曾寿录旧作。”钤印：“陈曾寿印。”（详见上海鸿生拍卖有限公司“2013 年夏季艺术品拍

卖会”——“齐鲁藏家遗藏拍品、中国书画、西画杂项”专场拍卖品，编号：0022）

六月初八日（7 月 25 日），曾寿的好友李寿熙[①]在上班途中遭遇车祸去世。

六月上旬，曾寿告别上海诸好友仍回北平，好友陈祖壬依依不舍，有诗赠行，曾寿则作《次韵病树赠别》一诗相赠（见《苍虬阁诗续集》卷下，《苍虬阁诗集》第 337 页）。

六月上旬，经过一年的作战，人民解放军粉碎了国民党军的全面进攻和重点进攻，共歼灭国民党军一百二十万人，人民解放军从战略防御转入战略进攻。

六月间，好友林葆恒所编《补国朝词综补》一书完成。其中，卷二十据《烟沽渔唱》选录陈恩澍词一首：《水龙吟·香山高会如云》；据《旧月簃词》选录陈曾寿词三首：《齐天乐·百年垂老当何世》《八声甘州·慰归来岁宴肯华予》《六丑·记嬉春酒醒》。卷二十一据《同声月刊》选录陈邦直词一首：《高阳台·荒驿啼鸡》；又据《碧漪馆词》选录曾寿侄邦武词二首：《踏莎行·送春》《高阳台·湖庐易主合英三兄》。卷二十七选录关棠词二首：《浪淘沙·丙申夏，途中遇葬花者，伴送甚众，前有高灯字曰“到府”，归得一阕，以遗逸道人》《百字令·和谭仲修感秋》。卷六十三据《烟沽渔唱》选录周伟词三首：《太常引·素心寂寞伴烟萝》《忆旧游·望低云转碧》《一萼红·约箫期》。

案：《碧漪馆词》附于陈曾则《御诗楼续稿》，《御诗楼续稿》另附有关棠的一首《减字木兰花·题碧漪馆词》（玉楼去远）。又左绍佐《忆秦娥·啼鹃血》序云：“关君季华尝语余，少时喜为倚声，作至二百余首辍不为。今来鄂，或传其葬花词六阕，盖下世前数日作也。哀艳凄心，语此吊之。”杨钟羲之《雪桥诗话》续集卷八曾载录关棠《百字令》，并评曰：“仲修词家以为，相知不尽。”

七月初五日（8 月 20 日），人民解放军在陕北沙家店歼灭国民党军整编第三十六师，共六千余人，西北战场转入内线反攻。

---

① 李寿熙(1887—1947)，字伯虞，别署浩然。陕西咸阳人。幼从名师学，13 岁即中秀才，与张季鸾一起被称为“陕西才子”。光绪三十一年(1905 年)，公派赴日留学。归国后协助于右任创办《民立报》。1911 年 5 月受聘《新闻报》任编辑、总编辑。1941 年辞职。抗战胜利后，再回《新闻报》任职。

七月初九日（8 月 24 日），美国总统特使魏德迈离华，并发表声明，公然要求中共“停止使用武力”。

七月间，应好友沛候之请，曾寿为其作水墨纸本《卧龙松》扇片（18.5×51.5cm）。扇片的左上方书有曾寿早年所写之《戒坛卧龙松歌》（见《苍虬阁诗》卷一，《苍虬阁诗集》第 25 页）一诗。其题识云：“（诗略）沛候仁兄雅鉴。丁亥秋七月，陈曾寿。”钤印：“卷虬。”（详见上海朵云轩拍卖有限公司“2019 春季艺术品拍卖会”——“知所无斋藏书画”专场拍卖品，编号：0242）

八月初一日（9 月 15 日），东北人民解放军发起大规模秋季攻势。

八月初三日（9 月 17 日），陈毅、粟裕率领华东野战军主力进行的陇海西线战役结束，歼灭国民党军二万五千人，攻克城市十座。

八月十五日（9 月 29 日），陈曾寿与好友宝熙携手，制作有设色纸本《人马图》书画成扇（18×48cm×2）。

成扇的正面为陈曾寿所绘之设色纸本《人马图》，其题识云：“胡马大宛名，锋棱瘦骨成。竹批双耳峻，风入四蹄轻。所向无空洞，真堪托死生，腾骧有如此，万里可横向。　丁亥秋八月中秋，陈曾寿。”钤印：“苍虬。”

成扇的背面为宝熙所书水墨纸本行书储太祝诗。其题识云：“（诗略）储太祝诗。嘿存宝熙。”钤印：“宝熙私印。”（详见北京翰海拍卖有限公司“2019 春季拍卖会”——“中国近现代书画一”专场拍卖品，编号：0099）

八月二十六日（10 月 10 日），中国人民解放军总部发表《中国人民解放军宣言》，发出“打倒蒋介石，解放全中国”的号召，宣布了八项基本政策；同时还发布了《关于重新颁布三大纪律八项注意的训令》。

同日，中共中央公布《中国土地法大纲》。

九月初九日（10 月 22 日），华北人民解放军在河北清风店歼灭国民党军第三军一万七千余人，活捉第三军军长罗历戎。

同日，曾寿邀诸好友及七弟识先至北海登高，并作有《九日同勉甫、伯辉、蜀梅、晋华、识先、彤伯北海登高》一诗纪其事（见《苍虬阁诗续集》卷下，《苍虬阁诗集》第 338 页）。

九月十四日（10 月 27 日），中共中央发出“必须将革命进行到底”的指示。

同日，国民政府宣布中国民主同盟为“非法团体”；随后，民盟部分领导人被迫宣布解散中国民主同盟总部。

九月二十一日（11 月 3 日），东北人民解放军的秋季攻势结束，五十天内共歼灭国民党军六万九千余人，克复城池十五座。

九月三十日（11 月 12 日），华北人民解放军解放石家庄，歼灭国民党军二万四千余人，活捉师长刘英。

九月间，曾寿前往清华园拜访、看望好友汪鸾翔，两人自 1941 年长春分别后再未见面，颇为思念；然而好友所居小园斗室门外老树一株仍在，斗室中却一直不见有人往还；曾寿不禁又想起当年同居清华园古月堂共事的快乐时光，乃作《访巩庵，数年不相见矣。所居小园斗室门外老树一株终岁无人往还。忆曩昔同居清华园古月堂中，每夕沽莲花白酒共醉或相对作画，盖一年余云》一诗纪其事（见《苍虬阁诗续集》卷下，《苍虬阁诗集》第 338 页）。

同月里，应好友伯树先生之请，曾寿曾为其制作有设色纸本《山水》成扇。其题识云："伯树仁兄雅属，丁亥秋九月，陈曾寿。"钤印："苍虬。"

案：此成扇的背面则是曾寿的好友王季烈应伯树之请，为其草书的书法（内容略）。（详见富得拍卖行有限公司"2007 春季拍卖会"——"中国书画"专场拍卖品，编号：0228）

十一月初八日（12 月 19 日），在次女邦荃的一再督促下，曾寿自北平启程赴汉口次女邦荃家暂住。

十一月二十一日（1948 年 1 月 1 日），蒋介石发表元旦广播讲话，宣称将在一年内消灭共军主力。

同日，国民党革命委员会在香港成立，宣言中主张联合中共及其他民主党派，推翻蒋介石独裁政权，反对美国干涉中国内政。

十一月二十五日（1948 年 1 月 5 日），中国民主同盟领导人沈钧儒等在香港召开会议，决定重建民盟领导机关，宣言主张用革命方法，反对国民政府和美国对华政策，并与中共及其他民主党派合作。

十二月二十三日（1948 年 2 月 2 日），国民党军警在上海屠杀申新纱厂的罢工工人。

十二月二十六日（1948 年 2 月 5 日），经夏承焘弟子潘希真等人的多方设法，龙榆生终于保释出狱。

十二月下旬，陈曾寿自汉口次女邦荃家启程，乘江轮东下赴南京二儿邦直处度岁。途中曾填有《菩萨蛮·丁亥十二月舟中作》一词纪其事（见

《旧月簃词》，《苍虬阁诗集》第 391 页）。

是年，寓居杭州的好友溥心畬，曾往游过好友陈曾寿的“陈庄”，并作有《过陈苍虬侍郎故庄》[①]一诗纪其事：

空馆余乔木，寒塘尚泊船。菱花飘细水，杨叶散浮烟。蕙帐人何在，衡门月自圆。江南未归客，来对旧山川。

是年，应好友李昌鉴之请，曾寿曾为其设色纸本《集锦册》镜心题跋。其题识云：“众蟄生寒早，长林卷雾齐。 音虫悬就日，朱○落封泥。 薄俗防人面，全身学马蹄。 吟诗重回首，随意葛巾低。 商胡离别下扬州，忆上西陵故驿楼。 为问淮南米贵贱，老夫乘兴欲东游。　昌鉴先生雅属，陈曾寿。”钤印：“苍虬。”

案：同时为此《集锦册》题跋的尚有田世光、启功、郭传璋、黄均、马信生等名流（跋文略），故形成了今天所见之珍贵的设色纸本《书画集锦册》镜心（七开，20×26cm×7）。详见长风拍卖有限公司“北京长风 2011 春季拍卖会”——“中国书画”专场拍卖品，编号：0679。

## 民国三十七年戊子(1948 年)　七十一岁

年初，陈曾寿仍在南京二儿邦直家过年。

正月初三日（2 月 12 日），陈曾寿给好友何振岱的女弟子刘衡写去一信，告知自己的近况及行踪：

慧因夫人座右：寿于夏历十一月初八日赴汉，在小女寓中住四十余日，因乡里不靖，未能归去省墓。顷已搭江船来宁，在二小儿处小住，再赴上海，亦不过旬日耽搁。武昌有二十余年未到，重访旧居，皆成瓦砾之场，不胜悽怆。思作一词写之，心绪枯涩不成一语。诵梦窗经故居湖山○醉惯一阕，感其沉至，今所遭乃较梦窗更为不堪，故不易写出也。近想　起居佳胜有新作否？尊师梅生先生想益康强，敬念。回信请寄上海永嘉路六九○弄一号，约上元后可到申也。即颂

年祉　　　　曾寿顿首　戊子正月三日

案：陈曾寿这封写给刘衡的信札（26.5×16cm×2），不见于其集中，故全文逐录于此。此信札详见于福建运通拍卖行有限公司“福州专场第 26 期”——“中国书画”专场拍卖品，编号：0169。

正月十三日（2 月 22 日），中共发言人斥责美国总统杜鲁门提出的援蒋

① 此诗见《溥心畬先生诗文集·南游集》，台北故宫博物院 1993 年版，第 10 页。

方案。

正月十七日（2 月 26 日），东北人民解放军收复辽宁营口，国民党五十二军暂编五十八师师长王家善率部起义。

正月中旬，曾寿自南京小儿邦直处启程赴沪至二弟曾则家小住，与相别数月的诸好友们相聚。

正月二十二至二十三日（3 月 2—3 日），西北人民解放军取得陕北宜川大捷，歼灭国民党军一个军部、两个师部、五个旅，共计三万余人，击毙军长刘戡，从而改变了整个西北战场的形势。

正月间，汪国垣偶然在苏州书肆得到一本曾习经的《蛰庵诗存》，乃作题记其上云："刚甫、晦闻二家诗向所嗜诵，二家皆于玉溪致力甚深，而参以后山孤往之境，亦韶令，亦坚范，异乎明、清间之亲温、李者也。陈仁先从李出，但以寝馈杜、韩、王、苏，诗境益拓，视二家为大。梁节庵亦凄婉疏秀，别成一队，亦平生服膺也。此本于戊子开岁得之苏州护龙街市肆，车厢展诵，遂为题记于此。戊子正月，方湖汪辟疆。"

正月二十二至三月二十三日（3 月 2 日—5 月 1 日），国民党召开所谓的"行宪国大"，选举蒋介石、李宗仁为正、副总统。

二月初四日（3 月 14 日），中原人民解放军攻克河南洛阳，歼灭国民党军一万九千余人，活捉青年军二〇六师师长丘行湘，随后主动撤离该城。

二月初五日（3 月 15 日），东北人民解放军的冬季攻势结束，共歼灭国民党军十五万六千人，使沈阳、长春等地成为孤城。

二月下旬至三月上中旬，国民党统治区教育界的反迫害、反饥饿运动，遍及北平、天津、上海、南京、成都等十余座城市。

二月间，好友李宣龚因身体欠安，见园中诸花欲开而感赋七言古诗一章，呈示陈祖壬和陈曾寿；曾寿阅后，亦作七言歌行《拔可病中，园花欲开矣。感成七言古诗一章，视病树及余，次韵和之》相赠（见《苍虬阁诗续集》卷下，《苍虬阁诗集》第 338—339 页）。

其间，曾寿听说好友李宣龚身体有病，曾前往看望，并作有《赠墨巢一首》表示问候（见《苍虬阁诗续集》卷下，《苍虬阁诗集》第 339 页）。

一日，好友陈祖壬过访，并出示其《居无庐图》请题；曾寿乃作《题病树〈居无庐图〉卷》一诗相赠（见《苍虬阁诗续集》卷下，《苍虬阁诗集》第 339 页）。

又一日，友人宋小坡过访，并出示所得之郑文焯旧藏北魏造像拓本请题；曾寿见此，不禁勾起自己对前辈好友的怀念之情，乃作《宋小坡得郑大鹤旧藏北魏造像拓本属和》一诗相赠（见《苍虬阁诗续集》卷下，《苍虬阁诗集》第 340 页）。

七弟询先在友人杨珸山的庭院中折回海棠二枝，插于瓶中，其干长有致，小萼将开；曾寿夜晚无事，坐在花瓶前细细观赏，乃作《询先折珸山园中海棠二枝，为余瓶供；干长有致，小萼将放，正花事极妍之时也。夜对赋此》一诗以纪之（见《苍虬阁诗续集》卷下，《苍虬阁诗集》第 339—340 页）。

三月初六日（4 月 14 日），独处家中，偶有所感，乃作《三月六日作》一诗抒其感慨（见《苍虬阁诗续集》卷下，《苍虬阁诗集》第 340 页）。

三月十四日（4 月 22 日），西北人民解放军收复陕西延安。

三月二十六日（5 月 4 日），新加坡一百二十个华侨团体通电拥护召开新政协会议。

三月二十七日（5 月 5 日），中国国民党革命委员会、中国民主同盟、中国民主促进会、致公党、中国农工民主党、中国人民救国会、中国国民党民主促进会、三民主义同志联合会等民主党派与其他民主人士通电拥护召开新政协会议。

三月三十日（5 月 8 日），华东人民解放军胶济线春季攻势结束，歼灭国民党军八万四千余人，克复城市十七座，使津浦路以东地区除青岛、烟台、临沂等据点外，全部解放。

四月初九日（5 月 17 日），华北人民解放军攻克山西临汾，歼灭国民党军二万五千余人，活捉阎锡山部第六集团军副总司令梁培璜。

四月十二日（5 月 20 日），晋冀鲁豫与晋察冀两个解放区合并为华北解放区；华北联合行政委员会和华北军区成立。

四月十八日（5 月 26 日），中共中央和人民解放军总部迁驻河北平山的西柏坡，原中央工作委员会即行结束。

四月二十七日（6 月 4 日），国民政府以翁文灏为首组成第一届行宪内阁。

四月下旬，陈曾寿曾有杭州之行，重访南湖故居，并作有《戊子夏四月廿八日重至西湖定香桥故居，篱毁屋破，草深没径，惟二石犹存，舟子宋阿毛尚居其中，相与话旧，不胜凄感》一诗纪其事（见《苍虬阁诗续集》卷下，《苍虬阁诗集》第 340—341 页）。

曾寿再游灵隐寺，见寺前遍设茶肆，已无旧时面貌，乃作《至灵隐寺，山门遍设茶肆，无复旧时面目矣》一诗抒其感慨（见《苍虬阁诗续集》卷下，《苍虬阁诗集》第341页）。

五月初四日（6月10日），《子曰丛刊》第二辑出版，其中载有巢章甫评论陈曾寿画松的文字。

案：巢章甫对苍虬的画颇为推崇，曾撰有《苍虬老人画展致语》一文云："往岁，微尘初直大方先生酒坐，余方为引介，大方俨然而起曰：'任寿固文字旧交，当世诗人，当推巨擘。若某某辈不过盗窃声名，就诗论诗，格律皆在任寿下也。'余以是知先生丰学折人，虽狂放如大方，犹且誉之，非余一人之阿私也。先生精鉴赏，富收藏。初得梅道人《苍虬图》，因以自号。后得道君皇帝作牡丹，遂榜所居曰'词皇阁'。而旧藏宋徽宗《晴麓横云》轴（曾归汪相叔渊丈，丈因自号'麓云'）闻名海内外。后于内府所藏剧迹，时时观览。于是以诗人之情、词人之韵、才人之气、书家之笔，益之以山川之幽趣、烟云之变幻、书史之蕴藉、古人之神理，托之管城，为山水、为道释、为人物、为仕女、为走兽，万态齐收，众妙咸归。即画画中之画，复极画外之画，天赋人为，并造胜境。是则不特画中求画者，不能望其项背，而画外求画之画，亦未能与争长也"（载其《海天楼艺话》）。

五月初九日（6月15日），《晋察冀日报》和原晋冀鲁豫解放区出版的《人民日报》合并，在石家庄创刊《人民日报》——华北解放区的统一报纸，起着中共中央机关报的作用。

五月上旬，陈曾寿曾有南京之游，就寓居表侄周君亮①家中。

好友汪国垣②曾前来看望、相聚；汪氏有诗相赠，曾寿亦作有《游玄武

① 周君亮(1895—1989)，又名均量、傥、双照，湖北黄陂人。周世鼎之子。早年曾以记者身份访日。1926年起，历官湖北省政务委员会民政组科员，武汉警备司令部秘书、秘书处长，武汉市政厅秘书，国民政府外交部机要秘书、秘书处长，四川省政府秘书主任、行政院参事，西南军政长官公署秘书长等职。1949年底随张群经河内转香港赴台湾，曾任《中国时报》主编、"中央"信托局秘书处长等职。卒于台湾。工诗文。著有《坠尘集》(回忆录)、《捐梦记》等四部著作。

② 汪国垣(1887—1966)，字笠云，后改字辟疆，号展庵，因故乡近方湖，晚年自号方湖。江西彭泽黄岭乡人。1904年考入河南客籍高等学校。1908年毕业后保送入北京京师大学堂；1912年毕业，客居上海。1918年任南昌二中教员。1922年任江西心远大学教授。1925年任北平女子大学教授。1927年至南京第四中山大学任教。1939—1946年任中央大学教授。1946—1948年兼任国民政府监察局监察委员、国史馆纂修。南京解放后，仍在中央大学任教。工诗词，富藏书，精目录版本学，学识渊博。著有《禁书书目提要》《读书举要》《丛书书目索引》《目录学研究》《汉魏六朝目录考略》《太平天国引用书目考证》《唐人小说》《近代诗派与地域》《光宣诗坛点将录》《方湖类稿》《汪辟疆文集》等。

湖辟疆有诗次韵》一诗纪其事（见《苍虬阁诗续集》卷下，《苍虬阁诗集》第 342 页）。

好友陈诵洛①因事不能前来相聚，曾寄近诗五章请求批评，曾寿则作五言长篇歌行《诵洛寄诗五章述近游，却寄一首》寄赠（见《苍虬阁诗续集》卷下，《苍虬阁诗集》第 342—343 页）。

其间，陈曾寿曾梦见三棵松树奇绝，醒后乃作七言歌行《前夕梦见三松奇绝，纪之以诗》以纪其事（见《苍虬阁诗续集》卷下，《苍虬阁诗集》第 343 页）。

在南京期间，陈曾寿曾在陈祖壬、陈诵洛、林召宣、王开节等友弟的陪同下，游览了清凉山扫叶楼，并赋诗唱和。

王开节在《苍虬阁诗集·跋》中记载说："岁戊子，旅宦南都，闻丈来寓周君亮兄斋中，亟往伸敬。尝侍坐于清凉山扫叶楼，陈丈病树、陈君诵洛、林君召宣同游，丈以张南皮《金陵杂诗》'独喜清凉名实好'分韵赋诗。"（见《苍虬阁诗集》附录二，第 501 页）

五月十二日（6 月 18 日），朱自清教授等数百人在北平联名发表宣言，抗议美国扶植日本，并拒绝领取美援面粉。

五月十六日（6 月 22 日），华东人民解放军解放河南开封，歼灭国民党军三万九千余人，收复通许等十二座城镇。

五月二十九日（7 月 5 日），国民党军警在北平屠杀进步学生一百余人，逮捕三十七人，成为二十余年来最大一次屠杀学生的惨案。

五月间，由新午和封雄护送陈三立的灵柩自北平经天津，海行至上海，隆恪、方恪与陈曾寿、陈祖壬等亲旧在沪迎祭，旋落葬杭州西湖牌坊山，与俞淑人合墓。曾寿曾作有《散原先生灵榇自北平移葬杭州过申往奠》一诗纪其事（见《苍虬阁诗续集》卷下，《苍虬阁诗集》第 341 页）。

其间，有朋友过访，并出示林则徐遣戍途经华山所作之纪游诗请题；曾寿乃作《题林文忠公遣戍时华山纪游诗卷》一诗相赠，以抒其慨（见《苍虬

---

① 陈诵洛(1897—1965)，原名中岳，字诵洛，又字颂洛、嵩若，号侠龛、侠堪。浙江绍兴人。早年就读于山会初级师范学堂。1917 年在浙江省第五中学与杜尔海、陈之亚等创办《轰社丛刊》。五四运动时，担任杭州学联会长。1921 年毕业于浙江省立法政专门学校法律本科。1921—1937 年担任民国政府满城、蠡县、肃宁、玉田、天津等县县长。抗战爆发，历任盐务总局属下的四川、河南、两广、福建等地盐务局长。抗战胜利后，出任盐务总局派驻京沪、华北专员。1946 年退隐沪上。工诗文。著有《侠龛诗存》《侠龛随笔》《转蓬集》《今雨谈屑》《南归志》《邂逅轩诗录》等。

阁诗续集》卷下，《苍虬阁诗集》第 341 页）。

六月初十日（7 月 16 日），人民解放军攻克湖北襄阳，歼灭国民党军二万余人，活捉国民党第十五绥靖区司令官、特务头子康泽。

六月十五日（7 月 21 日），人民解放军晋中战役结束，共歼灭国民党军七万四千人，活捉阎锡山部野战军总司令赵承绶和副总司令、前日本侵略军第十四旅团长元泉馨。

六月二十六至七月十八日（8 月 1—22 日），中国第六次全国劳动大会在哈尔滨召开，会议决定恢复中华全国总工会。

七月初三至十五日（8 月 7—19 日），华北人民代表大会在石家庄召开，选出了以董必武为首的华北人民政府。

七月间，好友子玉在曾寿窗前所种之牵牛花被梧桐遮蔽，开花不多，然绿荫满窗，亦非常可爱，故曾寿曾作《子玉种牵牛花于余窗前，虽为梧桐蔽日影，著花不多，而绿荫满窗，亦可爱也》一诗纪其事（见《苍虬阁诗续集》卷下，《苍虬阁诗集》第 344 页）。

一日，曾寿见庭院另一处的牵牛花开得特别艳丽显眼，细细观赏，并作《牵牛花》（五首）以纪之（见《苍虬阁诗续集》卷下，《苍虬阁诗集》第 346 页）。

八月初八日（9 月 10 日），毛泽东发出“关于辽沈战役的作战方针”的指示。

同日，曾寿的好友、前朝同僚、学者、大汉奸王揖唐①在北平被公开枪决。

八月初十至十月初二日（9 月 12 日—11 月 2 日），林彪、罗荣桓领导的东北野战军展开了辽沈战役，共歼灭国民党军四十七万人。

八月二十二日（9 月 24 日），人民解放军攻克山东济南，歼灭国民党军十万余人，活捉国民党山东省主席、第二绥靖区司令官王耀武；国民党整编

---

① 王揖唐(1877—1948)，初名志洋，字慎吾，号什公；后改名赓，字一堂，号揖唐，别号逸塘，晚年自署今传是楼主人。安徽合肥人。早年教书。光绪三十年(1904 年)进士，授兵部主事。不久，公派赴日留学，习军事和法政。归国后，历任东三省督练处参议、吉林军事总参议兼兵备、参谋、教练三处总办、军谘府军谘使。入民国，授陆军中将，历任参政院参政、吉林巡按使、内务总长、安福国会众议院议长、安徽省省长等职。1937 年，日本侵占华北，公开投敌，成为汉奸；出任“华北临时政府”内政部长、“华北政务委员会”委员长、伪“国民政府”考试院院长等职。抗战胜利后被捕，1948 年被处决。工诗文，精法律。著有《逸塘诗存》《今传是楼诗话》《东游纪略》《上海租界问题》《世界最新之宪法》等。

九十六军军长吴化文率部起义。

秋天的傍晚，漫步在庭院中，看着窗前的绿荫疏花，曾寿偶有所感，乃作《小窗》一诗以纪之（见《苍虬阁诗续集》卷下，《苍虬阁诗集》第 344 页）。

八月间，曾寿偶然得到一张明末画家项圣谟的自画像，且颇为别致，乃作《题项圣谟小像·圣谟自作朱笔山水，图己像于其中，盖甲申以后所作也》（四首）纪其事（见《苍虬阁诗续集》卷下，《苍虬阁诗集》第 347 页）。

其间，有友人陆虚斋过访，并出示其《读无用书斋图》请题；曾寿乃作五言歌行《陆虚斋乞题〈读无用书斋图〉》相赠（见《苍虬阁诗续集》卷下，《苍虬阁诗集》第 345 页）。

一日，好友云甫得到前辈学者莫友芝抄校之宋本《简斋集》，非常高兴，特来请曾寿题诗，曾寿欣然作《云甫得莫子偲抄校宋本〈简斋集〉属题》（三首）相赠（见《苍虬阁诗续集》卷下，《苍虬阁诗集》第 348 页）。

又一日，亡师乙庵先生之子、好友沈颎[①]前来，出示《洗儿图》请题；曾寿欣然作《慈护属题〈洗儿图〉》相赠（见《苍虬阁诗续集》卷下，《苍虬阁诗集》第 349 页）。

其二弟曾则曾在《苍虬兄家传》中记载："求书画及题诗者，亦颇有其人，以得兄笔墨自矜诩。人之仰慕如此，岂偶然耶？"（见《苍虬阁诗集》附录一，第 438 页）

同月里，曾寿的好友、著名诗人、书画家赵熙[②]在老家荣县桂林街"香

---

① 沈颎(1898—1963)，字慈护。浙江嘉兴人。沈曾植之继子。早年随侍其父于上海，其父亡故后，至税务局任职。抗战期间，靠变卖家藏书画度日(一批图书以 20 万元卖给陈群)。抗战胜利后，至光华火酒公司任职。新中国成立后，在上海杂品公司任职；1957 年，与其夫人劳善文曾将剩藏部分图书捐赠给嘉兴图书馆。

② 赵熙(1867—1948)，原名熹，字尧阶；后改名熙，字尧生，号香宋。四川荣县人。光绪十七年(1891 年)举人，次年成进士，选翰林院庶吉士。二十年(1894 年)授翰林院国史馆编修。二十三年(1897 年)后，相继出任荣县凤鸣书院、重庆东川书院、泸州川南经纬书院山长。门生遍蜀中，向楚、江庸、吴玉章、郭沫若等皆为其弟子。宣统元年(1909 年)，授江西道监察御史，以敢于弹劾庆亲王、四川总督、为"戊戌六君子"昭雪而享誉朝野。宣统三年(1911 年)，四川掀起保路风潮，推为京官川南保路代表。辛亥革命后避居上海；不久回籍，以遗民自居，以讲学、卖文为生。工诗、词、文，精书法，善绘画。蜀中"五老""七贤"之一；世称"晚清第一词人"。著有《峨眉纪行诗》《赵尧生先生诗稿》《香宋词》等。卒后门人辑有《香宋诗前集》2 册。

宋”居去世。

九月初九日（10 月 11 日），毛泽东发出了“关于淮海战役作战方针”的指示，部署歼灭长江以北国民党军刘峙集团的大会战。

同日，曾寿应好友李宣龚之邀至其家宴饮，到后见到夏敬观、陈祖壬等不少老友；就连汪国垣、陈诵洛、王开节等友弟亦自金陵前来相聚；曾寿乃作《九日拔可约饮，辟疆、诵雒自金陵来会》一诗纪其事（见《苍虬阁诗续集》卷下，《苍虬阁诗集》第 344 页）。

同日里，好友李宣龚见曾寿有诗，亦赋诗纪其事；曾寿见之，乃作《和拔可九日诗》（二首）相赠（见《苍虬阁诗续集》卷下，《苍虬阁诗集》第 346 页）。

王开节在《苍虬阁诗集·跋》中曾记载：“是岁重九，复应李拔可诗老之约，为登高诗，诸什均收入《硕果亭重九诗集》中。节曾献诗，丈（案：指陈曾寿）赐和什，墨迹尚存行箧中。句云：‘新诗能晚古风回，刻意阴何拨烬灰。顾我衰悰如井废，喜君佳句得心开。浇愁已断樽中酒，望远慵登江上台。独忆旧京佳会地，登楼谁识仲宣哀？’”（见《苍虬阁诗集》附录二，第 501 页）

案：王开节《苍虬阁诗集·跋》中所记陈曾寿和王氏之诗，今见于《苍虬阁诗续集》卷下（《苍虬阁诗集》第 345 页），题目为《和王符武》。王氏文中所记与陈氏集中所收，只有几个字不同，其他均同。

另，参加此次“硕果亭（李宣龚上海之家）雅集”的，除前面提到的几人外，尚有夏敬观、章士钊、张元济、冒广生、陈祖壬、叶恭绰、钱锺书等数十人。各家的唱和之作，最后辑为《硕果亭重九唱酬集》。

九月十三日（10 月 15 日），东北人民解放军攻克辽宁锦州，俘虏国民党东北“剿总”副司令范汉杰、第六兵团司令卢濬泉以下十万余人。

九月十七日（10 月 19 日），东北人民解放军解放吉林长春，歼灭国民党军九万五千余人，国民党六十军军长曾泽生率部起义，东北“剿总”另一副司令郑洞国率部投降。

九月二十四日（10 月 26 日），东北人民解放军在黑山、大虎山等地，经过两天一夜激战，歼灭国民党军十万余人，俘虏国民党兵团司令廖耀湘。

九月间，李宣龚曾邀曾寿、祖壬、云甫、镒资、龙华等好友至江边赏景，曾寿曾作有《拔可约同病树、云甫、镒资、龙华看江景》一诗纪其事（见《苍虬阁诗续集》卷下，《苍虬阁诗集》第 348 页）。

十月初一日（11 月 1 日），中共中央革命军事委员会将原大战略区部队分为野战部队、地方部队和游击队三类，又将野战部队改为野战军，下辖兵团、军（原纵队）、师、团等，并以所在地分成中国人民解放军西北野战军、中原野战军、华东野战军、东北野战军和华北野战军；后又依次改为第一、二、三、四野战军和总部直属三个兵团。

同日，人民解放军总部发布惩办战争罪犯的命令。

十月初二日（11 月 2 日），东北野战军解放辽宁的沈阳、营口，歼灭国民党军十四万九千余人；至此，辽沈战役结束，东北全境解放。

十月初六日（11 月 6 日），华东、中原野战军协同展开了淮海战役；中共中央以刘伯承、邓小平、陈毅、粟裕、谭震林组成总前委，邓小平为书记，统一领导淮海前线解放军的一切行动。

十月十三日（11 月 13 日），为好友周今觉的七十寿诞，曾寿乃作《寿梅泉七十》一诗为其贺寿（见《苍虬阁诗续集》卷下，《苍虬阁诗集》第 345 页）。

十月二十二日（11 月 22 日），华东野战军从本月 12 日起，在江苏省邳州市碾庄地区围歼黄伯韬兵团，黄伯韬亦被击毙，淮海战役第一阶段任务完成。

十月二十六日（11 月 26 日），国民党翁文灏内阁垮台，孙科继任行政院长。

十月二十九日（11 月 29 日），林彪、罗荣桓、聂荣臻领导的东北、华北野战军联合展开了平津战役。

十一月初一日（12 月 1 日），中共中央以华北银行为基础，合并北海银行、西北农民银行，在河北石家庄组建了中国人民银行，并发行人民币，成为中华人民共和国成立后的中央银行和法定本位币。

同日，江苏徐州解放。

十一月十五日（12 月 15 日），淮海战役第二阶段结束，全歼国民党黄维兵团和孙元良兵团，生俘兵团正副司令黄维、吴绍周。

十一月二十四日（12 月 24 日），人民解放军收复张家口，歼灭国民党军五万四千余人。

十一月二十五日（12 月 25 日），中共中央新华社公布了蒋介石等 43 名头等战犯名单。

十一月间，时间过得很快，转眼已是冬天，曾寿坐在小窗前看着纷纷飘落的梧桐树叶，感慨顿生，乃作七言歌行《梧桐满阶，慨然有作》以纪之（见《苍虬阁诗续集》卷下，《苍虬阁诗集》第 348—349 页）。

其间，好友李宣龚曾送来菊花一盆，曾寿则作有《拔可赠菊一首》相赠致谢（见《苍虬阁诗续集》卷下，《苍虬阁诗集》第 347 页）。

十二月初三日（1949 年 1 月 1 日），新华社发表毛泽东撰写的《将革命进行到底》的新年献词。

十二月初十日（1949 年 1 月 8 日），南京国民政府向美、英、法、苏四国要求干涉中国内战，遭四国政府拒绝。

十二月十二日（1949 年 1 月 10 日），人民解放军在永城东北围歼杜聿明指挥的邱清泉、李弥兵团，俘获国民党徐州“剿总”副总司令杜聿明，击毙兵团司令邱清泉；至此，淮海战役结束，共歼灭国民党二十二个军，五十六个师，五十五万五千余人。

十二月十六日（1949 年 1 月 14 日），中共中央主席毛泽东发表《关于时局的声明》，揭露了蒋介石《新年文告》中提出的“和平”建议的虚伪性，并提出了与国民党谈判的八项条件。

十二月十七日（1949 年 1 月 15 日），人民解放军解放天津，全歼国民党守军十三万余人，活捉天津国民党警备司令陈长捷和市长杜建时等。

十二月十九日（1949 年 1 月 17 日），为苏东坡生日，好友李宣龚约看梅花，分别后又来书谓不可无诗纪之；曾寿乃作七言长篇歌行《东坡生日，墨巢约看梅，座中蔬畦十余年不见矣。别后书来，谓此会不可无诗，漫为长句》相赠（见《苍虬阁诗续集》卷下，《苍虬阁诗集》第 349—350 页）。

十二月二十三日（1949 年 1 月 21 日），蒋介石以“因故不能视事”为名宣告引退，李宗仁接受代理总统。

十二月二十四日（1949 年 1 月 22 日），李宗仁发表文告，宣称愿即开始和平谈判，并派邵力子、张治中、黄绍竑、彭昭贤、钟天心五人为和谈代表。

同日，到达解放区的各民主党派、各人民团体的代表和其他民主人士李济深、沈钧儒、马叙伦、郭沫若等五十五人发表对时局的声明，表示拥护中共八项和平条件，反对国民党的假和平阴谋，愿在中共领导下，团结一致，革命到底。

十二月二十八日（1949 年 1 月 26 日），蒋介石下令释放日本侵华大战犯、中国派遣军总司令冈村宁次；中共发言人发表谈话，命令国民政府重新逮捕冈村宁次。

十二月间，曾寿发痔疮，多次延医诊治而无效果。

十二月三十日（1949 年 1 月 28 日），为传统的除夕，曾寿作有五言长篇歌行《戊子除夕感述》抒其感慨（见《苍虬阁诗续集》卷下，《苍虬阁诗集》第 350—351 页）。

是年，曾寿尚写有《感事》《次韵病树抱孙之作》等诗作（见《苍虬阁诗续集》卷下，《苍虬阁诗集》第 343、347 页）。

是年，曾寿的好友、著名文学家杨寿枬[1]在天津寓所去世。

是年，曾寿的好友、著名书法家谭泽闿[2]在上海寓所去世。

是年，龙榆生所编选之《近三百年名家词选》完成。该编共收词人六十七家，词作五百一十八首；其中，选录陈曾寿词二十首（并云“录自龙氏忍寒庐刻本《旧月簃词》及未刊稿”）。

## 民国三十八年己丑(1949 年)　七十二岁

自年初始，陈曾寿的痔疮病时常复发。

正月初三日（1 月 31 日），北平宣告和平解放，国民党华北“剿总”傅作义率部二十余万人接受人民解放军改编；至此，平津战役结束，改编和歼灭国民党军五十二万多人。

正月初六日（2 月 3 日），人民解放军举行进驻北平入城式，受到北平市民热烈欢迎。

正月初八日（2 月 5 日），孙科为首的国民党政府行政院迁至广州（28 日又迁返南京）；而身处在野地位的蒋介石仍在奉化指挥其亲信，处处牵制李宗仁；代总统李宗仁在南京，行政院迁广州，国防部在上海，反映出国民政府已陷入四分五裂的状态。

正月十二日（2 月 9 日），曾寿的好友、清末民初实业家、著名数学

---

① 杨寿枬(1868—1948)，原名寿械，字味云，亦作味芸，晚号苓泉居士。江苏无锡人。光绪十七年(1891 年)举人。早年曾入地方大吏幕府多年。1903 年入商部。1905 年随五大臣出洋考察政治。回国后历任农工商部主事、兼商律馆纂修、公司注册局总办、商标局会办、度支部左参议兼财政清理处总办等职。入民国，历任北洋政府盐政总办、长芦盐运使、粤海关监督、山东省财政厅厅长、总统府顾问兼财政咨议、段祺瑞政府财政部次长兼盐务署长、天津华新纱厂经理等职。1923 年退出政坛，曾组建华新纺织集团。1935 年后寓居天津。著有《云在山房类稿》《云薖漫录》《云薖书札》等。

② 谭泽闿(1889—1948)，字祖同，号瓶斋，室名“天随阁”“止义斋”。湖南茶陵人。谭延闿之弟。早年读于长沙明德学堂。曾从王闿运学诗。清末授巡守道，分发湖北，刚上任不久即逢武昌起义，遂折返长沙，从此绝意仕进，以诗酒、书画、收藏自娱。后迁居上海，以鬻书为生。工诗，家富收藏，又擅书画，尤以行楷名于世。著有《止义斋集》等行世。

家、中国邮票大王、诗人周今觉[①]在上海去世；曾寿闻知噩耗，甚是悲痛，乃作《挽梅泉》一诗以悼之（见《苍虬阁诗续集》卷下，《苍虬阁诗集》第351页）。

正月十七日（2月14日），颜惠庆、邵力子、章士钊、江庸、黄启汉等以私人身份飞抵北平，与中共商谈国事。

新年期间，曾寿在家静养无事，偶然翻检出亡友郑孝胥手写和乙庵师的一首诗，见其中有“窗间枕书人，二竖语膏肓；日车何时翻，一快偕汝亡”的诗句，颇喜欢，乃作《苏堪手写和乙庵师诗，有“窗间枕书人，二竖语膏肓；日车何时翻，一快偕汝亡”句，爱其喷薄激烈，漫题其后》一诗纪其事（见《苍虬阁诗续集》卷下，《苍虬阁诗集》第351—352页）。

曾寿闲居无事，回想自己一生境遇，虽也遭遇过世态炎凉，但亦结交了一批挚友，乃作《冷淡》一诗抒发其感慨（见《苍虬阁诗续集》卷下，《苍虬阁诗集》第352页）。

正月二十一日（2月18日），陈曾寿的同年好友胡嗣瑗[②]在北平寓所去世。

正月二十八日（2月25日），国民党最大的巡洋舰“重庆号”宣布起义，加入人民解放军海军。

---

① 周今觉(1879—1949)，名达，谱名明达，字美权、梅泉；室名“今觉庵”。安徽至德(今东至县)人。周馥长孙、周学海长子。父亲至扬州为官时，举家迁居扬州。少时受过良好传统教育。光绪诸生。然不喜科举，特爱数学。二十余岁即撰写了《勾股三角整数术》(1898年)和《三角和较术解》(1899年)，后又撰写数学论著多部，受到数学大家华蘅芳的称赞；尤其是后来撰写的专论《圆理迮信》，是第一部被译成日文的中国数学家的现代数学论著，他也因此成为日本东京大学数学物理学会中的第一名中国籍会员，曾两次应邀赴日本考察。光绪二十六年(1900年)，与友朋创办知新算社，被推为社长。辛亥革命后，全家迁居上海。他一边从事房地产业和电力、贸易等经营。1918年中国科学社成立，他成为首批特殊社员(特殊会员只有蔡元培、汪精卫、马相伯和他四人)。后又成为中国的集邮大王，并出任中华邮票会会长，创办《邮乘》杂志。善诗文。著有《今觉庵诗存》四卷、《日本调查算学记》等。

② 胡嗣瑗(1869—1949)，字晴初，别字琴初，号愔仲，别号自玉。贵州贵阳人。光绪二十九年(1903年)进士，历官翰林院编修、天津北洋法政学堂总办、直隶总督陈夔龙的幕僚、江苏将军府咨议厅长等职。民国初年，曾任江苏金陵道尹、直隶、江苏都督冯国璋督军公署秘书长。张勋复辟，任为内阁左丞。1924年起，北上追随废帝溥仪，并成为亲信。1932年至长春，历任伪满洲国执政府秘书长、参议府参议等职，成为汉奸。1939年辞官，寓居北平。精通史学，工诗词，善书法。著有《胡嗣瑗日记》等。

同日，李济深、沈钧儒、马叙伦、郭沫若等三十五人，经中共中央代表林伯渠迎接，自东北抵达北平。

二月初九日（3 月 8 日），国民党孙科内阁总辞职，李宗仁任命何应钦为行政院长。

二月二十六日（3 月 25 日），中共中央委员会与中国人民解放军总部迁驻北平，毛泽东主席和朱德总司令在西苑机场举行阅兵式。

二月二十七日（3 月 26 日），中共中央决定派周恩来（首席代表）、林伯渠、林彪、叶剑英、李维汉为和谈代表（后又加派聂荣臻为代表），并决定自 4 月 1 日起在北平与国民党代表和平谈判。

二月间，因生计问题，好友陈祖壬要离开上海一段时间，前来告别；曾寿颇有些不舍，乃作《送别病树》一诗相赠（见《苍虬阁诗续集》卷下，《苍虬阁诗集》第 352 页）。

三月初一日（3 月 29 日），以郭沫若为首的中国代表团赴巴黎出席世界拥护和平大会。

三月初四日（4 月 1 日），国民党政府派张治中（首席代表）、邵力子、黄绍竑、章士钊、李蒸、刘斐为代表，飞抵北平参加和平谈判。

三月十八日（4 月 15 日），中共和谈代表团将与各方商定的国内和平协定八条二十四款交南京和谈代表团，并限其 20 日以前表态。

三月二十三日（4 月 20 日），南京国民政府最终拒绝在《国内和平协定》上签字；至此，国民党当局的“和平攻势”宣告破产。

三月二十三至二十四日（4 月 20—21 日），侵入中国长江内河的英国“紫石英”号等四艘军舰和国民党的军舰一起向人民解放军开炮，打死打伤解放军战士 252 人；人民解放军予以还击，击沉击伤敌舰十八艘，“紫石英”号负伤被迫停于镇江江面，其余英舰则向长江口外逃逸。

三月二十四日（4 月 21 日），毛泽东主席、朱德总司令发布向全国进军的命令，彭德怀、贺龙、习仲勋等领导的第一野战军和聂荣臻、徐向前等领导的华北野战军一部进军西北；刘伯承、邓小平等领导的第二野战军和华北野战军一部进军西南；陈毅、粟裕、谭震林等领导的第三野战军进军东南；林彪、罗荣桓等领导的第四野战军进军中南。 当天，在西起江西九江东北的湖口，东至江苏南部江阴的长达五百余公里的战线上，人民解放军强渡长江。

三月二十五日（4 月 22 日），蒋介石召集李宗仁、何应钦等人，商讨“最后一战”。

三月二十六日（4 月 23 日），人民解放军解放国民党的统治中心——南京，国民党反动派的统治宣告覆灭。当日凌晨，代总统李宗仁乘“追云”号专机飞往广西。

三月二十七日（4 月 24 日），国民党海军第二舰队的 25 艘舰艇，由舰队司令林遵率领起义。

同日，山西省省会——太原解放，全歼蒋、阎军八万四千余人；至此，基本结束了解放华北的战争。

三月二十八日（4 月 25 日），毛泽东、朱德发布《中国人民解放军布告》，宣布中国共产党、中国人民解放军愿和全体人民共同遵守的约法八章。

三月间，好友陈祖壬已分别一个月，尚无其消息，曾寿甚是思念，乃作《雨中寄怀病树》一诗寄赠（见《苍虬阁诗续集》卷下，《苍虬阁诗集》第 353 页）。

四月初三日（4 月 30 日），中国人民解放军总部发言人就英国军舰“紫石英”号的暴行发表声明。

四月初四日（5 月 1 日），山西大同国民党守军接受和平改编，山西全省解放。

四月初六日（5 月 3 日），人民解放军解放浙江省会——杭州。

四月十五日（5 月 12 日），淞沪战役开始。

四月十七日（5 月 14 日），在武汉东南的团风至武穴间的一百余公里的地段上，人民解放军强渡长江。

同日，前国民党华中军政长官公署副长官张轸通电率部起义。

四月十九至二十日（5 月 16—17 日），人民解放军解放湖北武昌、汉阳、汉口；至此，渡江战役胜利结束。

四月二十三日（5 月 20 日），人民解放军解放陕西省会——西安。

四月二十五日（5 月 22 日），人民解放军解放江西省会——南昌。

四月三十日（5 月 27 日），在中共上海地下党组织的接应和配合下，第三野战军解放了中国最大的城市——上海，此战役歼灭国民党军十五万三千余人。

五月十六日（6 月 12 日），广州国民党残余已大部逃散，阎锡山便与几个战犯拼凑了一个所谓“政府”，阎自兼“国防部长”，朱家骅为“行政院副院长”，胡适为“外交部长”。

五月十九至二十三日（6 月 15—19 日），新政治协商会议的筹备会在北平举行。

五月间，彭德怀等领导的第一野战军和贺龙领导的华北野战军联合作战，歼灭胡宗南的主力，大西北地区解放。

六月初六日（7月1日），毛泽东为纪念中国共产党成立二十八周年发表《论人民民主专政》。

六月十六日（7月11日），第一野战军在华北野战军一部的配合下，开始了全部解放西北各省的作战。

六月二十五日（7月20日），蒋介石、李宗仁、阎锡山等人在广东组成所谓“国民党非常委员会”。

六月间，是好友宋小坡的六十寿诞，曾寿乃作《小坡六十初度》一诗为其贺寿（见《苍虬阁诗续集》卷下，《苍虬阁诗集》第352页）。

七月初八日（8月2日），美国驻国民党政府大使司徒雷登离华返美。

七月初十日（8月4日），国民党湖南省主席程潜和第一兵团司令陈明仁等率部起义，湖南省会——长沙和平解放。

七月十一日（8月5日），美国国务院发表《美国与中国的关系》的白皮书。

七月二十日（8月14日），今日起，中共中央主席毛泽东相继为新华社撰写了五篇评论，批驳美国的白皮书。

七月二十三日（8月17日），人民解放军解放福建省会——福州。

七月二十七日（8月21日），人民解放军解放甘肃省会——兰州，马步芳的精锐部队被全部歼灭。

七月间，曾寿久病未愈，虽神志清明，然心情颇为不好，曾填《浣溪沙·己丑秋七月病中赋此》一词纪其事（案：此词遂成陈曾寿绝笔，见《旧月簃词》，《苍虬阁诗集》第392页）。

其二弟曾则在《苍虬兄家传》中记载说：“戊子十二月，痔发，医治未效。延至己丑闰七月，体亦衰，而神志清明。子邦荣善医，自天津来诊，脉已微。”（见《苍虬阁诗集》附录一，第438页）

闰七月初九日（9月1日）申时，陈曾寿在上海其二弟曾则的寓所病逝，走完了他的人生旅途。

# 谱　　后

闰七月十三日（9 月 5 日），人民解放军解放青海省会——西宁。

闰七月二十七日（9 月 19 日），国民党绥远省政府主席兼保安司令、西北军政长官公署副长官董其武、第 9 兵团司令孙兰峰等率部四万余人起义，归绥和平解放。

闰七月二十九至八月初九日（9 月 21—30 日），中国人民政治协商会议在北平举行。会议制定了《共同纲领》等文件，通过了国旗、国歌及国都所在地的决议，选举了中华人民共和国中央人民政府委员会、中国人民政治协商会议全国委员会；会议选举毛泽东为中央人民政府主席，朱德、刘少奇、宋庆龄、李济深、张澜、高岗为副主席。

闰七月间，二弟陈曾则葬长兄于上海漕河泾永年公墓，并作《祭苍虬公文》一文以悼念之（见《苍虬阁诗集》附录一，第 439—440 页）。

随后，为不使其兄的“为人”“事迹”及“生平著作”“磨灭”，而能“列之家乘”，让“后世子孙”得以时时“仰慕”，又撰写了《苍虬兄家传》一文（见《苍虬阁诗集》附录一，第 434—439 页）。

八月初四至初五日（9 月 25—26 日），国民党新疆警备总司令陶峙岳、省主席鲍尔汉率军政人员先后通电起义，新疆和平解放。

八月初十日（10 月 1 日），中华人民共和国中央人民政府委员会举行第一次会议，正、副主席及委员宣布就职。

同日，中华人民共和国宣告成立，首都三十万民众在天安门广场举行隆重的庆祝典礼。

八月十一日（10 月 2 日），苏联政府正式承认中华人民共和国，决定与中国建立外交关系，并互派大使。

八月十二至十六日（10 月 3—7 日），中国政府分别复电和苏、保、罗、匈、朝、捷、波等国家建交。

八月二十三日（10 月 14 日），人民解放军解放广东省会——广州。

八月二十六日（10 月 17 日），人民解放军解放福建厦门。

八月间，陈祖壬自省城武昌赶赴上海祭奠挚友陈曾寿，并应年侄之邀作有《蕲水陈公墓志铭》一文（见《苍虬阁诗集》附录一，第 433—434 页）。

九月二十五日（11 月 15 日），人民解放军解放贵州省会——贵阳。

十月初三日（11 月 22 日），人民解放军解放广西省会——桂林。

十月十一日（11 月 30 日），人民解放军解放四川重庆。

十月十五日（12 月 4 日），人民解放军解放广西南宁。

十月二十日（12 月 9 日），前国民党云南省政府主席卢汉宣布起义。

同日，前国民党西康省政府主席刘文辉、西南军政长官公署副长官邓锡侯、潘文华联名通电，宣布起义。

十月二十七日（12 月 16 日），毛泽东主席及其随行人员抵达莫斯科，会见斯大林。

十一月初八日（12 月 27 日），人民解放军解放四川省会——成都。

十一月间，曾寿之子邦荣、邦直昆季广泛搜集父亲自庚辰至去世期间的诗作，编成《苍虬阁诗续集》上、下卷；在付梓刊行前，特请父亲的弟子、好友沈兆奎为之作跋；沈氏乃欣然作《〈苍虬阁诗续集〉跋》一文相赠（见《苍虬阁诗集》附录二，第 499 页）。

同月里，二弟曾则应侄儿邦荣、邦直昆季之请，为《苍虬阁诗续集》（上、下卷）作序成（见《苍虬阁诗集》附录二，第 491—492 页）。

十二月十四日（1950 年 1 月 31 日），留居青海的班禅堪布致电毛泽东主席、朱德总司令，反对西藏拉萨当局勾结英美出卖西藏的行为，要求人民解放军解放西藏。

是年，曾寿的好友、同僚刘恩格①在老家去世。

---

① 刘恩格(1888—1949),字鲤门,号怀园,辽宁辽阳人。早年毕业于奉天法政学堂,后赴日留学。回国后曾任云南法政学堂教员。1912 年任奉天提法司科员。1913 年选为众议院议员,参与宪法的起草。1914 年出任奉天将军公署秘书。1917 年任参议院议员。1918 年与王揖唐、王印训等人创建安福俱乐部,并出任安福国会众议院副议长。1921 年出任察哈尔特别区兴和道道尹。1922 年再任众议院议员。1932 年投敌,出任伪满洲国立法院秘书长,直至伪满洲国灭亡。1949 年病逝。

是年，曾寿的好友、书画家陈汉第[1]在上海寓所去世。

一九五〇年八月，曾寿之子邦荣、邦直昆季在父亲去世后，广泛搜罗父亲平生所作之词，编成《旧月簃词》最完之本；在付梓刊印之前，特请父亲的弟子、好友沈兆奎为其作跋；沈氏乃欣然作《〈旧月簃词〉跋》一文相赠（见《苍虬阁诗集》附录二，第 502—503 页）。

同月里，挚友陈祖壬应亡友之子邦荣、邦直之请，为《旧月簃词》所作之序（即《〈旧月簃词〉序》）成（见《苍虬阁诗集》附录二，第 494—495 页）。

同年九月，二弟曾则应侄儿邦荣、邦直之请，亦作《〈旧月簃词〉序》相贻（见《苍虬阁诗集》附录二，第 495—496 页）。

一九五一年正月，曾寿的生前好友、已移居台湾的溥心畬（即爱新觉罗·溥儒）创作了一幅书画合卷——《忆陈侍郎书画合卷》（画幅：22 × 48.5 cm，所绘为在一座孤岛上有一幢房舍，并题记曰“西湖陈庄，苍虬侍郎故居”；书法：29 × 156cm，抄录自己 1944 年秋冬之交写给亡友的一封信札）[2]，以表达其对亡友陈曾寿的思忆（抑或是表达其某种更为复杂的感怀）。

一九五五年七月，钱锺书先生应好友卢弼之请，为其作《〈慎园诗集〉序》，其中论及陈曾寿等湖北籍诗人（见《苍虬阁诗集》附录三，第 553 页）。

一九五六年九月，上海古典文学出版社出版由龙榆生选编之《近三百年名家词选》，其中选入陈曾寿词作 20 首；陈曾寿原编排在王国维之后，邵瑞彭之前；该书共收入近 300 年来词人 66 家，词 480 余首；选入 20 首及以上者不足 10 家。

---

① 陈汉第(1874—1949)，字仲恕，一字仲书，号伏庐，室名千印斋。浙江杭州人。陈豪次子。贡生。光绪二十三年(1897 年)，与林启、汪康年、朱智等人创办浙江“求是书院”(后改“浙江求是大学堂”，再改“浙江大学堂”)，并出任文牍斋务(实为副监院)、监院。二十八年(1902 年)，赴日留学，学法律。学成归国后，援例赐进士。辛亥革命后，历任总统府秘书、国务院秘书长、参政院参政、清史馆编纂、提调、故宫博物院委员等职。1920 年，与金城、陈师曾、贺履之等人发起成立“中国画学研究会”。工诗文，擅书画，喜金石，精篆刻。著有《法学通论》、《伏庐印谱》、《伏庐藏印》(十二卷)、《古杭陈汉第印集》等；另编译有《商法总则》。

② 此书画合卷见杨新、许爱仙主编之《溥心畬书画集》卷上，紫禁城出版社 1997 年版，第 130—131 页。

案：吴世昌撰有《读〈近三百年名家词选〉》一文，其中有批语六条，专门纠陈曾寿词中之谬（文长不录）。又，吴世昌所撰《罗音室词札》中亦论及陈曾寿："复堂之'作者之用心未必然，而读者之用心何必不然'，乃随心所欲，教人造谣，欺人太甚，实乃对真理的嘲弄，良知的奸污。只要良知未泯，常识尚存，无不可见其妄。民初词客及词论者竞尚比兴寄托之说，其故有三：一为遮羞布，遮其冶游挟妓之羞；二为遮其不学无知妄说之羞，如陈廷焯不知吴梅村赠妓用油蔚赠别营妓卿卿诗（《才调集》卷七），以为'坡仙化境'；三为掩护其怀念清帝，妄冀复辟之逆说，《彊村丛书》序文不用民国年号，而用宣统甲子，即为铁证。敌伪时期陈曾寿奔走于各伪组织之间，以谋其'志业'，不成则发为不通之慢词，亦可作证。寄托说有百弊而无一利不必为他们遮羞。"

另，林辰（署名"芝子"）撰有《龙榆生笔下的陈曾寿》一文云："我不知道，像陈曾寿这样的人，在近三百年名家词的选本中，何以一定要选入他的作品？难道他真有十分杰出的成就，无论其为人如何，也万万不可忽视吗？他的诗词，过去虽然有他的主子和他的同伙们欣赏（长春溥仪伪宫图书中便有《陈曾寿诗稿》写本，见秦翰才著《满宫残照记》三四页），但现在是再也没有人要看了。不料龙榆生还要通过选本把他的词介绍给现在的读者。而且，在这个选本中，清末民初真正的名家如朱孝臧选词不过三十三首，郑文焯不过二十一首，王鹏运仅十七首，况周颐仅十一首，而陈曾寿竟选入二十首之多！这样大量选入还不够，龙榆生在为他所作的小传中，还用这样闪烁含糊的话，替他掩饰，企图欺蒙读者……就不能不令人感到愤慨。"（见1958年3月23日《光明日报》第五版"文学遗产"副刊）

一九六一年四月二十日，由云龙在云南昆明去世。在他的《定庵诗话》卷上中，有3则，在其《定庵诗话续编》中有1则文字评论陈曾寿的诗歌（见《苍虬阁诗集》附录三，第528—529页）。

一九六七年初，文雷编著之《艺文掌故琐记》一书在台湾平平出版社出版，其中的《苍虬老人》一篇，专门记述陈曾寿的生平事迹。

一九七七年三月十五日，台湾学者、曾寿好友俞明颐之子俞大纲（1908—1977）病逝；在其所著之《寥音阁诗话》（全书60则）中，有一则专论陈曾寿的诗歌创作（见《苍虬阁诗集》附录三，第550—551页）。

一九七七年夏，台湾学者、曾寿的年侄、湖北江夏人王开节作《〈苍虬阁诗集〉跋》一文，简述其父及自己与陈曾寿数十年之交往（见《苍虬阁诗集》附录二，第500—502页）。

一九七九年一月，王季友的《芝园词话》由香港中华书局出版，其中收有《陈曾寿老学填词》一文，专论曾寿的填词。

一九七九年，上海古籍出版社刊行新一版的《近三百年名家词选》，原所选陈曾寿之词被抽掉。

案：朱正撰有《回忆林辰先生》一文，其中曾披露过一些陈曾寿词被抽掉的内情："原来是林先生在报刊上发表书评之后，龙榆生即将其抽去了。"（见《朱正》，古吴轩出版社 2004 年 8 月版）

一九八二年十二月，郑逸梅先生之《艺林散叶》由中华书局出版，其中有两段文字论及陈曾寿之诗（见《苍虬阁诗集》附录三，第 550 页）。

一九八三年九月，钱仲联先生之《梦苕庵清代文学论集》由齐鲁书社出版，其中的《论近代诗四十家》将陈曾寿作为近代四十家诗人之一予以论列（见《苍虬阁诗集》附录三，第 550 页）。

一九八五年五月，钱仲联、钱学增选注之《清诗三百首》由岳麓书社出版，其中选录陈曾寿诗 5 首（七古 1 首，七律 2 首，七绝 2 首）。

一九八五年十月，陈声聪先生之《兼于阁诗话》由上海古籍出版社出版，在其卷一中，有一大段文字专门论述陈曾寿的诗歌创作（见《苍虬阁诗集》附录三，第 552 页）。

一九八六年三月，钱仲联先生之《梦苕庵诗话》由齐鲁书社出版，其中有 11 则文字论述陈曾寿的诗歌创作（见《苍虬阁诗集》附录三，第 544—549 页）。

一九八七至一九八九年，钱仲联先生主编之《清诗纪事》（22 册）由江苏古籍出版社出版，其中的第二十册，收录有钱先生撰写的《近百年诗坛点将录》（又一种），则将陈曾寿点为"地周星跳涧虎陈达"（见《苍虬阁诗集》附录三，第 549 页）。

一九八八年二月，龚鹏程之《文化、文学与美学》由台北时报出版社出版，附录所辑有其师张之淦（字眉叔，号遂园，1919—2002）手批十卷本《苍虬阁诗集》识语。

一九九一年四月，钱仲联主编之《中国近代文学大系（1840—1919）：诗词集》由上海书店出版，其中选录陈曾寿诗四十一首，词十三首。

一九九二年一月，钱仲联选注之《清词三百首》由岳麓书社出版，其中选录陈曾寿词三首（《踏莎行·白堂看梅》《浣溪沙·孤山看梅》《临江仙·修得南屏山下住》）。

一九九三年三月，钱仲联选编之《近代诗钞》（三卷本），由江苏古籍出版社出版，其中选录陈曾寿诗作五十六首。

一九九三年十一月，钱仲联先生之《梦苕庵论集》由中华书局出版，其中的《近百年诗坛点将录》将陈曾寿点为“天微星九纹龙史进”（见《苍虬阁诗集》附录三，第 549 页）。

一九九六年，叶嘉莹、陈邦炎合著之《清词名家论集》，由台北“中央”研究院中国文哲研究所筹备处出版，其中陈邦炎之《陈曾寿及其〈旧月簃词〉》、叶嘉莹《名篇词例选说》之《说陈曾寿词一首》均论及曾寿词。

一九九七年，吴熊和、严迪昌、林玫仪合编之《清词别集知见目录汇编》，由台北“中央”研究院中国文哲研究所筹备处出版，著录陈曾寿词别集《旧月簃词》不分卷凡四种：光绪十六年（1890 年）排印本（藏山东省图书馆，此本可能有误）、民国十年（1921 年）江宁蒋氏真赏楼丛刊本、民国十一年（1922 年）江宁蒋氏真赏楼仿聚珍版排印苍虬阁诗存本、民国二十二年（1933 年）刊《彊村遗书》“沧海遗音集”本。

二〇〇九年一月，上海世纪出版股份有限公司和上海古籍出版社出版有张寅彭与王培军校点的《苍虬阁诗集》。

二〇〇九年五月，张中行著《诗词读写丛话》一书由中华书局出版，其中列有一份应读清名家词书单，包括徐灿、陈维崧、朱彝尊、纳兰性德、厉鹗、张惠言、项鸿祚、蒋春霖、谭献、王鹏运、文廷式、郑文焯、朱祖谋、况周颐、吕碧城、陈曾寿等十六人。

二〇〇九年，陈文骐主编之《亲情之什——我家的人和事》一书，由柯捷出版社印行，两年后再版。

案：陈文骐为曾寿六弟曾畴之长孙，邦焕之长子；柯捷出版社乃邦直次子文乔在纽约所创办。

二〇一四年，上海古籍出版社出版新版的《近三百年名家词选》，则恢复了原被删除的陈曾寿及其词作。

# 参考文献

## 一、文献、著作类

[1] 卞孝萱，唐文权. 民国人物碑传集［M］. 北京：团结出版社，1995.

[2] 蔡冠洛. 清代七百名人传（下）［M］. 北京：中国书店，1984.

[3] 陈衍. 石遗室诗话（一、二）［M］. 沈阳：辽宁教育出版社，1998.

[4] 陈衍. 陈石遗集［M］. 福州：福建人民出版社，2001.

[5] 陈宝琛. 沧趣楼诗文集（上、下）［M］. 刘永翔，许全胜，校点. 上海：上海世纪出版股份有限公司/上海古籍出版社，2013.

[6] 陈青松. 易佩绅易顺鼎父子年谱合编［M］. 长沙：湖南师范大学出版社，2018.

[7] 陈三立. 散原精舍诗文集［M］. 李开军，校点. 上海：上海古籍出版社，2003.

[8] 陈三立. 散原精舍诗文集补编［M］. 潘益民，李开军，辑注. 南昌：江西人民出版社，2007.

[9] 陈三立. 散原精舍文集［M］. 钱文忠，标点. 沈阳：辽宁教育出版社，1998.

[10] 陈旭麓，方诗铭，魏建猷. 中国近代史词典［M］. 上海：上海辞书出版社，1982.

[11] 陈曾寿. 苍虬阁诗集［M］. 张寅彭，王培军，校点. 上海：上海世纪出版股份有限公司/上海古籍出版社，2009.

[12] 程谊. 夏敬观年谱［M］. 合肥：黄山书社，2007.

[13] 程翔章，丘铸昌. 中国近代文学［M］. 2 版. 武汉：华中师范大学出版社，2007.

[14] 程翔章. 中国近代文学作品选［M］. 3 版. 武汉：华中师范大学出版社，2007.

［15］程翔章. 湖北近代作家研究［M］. 武汉：华中师范大学出版社，2015.

［16］程翔章，程祖灏. 樊增祥年谱［M］. 武汉：华中师范大学出版社，2017.

［17］程翔章，程祖灏. 王柏心年谱［M］. 武汉：华中师范大学出版社，2019.

［18］多祺. 蕲水县志［M］. 光绪六年（1880）刻本.

［19］道咸同光名人手札［M］. 上海：上海商务印书馆，1924.

［20］道咸同光名人手札［M］. 台北：台湾商务印书馆，1972.

［21］樊增祥. 樊樊山诗集（上、中、下）［M］. 涂晓马，陈宇俊，校点. 上海：上海古籍出版社，2004.

［22］费行简. 近代名人小传［M］. 影印本. 北京：中国书店，1988.

［23］关爱和. 中国近代文学史［M］. 北京：中华书局，2013.

［24］郭廷以. 近代中国史事日志［M］. 北京：中华书局，1987.

［25］湖北省人民政府文史研究馆/湖北省博物馆. 湖北文征（第十三卷）［M］. 武汉：湖北人民出版社，2000.

［26］胡思敬. 退庐文集（第七卷）［M］. 南昌：民国十三年（1924）退庐刻本。

［27］江庆柏. 清朝进士题名录［M］. 北京：中华书局，2007.

［28］江庆柏. 清代人物生卒年表［M］. 北京：人民文学出版社，2005.

［29］金梁. 近世人物志［M］. 北京：北京图书馆出版社，2007.

［30］况周颐撰，屈兴国辑. 注蕙风词话辑注［M］. 南昌：江西人民出版社，2000.

［31］李放. 皇清书史［M］. 民国十三年（1924）刻本.

［32］李瑞清. 清道人遗集［M］. 段晓华，点校整理. 合肥：黄山书社，2011.

［33］柳向春. 古艳遇［M］. 桂林：广西师范大学出版社，2017.

［34］刘禺生. 世载堂杂忆［M］. 钱实甫点校. 北京：中华书局，1960.

［35］林志宏. 民国乃敌国也：政治文化转型下的清遗民［M］. 北京：中华书局，2013.

［36］冒怀苏. 冒鹤亭先生年谱［M］. 上海：学林出版社，1998.

［37］闵尔昌. 碑传集补［M］. 台北：明文书局，1985.

［38］缪荃孙. 艺风老人日记［M］. 北京：北京大学出版社，1984.

[39] 潘益民，潘蕤. 陈方恪年谱 [M]. 南昌：江西人民出版社，2007.
[40] 皮明庥. 湖北历史人物辞典 [M]. 武汉：湖北人民出版社，1984.
[41] 荣孟源，张伯锋. 近代稗海（第一辑）[M]. 成都：四川人民出版社，1985.
[42] 沈津. 书韵悠悠一脉香——沈津书目文献论集 [M]. 桂林：广西师范大学出版社，2006.
[43] 沈起炜. 中国历史大事年表 [M]. 上海：上海辞书出版社，1983.
[44] 沈曾植. 沈曾植集校注（上、下）[M]. 钱仲联，校注. 北京：中华书局，2001.
[45] 王承仁，曹木青，吴剑杰. 中国近百年史辞典 [M]. 武汉：湖北人民出版社，1986.
[46] 王森然. 近代名家评传（初集）[M]. 北京：生活·读书·新知三联书店，1998.
[47] 王森然. 近代名家评传（二集）[M]. 北京：生活·读书·新知三联书店，1998.
[48] 汪国垣. 说近代诗 [M]. 上海：上海古籍出版社，2001.
[49] 魏绍昌，管林，刘济献，郑方泽. 中国近代文学辞典 [M]. 郑州：河南教育出版社，1993.
[50] 吴永口. 庚子西狩丛谈 [M]. 刘治襄记，鄢琨，标点. 长沙：岳麓书社，1985.
[51] 谢承仁. 杨守敬集（1—13 册）[M]. 武汉：湖北人民出版社/湖北教育出版社，1988-1997.
[52] 英启，邓琛纂修. 黄冈府志 [M]. 光绪十年（1884）刻本.
[53] 许全胜. 沈曾植年谱长编 [M]. 北京：中华书局，2007.
[54] 叶恭绰. 广箧中词 [M]. 民国二十四年（1935）叶氏家刻本.
[55] 尹奇岭. 民国南京旧体诗人雅集与结社研究 [M]. 北京：中国社会科学出版社，2011.
[56] 俞明震. 觚庵诗存 [M]. 马亚中，点校. 上海：上海世纪出版有限公司/上海古籍出版社，2012.
[57] 周君适. 伪满宫廷杂忆 [M]. 成都：四川人民出版社，1981.
[58] 张晖. 龙榆生先生年谱 [M]. 上海：学林出版社，2001.
[59] 张謇. 张謇诗集（上、下）[M]. 徐乃为，校点. 上海：上海世纪出版股份有限公司/上海古籍出版社，2014.

[60] 张旭，车树昇，龚任界. 陈宝琛年谱 [M]. 福州：福建人民出版社，2017.

[61] 张树年，等. 张元济年谱 [M]. 北京：商务印书馆，1991.

[62] 赵尔巽等. 清史稿 [M]. 上海：上海古籍出版社/上海书店，1986.

[63] 郑孝胥. 郑孝胥日记 [M]. 劳祖德，整理. 北京：中华书局，1993.

[64] 郑孝胥. 海藏楼诗集 [M]. 黄坤，杨晓波，校点. 上海：上海古籍出版社，2003.

[65] 张之洞. 张之洞诗文集（上、下）[M]. 庞坚，校点. 上海：上海世纪出版股份有限公司/上海古籍出版社，2015.

[66] 朱祖谋. 沧海遗音集 [M]. 民国十一年（1922）朱氏家刻本.

## 二、论文类

[1] 程翔章. 陈曾寿诗歌创作简论 [J]. 新文学评论，2014（2）：164-168.

[2] 杭春晓. 以“仁”代“义”——《忆陈侍郎书画合卷》与溥心畬的“遗民想象”[J]. 文艺研究，2013（12）：127-136.

[3] 贺宏亮. 新见三十五通杨守敬信札考释 [J]. 中国书法，2016（3）：22-33.

[4] 胡慧颖. 陈宝琛《听水斋词》版本考略 [J]. 闽台文化研究，2018（3）：101-106.

[5] 李欣荣. 清末关于“无夫奸”的思想论争 [J]. 中华文史论丛，2011（3）：101-129.

[6] 刘飙. 清代鄂东状元陈沆家世考述 [J]. 黄冈师范学院学报，2013（4）：111-113.

[7] 刘飙. 清代诗赋家陈沆简谱 [J]. 中国韵文学刊，2015（2）：54-62.

[8] 马兴荣. 况周颐年谱 [J]. 楚雄师专学报，1999（4）：1-8.

[9] 彭华. 华阳王秉恩学行考 [J]. 中国典籍与文化，2011（78）：41-48.

[10] 启功. 溥心畬先生南渡前的艺术生涯 [J]. 中国书画，2019（2）：78-87.

[11] 石任之. 冬郎情结岂香奁——论近代诗人陈曾寿的遗民心态

[J].文学与文化，2014（2）：136-140.

［12］文心.曾熙年谱简编［J］.书法赏评，2009（2）：16-19.

［13］王庆祥.陈宝琛其人［J］.紫禁城，1994（2）：19-21.

［14］谢永芳.陈曾寿《旧月簃词》补遗及其它［J］.聊城大学学报（社会科学版），2015（2）：50-59.

［15］徐文治.陈师曾艺术年表［J］.新美域，2007（2）：92-160,162.

［16］杨传庆.清遗民词社:须社［J］.北京社会科学，2015（2）：34-40.

［17］杨萌芽.《东方杂志》与清末民初宋诗派文人群体［J］.复旦学报（社会科学版），2007（5）：18-25.

［18］姚达兑.清遗民的文化记忆和身份认同:林葆恒和六幅《讱庵填词图》［J］.民族艺术，2016（6）：139-147.

［19］周序.周君亮传略［J］.武汉文史资料，2003（5）：11.

［20］周劲思.溥心畬的朋友圈:从恭王府博物馆一件溥心畬的佳作谈起［J］.收藏家，2019（4）：89-97.

［21］曾迎三.李瑞清略传［J］.书法，2008(9):54-60.

# 后　记

毫无疑问，在中国近代文学史上，尤其是在湖北近代文学史上，陈曾寿都是一位有成就、有地位、有影响的重要作家（诗人）。他也是笔者研究湖北近代作家所选定的第四个重要人物。我们之所以选定他作为研究的第四个重要对象，这是因为：

第一，陈曾寿生活在晚清和民国时期，一生经历了晚清光绪、宣统两朝和民国时期。这个时期，正是清王朝统治逐渐退出历史舞台、新兴资产阶级登上政治舞台——民国建立、革命胜利果实为北洋军阀首领袁世凯所窃取、军阀混战、蒋介石实行独裁统治的时期。通过对陈曾寿七十二载曲折坎坷而又丰富的人生经历的梳理，可以让今天的人们清楚地看到和感受到中国封建专制制度和封建专制统治必然灭亡、新兴资产阶级的民族民主革命必然胜利、一切开历史倒车的行为必然失败、蒋介石的反革命独裁统治必然消亡、中国共产党领导的无产阶级革命事业必然兴盛发达的历史发展潮流。第二，陈曾寿系名人之后，本人乃进士出身，是朝廷命官，又生活在易代之际。通过他的社会交往，可以让今天的人们清楚地看到和感受到，中国近代社会的末期，尤其是易代之际，各阶级之间、各阶层之间那种错综复杂的、尖锐激烈的矛盾与斗争。第三，清王朝灭亡，民国建立，以陈曾寿的才华和人脉，要在新政府中谋取一个职位并不难——事实上，他过去的不少同僚，就在新政府中任职；但他拒绝在新政府任职，成了一个典型的晚清“遗民”，且其亦以清遗老自居。通过陈曾寿清朝灭亡后的人生经历和人际交往，可以让今天的人们清晰地看到“遗民阶层”复杂的思想和心理矛盾，艰难的生活选择。第四，陈曾寿是晚清著名的诗人（词人），“同光体诗派”的后起之秀、该诗派后期的代表作家之一，与当时活跃在诗坛（词坛）上著名诗人（词人）有着广泛的联系。他的诗作和词作，受到当时著名诗人（词人）们的普遍好评和推崇，使他的创作在中国近代文学史上，尤其是在湖北近代文学史上占有重要地位。第五，陈曾寿还是一位艺术家，其书画就颇受时人的青睐。他与金蓉镜、夏敬观、宣古愚被称为近代“四大文人画家”；其山水、花卉、松石皆秀逸有致，尤工画松，时人宝之；其书则出入东坡（苏轼）、襄阳（米芾）之间。

正是因为以上的这些原因，我们才将陈曾寿选定为湖北近代作家研究的第四个重要对象，并较早地付诸实施。

《陈曾寿年谱》的初稿完成于 2017 年，后因各种杂事将其搁置数年；直到武汉遭遇疫情被“封城”期间，才静下心来对其进行仔细、认真的补充、修改，使其逐渐完善并定稿。

去年下半年，在华中师范大学出版社领导的积极推动和各位专家评委的大力支持下，我们申报的“湖北省（2020 年度）学术著作专项资金项目——《湖北近代文学研究丛书》（第一辑）”获得批准，《陈曾寿年谱》被纳入其中。